Leituras e leitores na França do Antigo Regime

FUNDAÇÃO EDITORA DA UNESP

Presidente do Conselho Curador
José Carlos Souza Trindade

Diretor-Presidente
José Castilho Marques Neto

Editor Executivo
Jézio Hernani Bomfim Gutierre

Conselho Editorial Acadêmico
Alberto Ikeda
Alfredo Pereira Junior
Antonio Carlos Carrera de Souza
Elizabeth Berwerth Stucchi
Kester Carrara
Lourdes A. M. dos Santos Pinto
Maria Heloísa Martins Dias
Paulo José Brando Santilli
Ruben Aldrovandi
Tania Regina de Luca

Roger Chartier

Leituras e leitores na França do Antigo Regime

Tradução
Álvaro Lorencini

© 1987 Éditions du Seuil (cap.1, 2, 4, 6, 8) / Roger Chartier (cap.3, 5, 7)
Título original em francês: *Lectures et lecteurs dans la France d'Ancien Régime.*

© 2003 Editora UNESP

Direitos de publicação reservados à:

Fundação Editora da UNESP (FEU)
Praça da Sé, 108
01001-900 – São Paulo – SP
Tel.: (0xx11) 3242-7171
Fax: (0xx11) 3242-7172
www.editoraunesp.com.br
feu@editora.unesp.br

CIP – Brasil. Catalogação na fonte
Sindicato Nacional dos Editores de Livros, R.J.

C435L
Chartier, Roger, 1945-
    Leituras e leitores na França do Antigo Regime / Roger Chartier; tradução Álvaro Lorencini. – São Paulo: Editora UNESP, 2004.

    Tradução de: Lectures et lecteurs dans la France d'Ancien Régime
    Bibliografia
    ISBN 85-7139-537-3

    1. Livros e leitura - França - Século XVIII - História. 2. Livros e leitura - França - Século XVII - História. 3. Livros e leitura - França - Século XVI - História. 4. Escritores e leitores - França - História. 5. França - Vida intelectual - Séculos XVI-XVIII. I. Título.

04-1298.
                                        CDD 306.4880944
                                        CDU 316.7:028(44)

Editora afiliada:

Asociación de Editoriales Universitarias
de América Latina y el Caribe

Associação Brasileira de
Editoras Universitárias

Sumário

Preâmbulo   7

1 Disciplina e invenção: a festa   21

2 Distinção e divulgação: a civilidade e seus livros   45

3 Estratégias editoriais e leituras populares
(1530-1660)   91

4 Normas e condutas: as artes de morrer
(1450-1600)   131

5 Do livro à leitura. As práticas urbanas do impresso
(1660-1780)   173

6 Representações e práticas: leituras camponesas no
século XVIII   235

7 Os livros azuis 261

8 Figuras literárias e experiências sociais: a literatura da malandragem na Biblioteca Azul 287

Conclusão 375

Índice das ilustrações 383

Índice onomástico 385

Preâmbulo

Este livro tem por objeto as clivagens culturais que atravessam a sociedade do Antigo Regime, criando distinções e tensões, oposições e divisões. Sua coerência construiu-se progressivamente ao longo dos textos, cada novo estudo obrigando a precisar melhor os conceitos utilizados, a repensar conquistas erroneamente consideradas como definitivas, a abrir pesquisas diferentes. Os oito textos aqui reunidos devem, portanto, ser compreendidos como passos sucessivos de uma caminhada que, pouco a pouco, desenhou seu território. Desse modo, de um texto para outro, aumentou a distância tomada em relação às certezas e às abordagens mais amplamente compartilhadas, consideradas como evidentes, por uma história cultural em busca de textos, de crenças e de gestos aptos a caracterizar a cultura popular tal como ela existia na sociedade entre a Idade Média e a Revolução.

É sobretudo contra o emprego já clássico da própria noção de cultura popular que este livro é construído. Nesses últimos vinte anos, a caracterização de uma cultura popular, radicalmente diferente da cultura dos dominantes, homens da Igreja, da Justiça e das Letras, tem sido incontestavelmente um dos objetivos maiores dos historiadores da sociedade tradicional. No fundamento desse projeto estava a idéia de que essas duas culturas se situavam de cada lado de uma fronteira, certamente móvel, mas sempre localizável. A divisão entre erudito e popular foi então considerada um recorte primordial, e, se foram vivos os debates para saber se era lícito designar como "popular" esta ou aquela forma cultural em determinado momento, estes jamais puseram em questão a possibilidade de identificar a cultura popular pela descrição de determinado número de *corpus* (textos, gestos, crenças). É assim que, na França do Antigo Regime, a cultura do povo foi duplamente identificada, lida num conjunto de textos – presentes nos livros baratos, vendidos por ambulantes e conhecidos pelo nome genérico de "Biblioteca Azul" – e num conjunto de crenças e gestos considerados como próprios de uma "religião popular". Nos dois casos, o popular foi definido por sua diferença com aquilo que ele não é: a literatura erudita de um lado, o catolicismo dos clérigos de outro. Nos dois casos, o inventário dos motivos supostamente específicos da religião ou da cultura popular postulou uma determinação simples e unívoca das formas culturais.

Ora, é justamente esse postulado, e a distinção popular/erudito que o fundamenta, que parece necessário questionar. Com efeito, onde se acreditava descobrir correspondências estritas entre clivagens culturais e oposições sociais existem antes circulações fluidas, práticas compartilhadas, diferenças indistintas. São numerosos os exemplos de usos "populares" de objetos, de idéias, de códigos não considerados como tais, e numerosos também os materiais e as formas de uma cultura coletiva das quais as elites só se separam lentamente. Daí, neste livro, a atenção dedicada a gêneros (as preparações para a morte, os livros de civilidade) que se dirigem a todos e valem tanto para os pobres quanto para os poderosos; daí a ênfase sobre o uso de textos letrados por leitores que não o são, ou ao contrário, e sobre as relações mantidas pelos notáveis da classe ou do saber com uma cultura de início vivida como comum, depois designada como diferente.

Não é tão simples, portanto, como se pensava, sobrepor clivagens sociais e diferenças culturais. Mas existe algo mais. Todas as formas e práticas nas quais os historiadores julgaram detectar a cultura do povo, na sua radical originalidade, aparecem como ligando elementos diversos, compósitos, misturados. É o que ocorre com a religião "popular". Por um lado, é bem claro que a cultura folclórica que lhe serve de base foi profundamente trabalhada pela instituição eclesiástica, que não apenas regulamentou, depurou, censurou, mas também tentou impor à sociedade inteira a maneira como os clérigos pensavam e viviam a fé comum. A religião da maioria foi, portanto, moldada por esse intenso esforço pedagógico visando fazer cada um interiorizar as definições e as normas produzidas pela instituição eclesiástica. Mas, por outro lado, a imposição de novas exigências (detectáveis nas civilidades cristãs ou nas artes de morrer) não ocorre sem compromissos assumidos com os hábitos arraigados nem interpretações próprias daqueles que supostamente devem respeitar proibições e prescrições. A religião "popular" é, pois, ao mesmo tempo, aculturada e aculturante: ela não é nem radicalmente distinta da religião dos clérigos nem totalmente modelada por ela.

O *corpus* da Biblioteca Azul atesta semelhantes imbricações. Com efeito, os textos que a compõem pertencem a todos os gêneros, a todas as épocas, a todas as literaturas; todos, ou quase todos, são de origem letrada e erudita: como os romances de cavalaria, os contos de fadas, os livros de devoção, as obras práticas. Mas esses textos, em nada populares, são submetidos por seus editores a um trabalho de adaptação que visa torná-los legíveis a leitores que não estão nada familiarizados com o livro. Reduzindo, recortando, censurando, remanejando, os impressores impõem formas inéditas, "populares", a textos que atravessam assim as fronteiras sociais, ganhando aqueles a quem, originariamente, não eram destinados. Portanto, os títulos propostos aos mais modestos dos leitores não lhes são absolutamente específicos, mas os livros nos quais eles os lêem não são aqueles publicados para os opulentos da cultura.

Está aí, portanto, uma primeira razão para substituir a caracterização global, unitária, das formas culturais por uma apreensão mais complexa que tenta, para cada uma delas, descobrir os cruzamentos e tensões que a constituem. Mas outra razão se acrescenta. Hoje, com efeito, as diferenças culturais das sociedades antigas não podem mais ser organizadas apenas pela oposição entre popular e erudito. A essa divisão macroscópica, que muitas vezes definia o povo por ausência, como o conjunto de todos aqueles situados fora do mundo dos dominantes, deve certamente ser preferido o inventário de clivagens múltiplas que atravessam o corpo social. Sua ordenação obedece a vários princípios, não necessariamente sobrepostos, que manifestam as diferenças ou oposições entre homens e mulheres, cidadãos e camponeses, reformados e católicos, mas também entre as gerações, as profissões, os bairros. Durante muito tempo, a história social aceitou uma definição redutora do social, confundido com a simples hierarquia das fortunas e das condições, esquecendo que outras diferenças, baseadas nas pertenças sexuais, territoriais ou religiosas, eram também plenamente sociais e suscetíveis de explicar a pluralidade das práticas culturais, igual ou melhor que a oposição dominantes/dominados.

Este livro tenta tirar proveito dessas primeiras reflexões, em particular evitando tanto quanto possível o emprego da noção de "cultura popular". Freqüentemente, com efeito, o recurso a essa categoria supõe resolvido de imediato o problema colocado por todo estudo de um objeto ou de um gesto cultural, a saber, como desenhar suas áreas e modalidades de uso. Pareceu-nos, pois, que era de mau método utilizar uma noção que postula *a priori* a validade de um recorte que, ao contrário, deveria justamente ser estabelecido. Então, demos preferência ao inventário dos materiais comuns a toda uma sociedade (os rituais festivos, os códigos de civilidade, os impressos de grande circulação) e à diversidade das práticas que os utilizam – uma diversidade que não se fecha apenas no contraste entre o que seria popular e o que não o seria.

Os ensaios que compõem este livro nasceram também de uma segunda insatisfação. Com efeito, durante muito tempo, uma oposição colocou em forte contraste as formas orais e gestuais de uma cultura dita tradicional, ou folclórica, e o aspecto inovador da progressiva penetração do escrito, primeiro manuscrito, depois impresso, dentro dessa base antiga. Daí, muitas vezes, o estudo separado desses dois modos de aquisição e de transmissão cultural; daí a separação entre uma abordagem de antropologia histórica, visando encontrar nas sociedades do Antigo Regime formas de expressão e de comunicação que são as das sociedades anteriores à escrita, e uma história cultural mais clássica, inteiramente concentrada na produção, circulação e os usos dos textos. Assim formulado, o contraste não esclarece muito bem as situações entre os séculos XVI e XVIII quando, quase sempre, se imbricam de maneira complexa mídia e práticas múltiplas. Este livro se esforça em explorar essas imbricações, que podemos certamente reduzir a algumas figuras fundamentais. A primeira associa fala e escrita, tanto no caso de uma palavra proferida ser fixada por escrito (foi assim, por exemplo, quando da redação dos cadernos de reclamações) como no caso inverso de um texto só ser apreendido por alguns de seus "leitores" graças à mediação de uma fala que o lê em voz alta. Pelas sociabilidades diversas da leitura em voz alta, existe nas sociedades antigas uma cultura do escrito mesmo entre aqueles que não sabem nem produzir nem ler um texto. Compreendê-la significa não considerar que o acesso ao texto escrito é sempre e em toda parte uma leitura individual, silenciosa, solitária, que supõe necessariamente a alfabetização.

Segunda figura: as relações tecidas entre os escritos e os gestos. Longe de constituir duas culturas separadas, elas se encontram, de fato, fortemente articuladas. Por um lado, numerosos textos têm por função anular-se como discurso e produzir, no estado prático, as condutas e comportamentos tidos como legítimos pelas normas sociais ou religiosas. As preparações para a morte e os livros de civilidade, aqui estudados, são dois exemplos daqueles gêneros textuais e daqueles materiais impressos que visam incorporar no indivíduo os gestos conformes às exigências mundanas e cristãs. Por outro, o escrito está no próprio centro das formas mais gestuais e oralizadas das culturas antigas. É o que ocorre nos rituais freqüentemente apoiados na presença física e na leitura efetiva de um texto central na cerimônia; é assim também nas festas urbanas em que inscrições, bandeirolas e cartazes exibem em profusão emblemas e fórmulas. Entre textos e gestos, as relações são, portanto, estreitas e múltiplas, obrigando a considerar em toda a sua diversidade as práticas do escrito.

Das palavras ao texto, do escrito aos gestos, do impresso à fala: são essas algumas das trajetórias que este livro tenta analisar a fim de restituir em sua complexidade as formas da expressão ou da comunicação cultural. Para compreendê-las, uma noção nos pareceu útil: a de apropriação. Ela evita, inicialmente, identificar os diferentes níveis culturais a partir apenas da descrição dos objetos que lhes seriam considerados próprios. Mesmo nas sociedades do Antigo Regime, são numerosos aqueles que se encontram compartilhados por diferentes grupos sociais – mas compartilhados sem que por isso seus usos sejam idênticos. Uma sociologia retrospectiva, que durante muito tempo fez da sua distribuição desigual o critério principal da hierarquia cultural, deve então ser substituída por uma abordagem diferente, que concentre sua atenção nos empregos diferenciados, nas apropriações plurais dos mesmos bens, das mesmas idéias, dos mesmos gestos. Semelhante perspectiva não renuncia a identificar diferenças (e diferenças socialmente arraigadas), mas desloca o próprio lugar da sua identificação, já que não se trata mais de qualificar socialmente *corpus* tomados em seu conjunto (por exemplo, designando como literatura "popular" os livros impressos em Troyes e vendidos por ambulantes), mas de caracterizar práticas que se apropriam diferencialmente dos materiais que circulam numa sociedade determinada.

A abordagem estatística que, no passado, pareceu dominar a história cultural francesa e que visava, antes de tudo, medir a desigual divisão social de objetos, de discursos, de atos colocados em séries não poderia, portanto, ser suficiente. Supondo correspondências demasiado simples entre níveis sociais e horizontes culturais, apreendendo os pensamentos e as condutas em suas expressões mais repetitivas e mais redutoras, semelhante abordagem perde o essencial, que é a maneira contrastada como os grupos e os indivíduos fazem uso dos motivos ou das formas que compartilham com outros. Sem renunciar às medidas e aos números, nem que seja apenas para dar uma primeira referência sobre o peso ou a distribuição dos materiais considerados – nesse caso, os pasquins e os livros de contos, as artes de morrer, os tratados de civilidade –, os ensaios aqui apresentados pretendem antes de tudo reconstituir práticas sociais e culturais, tanto aquelas propostas pelos textos que ditam a norma a seguir – e que pode, de fato, ser seguida – quanto aquelas que, diversamente, contraditoriamente, se apossam das fórmulas festivas, das prescrições das autoridades, dos textos para o imaginário.

Pensar as práticas culturais em relação de apropriações diferenciais autoriza também a não considerar como totalmente eficazes e radicalmente aculturantes os textos, as falas ou os exemplos que visam moldar os pensamentos e as condutas da maioria. Além disso, essas práticas são criadoras de usos ou de representações que não são absolutamente redutíveis às vontades dos produtores de discursos e de normas. Portanto, o ato de leitura não pode de maneira nenhuma ser anulado no próprio texto, nem os comportamentos vividos nas interdições e nos preceitos que pretendem regulamentá-los. A aceitação dos modelos e das mensagens propostas opera-se por meio dos arranjos, dos desvios, às vezes das resistências, que manifestam a singularidade de cada apropriação. Daí várias precauções serem necessárias.

A primeira é de jamais confundir o estudo dos textos com o dos gestos ou dos pensamentos que eles supostamente produzem. Constatação evidente, mas freqüentemente esquecida, já que o historiador muitas vezes só pode trabalhar sobre discursos em que são enunciadas condutas a imitar ou intrigas a decifrar. Constatação que, também, leva a construir uma história das práticas a partir das representações múltiplas (literárias, iconográficas, normativas, autobiográficas etc.) que são dadas. Essa é a perspectiva que fundamenta aqui o estudo das práticas de leitura, solitárias ou coletivas, particulares ou públicas, letradas ou ineptas, que dão um sentido aos textos e aos livros que os editores dos séculos XVI e XVIII propunham aos seus leitores. Compreender os textos, os temas, as formas da Biblioteca Azul exige, por exemplo, que sejam identificadas as modalidades originais da prática de ler entre os leitores que não pertenciam ao pequeno mundo dos virtuoses da leitura. Reconhecer estatisticamente a desigual circulação dos diferentes tipos de impressos então não basta; também não basta descrever tematicamente o catálogo da literatura supostamente "popular": é necessário igualmente apreender, tão precisamente quanto possível, apesar dos limites da documentação, de que modo os leitores antigos, diversamente, encontravam e manejavam o escrito.

Segunda precaução: não admitir sem nuanças a periodização clássica que atualmente considera a primeira metade do século XVII como a época de uma cesura maior, pondo fortemente em contraste uma época de ouro da cultura popular, viva, livre, profusa, e a época das disciplinas eclesiásticas e estatais, que a reprimem e a submetem. Esse esquema pareceu às vezes pertinente para explicar a trajetória cultural da França do Antigo Regime: depois de 1600 ou de meados do século XVII, as ações conjugadas do Estado absolutista, centralizador e unificador, e da Igreja da Reforma católica, repressiva e aculturante, teriam sufocado ou reprimido a exuberância inventiva de uma antiga cultura do povo. Impondo disciplinas inéditas, inculcando submissões novas, ensinando novos modelos de comportamento, o Estado e a Igreja teriam destruído nas suas raízes e nos seus equilíbrios antigos uma maneira tradicional de ver e de viver o mundo. O livro que se vai ler retoma com grande prudência essa periodização, do mesmo modo que o diagnóstico que a partir da desqualificação da cultura popular conclui pelo seu desaparecimento.

Para isso existem várias razões. Inicialmente, é evidente que esse esquema que, em torno de um momento de encruzilhada, opõe o esplendor e a miséria da cultura da maioria reitera para a Idade Moderna uma oposição que outros historiadores reconheceram para outras épocas. Foi assim, ao longo de todo o século XII, quando a reordenação teológica, científica e filosófica separa cultura erudita e tradições folclóricas, censurando as práticas doravante consideradas supersticiosas ou heterodoxas, constituindo a cultura do povo como um objeto colocado à distância, sedutor ou temível. Foi assim, antes e depois das cinco décadas que separam na França a guerra de 1870 da guerra de 1914, consideradas a época privilegiada do desenclave, ou seja, do desraizamento das culturas tradicionais, camponesas e populares, em benefício de uma cultura nacional e republicana, moderna e unificada. Foi assim de um extremo ao outro de uma cultura de massa cujos novos meios de comunicação supostamente destruíram uma cultura antiga, criativa, plural, livre. O destino historiográfico da cultura popular, portanto, é ser sempre sufocada, reprimida, destruída, e ao mesmo tempo sempre renascer de suas cinzas. Isso certamente indica que o verdadeiro problema não é tanto de datar seu irremediável desaparecimento mas de considerar, para cada época, a maneira como se estabelecem as relações complexas entre formas impostas, mais ou menos opressivas e imperativas, e identidades afirmadas, mais ou menos expandidas ou refreadas.

Daí mais uma razão para não organizar toda a descrição das culturas do Antigo Regime a partir da cesura do século XVII. Com efeito, a força de imposição de sentido dos modelos culturais não anula o espaço próprio de sua recepção, que pode ser resistente, astuta, rebelde. A descrição das normas e das disciplinas, dos textos e das falas, graças aos quais a cultura contra-reformada e absolutista pretendia submeter o povo, não significa que este foi realmente submetido, total e universalmente. Muito pelo contrário, é preciso postular que existe uma distância entre a norma e a vivência, a injunção e a prática, o sentido visado e o sentido produzido – uma distância em que podem insinuar-se reformulações e desvios. Tanto quanto a cultura de massa de nosso tempo, a cultura imposta pelos poderes antigos não pode restringir as identidades singulares ou as práticas arraigadas, que lhe eram renitentes. O que mudou, evidentemente, é a maneira como elas puderam expressar-se e afirmar-se, fazendo uso das formas novas que deviam destruí-las. Mas reconhecer essa mutação incontestável não implica quebrar as continuidades culturais que atravessam os três séculos da Idade Moderna, nem decidir que depois de meados do século XVII não há mais lugar nenhum para práticas e pensamentos diferentes daqueles que os membros da Igreja, os servidores do Estado ou os autores de livros queriam inculcar.

É por isso que, em lugar do corte abrupto que supostamente divide a história cultural da sociedade do Antigo Regime, deu-se preferência aqui a modelos de compreensão que tentam explicar, em conjunto, continuidades e diferenças. O primeiro deles, mediante formas ou práticas diversas, põe em contraste disciplina e invenção, não considerando as duas categorias como irredutíveis, mas manejando-as em conjunto a fim de mostrar que todo dispositivo que visa criar repressão e controle provoca táticas que o amenizam ou o subvertem, e, inversamente, que não existe produção cultural livre e inédita que não empregue materiais impostos pela tradição, pela autoridade ou pelo mercado e não esteja submetida à vigilância ou censura de quem tem poder sobre as palavras e as coisas. Os programas das festas ou os usos da civilidade são ilustrações exemplares dessa tensão entre disciplinas superadas e liberdades forçadas, que uma oposição demasiado simples entre espontaneidade popular e coerções não consegue esgotar.

Disciplina e invenção, mas também distinção e divulgação. Esse segundo par de noções solidárias é utilizado nos textos que vêm a seguir para propor uma compreensão da circulação dos objetos e dos modelos culturais que não a reduz a uma simples difusão, geralmente pensada como descendo de cima para baixo no corpo social. Os processos de imitação ou de vulgarização são mais complexos e mais dinâmicos e devem ser pensados, antes de tudo, como lutas de concorrência em que toda divulgação, outorgada ou conquistada, produz ao mesmo tempo a procura de uma nova distinção. É o que ocorre na trajetória da civilidade (entendida ao mesmo tempo como uma noção normativa e como o conjunto de comportamentos que ela prescreve), já que sua difusão na sociedade inteira, por apropriação ou imposição, a desqualifica junto àqueles cuja identidade própria ela caracterizava – o que os leva a valorizar outros conceitos e outras maneiras. É o que ocorre, talvez, com as práticas de leitura cada vez mais distintas umas das outras à medida que o impresso se torna um objeto menos raro, menos confiscado, menos distintivo. Enquanto a propriedade do objeto tinha durante muito tempo significado a diferença social por si mesma, são as maneiras de ler que se encontram progressivamente investidas dessa função, hierarquizando os usos plurais de um mesmo material. As representações simplistas e solidificadas da dominação social ou da difusão cultural devem então ser substituídas por uma maneira de compreendê-las que reconhece a reprodução das diferenças no interior dos próprios mecanismos de imitação, as concorrências dentro das divisões, a constituição de novas divisões pelos próprios processos de divulgação.

Mais uma palavra sobre o próprio conceito de cultura, manejado até agora neste texto como se sua definição fosse evidente e universal. Que fique claro então que ele não é entendido aqui no sentido que a história francesa geralmente lhe deu, designando como cultural um domínio particular de produções e de práticas, supostamente distinto de outros níveis, do econômico e do social. A cultura não está acima ou ao lado das relações econômicas e sociais, e não existe prática que não se articule sobre as representações pelas quais os indivíduos constroem o sentido de sua existência – um sentido inscrito nas palavras, nos gestos, nos ritos. É por essa razão que os mecanismos que regulam o funcionamento social, as estruturas que determinam as relações entre os indivíduos devem ser compreendidos como o resultado, sempre instável, sempre conflituoso, das relações instauradas entre as percepções opostas do mundo social. Não se podem, portanto, restringir apenas à sua finalidade material ou a seus efeitos sociais as práticas que organizam as atividades econômicas e tecem os vínculos entre os indivíduos: todas são ao mesmo tempo "culturais", já que traduzem em atos as maneiras plurais como os homens dão significação ao mundo que é o seu. Portanto, toda história, quer se diga econômica, social ou religiosa, exige o estudo dos sistemas de representação e dos atos que eles geram. Por isso, ela é cultural.

Descrever uma cultura seria então compreender a totalidade das relações que nela se encontram entrelaçadas, o conjunto das práticas que nela exprimem as representações do mundo, do social ou do sagrado. Tarefa impossível. Tarefa ilusória, em todo caso, para sociedades complexas como a do Antigo Regime. Abordá-las, a nosso ver, supõe uma atitude diferente, que focalize a atenção sobre práticas particulares, objetos específicos, usos determinados. As práticas do escrito, que fixam ou produzem a fala, cimentam as sociabilidades ou prescrevem comportamentos, atravessam tanto o foro privado como a praça pública, levam a crer, a realizar ou a sonhar, nos pareceram uma boa entrada numa sociedade em que o impresso multiplicado convive com as formas tradicionais da comunicação e em que distinções novas fraturam uma base compartilhada. Que essas práticas, por comodidade, sejam chamadas aqui e ali de "culturais", isso não deve criar um equívoco: os ensaios aqui reunidos jamais as tomam como separáveis das outras formas sociais, nem pretendem qualificá-las e classificá-las *a priori* num domínio específico de práticas, designado como cultural em relação a outros que não o seriam.

As reflexões expostas nesta introdução são mais fruto dos estudos de casos a serem lidos do que o programa que, *a priori*, os teria guiado com toda a coerência. Pode ser então que, aqui ou ali, a análise concreta esqueça a precaução de método ou que traga de volta, sub-repticiamente, maneiras de pensar a cultura, popular ou não, que este Preâmbulo justamente questiona. Mas pareceu antes preferível assumir essas discordâncias em vez de eliminar as hesitações e os arrependimentos de uma atitude que, a cada etapa, esforçou-se por forjar novos instrumentos de compreensão a partir da insatisfação deixada pelos estudos anteriormente concluídos. Daí duas maneiras de ler este livro. Ou aceitar a ordem em que os diferentes ensaios estão dispostos, com os quatro primeiros analisando diferentes figuras das possíveis relações entre textos e comportamentos, e os quatro últimos concentrando a atenção sobre as práticas de leitura. Ou restabelecer a ordem cronológica em que essas oito contribuições foram escritas, não para reconstituir um itinerário pessoal, mas talvez porque essa trajetória seguiu os principais deslocamentos da história cultural na França nesses últimos dez anos – uma história cultural que no passado era animada pela ambição de dispor os materiais culturais em números e em séries, e agora preocupada antes de tudo em compreender usos e práticas. Qualquer que seja o caminho escolhido, esperamos que o leitor não se arrependa do percurso.

Agradecemos aos editores que nos autorizaram a retomar os textos aqui reunidos e que foram publicados nas obras e nas revistas seguintes:

"Disciplines et invention: la fête". *Diogène*, n.110, p.51-71, 1980.

"Distinction et divulgation: la civilité et ses livres". *Lexicon Politisch-Sozialer Grundbegriffe in Frankreich*, sob a direção de R. Reichardt e E. Schmitt, Munich-Vienne, Oldenbourg, Heft 4, p.1-44, 1986.

"Stratégies editoriales et lectures populaires (1530-1660)". Martin, H.-J., Chartier, R. (Dir.) *Histoire de l'édition française*. Paris: Promodis, 1982. t. I: *Le livre conquérant. Du Moyen Age au milieu du XVIIe siècle*, p.585-603.

"Normes et conduits: les arts de mourir (1450-1600)". *Annales ESC*, 1976, p.51-75.

"Du livre au lire: les pratiques citadines de l'imprimé (1660-1780)". Martin, H.-J., Chartier, R. (Dir.) *Histoire de l'édition française*. Paris: Promodis, 1984. t. II: *Le livre triomphant. 1660-1830*. p.402-29.

"Représentations et pratiques: lectures paysannes au XVIIIe siècle". *Dix-Huitième Siècle*, n.18, p.45-64, 1986.

"Les livres bleus". Martin, H.-J., Chartier, R. (Dir.) *Histoire de l'édition française*. Paris: Promodis, 1984. t. II: *Le livre triomphant. 1660-1830*. p.498-511.

"Figures littéraires et expériences sociales: la littérature de la gueuserie dans la Bibliothèque bleue". *Figures de la gueuserie*. Paris: Montalba, 1982. p.11-106.

1
Disciplina e invenção: a festa

Por que começar com a festa? O entusiasmo festivo que tomou conta da historiografia francesa há uma dezena de anos parece, com efeito, ter-se dissipado um pouco em nossos tempos mais austeros. É bem certo que, naquela época, a exploração multiplicada da festa antiga constituiu uma espécie de compensação, em termos de conhecimento, para o desaparecimento de um sistema de civilização em que a festa tinha, ou melhor, era considerada como tendo um papel central. A análise histórica, portanto, estava encarregada de relatar, na sua linguagem e com suas técnicas, a nostalgia secretada por um presente que tinha banido a festa definida como ato de participação comunitária. Nesse terreno, encontrou-se uma das funções principais atribuídas – implícita ou abertamente – à história hoje: restituir ao plano do saber um mundo desaparecido do qual a sociedade contemporânea se sente herdeira, mas herdeira infiel. A operação de conhecimento sempre teve dificuldade de separar-se da fabricação de um passado imaginário, coletivamente desejado. Em todo caso, ela fez que fossem privilegiados os objetos mais esquecidos pelo presente, porém os mais sintomáticos da cultura perdida. Com toda a evidência, a festa foi um deles.

De outro modo, a festa – como objeto histórico – beneficiou-se da reabilitação do acontecimento. Depois de terem pescrutado maciçamente a longa duração e as permanências, os historiadores, em particular os da tradição dos *Annales*, voltaram ao acontecimento. Na sua efemeridade e na sua tensão, com efeito, este pode revelar, tanto quanto as evoluções de longa duração ou as inércias sociais e culturais, as estruturas que constituem uma sociedade ou uma mentalidade coletiva. A batalha foi entre os primeiros beneficiários dessa reavaliação. Arrancada da história-narrativa, ela pode ser instituída como um lugar de observação pertinente onde apreender uma estrutura social, um sistema de cultura, a fabricação de uma história ou de um legendário.[1] Da mesma maneira, a festa deixou o território do pitoresco e do anedótico para tornar-se um revelador maior das clivagens, tensões e representações que atravessam uma sociedade. Semelhante tratamento é certamente evidente quando a festa engendra uma violência em que a comunidade se dilacera, como em Romans em 1850: "O carnaval romanês me faz pensar no grande *canyon* do Colorado. Sulco factual, ele se afunda numa estratigrafia estrutural. Como o traçado de um guia, ele deixa ver as camadas mentais e sociais que compõem um muito Antigo Regime".[2] A metáfora geológica designa claramente uma perspectiva em que o acontecimento festivo é indício, em que o excepcional tem a tarefa de relatar o comum. Mas, mesmo quando não gera desregramentos nem revolta, a festa suscita semelhante abordagem. Ela é sempre aquele momento particular mas reitera-

---

1 Duby, G. *Le dimanche de Bouvines 27 juillet 1214*. Paris: Gallimard, 1973 (espec. p.13-4) [ed. bras.: *O domingo de Bouvines*. Trad. Maria Cristina Frias. São Paulo: Paz e Terra, 1983].

2 Le Roy Ladurie, E. *Le carnaval de romans*. De la Chandeleur au mercredi des Cendres 1579-1580. Paris: Gallimard, 1979. p.408.

do em que se pode apreender – mesmo se mascaradas ou invertidas – as regras de um funcionamento social.

Mas para nós, aqui, a atenção dedicada às festas do Antigo Regime tem uma razão diferente. A festa, com efeito, é um dos momentos principais em que se vinculam, em termos de compromisso e de conflito, relações entre uma cultura designada como popular, ou folclórica, e as culturas dominantes. Desses encontros, a festa não é o único lugar, mas é um lugar absolutamente exemplar. Primeiramente, é claro que ela se situa na encruzilhada de duas dinâmicas culturais: de um lado, a invenção e a expressão da cultura tradicional compartilhada pela maioria; de outro, a vontade disciplinante e o projeto aculturante da cultura dominante. Podemos então, com todo o direito, aplicar a ela a problemática construída por Alphonse Dupront a propósito da peregrinação, que dá ênfase às tensões entre a pulsão do coletivo e a disciplina imposta pela instituição.[3] Por outro lado, a festa "popular" foi pensada pelas culturas dominantes como um obstáculo maior à afirmação de sua hegemonia religiosa, ética ou política. Em conseqüência, ela foi o alvo de um trabalho, sempre recomeçado, visando destruí-la, desbastá-la, discipliná-la ou recuperá-la. Ela é, portanto, o lugar de um conflito em que se confrontam, ao vivo, lógicas culturais contraditórias; por isso, ela autoriza uma apreensão das culturas "popular" e erudita nos seus cruzamentos e não apenas por meio do inventário dos motivos que supostamente lhes são próprios. A festa é uma das formas sociais em que é possível observar tanto a resistência popular às injunções normativas quanto a remodelagem segundo os modelos culturais dominantes dos comportamentos da maioria. Daí sua importância para uma história das mentalidades sensível à análise de funcionamentos culturais concretos e localizados.

---

3 Dupront, A. Formes de la culture des masses: de la doléance au pèlerinage panique (XVIIIᵉ-XXᵉ siècle). In: *Niveaux de culture et groupes sociaux*. Paris, La Haye: Moutoun, 1967. p.149-67.

Reconhecidas assim as razões que fizeram colocar a festa na ordem do dia do trabalho histórico, é possível esboçar, para um terreno bem balizado – a França entre o século XV e o século XVIII –, um balanço das conquistas e dos problemas colocados por sua leitura retrospectiva. Para isso, parece de bom método apoiar-se em certo número de "estudos de casos", tanto originais como tomados de empréstimo. Resta, entretanto, uma última preliminar, que diz respeito à grande incerteza que veicula o próprio uso da palavra festa. Sua aparente unicidade remete, de fato, a múltiplas diferenças, geralmente pensadas mediante uma série de oposições: popular/oficial, rural/urbana, religiosa/laica, participação/espetáculo etc. Ora, essas clivagens, longe de permitir uma clara tipologia das cerimônias festivas, são elas próprias problemáticas, já que a festa é quase sempre um misto que visa conciliar os contrários. Por outro lado, a palavra investe em si a definição – teorizada ou espontânea – que cada um se forjou da festa. Misturando lembrança e utopia, dizendo o que a festa deve ser e o que ela não é, essas definições são certamente a coisa menos compartilhada do mundo. Portanto, elas impedem de construir facilmente a festa como objeto histórico de contornos bem desenhados. Para tentar reter por algum tempo essa realidade móvel, fugidia e contraditória, aceitaremos como festas todas as manifestações que são dadas como tais na sociedade antiga, mesmo se o festivo estiver em outro lugar além das festas (e talvez sobretudo nelas).[4]

Primeira e fundamental constatação: a festa antiga, longe de ser um dado estável, suscetível de uma descrição estática, foi, do fim da Idade Média até a Revolução, objeto de múltiplas alterações modificadoras que, antes de tudo, é preciso detectar. As censuras eclesiásticas são certamente as mais antigas. As condenações lançadas pela Igreja contra as festas e as diversões populares alimentam uma cadeia ininterrupta de textos entre os séculos

---

4 Certeau, M. de. Une culture très ordinaire. *Esprit*, oct. 1978, p.326.

XII e XVIII. A literatura dos *exempla*, que devem apoiar essa predicação, é a forma principal dessas prevenções, seguida pelo *corpus* maciço dos decretos conciliares, estatutos sinodais ou prescrições episcopais. Desde o fim do século XVII, a abundância desse material é tanta que pode servir de base para tratados teológicos visando recapitular a tradição da Igreja e encarregados de informar a pastoral, como os dois tratados de J.-B. Thiers.[5] Essas interdições eclesiásticas são tão importantes a ponto de serem freqüentemente retomadas pelas autoridades civis, parlamentos ou municipalidades. Um exemplo tópico dessa aliança dos poderes é dado pela luta empreendida contra as festas bailadas nos séculos XVII e XVIII na alçada do Parlamento de Paris.[6] Essas festas, realizadas aos domingos e nos dias de festas obrigatórias, freqüentemente ligadas a uma feira, marcadas por divertimentos tradicionais (danças e jogos), foram proibidas por um decreto dos Grandes Dias de Auvergne em 1665, e, dois anos mais tarde, a condenação foi estendida a toda a alçada do Parlamento. Entretanto, na última década do Antigo Regime, vemos essa condenação universal ser duplicada por meia centena de decretos particulares. Em toda parte, o mecanismo é idêntico: uma queixa é apresentada pelo vigário do lugar junto ao procurador-geral do Parlamento, este manda abrir um inquérito pelos juízes locais, e essa informação acaba muitas vezes, mas nem sempre, como um decreto de interdição. Semelhante ofensiva, tensa e decidida, atesta

---

5 Thiers, J.-B. *Traité des jeux et des divertissements*. Paris, 1696; e *Traité des superstitions selon l'Écriture Sainte, les décrets des conciles et les sentiments des saints Pères et des théologiens*. Paris, 1679, 2.ed., 4 tomes (1697-1704). Sobre este último texto, cf. Lebrun, J. *Le traité des superstitions* de Jean-Baptiste Thiers, contribution à l'ethnographie de la France du XVIIe siècle. *Annales de Bretagne et des Pays de l'Ouest*, 1976, p.443-65; e Chartier, R., Revel, J. Le paysan, l'ours et saint Augustin. In: *La découverte de la France au XVIIe siècle*. Paris: Ed. du CNRS, 1980. p.259-64.

6 Bercé, Y.-M. *Fête et révolte*. Des mentalités populaires du XVIe au XVIIIe siècle. Paris: Hachette, 1976. p.170-6.

ao mesmo tempo a indocilidade camponesa ante as injunções dos poderes e as convergências estabelecidas entre a vontade cristianizadora dos clérigos e o projeto de polícia de costumes efetuado pelos magistrados.

Para a Igreja, o objetivo é duplo: controlar o tempo, controlar os corpos. O domínio do tempo festivo é um primeiro lugar de confronto entre a cultura folclórica e a instituição eclesiástica. Muito cedo, desde o século XIII, a literatura dos *exempla* permite reconhecer o conflito vivo que se estabelece em torno do ciclo da Páscoa e de Pentecostes.[7] Para a cultura folclórica, esse período do calendário é antes de tudo o tempo das festas que permitem a integração dos jovens à sociedade, quer seja o torneio aristocrático quer sejam as danças no meio popular. Para a instituição eclesiástica, ao contrário, esse tempo da celebração do Espírito Santo deve ser o tempo da procissão, da peregrinação, da cruzada. Essa luta pelo controle do tempo se desenvolve também na escala cotidiana, com a Igreja não cessando de fazer desaparecer os divertimentos noturnos e a concepção que os fundamenta; a saber, a divisão estabelecida entre o dia, que pertence à Igreja, e a noite, tempo privilegiado do jogo livre.

Visando disciplinar os corpos, a Igreja apreende os comportamentos festivos por meio das mesmas categorias que operam na designação e na descrição das condutas supersticiosas. Daí uma tripla condenação da festa tradicional. Em primeiro lugar, ela é o ilícito, ou ainda o "popular", no sentido que J.-B. Thiers dá a essa palavra, colocando-a como o contrário do católico. Os comportamentos festivos, com efeito, variam ao infinito, não se baseiam absolutamente numa autoridade eclesiástica, fincam raízes em existências comunitárias particulares. Portanto, eles se opõem ao gesto católico, universal, fundamentado e compar-

---

7 Schmitt, J.-C. Jeunes et danses des chevaux de bois. Le folklore méridional dans la littérature des *exempla* (XIIIe-XIVe siècle). *Cahiers de Fanjeaux* (*Toulouse*), n.11, p.127-58, 1976.

tilhado. Essa condenação teológica é duplicada por outra, psicológica. Para a Igreja, a festa popular identifica-se, com efeito, ao excesso e à desmedida, ao dispêndio irracional dos corpos e dos bens. Ela se situa então no oposto perfeito das práticas autorizadas, ao mesmo tempo necessárias e justamente medidas. Enfim, no plano moral, ela significa indecência e licença. Nela se esquecem as regras que fundamentam a civilidade cristã: a afetividade aqui se dá sem controle, o pudor perde suas normas, os corpos se abandonam sem reverência pelo Criador. Lugar do espontâneo, da desordem e do desonesto, a festa, aos olhos dos moralistas cristãos, é a anticivilidade por excelência. Ela reúne em si os diferentes traços que desqualificam as práticas ilícitas, contrárias à crença verdadeira, à necessária medida e ao pudor cristão. Não é, portanto, de admirar que as festas tenham sido um dos alvos principais do esforço cristianizador.[8]

Para censurá-las, as estratégias são diversas. A mais radical tende à interdição; por exemplo, no caso da festa dos Loucos, celebrada geralmente no dia dos Santos-Inocentes e caracterizada por uma inversão das posições da hierarquia eclesiástica, a paródia dos rituais religiosos e divertimentos múltiplos (jogos teatrais, danças, festins etc.). Festa de forte conotação religiosa, desenvolvendo-se na sua parte essencial dentro do espaço consagrado, a festa dos Loucos foi objeto de uma condenação antiga, reiterada e, ao que parece, eficaz. No seu *Tratado dos jogos e dos divertimentos*, J.-B. Thiers recapitula os textos que proibiram a festa dos Loucos ou dos Inocentes: sua série começa em 1198 com uma ordem do bispo de Paris e comporta três textos do século XIII, sete do século XV, dez do século XVI.[9] Essa insistência parece ter produzido seus frutos, já que a festa dos Loucos desaparece no

---

8 Delumeau, J. (Dir.) *La mort des Pays de Cocagne*. Camportements collectifs de la Renaissance à l'Age Classique. Paris: Publications de la Sorbonne, 1976. p.14-29.

9 Thiers, *Traité des jeux...*, op. cit., p.440-51.

fim do século XVI; em meados do século XVII, ela já é objeto de história, de uma história tão distante e estranha que é quase indecifrável: "As festas cuja história eu empreendo são tão extravagantes que o leitor terá dificuldade em dar-lhes crédito se não for instruído na ignorância e na barbárie que precederam a renascença das belas-letras".[10]

Muitas vezes, essa estratégia de erradicação não é possível e deve dar lugar ao compromisso que passa por um controle religioso do dispositivo festivo. Como para a peregrinação, a instituição eclesiástica visa impor sua ordem ao espontâneo, enquadrar a liberdade popular, extirpar suas manifestações intoleráveis. É assim que se deve compreender a luta tenaz empreendida pelas Igrejas, tanto a reformada como a católica, contra a dança, elemento essencial, simbólico e lúdico, da festa antiga, prática possivelmente presente em cerimônias muito diversas. Nesse ponto, ainda, Thiers recorre a múltiplas autoridades para condenar a dança, escola de impureza e arma do diabo:

> Quão poucos são aqueles que, dançando ou vendo os outros dançar, não se entregam a alguns pensamentos desonestos, não lançam algum olhar impudico, não assumem alguma postura indecente, não dizem alguma palavra solta, enfim não formam algum desejo da carne, como diz o santo Apóstolo?[11]

---

10 Tilliot, J.-B. du. *Mémoires pour servir à l'histoire de la fête des Fous qui se faisait autrefois dans plusieurs églises.* Citado por Bercé, *Fête et révolte,* op. cit., p.140.
11 Thiers, *Traité des jeux...,* op. cit., p.331-41. Como a dança, as máscaras de carnaval são duplamente condenáveis: elas travestem o corpo do homem, portanto blasfemam contra o Criador; permitem as licenças mais perigosas tanto para a ordem da sociedade como para a da moral. Como prova, dois textos: primeiro as constituições sinodais da diocese de Annecy (ed. de 1773): "Exortamos enfim os Srs. arcebispos, párocos e vigários, a que se apliquem da melhor maneira, sobretudo nos burgos e nas cidades, para extirpar o abuso das mascaradas que nada mais são do que um lixo vergonhoso do paganismo. Para fazê-lo, eles se levantarão contra isso em seus sermões e instruções, sobretudo da Epifania até a Quaresma, farão sentir o seu ridículo

Deformando os corpos, a dança distorce as almas e inclina ao pecado. Ela não deve então contaminar as festas autorizadas. Uma terceira estratégia clerical é a da triagem. A operação de cristianização visa separar o núcleo lícito da festa e as práticas supersticiosas sedimentadas em torno dele. Um caso tópico dessa perspectiva pode ser lido no discurso religioso relativo aos fogos de São João.[12] A festa e seus fogos, que visam celebrar o nascimento do santo, são considerados legítimos, mas com a condição de ser estritamente isolados e controlados: a cerimônia deve ser breve, por isso a fogueira pequena, a fim de evitar todo supérfluo ou excesso; as danças e os festins que acompanham os fogos devem ser proibidos, assim como as condutas supersticiosas que eles geram. Os fogos de São João, com efeito, alimentam um grande número de crenças nas quais se desnuda a superstição, já que todas se baseiam na relação ilusória que existiria entre um gesto (jogar ervas sobre o fogo, guardar tições ou carvões do fogo, dar voltas ou fazer círculos ao redor do fogo etc.) e seus supostos efeitos (adivinhar a cor do cabelo da futura mulher, garantir-se o ano inteiro contra a dor de cabeça e a dor de rim etc.).[13] Entre a

---

e seus perigos, mostrando ao povo que essa desordem é injuriosa a Deus, cujas imagens desfigura; que desonra os adeptos de Jesus Cristo, emprestando-lhes personagens burlescos e deslocados; e que favorece a libertinagem, facilitando aquilo que atenta ao pudor" (citado segundo Devos, R., Joisten, C. *Moeurs et coutumes de la Savoie du Nord au XIXe siècle. L'enquête de Mgr Rendu.* Annecy: Académie Salésienne; Grenoble: Centre Alpin et Rhodanien d'Ethnologie, 1978. p.120); depois, o preâmbulo de uma ordem do magistrado de Lille de 1681: "Considerando que todos os anos, algum tempo antes da Quaresma, ocorrem muitas desordens e inconvenientes prejudiciais à salvação das almas e ao bem da coisa pública pela licença que se dão várias pessoas de um e outro sexo de ir pela cidade mascarados ou travestidos de maneira diferente..." (citado segundo Lottin, A. *Chavatte, ouvrier lillois. Un contemporain de Louis XIV.* Paris: Flammarion, 1979. p.322).

12 Delumeau, J. *Le catholicisme entre Luther et Voltaire.* Paris: Presses Universitaires de France, 1971. p.259-61.

13 Essas superstições são relatadas em Thiers, *Traité des superstitions...,* op. cit., ed. de 1712, t.1, p.298, e ed. de 1727, t.IV, p.404.

festa lícita e sua perversão supersticiosa e imoral, o limite é indeciso como atestam, no âmbito local, as difíceis relações entre as comunidades e seus vigários.[14] Tolerância e condenações coabitam aqui para evitar tanto o conflito aberto, muitas vezes judicial, quanto o abuso intolerável. Duas culturas se confrontam em torno das festividades: uma, clerical, que visa ordenar os comportamentos para fazer da festa uma homenagem a Deus; outra, da maioria, que absorve o cerimonial religioso num ato coletivo jubilatório.

Embora seja incontestavelmente a mais contínua e a mais poderosa, a pressão eclesiástica sobre as festas não é absolutamente a única. Entre 1400 e 1600, com efeito, as festas urbanas, e principalmente o carnaval, sofreram outra intervenção ligada ao crescente confisco municipal. Em toda parte, coletorias e consulados querem dominar a festa urbana, e, para isso, controlar seu financiamento, seus itinerários, seu programa.[15] Cada vez mais, na aurora da modernidade, a festa é sustentada pelas finanças municipais, e não mais apenas pelo rei da confraria que era sua organizadora tradicional. Progressivamente, a autonomia cede lugar ao financiamento público. Daí um controle mais rígido dos itinerários cerimoniais que dão um espaço privilegiado aos lugares simbólicos da identidade e do poder urbanos (por exemplo, a prefeitura ou a praça do mercado, às vezes até as casas dos coletores). Daí também uma intervenção cada vez mais clara do corpo municipal na elaboração do programa festivo que até então era unicamente da alçada das confrarias organizadoras (reino da juventude ou abadias jocosas).

---

14 Tackett, T. *Priest and Parish in Eighteenth-Century France*. A Social and Political Study of the Curés in a Diocèse of Dauphiné, 1750-1791. Princeton University Press, 1977. p.210-5; e Julia, D. La réforme posttridentine en France d'après les procès-verbaux des visites pastorales: ordre et résistances. In: *La società religiosa nell'Eta moderna*. Napole: Guida Editori, 1973. p.311-435, espec. p.384-8.

15 Grinberg, M. Carnaval et société urbaine, XIVe–XVIe siècle: le royaume dans la ville. *Ethnologie Française*, n.3, p.215-43, 1974.

Essa apropriação municipal obedece a uma finalidade clara: exprimir na linguagem da festa uma ideologia, ao mesmo tempo citadina e laica. A composição dos cortejos é uma primeira tradução disso, já que neles estão reunidos, real ou simbolicamente, todos os corpos de profissões que compõem a cidade. Foi assim, em Metz, em 1510 e 1511.[16] Agrupando e ao mesmo tempo hierarquizando, a festa deve exprimir a unidade da comunidade urbana. Ela deve também moldar um legendário urbano encarregado de enraizar o passado da cidade numa história prestigiosa, antiga ou bíblica. Em Metz, em 1511, no dia dos Archotes, os dignitários da cidade se fantasiam, e são Davi, Heitor, Júlio César, Alexandre, o Grande, Carlos Magno e Godefroy de Bouillon que legitimam o poderio da cidade e o poder de sua oligarquia. A festa urbana tornou-se assim um instrumento político que permite a afirmação da cidade perante o príncipe, a nobreza e as outras cidades. Portanto, ela deve exprimir, pelo dispêndio e pelo fasto, a riqueza da cidade, inserindo-se assim numa diplomacia da competição que não deixa de ter efeito sobre o calendário festivo. De fato, a fim de autorizar a assistência recíproca de representantes das cidades nos carnavais, as cidades de Flandres e de Artois deslocam a festa, chegando a celebrá-la fora de sua posição no calendário normal. Vemos assim como uma ideologia política pode alterar, determinar ou transformar rituais antigos para subverter a sua significação.

Censurada pelas autoridades eclesiásticas, desviada pelas oligarquias municipais, a festa antiga só se consagra então por meio das alterações que os poderes progressivamente lhe impuseram. Parece, portanto, impossível a triagem que visaria reencontrar, sob essas deformações e mutilações, uma base originária, propriamente "popular" ou "folclórica". O material festivo, tal como se pode apreendê-lo entre os séculos XVI e XVIII, é sempre um misto cultural que não permite isolar facilmente seus com-

---

16 Ibidem, p.229-30.

ponentes, quer se queira ordená-los segundo uma clivagem popular/oficial quer segundo uma sedimentação que faz a dependência suceder a uma espontaneidade primitiva. É por essa razão que nos pareceu legítimo colocar primeiro em ordem os remanejamentos operados sobre as festas pelos poderes antes de tentar dar uma descrição ilusória de uma festa supostamente virgem de qualquer contaminação disciplinatória. Mas esse material compósito é ele próprio objeto de uma história que talvez seja possível elucidar a partir de um estudo de caso que diz respeito ao sistema das festas lionesas entre o fim da Idade Média e a Revolução.[17]

A trama da evolução é clara, com as festas baseadas numa participação comunitária sendo sucedidas por festas outorgadas. Na Renascença, o sistema das festas lionesas se compõe de dois elementos principais: festas da totalidade urbana, festas da sociabilidade popular. As primeiras supõem a participação do conjunto da população citadina num mesmo divertimento, mesmo que essa participação seja hierarquizada e por vezes conflituosa. Essa situação é evidentemente a das festas religiosas nascidas sobre os escombros da festa das Maravilhas desaparecida no início do século XV, quer sejam os perdões de São João, quer as procissões das Rogações, quer as festas dos santos padroeiros. É o caso, também, das entradas reais das quais a série lionesa é repleta entre o fim do século XV e o início do XVII: 1490, 1494, 1495, 1507, 1515, 1522, 1548, 1564, 1574, 1595, 1600, 1622, ou seja, doze entradas em 125 anos, às quais se deveriam juntar todas aquelas que não são reais. Cada uma das entradas propõe uma reciprocidade do espetáculo: o povo citadino é espectador do cortejo real, o rei e sua corte são espectadores do cortejo urbano, que inclui a participação de todas as categorias da cidade, incluídos os arte-

---

17 Os materiais fundamentais para esse estudo estão reunidos no catálogo *Entrées royales et Fêtes populaires à Lyon du XVe au XVIIIe siècle*. Lyon: Bibliothèque de la Ville de Lyon, 1970.

sãos, reunidos por corporações até 1564 e em seguida por bairros. A entrada é também, por excelência, uma festa plural, na qual se imbricam múltiplos elementos: cortejos, cavalhadas, jogos teatrais, quadros vivos, fogos de artifício etc. O material iconográfico e cenográfico mostrado dessa maneira autoriza uma pluralidade de leituras, certamente muito diversas para os diferentes grupos socioculturais, mas, de qualquer modo, ele é apresentado em comum numa cerimônia que reúne a cidade inteira.

Outro componente essencial das festas lionesas do século XVI é dado por festas que podemos designar como "populares", com a condição de não encerrar a definição de povo dentro de limites demasiado estreitos.[18] Algumas, assumidas pelas confrarias jocosas, neste caso as vinte abadias de Maugovert, têm por fundamento as relações de vizinhança dentro do bairro. É o caso das algazarras que, sob a forma de uma cavalgada do asno, ridicularizam os maridos espancados. Esses divertimentos, organizados pelo mundo do artesanato e da mercadoria, são também espetáculos que podem ser oferecidos aos hóspedes aristocráticos: é o caso da cavalgada de 1550 e, também, a de 1566, que deveria constituir um dos elementos da entrada da duquesa de Nemours.[19] Em outras ocasiões, o papel principal cabe às confrarias jocosas emanadas das corporações, em particular a dos impressores. A confraria da Coquille, que pode ser também a organizadora de cavalgadas do asno (como em 1578), encarrega-se dos cortejos paródicos que marcam o Domingo Gordo. Entre 1580 e 1601, meia dúzia de livretos, "impressos em Lyon pelo Senhor da Coquille", atestam a vitalidade festiva e crítica do grupo de companheiros impressores.[20]

---

18 Davis, N. Z. *Les cultures du peuple*. Rituels, savoirs et résistances au XVIe siècle. Paris: Aubier-Montaigne, 1979. cap.IV: "La règle à l'envers", p.159-209.

19 Catálogo *Entrées royales...*, op. cit., p.49-50. Duas peças citadas, uma por Davis, *Les cultures du peuple*, op. cit., nota 70; outra pelo catálogo *Entrées royales...*, op. cit., n.22, permitem penetrar numa dessas confrarias jocosas, reunida em 1517 na Rua Mercière.

20 Davis, *Les cultures du peuple*, op. cit., p.341.

Roger Chartier

O início do século XVII vê abalar-se, em Lyon, esse sistema de festas baseadas na participação ou na iniciativa popular. Duas datas formam simbolicamente um cruzamento: em 1610, pela primeira vez, o livreto impresso por ocasião da festa do Domingo Gordo não menciona mais nem as abadias jocosas nem a confraria da Coquille; em 1622, Luís XIII é o último beneficiário de uma entrada do tipo antigo, ao passo que as seguintes (como a de Luís XIV em 1658) não são mais do que simples recepções pelo consulado, não implicando a participação do povo urbano. A mudança operada é, portanto, tripla. Inicialmente, apagam-se as organizações populares (abadias, confrarias), tradicionalmente mantenedoras das festas. Depois, estiolam-se as festas da totalidade urbana, entradas ou cerimônias religiosas. Um bom índice nos é dado pela comparação entre três jubileus da Igreja de Lyon em 1546, 1666 e 1734: do século XVI ao XVIII, a profusão e a ostentação decorativas parecem aumentar em razão inversa da participação popular. Por fim, a festa outorgada, reduzida a um espetáculo, torna-se a regra. Enquanto no século XVI o povo artesão oferecia aos maiorais o espetáculo das cavalgadas do asno, no XVIII, são as autoridades que oferecem ao povo seus fogos de artifício. De uma situação para outra, a iniciativa popular perdeu-se e a festa uniformizou-se. Seja qual for a ocasião, sejam quais forem os coletores, os fiscais ou cônegos-condes de São João, a cerimônia é a mesma, reduzida a um fogo de artifício em que se oblitera totalmente a significação primitiva do fogo de alegria. A festa traduz e institui uma ordem urbana da separação, que perdeu a consciência de uma unidade urbana da qual cada um, na sua categoria, participava.[21]

Essa evolução, esboçada a partir do caso lionês, é certamente generalizada não apenas para a cidade, mas também para o cam-

---

21 Chartier, R. Une académie avant les lettres patentes. Une approche de la sociabilité des notables lyonnais à la fin du règne de Louis XIV. *Marseille*, n.101, p.115-20, 1975.

po. A multiplicação, por exemplo, das festas da coroa de rosas na década de 1770, após a descoberta parisiense do costume de Salency, institui no vilarejo uma forma de festa outorgada que visa suplantar os divertimentos tradicionais.[22] Exteriores à comunidade, organizadas pelos dignitários senhoriais, eclesiásticos ou parlamentares, essas festas, em busca de uma Arcádia cristã, não são nada populares, embora as elites – depois de tê-las encenado – encontrem nelas a imagem de um povo ideal, casto e vigoroso, simples e frugal, industrioso e cristão. A anemia e o confisco da festa tradicional provocam, no século XVIII, uma dupla reação. Por um lado, a afetividade se encolhe em lugares próprios de sociabilidade, mas nos quais a festa se uniformiza e se banaliza na sua repetição cotidiana. A Provença, tanto na cidade como no campo, fornece um bom exemplo dessa evolução que, cada vez mais, identifica a festa com um simples baile.[23]

Por outro, a reação é filosófica e leva a uma reflexão sobre a festa a inventar. Numerosos, com efeito, são aqueles que criticam a festa artificial e dissociada como é sempre a festa outorgada, seja qual for sua modalidade: "O século XVIII já nada mais vê nos fogos de artifício a não ser o artifício dos fogos".[24] A nova festa deverá ser radicalmente diferente, patriótica, transparente e unânime. Na *Carta a d'Alembert sobre os espetáculos*, Rousseau dá o modelo dessa festa ideal, ao mesmo tempo que constrói sua teoria política:

> Plantem no meio da praça uma estaca coroada de flores, reúnam aí o povo e terão uma festa. Façam algo ainda melhor: apre-

---

22 Sobre as festas das roseiras, cf. Everdell, W. F. The *Rosière* Movement 1766-1789. A Clerical Precursor of the Revolutionary Cults. *French Historical Studies*, v.IX, n.1, p.23-36, 1975; e Certeau, M. de, Julia, D., Revel, J. La beauté du mort: le concept de "culture populaire". *Politique Aujourd'hui*, déc. 1970, p.3-23.

23 Vovelle, M. *Les métamorphoses de la fête en Provence de 1750 à 1820*. Paris: Aubier-Flammarion, 1976. p.84-90.

24 Ozouf, M. *La fête révolutionnaire 1789-1799*. Paris: Gallimard, 1976. p.9.

sentem os espectadores como espetáculo; façam deles próprios atores; façam que cada um se veja e se ame nos outros. A fim de que todos estejam mais unidos.

É dessa festa que nega o espetáculo e abole as diferenças que Boullée desenha o quadro arquitetural no seu projeto de circo inspirado no Coliseu:

> Imaginem trezentas mil pessoas reunidas sob uma ordem anfiteatral em que ninguém poderia escapar aos olhares da multidão. Dessa ordem de coisas resultaria um efeito único: é que a beleza desse espantoso espetáculo proviria dos espectadores que, só eles, o comporiam.[25]

O discurso utópico, nas suas diversas modalidades, torna-se um laboratório privilegiado para esclarecer, até nos mínimos detalhes, as circunstâncias e os dispositivos dessas festas cuja épura nos é dada por Rousseau e Boullée. Do *Código da natureza* de Morelly aos *Incas* de Marmontel, do *Suplemento à viagem de Bougainville* de Diderot ao *Ano 2440* de Louis-Sébastien Mercier, os textos ordenam uma festa regenerada, pensada como um microcosmo onde se reconhecem pedagogicamente as regras de um funcionamento social novo.[26] Mas, antes de considerar a maneira como a festa revolucionária tentará encarnar a utopia, precisamos fazer uma última parada sobre a festa tradicional a fim de apreender suas possíveis decifrações.

Trabalhando sobre um material histórico mas também sobre as festas vivas ainda hoje, os etnólogos da França tradicional propuseram uma leitura da festa dando ênfase à sua função simbó-

---

25 Esses dois textos são citados e comentados por Baczko, B. *Lumières de l'utopie*. Paris: Payot, 1978. p.244-9.

26 Baczko, *Lumières de l'utopie*, op. cit., cap.V; e Ehrard, J. Les lumières et la fête. In: Ehrard, J., Viallaneix, P. (Dir.) *Les fêtes de la Révolution*. Paris: Société des Etudes Robespierristes, 1977. p.27-44.

lica. Essa abordagem se caracteriza por um primeiro traço: o privilégio dado à festa carnavalesca, considerada a pedra de toque de todo o sistema festivo, e isso por duas razões.[27] Por um lado, o carnaval atrai para si outros divertimentos, não necessariamente situados no período do calendário; por exemplo, as algazarras que possuem muitos traços (a distribuição de alimentos, o jogo de máscaras, a justiça festiva) que as aproximam dos rituais carnavalescos.[28] Por outro, estes últimos podem ser encontrados nas festas realizadas fora da época de carnaval, sejam as festas em torno da Ascensão e de Pentecostes sejam ainda as festas votivas do verão. Na perspectiva etnológica, um motivo primordial é colocado como organizado do conjunto dos gestos e dos discursos. Pondo em cena a luta dos contrários (a noite e o dia, o inverno e a primavera, a morte e a vida), a festa autoriza um novo nascimento, ao mesmo tempo, do calendário, da natureza e do homem: "A festa imagina, imita e provoca uma regeneração do tempo, do mundo natural e da sociedade".[29] O carnaval traduz na sua linguagem múltipla o confronto dos extremos, e sua eficácia ritual restabelece a cada ano a ordem do mundo.

Semelhante leitura tem por corolário tratar todas as formas localizadas dos ritos carnavalescos como signos encarregados de expressar o motivo primordial que o fundamenta. Desse modo, devem ser agrupados numa compreensão comum os diferentes elementos que compõem a festa: a perambulação, a acolhida, o julgamento e a morte do rei Carnaval, a intrusão e a morte sacrifical do homem selvagem, a circulação dos alimentos e os sopros no interior do corpo dos homens. Assim, devem também

---

27 Fabre, D., Camberoque, C. *La fête en Languedoc*. Regards sur le carnaval aujourd'hui. Toulouse: Privat, 1977.

28 Fabre, D., Traimond, B. Le charivari gascon contemporain: un enjeu politique. In: Le Goff, J., Schmitt, J.-C. (Dir.) *Le Charivari*. Paris, La Haye: Mouton, 1981. p.23-32.

29 Fabre & Camberoque, *La fête en Languedoc*, op. cit., p.171.

ser agrupadas as figuras concretas, variadas ao infinito, que, segundo os lugares e os anos, encarnam de maneira específica o rei gigante e selvagem. Duas ênfases, muito diferentes, são então possíveis. A menos histórica recai sobre a universalidade das categorias em atividade na festa carnavalesca. O carnaval é assim constituído como o tempo central de uma verdadeira "religião popular ou folclórica", camponesa e pré-histórica, cujos fundamentos míticos e expressões rituais podem ser identificados mediante diversos sistemas culturais.[30] Outra perspectiva, que recusa esse tratamento transcultural da festa, dá atenção, antes de tudo, aos enraizamentos particularizados das categorias carnavalescas.[31] É somente dentro de espaços culturais limitados e homogêneos que a leitura simbólica adquire sentido, que é legítima a comparação entre os textos antigos e as observações contemporâneas, que se podem legitimamente distinguir os diferentes níveis de interpretação (histórico, comemorativo, litúrgico) de um ritual. As diferenças regionais ou locais nas maneiras de encarnar a significação central da prática carnavalesca dizem mais aqui do que sua suposta universalidade.

Com esta última leitura, são inúmeras as pontes entre etnólogos e historiadores. Entretanto, no caso desses últimos, o tratamento da festa é diferente. Com seus rituais, seus gestos, seus objetos, ela é uma gramática simbólica que permite enunciar, apresentando-o para ser visto ou ouvido, um projeto político (dando a esse último termo sua acepção mais ampla). Como vimos, entre 1400 e 1600, a festa urbana, remodelada pelas oligarquias municipais, faz-se tradutora de uma ideologia unitária da comunidade, que visa exprimir sua identidade em face dos poderes concorrentes e, para isso, deve eliminar suas divisões internas. O projeto é tido como fracassado, na medida em que a festa, apesar da vontade dos dignitários, constitui um lugar de possíveis

---

30 Gaignebet, C. *Le Carnaval*. Paris: Payot, 1974.
31 Fabre, D. Le monde du carnaval. *Annales ESC*, 1976, p.389-406.

críticas. Uma primeira razão disso é que, a despeito das usurpações municipais e das censuras eclesiásticas, as festas continuam amplamente assumidas pela juventude e suas instituições. De maneira bem clara, este é o caso, por exemplo, na Provença do século XVIII.[32] Ora, para todos os textos religiosos e administrativos dos séculos XVII e XVIII, a juventude (com as mulheres) é uma das figuras principais da ilegalidade. Por sua vez, a festa – a carnavalesca em particular – põe em cena (portanto exprime e ao mesmo tempo desloca) as clivagens que atravessam a comunidade. Sua distribuição é múltipla, uma vez que é ordenada segundo a oposição entre os sexos, os graus de idade, a oposição entre solteiros e casados, as diferenças sociais. Por meio da festa, por trás da máscara e graças à linguagem paródica, as distâncias e as tensões podem se exprimir e, portanto, segundo o caso, desarmar-se ou exacerbar-se. Linguagem do grupo etário mais turbulento, "encenação das diferenças" (Daniel Fabre), a festa permanece renitente ao projeto unanimista dos notáveis.

Por vezes, ela pode até tornar-se o lugar privilegiado em que se confrontam duas estratégias sociopolíticas. Foi assim em Romans, em 1580, onde o partido dos plebeus e o dos notáveis manipulam, à sua maneira, as instituições, as fórmulas e os códigos da festa para tornar decifráveis para a maioria seus projetos contraditórios.[33] De um lado e de outro, opera-se um verdadeiro trabalho sobre o material carnavalesco visando denunciar tanto os intoleráveis privilégios (fiscais e políticos) quanto as ridículas pretensões do povo romanês. Cada um controlando suas próprias instituições festivas (abadias e reinados), os dois campos podem empreender a guerra dos simbólicos. Do lado dos artesãos, os

---

32 Agulhon, M. *Pénitents et francs-maçons dans l'ancienne Provence*. Paris: Fayard, 1968. p.43-64.

33 Le Roy Ladurie, *Le carnaval de romans*, op. cit.; Van Doren, L. S. Revolt and Reaction in the City of Romans, Dauphiné, 1579-1580. *Sixteenth Century Journal*, v.5, p.71-100, 1974.

recursos são múltiplos: ritos agrários de São Brás, desfile do asno, rituais de aflição, dança das espadas; do lado dos dignitários, o manejo das formas festivas é mais limitado, baseado no uso da paródia e na manipulação da inversão. Por meio de duas encenações (ou festas), um conflito social e político se exacerba, até resultar na morte de uma das partes (os artesãos) pela outra (os dignitários). Mesmo quando seu resultado não é assim tão trágico, a festa pode ser aquele lugar em que, por meio de cenografias diferentes, se enuncia, sob a forma do simulacro, um confronto fundamental. É o caso, por exemplo, da festa segoviana de setembro de 1613, em que nobres e tecelões, pelas figuras e pela economia de cortejos concorrentes, tornam visível sua oposição social e religiosa.[34]

Como signo de unanimidade ou como tradução de dissensões, a festa só podia ocupar um lugar de destaque na pedagogia revolucionária. Dois estudos fundamentais – o de Mona Ozouf e o de Michel Vovelle – talvez possam permitir fechar esse sobrevôo das festas francesas entre os séculos XV e XVIII, colocando alguns dos problemas principais da festa revolucionária. E, primeiramente, será que é legítimo usar essa designação? A tradição historiográfica, com efeito, durante longo tempo só considerou as festas revolucionárias, opostas umas às outras, exatamente como eram as políticas que elas estavam encarregadas de manifestar. Sempre ligada a uma intenção particular, sempre empreendida por uma facção determinada, a festa da Revolução só podia ser política e partidária, reduzida à especificidade circunstancial de seu esqueleto ideológico. A essa perspectiva, Mona Ozouf opôs outra que dá ênfase à coerência fundamental da festa revolucionária. A leitura comparada das festas ideologicamente mais opostas (em 92, a festa em honra dos Suíços de Château-vieux e a festa em memória de Simoneau, a festa da Razão e a do Ser Supremo,

---

34 Cf. Cros, E. *L'aristocrate et le Carnaval des gueux*. Etude sur le "Buscón" de Quevedo. Montpellier: Études Socio-critiques, 1975.

as festas que precedem e as que seguem o Termidor) manifesta claramente a unidade dos desígnios, das formalidades e do simbolismo. Um modelo ideal de festa foi colocado com a festa da Federação; ele é baseado ao mesmo tempo num ideal de união (embora as exclusões sejam bem reais) e na vontade de diluir no discurso comemorativo a violência das lutas reais. Esse modelo festivo atravessa toda a Revolução e, se não apenas as intenções políticas, mas também o esboço dos cortejos ou os gestos coletivos sofrem mudanças, não deixa de ser ele que regula, de maneira implícita, as funções e os processos da festa revolucionária. A unidade dessa matriz original faz desaparecer aquilo que há de mais abrupto nas clivagens geralmente estabelecidas entre festa popular e festa oficial, espontaneidade e institucionalização. Entretanto, ela permite compreender por que os mesmos materiais festivos (por exemplo, aqueles vindos da tradição carnavalesca) puderam ser empregados para fins ideológicos totalmente contraditórios.[35]

Numa história longa da festa, qual foi o efeito da festa revolucionária reduzida assim à sua unidade? Dois diagnósticos, aqui, são talvez complementares. Em primeiro lugar, é claro que a festa revolucionária transformou de maneira irreversível o sistema das festas do Antigo Regime. No domínio provençal, uma dupla mudança é facilmente identificável.[36] Depois da Revolução, a festa tornou-se rarefeita: a norma doravante é de uma festa por ano (contra duas ou mais), quase sempre realizada em agosto, ao passo que na metade do século XVIII o período festivo estendia-se de maio a setembro. Em segundo, a festa foi mutilada: o sistema complexo e profuso da festa tradicional, ao mesmo tempo devota, profissional e municipal, cedeu lugar a um divertimento mais simples, que na maioria das vezes vem enxertar-se numa feira. A festa antiga, por volta de 1820-1830, foi então restaurada só muito parcialmente nos seus elementos lúdicos (corridas, jus-

---

35 Ozouf, *La fête révolutionnaire 1789-1799*, op. cit., p.108-14.
36 Vovelle, *Les métamorphoses de la fête...*, op. cit., p.269-94.

tas, danças) e não na superposição de suas significações múltiplas. A Revolução, querendo instaurar um novo sistema de festas, ele próprio pouco duradouro, teria assim levado ao seu termo as evoluções que desde o século XVIII (e talvez até antes) tinham começado a distanciar as festas da antiga sociedade.

A essa leitura, que situa a festa revolucionária como destruidora de um antigo equilíbrio, é certamente útil acrescentar outra, que dá ênfase ao seu valor fundador.[37] A festa da Revolução é, com efeito, criadora não porque foi capaz de sobreviver a ela, mas porque foi um instrumento importante da consagração dos valores novos. Mais que os discursos, melhor que os discursos, ela encarnou, portanto socializou, um sistema novo de valores, centrado na família, na pátria e na humanidade. Desse ponto de vista, a festa foi o agente de uma bem-sucedida transferência de sacralidade, certamente porque, por meio de sua linguagem fortemente simbólica, podia ancorar-se uma pedagogia sensível e persuasiva, reiterada e comunitária.[38] As demonstrações políticas da festa podem ser apenas efêmeras, mas não os valores novos, domésticos, cívicos ou sociais que ela se encarrega de arraigar nos corações e nos espíritos:

> Vinculemos a moral a bases eternas e sagradas; inspiremos no homem aquele respeito religioso pelo homem, aquele sentimento profundo de seus deveres, que é a única garantia da felicidade social; vamos alimentá-lo por todas as nossas instituições; que a educação pública seja dirigida sobretudo para esse objetivo ... Existe um tipo de instituição que deve ser considerada como uma parte essencial da educação pública ... Quero falar das festas nacionais. Reúnam os homens, eles se tornarão melhores; porque os homens reunidos procurarão divertir-se; e eles só poderão divertir-se por meio das coisas que os tornam estimáveis. Dêem à sua reunião um grande motivo moral e político, e o amor das coisas honestas

---

37 Ozouf, *La fête révolutionnaire 1789-1799*, op. cit., p.317-40.
38 Baczko, *Lumières et l'utopie*, op. cit., p.280-2.

entrará com prazer em todos os corações; porque os homens não se vêem sem prazer.[39]

Esta visão em destaque de quatro séculos de história da festa na França a situa como um daqueles lugares em que se emaranham proposições contraditórias. Primeiramente, ela é um dos terrenos privilegiados onde os dominantes podem encontrar o povo; e da coleta das superstições às notações de viagens, floresce toda uma literatura que multiplica os comentários "etnológicos" sobre os costumes festivos da maioria. Mas, ao mesmo tempo, as autoridades de toda ordem não cessam de aparar ou subverter essas cerimônias em que se manifestam a ignorância e a extravagância do popular. Comentada porque popular, censurada porque popular, a festa "popular" antiga é sempre objeto de um duplo desejo das elites, que pretenderiam preservá-la como lugar de observação e de memória e destruí-la como cadinho das extravagâncias. A essa incerteza acrescenta-se uma segunda. A festa, com efeito, sempre foi vista, contraditoriamente, como instrumento de uma pedagogia e como perigo potencial. Da Igreja reformadora a Robespierre e Saint-Just, das oligarquias municipais medievais aos filósofos, a festa, com a condição de ser moldada e canalizada por um dispositivo que a torne demonstrativa, é pensada como aquilo que pode manifestar, portanto socializar, um projeto, seja ele da ordem do religioso seja da do político. Daí seu papel como arma pastoral e como instituição cívica. Entretanto, a domesticação jamais é garantida nem acabada, e a festa pode sempre descambar para a violência contra a ordem estabelecida ou a estabelecer. Como dá a melhor parte para aqueles que estão menos integrados nela, como pode exprimir, em sua linguagem, as ten-

---

39 Robespierre. *Textes choisis*. Paris: Éditions Sociales, 1958. t.III: "Sur les rapports des idées religieuses et morales avec les principes républicains et sur les fêtes nationales, 7 mai 1794", p.175-6.

sões que a dilaceram, a festa é ameaça para a comunidade, cuja aparente e desejada unidade ela pode quebrar. Daí seu controle inquieto, sua censura sempre recomeçada. Dizer como a maioria a vivia, se ela era compensação ou decepção, remeteria a outra operação, difícil porque são raras as confidências dos anônimos. Mas talvez não seja inútil circunscrever as intenções e os comentários que os dominantes sedimentaram sobre a festa, antes de poder descobrir como o povo organizava sua parcela de existência autônoma dentro desse espaço constantemente remodelado.

2
Distinção e divulgação: a civilidade e seus livros

A festa, que durante certo tempo subtrai os corpos e as condutas às normas do cotidiano, opõe-se à civilidade. Durante três séculos, com efeito, suas regras visaram submeter as espontaneidades e as desordens, assegurar uma tradução adequada e legível da hierarquia dos estados, desenraizar as violências que dilaceravam o espaço social. Tentar compreender o que os homens, entre os séculos XVI e XVIII, entendiam por civilidade é, pois, entrar no coração de uma sociedade antiga, que muitas vezes nos é opaca, em que as formas sociais são representações codificadas das categorias e das condições e em que muitos comportamentos por longo tempo publicamente lícitos tornam-se proibidos, mesmo no refúgio do privado. Daí aquela hierarquia sobre a noção de civilidade e os livros que a veiculam – uma pesquisa que não se faz sem dificuldade.

A primeira e a mais evidente refere-se, certamente, à impossibilidade de limitar o próprio campo do estudo. Por um lado, mesmo privilegiando os textos que manifestam os usos mais comuns (dicionários, jornais, memórias, manuais, tratados etc.), o *corpus* constituído dos empregos da noção não poderá jamais ser fechado nem necessário. Por outro, e de maneira mais grave, toda noção é tomada dentro de um campo semântico ao mesmo tempo extenso, móvel e variável.

De meados do século XVII até a Revolução, as séries nas quais *civilidade* se insere são múltiplas. Primeiro, há aquela que é dada pela própria ordem dos dicionários, baseada no radical da palavra, encontrado em *civil, civilização, civilizar, cívico* (este sempre limitado ao emprego na expressão *coroa cívica*). Só por essa proximidade topográfica e etimológica, a noção se encontra duplamente conotada: ao mesmo tempo inscrita no espaço público da sociedade dos cidadãos e oposta à barbárie daqueles que não foram civilizados. Ela aparece, portanto, estreitamente ligada a uma herança cultural, que une as nações ocidentais à história da Grécia antiga, primeira civilizadora, e a uma forma de sociedade que supõe a liberdade dos indivíduos em relação ao poder do Estado. Contrária da barbárie, *civilidade* também o é do despotismo.

Segunda cadeia semântica, dentro e fora dos dicionários: aquela que insere *civil*, ou *civilmente*, numa série de adjetivos designando as virtudes mundanas. Cronologicamente, essa série se enriquece assim: *honesto, polido, cortês, gracioso, afável, bem-educado*; ela se acompanha de adjetivos ligados a civilizado, a saber, *tratável* e *sociável*, e recebe tardiamente (nos dicionários pelo menos) um antônimo com *rústico*. Esse conjunto de palavras vizinhas desenha um outro espaço de *civilidade*, mais externo e mais mundano, em que conta antes de tudo a aparência das maneiras de ser.

Um terceiro círculo é traçado pelas noções sempre confrontadas com *civilidade*, seja porque são tidas como equivalentes aceitáveis seja porque lhe são opostas. Trata-se de três substantivos: *honestidade, conveniência* e *polidez*. As três noções, e particularmente a última, mantêm relações estáveis com *civilidade*, porque às vezes este último conceito é valorizado à sua custa, outras vezes desqualificado em seu benefício. É apenas esse entorno imediato que examinaremos neste texto, pela impossibilidade prática de restituir o conjunto aberto e movente do campo semântico de *civili-dade*, que se refere também a noções éticas (*moral, virtude, honra*), a designações sociais (*corte/cortesão, povo/popular*), a oposições fundadoras (*público/privado*). Daí, necessariamente, o arbitrário de um recorte que só pode isolar a noção estudada do conjunto complexo de conceitos que, em dado momento, estão ligados a ela pelo sentido, pela etimologia ou por uma simples associação fônica, e que estão presentes, mais ou menos exaustivamente, para cada autor quando define a civilidade.

Uma segunda dificuldade refere-se às próprias condições da determinação do sentido. Necessariamente, o *corpus* de textos sobre o qual é possível trabalhar privilegia os enunciados normativos que dizem o que é ou o que deve ser a civilidade, alguns visando aos empregos da palavra na língua (como os dicionários, os tratados de sinônimos ou os textos que subvertem as definições recebidas), outros enumerando as práticas que mostram o comportamento civil sem nomeá-lo (como os tratados que desde Erasmo até La Salle propõem um código de condutas). Nos dois casos, a operação de escritura tende a construir um sentido invariável, universal, existente antes e fora de todos os empregos particulares que supostamente devem ser sempre conformes a ele. Ora, o reconhecimento histórico da significação das noções e das palavras que as designam não pode nem duplicar nem aceitar como realizado o desejo de neutralização dos usos práticos. A cada emprego, a determinação do sentido advém de fora, no cruzamento de uma disposição, de uma intenção, que são do enunciador, e de uma situação, de um público, de um "mercado" sobre o qual o enunciado proposto adquire sentido ao ser apreciado em relação a outros e socialmente avaliado.[1] No caso de *civilidade*, esse jogo de usos, essas definições práticas do sentido têm evi-

---

1 Cf. Bourdieu, P. *Ce que parler veut dire*. L'économie des changements linguistiques. Paris: Fayard, 1982 [ed. bras.: A economia das trocas lingüísticas. O que falar quer dizer. Trad. Sergio Miceli et al. São Paulo: Edusp, 1998].

dentemente uma importância decisiva, já que a noção a que elas visam, corretamente formulada e corretamente encarnada, deve trazer os benefícios de uma distinção.

Cada emprego da palavra, cada definição da noção remete, portanto, a uma estratégia enunciativa que é também representação das relações sociais. O difícil certamente é poder, a cada vez, reconstruir a relação prática que liga aquele que escreve, os leitores que ele supõe e para os quais ele fala, e aqueles, reais, que no ato da escritura produzem uma significação do texto. A rigor, semelhante reconstituição suporia poder situar cada formulação no horizonte dos textos que levou a produzi-la, seja por imitação seja por oposição às acepções e recortes admitidos. Suporia também poder caracterizar sem esquematização a posição de cada enunciador no espaço social e literário de seu tempo. Ela suporia, enfim, ser capaz de definir os diferentes públicos recebendo contraditoriamente, para aceitá-los ou rejeitá-los, os usos (no duplo sentido da palavra no caso da civilidade) propostos. A análise que vem a seguir é totalmente incapaz de manter ao mesmo tempo todas essas exigências. Todavia, colocando a oposição entre divulgação e distinção como central para a análise de *civilidade*, ela tenta mostrar que nessa dinâmica social da imitação, por parte de alguns, das maneiras de dizer e de fazer tidas por especificas de seu estado social, por parte de outros, é que se constrói a significação móvel das noções e que se redistribuem, a cada vez, suas relações. É o que ilustram, por exemplo, as relações várias vezes invertidas entre *civilidade* e *polidez*.

Uma última dificuldade reside no próprio caráter da noção de civilidade enquanto designa um conjunto de regras que só têm realidade nos gestos que as efetuam. Sempre enunciada à maneira do dever ser, a civilidade visa transformar em esquemas incorporados, em reguladores automáticos e não expressos das condutas as disciplinas e censuras que ela enumera e unifica numa mesma categoria. Matéria de longos tratados, objeto de pronunciamentos contraditórios, a civilidade deve, entretanto, anular-se como discurso proferido ou ouvido para transformar-se num código de funcionamento em estado prático, feito de adaptações espontâneas, subtraídas em grande parte à consciência, às situações diversas com as quais o indivíduo pode ver-se confrontado. Daí o estatuto particular dos textos que pretendem instituir os comportamentos considerados legítimos: não apenas eles devem explicitar as normas às quais referir-se, mas também ordenar os dispositivos que permitirão sua inserção. Estes, por um lado, estão fora dos textos e dependem de seus usos sociais, de seus lugares de utilização (a família ou a escola), de seu modo de apropriação (por uma leitura particular ou pela mediação de uma fala pedagógica). Mas, por outro, eles estão inscritos no mesmo texto que organiza suas próprias estratégias de persuasão e de inserção. Aqui, também, a análise nocional não pode restituir totalmente esses dispositivos sociais ou enunciativos. No máximo, na falta de uma apreensão direta dos usos sociais dos textos, pode-se circunscrever o espaço institucional ou coletivo aos quais seus autores se dirigem e, na falta de uma desmontagem completa de sua articulação retórica, descrever alguns dos processos que eles põem em ação para impor novas acepções (por exemplo, a contradição entre definições normativas e exemplos de empregos, ou a criação de usos fictícios tidos por exemplares). Aceitos esses limites, o estudo de uma noção isolada como a de civilidade pode certamente afirmar de maneira mais segura sua pertinência.

As definições dos dicionários: diferenças e parentescos

Em meados do século XVII, o conceito de civilidade já é de uso antigo na língua e na aparelhagem intelectual. Para detectar seu sentido e suas conotações mais amplamente compartilhadas, é possível confrontar as definições dadas por três dicionários da língua, publicados no período de uns quinze anos: o Richelet em 1680, o Furetière em 1690, o *Dicionário da Academia* em 1694.

De um dicionário para outro, as diferenças são manifestas: enquanto Richelet entende a civilidade como um corpo de saber, uma "ciência" com suas regras e seus tratados, Furetière a define como um conjunto de práticas, uma "maneira" de ser em sociedade que o *Dicionário da Academia* identifica com a honradez e a cortesia. A ênfase se encontra então deslocada de uma definição que insiste no conteúdo normativo e livresco da civilidade, que pode ser aprendida como a geometria, para outra que a percebe como um comportamento particular, uma maneira de ver diferente de outras. Daí uma implicação social bastante contrastada das duas acepções. Em Richelet, a civilidade como ciência não especifica o público a que se dirige, enquanto os dois outros dicionários sugerem que ela é uma conduta socialmente distintiva, Furetière indicando que "os camponeses faltam à *civilidade*", a Academia precisando o lugar social de seu exercício que é "o mundo". A uma universalidade, pelo menos potencial, de uma ciência que cada um pode aprender, opõe-se então um comportamento que não é absolutamente o apanágio de todos.

Entre as três definições existem, todavia, vários traços comuns que marcam os conteúdos geralmente aceitos da noção. Primeiramente, nos três dicionários ela aparece como próxima, ou até sinônimo de *honesto* e de *honestidade*, o que significa redobrar a tensão entre uma caracterização moral de vocação universal e um comportamento socialmente distintivo, próprio de certos meios apenas. Segundo traço comum: a civilidade se reconhece nas ações e também na conversação. As três obras sublinham essa definição da civilidade como arte da palavra em sociedade: ser cheio de civilidade é saber "não dizer nada que não seja honesto e conveniente" (Richelet) ou ter "uma maneira honesta de conversar em sociedade" (*Academia*). O conceito parece, portanto, estreitamente ligado a essa prática social particular, característica da sociedade policiada. O plural "civilidades" reforça, aliás, essa acepção mundana da palavra, já que remete aos usos e intercâmbios de um código de polidez reconhecido pela sociedade distinta.

Enfim, como último elemento comum, a civilidade é pensada como algo que se ensina e se aprende, e isso desde a infância. Daí o lembrete dos livros dedicados a esse fim pedagógico: "Ensina-se às crianças a civilidade pueril" (Furetière), "Diz-se proverbialmente de um homem que falta aos deveres mais comuns que ele não leu a civilidade pueril" (*Academia*).

Retorno no tempo, uma primeira herança: a civilidade segundo Erasmo

Em suas diferenças e semelhanças, as definições dos dicionários do fim do século XVII registram um primeiro percurso da noção de civilidade. É claro, de início, que elas não retomam mais um sentido antigo, ainda vivo no século XVI, que definia a civilidade, ou melhor, as civilidades como os costumes e hábitos característicos de uma comunidade.[2] Desaparece assim a acepção de civilidade como "a maneira, ordenamento e governo de uma cidade ou comunidade", encontrada nas traduções de Aristóteles por Oresme no fim do século XV, e que fazia definir o seu contrário, *incivil*, pela impossibilidade de viver em sociedade.[3]

A primeira herança sensível nas definições do fim do século XVII é, evidentemente, a do tratado de Erasmo e de suas traduções, adaptações ou imitações. Publicado por Froben em Basiléa em 1530, o *De civilitate morum puerilium* conheceu com efeito um imenso sucesso editorial na escala de toda a Europa.[4] Muito logo

---

2 Por exemplo: "Os que vão à Alemanha, onde os costumes e as *civilidades* são diferentes dos nossos, quando voltam, nós os achamos grosseiros" (La Noue, *Discours politiques et militaires*, 1587).

3 Sobre o emprego do antigo termo, cf. Huguet, *Dictionnaire de la langue française du XVIe siècle* (Paris, 1932, t.II), que dá vários exemplos de *civilidade* entendida como o direito de cidade ou a qualidade de cidadão (em particular nas traduções de Seyssel), e Littré, *Dictionnaire de la langue française* (Paris, 1863, t.I).

4 Sobre o tratado de Erasmo, o estudo fundamental é o de Fontaine Verwey, H. de la. The First "Book of Etiquette" for Children Eramus, *De civilitate*

o texto latino é adaptado, dotado de divisões e de notas (em 1531 em Colônia por Gisbertus Langolius), colocado em forma de perguntas e respostas (em 1539 por Reinhardus Hadamarius em Anvers) ou então apresentado sob a forma de trechos escolhidos (em 1531, em Anvers também, por Evaldus Gallus). Logo também o livro é traduzido: em 1531 em alto-alemão, em 1532 em inglês, em 1537 em tcheco, em 1546 em holandês. A primeira tradução francesa, que introduz na língua um sentido novo de civilidade, data de 1537, publicada em Paris por Simon de Colines: ela é devida a Pierre Saliat e tem por título *Declaração contendo a maneira de bem instruir as crianças desde o começo, com um pequeno tratado da civilidade pueril e honesta, o todo transladado recentemente do latim para o francês*. Os dois textos pedagógicos de Erasmo, a *Declamatio de pueris statim ac liberaliter instituendis* e o *De civilitate morum puerilium*, encontram-se assim aproximados. Uma segunda tradução aparece em 1558: publicada por Robert Granjon, ela é devida a um simpatizante reformado, Jean Louveau, que depura o texto de suas referências romanas. Reeditado em Anvers em 1559 por Jehan Bellers, o livro traz por título *A civilidade pueril, distribuída em pequenos capítulos e sumários, à qual acrescentamos a Disciplina e Instituição das Crianças* (trata-se de um texto do reformado Otto Brunfels). A edição de Granjon traz uma inovação fundamental ao imprimir o texto de Erasmo em caracteres tipográficos inéditos: a letra francesa de arte manual, que visa imitar a escrita cursiva que será conhecida pelo nome de *letra de civilidade*. Na segunda metade do século XVI, o texto de Erasmo é várias vezes retomado em francês em versões reformadas: em 1559 ele é imitado livremente por Claude Hours de Calviac sob um título, *Civil honestidade para as crianças*, que inverte substantivo e adjetivo e marca a equivalência original entre as duas noções (a edição é

---

morum puerilium. Quaerendo, n.1, p.19-30, 1971, que corrige o ensaio de A. Bonneau, *Des livres de civilité depuis le XVIe siècle*, publicado como introdução à sua tradução do texto de Erasmo (Paris, 1877).

parisiense e devida a Philippe Danfrie e Richard Breton); é reeditado no mesmo ano da tradução de Saliat, expurgada do seu "infecção romana" e acompanhada do texto de Mathurin Cordier, *Espelho da juventude para formá-la em bons costumes e civilidade de vida* (em Poitiers pelos irmãos Moynes); é adaptado em 1583 numa nova interpretação protestante, anônima e publicada em Paris por Léon Cavellat.

Na história do conceito de civilidade, o texto de Erasmo marca um momento fundador. Por um lado, graças a edições latinas (pelo menos oitenta no século XVI, pelo menos treze no século XVII),[5] ele propõe a toda a Europa erudita um código unificado de condutas cujo cumprimento realiza a *civilitas* na sua nova acepção. Por outro, por suas traduções e adaptações, ele aclimata nas línguas vernáculas uma palavra e uma noção que designam agora um componente essencial da educação das crianças. Seguindo a demonstração de Norbert Elias, ele caracterizaria com pertinência uma etapa decisiva no processo de civilização das sociedades ocidentais.[6] Ao mesmo tempo tradução de comportamentos já transformados e definição de um ideal novo, o livro de Erasmo indica bem as exigências de um tempo em que as regras tradicionais da vida cavalheiresca recuam progressivamente diante dos imperativos novos de uma vida social mais densa, de uma dependência mais cerrada dos homens na relação de uns com os outros. Daí suas diferenças profundas com as continências medievais à mesa, centradas sobre uma única prática social (a refeição) e destinadas sobretudo aos adultos do meio cavalheiresco.

Erasmo, com efeito, embora dedique seu tratado a um filho de príncipe, coloca como princípio que as regras que ele contém dirigem-se a todos, sem distinção de condição:

---

5 Segundo a lista (certamente incompleta) da *Bibliotheca Erasmiana. Répertoire des oeuvres d'Erasme*, 1ª série, Gand, 1893, p.29-34.

6 Elias, N. *Über den Prozess der Zivilisation. Soziogenetische und psychogenetische Untersüchungen*, 1939. Frankfurt: Suhrkamp, 1978, Erster Band, p.89-109 (ed. franc.: *La civilisation des moeurs*. Paris: Calmann-Lévy, 1973. p.101-20).

É vergonhoso para aqueles que são de alta nascença não ter hábitos correspondentes à sua nobre extração. Aqueles cuja fortuna fez plebeus, pessoas de humilde condição, camponeses até, devem esforçar-se tanto mais para compensar com boas maneiras as vantagens que o acaso lhes recusou. Ninguém escolhe seu país nem seu pai: todo mundo pode adquirir qualidades e bons costumes.[7]

E várias vezes, ele rejeita os modelos aristocráticos da época: "Não é conveniente esticar às vezes os lábios para fazer ouvir uma espécie de assobio: deixemos esse hábito para os príncipes que passeiam na multidão. Tudo assenta aos príncipes; é uma criança que nós queremos formar" (p.63), ou: "Colocar um cotovelo ou os dois sobre a mesa só é escusável para um velho ou um enfermo; os cortesãos delicados, que acreditam que tudo o que fazem é admirável, se permitem isso. Não lhes dê atenção e não os imite" (p.80). Diferentemente da cortesia medieval, a *civilitas* define de maneira universal, para todo homem, aquilo que convém. E Erasmo esclarece bem que as variações ligadas aos costumes, que mudam segundo os lugares e as épocas, só são aceitáveis dentro daquilo que é "conveniente em si".

As regras da civilidade erasmiana são universais porque repousam sobre um princípio ético: em cada homem, a aparência é o signo do ser, o comportamento, o índice seguro das qualidades da alma e do espírito. O bom natural, as virtudes, a inteligência só podem ter uma única maneira de se traduzir, sensível tanto nas posturas como na vestimenta, tanto nas condutas como nas palavras. Todos os capítulos da *Civilidade pueril* são baseados nessa equivalência entre o visível e o invisível, o exterior e o íntimo, o social e o individual. As posições do corpo, as mímicas do rosto, as condutas na igreja, à mesa, no jogo, em sociedade, a própria vestimenta, que é "de certa maneira o corpo do corpo e dá uma idéia das disposições da alma" (p.71), portanto não são reguladas

---

7 Citamos o texto de Erasmo segundo a tradução de A. Bonneau reeditada com uma apresentação de P. Ariès (Paris: Ramsay, 1977). Aqui p.106.

apenas pelas exigências da vida das relações – o que poderia justificar a existência de códigos próprios a cada meio –, mas têm um valor moral, fazendo que Erasmo os considere numa perspectiva antropológica e não social.

Se o texto marca bem uma etapa decisiva na elevação do limiar do pudor, de um controle da afetividade ou a exigência de um recalque das pulsões, ele não o faz referindo-se ao gênero de vida, existente ou desejável, de um grupo social determinado, mas numa intenção moralizadora voltada para a instrução das crianças. Isso significava fazer da civilidade uma aprendizagem dos inícios, fazer de seus tratados livros da primeira instrução, freqüentemente de uso escolar. Já é o caso da imitação livre dada por Claude Hours de Calviac em 1559, cujo título completo é *Civil honestidade para as crianças, com a maneira de aprender a bem ler, pronunciar e escrever que colocamos no início*. É também o caso mais ainda das edições de ampla circulação publicadas pelos impressores de Troyes que associam, da mesma maneira, civilidade e rudimentos: como aquela dada por Nicolas II Oudot em 1649 sob o título *A civilidade pueril e honesta, para a instrução das crianças. Na qual é colocada no início a maneira de aprender a bem ler, pronunciar e escrever. Revista, corrigida e aumentada dos Quartetos do senhor de Pibrac*.[8] Assim, estão ligados de maneira tenaz civilidade e infância, boas maneiras, rudimentos e moral elementar.

Retorno no tempo. Uma segunda herança: civilidade e polidez mundana

Nas definições do fim do século XVII, essa primeira base de referências e de usos cruza-se, contraditoriamente, com outra

---

8 A primeira edição troyense da *Civilité puérile et honnête* parece ser a de Girardon, datada de 1600; a de Nicolas II Oudot é a segunda conhecida e a primeira cosultável (BN Paris, Rés. pR 117). Cf. Morin, A. *Catalogue descriptif de la Bibliotèque bleue de Troyes (Almanachs exclus)*. Genève: Droz, 1974, n.127-46, p.67-74, e n.137 *bis*, p.483.

herança que prolonga a maneira como a polidez mundana pensou a civilidade.[9] Na primeira metade do século, a noção parece diluir-se: a palavra desaparece dos títulos que dão precedência aos conceitos de conveniência (*Conveniência da conversação entre os homens*, 1617), de honra (A. de Balinghem, O *verdadeiro ponto de honra a manter conversando, para viver honradamente e pacificamente com cada um*, 1618) ou de honestidade (N. Faret, *O Honesto Homem ou a arte de agradar a Corte*, 1630). Dois traços caracterizam esses tratados. Por um lado, seus modelos são italianos: a *Conveniência da conversação* é uma adaptação jesuíta, destinada aos pensionistas dos colégios, do livro de Giovanni della Casa, *o Galateu*, publicado em 1558 e várias vezes reeditado em edições francesas ou bilíngües; *O Honesto Homem* inspira-se diretamente no tratado de Castiglione, *O cortesão*, e no de Guazzo, *La civil conversatione*. Por outro, esses textos visam antes de tudo regulamentar as condutas de um lugar social determinado, a Corte, e de uma ordem particular, a nobreza. Por isso, eles se distanciam do universalismo erasmiano e se inserem em toda a literatura que, desde os inícios do século XVII, pretendem organizar a vida da Corte e inculcar novas normas de comportamento aos fidalgos.[10]

Quando volta, a noção de civilidade encontra-se caracterizada de igual maneira, embora não esteja fechada apenas na definição das condutas cortesas. O livro de Antoine de Courtin, *Novo tratado da civilidade que se pratica na França entre as pessoas honradas*, verdadeiro *best-seller* com umas quinze edições entre 1671 e 1730, mostra isso claramente. Na sua intenção, ele pretende reatar com a tradição erasmiana do gênero: ele visa prioritariamente, se não exclusivamente, "a instrução dos jovens" e se baseia numa definição moral da *civilidade* que lhe dá universalidade: "Como a civilidade vem

---

9 Magendie, M. *La politesse mondaine et les théories de l'honnêteté en France au XVIIe siècle, de 1600 à 1660*. Paris, 1925.

10 Entre outros, Nervèze, *Le guide de courtisans*, 1606; *Le courtisan français*, 1611; Refuge, *Traité de la Cour*, 1616.

essencialmente da modéstia, e a modéstia da humildade, que é o grau soberano da caridade, que, como as outras, está apoiada em princípios inabaláveis, é uma verdade constante que, mesmo que o uso mudasse, a *civilidade* no fundo não mudaria".[11] Remetida assim a uma virtude cristã maior, a caridade, a civilidade deve ser uma questão de cada um, seja qual for sua classe ou sua qualidade. Com efeito, ela é aquilo que distingue o homem do animal, constituindo a característica de sua natureza: "A Razão nos dita naturalmente que quanto mais nos afastamos da maneira dos animais, mais nos aproximamos da perfeição a que o homem tende por um princípio natural para responder à dignidade de seu ser" (p.13).

Apesar dessas premissas, a civilidade, segundo Antoine de Courtin, deve regular-se estritamente pela escala das condições – o que significa reencontrar a inspiração dos tratados de polidez mundana. Para ele, conformar-se às regras da civilidade é observar exatamente "quatro circunstâncias": "a primeira é cada um comportar-se segundo sua idade e sua condição. A segunda, prestar atenção à qualidade da pessoa com a qual se trata. A terceira, observar bem o tempo. A quarta, observar o lugar em que se encontra" (p.4). As maneiras e as posturas a respeitar dependem então estreitamente da qualidade das pessoas (as dos jovens fidalgos não devem absolutamente ser idênticas às das pessoas da Igreja ou da magistratura) e também das relações existentes entre os diferentes atores: as mesmas condutas, com efeito, assumem um valor totalmente diferente segundo a condição ou as relações dos diferentes protagonistas. A familiaridade, por exemplo:

> De igual para igual, quando as pessoas se conhecem muito, a familiaridade é uma conveniência; quando se conhecem pouco, é uma incivilidade, e se absolutamente não se conhecem, só pode

---

11 Citamos o texto de Antoine de Courtin, *Nouveau traité de la civilité qui se pratique en France parmi les honnêtes gens,* segundo a edição de 1708 (Amsterdam: Henri Schelte). Aqui, p.297.

ser uma leviandade de espírito. De inferior para superior, quando não se conhecem muito, ou quando se conhecem pouco (salvo uma ordem expressa), a familiaridade é uma afronta, e quando não se conhecem absolutamente, é uma insolência ou uma brutalidade. De superior para inferior, a familiaridade está sempre dentro da conveniência, e é até mesmo obsequiosa para o inferior que a recebe. (p.15-160)

Cristã e universal no seu princípio, a civilidade se diferencia, portanto, na sua execução em tantos comportamentos convenientes a cada estado ou situação. É aquilo que Antoine de Courtin designa sob o termo de *continência*, entendendo por isso "o acordo do interior com o exterior de um homem" (p.219) e o "concerto da paixão e da pessoa com a coisa, o lugar e o tempo" (p.224). Pode-se notar que é uma mesma tensão entre o universal e o particular que ampara a definição de ponto de honra que segue a definição de civilidade:

> Eis então as diferentes espécies de ponto de honra. O primeiro, que é o ponto de honra segundo a natureza, é comum a todos os homens. O segundo, que é o ponto de honra segundo a profissão, é particular a cada um de nós. E o terceiro, que é o ponto de honra segundo a Religião, é comum a todos os Cristãos. (p.272)

Dessas "profissões" ou "empregos", Antoine de Courtin distingue sete: o príncipe, o magistrado, o homem de guerra, o mercador, o artesão e o camponês, as pessoas da Igreja, as mulheres (p.264-6), cada um devendo regular sua conduta sobre normas próprias.

A civilidade "barroca" ou as tensões entre o parecer e o ser

Pensada segundo a ordem da sociedade, a noção de civilidade recebe no século XVII um estatuto ambíguo. Ela entra naturalmente no vocabulário heróico, designando a conduta própria dos príncipes de tragédia. Corneille, que aprecia a palavra, é um bom atestado disso. A civilidade regula as relações que os grandes se devem: "Não faleis tão alto: se ele é Rei, eu sou Rainha / E sobre mim todo o esforço de sua autoridade / Só age por súplica e por *civilidade*" (Laodice, *Nicomède*, 1651, I, II, versos 148-150) ou "Não, não, eu vos respondo, Senhor, de Laodice / Mas enfim ela é Rainha, e essa qualidade / Parece exigir de nós alguma *civilidade*" (Prusias, *Nicomède*, II, IV, versos 736-738). Mas, e esta é uma diferença em relação aos tratados de civilidade que postulam a adequação entre as maneiras e o coração, a civilidade cornelliana não indica forçosamente a verdade dos sentimentos. Polidez devida aos príncipes pelos príncipes, ela pode ser muitas vezes uma aparência ou uma máscara que disfarça e engana. Em *Heraclitus*, ela ocultou o ódio e o ressentimento de Pulchérie para com Phocas: "Eu prestei até aqui este reconhecimento / Para aqueles cuidados tão louvados de educar minha infância / Que quando me deixaram alguma liberdade / Eu quis me defender com *civilidade*./ Mas já que usam enfim de um poder tão tirânico / Vejo que por minha vez eu devo explicar-me / Que eu me mostre inteira ao injusto furor / E fale ao tirano como filha de imperador" (*Heraclitus*, 1647, I, II, versos 109-116). Vinte anos mais tarde, em *Othon*, uma mesma polidez mundana recobre sentimentos totalmente antagonistas em Camille que ama Othon e Othon que não a ama: "Mas a *civilidade* é apenas amor em Camille, / Como em Othon, o amor é apenas *civilidade*" (Flavie, *Othon*, 1665, II, II, versos 426-427). A civilidade, portanto, não significa necessariamente, como quer Antoine de Courtin, "o acordo do interior com o exterior de um homem". Código de maneiras convenientes aos grandes, ela pode ser uma continência que, longe de revelar o indivíduo inteiro, dissimula ou transveste a realidade íntima do sentimento.

Daí uma possível crítica da noção. Longe de indicar com exatidão as qualidades da alma, a civilidade chega a ser considerada uma aparência enganadora, como uma polidez de convenção que recobre a maldade. Como em Molière. Em *George Dandin*, a lição de civilidade dada por Mme. De Sotenville a seu genro sublinha, cruelmente, a distância social que separa o camponês enriquecido e a fidalguia camponesa:

> *Mme. De Sotenville*: Meu Deus! Nosso genro, como você tem tão pouca *civilidade*, que não cumprimenta as pessoas quando se aproxima delas!
> *George Dandin*: Com efeito! Minha sogra, é que tenho outras coisas na cabeça, e...
> *Mme. De Sotenville*: Mesmo assim! Será possível, nosso genro, que você conheça tão pouco o seu mundo, e não haja meio de instruir-se sobre a maneira como se deve viver entre as pessoas de qualidade?
> *George Dandin*: Como?
> *Mme. De Sotenville*: Jamais usar comigo a familiaridade dessa palavra "minha sogra" e acostumar-se a dizer-me "Madame". (*George Dandin*, 1668, I, IV)

Dandin ignora a polidez devida por um inferior a um superior, para retomar o vocabulário de Courtin, e essa mesma ignorância é o signo evidente de sua condição, social e cultural. Mas a civilidade dos Sotenville é toda exterior, recobrindo o interesse (eles venderam a filha a quem "podia tapar muitos buracos" na sua fortuna), a arrogância, a credulidade maldosa. Mesma distância, em outro nível social, entre a aparência das maneiras e a verdade do natural em *O burguês fidalgo* (1670, III, XIV). Para Monsieur Jourdain, cego e ludibriado, a nobreza da condição e a dos costumes só podem andar juntas:

> Que diabo é isso! Eles só têm os grandes senhores para me recriminar; quanto a mim, não vejo nada tão belo como freqüentar os grandes senhores; com eles, só há honra e *civilidade*, e eu queria que me custassem dois dedos da mão para ter nascido conde ou marquês.

A civilidade do conde Dorante, entretanto, é apenas a máscara da mentira, da burla, do desprezo. Aqui também a discordância é total entre o parecer e o ser.

Desse possível divórcio, que solapa a própria noção, os tratados de civilidade estão plenamente conscientes. Antoine de Courtin, por exemplo, consagra um capítulo inteiro ao contrário da civilidade, definido não como incivilidade, mas como falsa civilidade ou má civilidade. Essa última provém de "dois extremos ou defeitos muito perigosos": excesso de complacência ou excesso de escrúpulos. Nesse último caso, os temores desmedidos ou o respeito formalista dos preceitos são "freqüentemente a marca de uma naturalidade selvagem, ou de uma educação baixa e mal cultivada" e, em todo caso, contrárias à civilidade que "deve ser totalmente livre, totalmente natural, de maneira nenhuma cerimoniosa ou supersticiosa".[12] Mesmo aprendida, a *civilidade* deve conservar as aparências do natural e distinguir assim aqueles em quem ela parece ser uma disposição inata do caráter dos imitadores necessitados ou desajeitados.[13]

O segundo defeito que faz a civilidade degenerar é a demonstração de "complacências cegas e supérfluas". A civilidade torna-se então bajulação, e esta indica certamente "uma alma rastejante, dupla e interessada" (p.239). O excesso na civilidade, uma polidez exagerada são então os signos indubitáveis da baixeza e do interesse, não da honestidade e do respeito. Como se vê, Antoine de Courtin tenta aqui preservar os próprios fundamentos dos tratados de civilidade: por um lado, a adequação postulada entre as condutas visíveis, as maneiras e as qualidades (ou as vilanias)

---

12 Ibidem, p.240-1.

13 Sobre o natural aristocrático fazendo passar o adquirido pelo inato, cf. Elias, *Über den Prozess der Zivilisation Soziogenetische...*, op. cit., Zweiter Band, 1978, p.425-7 (ed. franc.: *La dynamique de l'Occident*. Paris: Calmann-Lévy, 1975. p.294-6); e Bourdieu, P. *La distinction*. Critique sociale du jugement. Paris: Minuit, 1979. p.380-1.

da alma; por outro, a idéia de que a verdadeira ou justa civilidade não pode ser a máscara de uma má naturalidade. Entretanto, admitindo que o excesso de civilidade corre o risco de fazer um sentimento passar por aquilo que não é, e assim enganar e iludir, Antoine de Courtin traduz bem a incerteza que, na segunda metade do século XVII, se apodera de uma noção menos segura do que poderiam fazer pensar as definições dos dicionários.

O conceito de civilidade, com efeito, está situado no próprio centro da tensão entre o parecer e o ser que define a sensibilidade e a etiqueta barroca.[14] Nos antípodas de uma concepção que percebe nos comportamentos exteriores uma tradução exata e obrigatória das disposições do ser, a civilidade do século XVII é entendida antes de tudo como um parecer social. Cada um deve ser realmente aquilo que parece e ajustar assim o seu ser moral às aparências exigidas pelo seu estado no mundo. Daí o duplo perigo que ameaça essa adequação instável: seja porque o indivíduo não age como sua classe e as circunstâncias o exigem – o que Antoine de Courtin nomeia por um neologismo *descontinência* (p.230) – seja porque ele não possui absolutamente os sentimentos conformes às condutas que faz parecer. A civilidade se transforma então em aparência enganadora, e de representação legítima torna-se máscara hipócrita.

Problemática, mesmo para os tratados que querem regulamentá-la, a civilidade é também objeto de críticas radicais que destroem seus próprios fundamentos. Para Pascal, por exemplo, o coração humano é sempre mentiroso e a alma sempre inconstante:

> O homem nada mais é, portanto, que disfarce, mentira e hipocrisia, em si mesmo e em relação aos outros. Ele não quer, então, que lhe digam a verdade. Ele evita dizê-la aos outros; e todas essas disposições, tão afastadas da justiça e da razão, têm uma raiz natural em seu coração. (*Pensamentos*, Ed. Brunschvicg, 100)

---

14 Beaussant, P. *Versailles Opéra*. Paris: Gallimard, 1981. p.22-8.

A civilidade, como todas as condutas mundanas, enfeita com a máscara da polidez aquilo que é apenas falsidade e artifício. Seu primeiro fundamento, que quer a concordância entre as conveniências exteriores e a verdade do sentimento, encontra-se então solapada. As maneiras, contudo, não podem traduzir as disposições da alma, já que estas são sempre mutáveis e inconstantes: "As coisas têm diversas qualidades, e a alma, diversas inclinações, porque nada daquilo que se apresenta à alma é simples, e a alma jamais se apresenta simples a nenhum indivíduo. Daí vem que choramos e rimos de uma mesma coisa" (112). Essa instabilidade do homem, índice de sua miséria, destrói o outro requisito da civilidade que é fazer parecer ao mundo a constância de uma boa naturalidade. Na melhor das hipóteses, a civilidade só pode ser então um costume que, como os outros, "só deve ser seguido porque é costume, e não porque seja razoável ou justo" (325).

Ordem e cristanização: a civilidade segundo Jean-Baptiste de La Salle (1703)

É com uma clara consciência da crise que afeta a noção que Jean-Baptiste de La Salle publica em Reims, em 1703, as *Regras da conveniência e da civilidade cristã divididas em duas partes para uso das escolas cristãs*.[15] O prefácio explicita claramente a divisão a ser feita entre a *civilidade* "puramente mundana e quase pagã" e aquela que pode ser qualificada de cristã. A primeira se baseia no "espírito do mundo" e só é guiada pela preocupação com a reputação. Ela visa obter uma estima totalmente exterior, evitando o ridículo de condutas impróprias. J.-B. de La Salle recusa essa polidez mundana e suas motivações tais como são encontradas nos tratados

---

15 Utilizamos e citamos aqui essa edição segundo as *Règles de la bienséance et de la civilité chrétienne*. Reprodução anastática da edição de 1703 (in *Cahiers Lasalliens*, Textes-Études-Documents, n.19, Roma, s. d.).

do fim do século XVII, por exemplo, o de Ortigue de Vaumorière, *A arte de agradar na conversação* (Paris, 1688), ou outros, de grande sucesso, como o do abade Morvan de Bellegarde, *Reflexões sobre o que pode agradar ou desagradar no comércio do mundo* (Paris, 1688) ou *Reflexões sobre o ridídulo e sobre os meios de evitá-lo* (Paris 1696). Mas, contra o radicalismo pascaliano, J.-B. de La Salle atribui um valor que não é somente de conveniência à civilidade, se ela for, porém, baseada no "espírito do Evangelho". Ela é então uma maneira de render homenagem a Deus: ter uma postura modesta e decente é respeitar sua presença perpétua, ser civil e honesto com outros é prestar honra "a membros de Jesus Cristo e a Templos vivos, animados pelo Espírito Santo". A civilidade é, então, ao mesmo tempo, honestidade e piedade e abrange tanto "a glória de Deus e a salvação" como a conveniência social.

Para J.-B. de La Salle, como para seus predecessores, a noção se baseia na relação existente entre as condutas e a alma que elas manifestam. Em toda ortodoxia erasmiana, "a aparência" é considerada um índice seguro do "espírito": "Freqüentemente, diz o Sábio, por aquilo que aparece nos olhos, conhece-se o que uma pessoa tem no fundo de sua alma, e qual é sua bondade ou sua má disposição" (p.16). Mas a civilidade cristã manifesta também outra relação, mais fundamental: aquela que faz da criatura uma imagem do Criador e identifica assim o respeito que o homem deve a si mesmo e aos outros pela reverência para com Deus, presente em cada ser. Dessa maneira, toda conduta humana deve lembrar, de algum modo e malgrado sua imperfeição, as qualidades do Deus eterno:

> Como [o cristão] é de uma nascença elevada, porque pertence a Jesus Cristo, e porque é filho de Deus, que é o Ser soberano, ele não deve ter nada nem deixar notar nada de baixo no seu exterior, e tudo nele deve ter um certo ar de elevação e de grandeza, que tenha alguma relação com a potência e a majestade do Deus a quem ele serve e que lhe deu o ser. (p.3)

A civilidade manifesta e honra as perfeições divinas depositadas em cada homem:

> Como devemos considerar nossos corpos como templos vivos, onde Deus quer ser adorado em espírito e em verdade, e tabernáculos que Jesus Cristo escolheu para sua morada, devemos também, em vista dessas belas qualidades que eles possuem, dedicar-lhes muito respeito; e é essa consideração que deve particularmente nos comprometer a não tocá-los, e nem mesmo observá-los sem uma necessidade indispensável. (p.43)

Falando da necessária limpeza da vestimenta, J.-B. la Salle retoma a mesma comparação:

> A negligência nas roupas é uma marca ou de que não se dá atenção à presença de Deus ou de que não se tem muito respeito por ele; ela faz também saber que não se tem respeito por seu próprio corpo, que se deve, entretanto, honrar como o Templo animado do Espírito Santo, e o Tabernáculo onde Jesus Cristo tem muitas vezes a bondade de querer repousar. (p.61-2)

Baseada de maneira inédita nos "motivos puramente cristãos", portanto universais, a civilidade lassalliana não deixa de encontrar – e muito rigidamente – as distinções sociais que em todos os tratados de polidez mundana regulamentam os comportamentos legítimos. Como a definição da conveniência cristã dada no prefácio. A primeira parte identifica claramente conduta no mundo com virtude cristã: "A Conveniência cristã é, portanto, uma conduta sábia e regulada que alguém faz aparecer em seus discursos e nas suas ações exteriores por um sentimento de modéstia, ou de respeito, ou de união e de caridade em relação ao próximo". Mas ouçamos a queda de tom: "prestando atenção ao tempo, aos lugares e às pessoas com quem se conversa, e é essa conveniência concernente ao próximo, que se chama propriamente *Civilidade*" [p.IV]. A definição retoma, portanto, quase ao pé da letra, as "circunstâncias" de Antoine de Courtin e se acha muito próxima de outras, não forçosamente cristãs. Como aquela de um tratado publicado em Amsterdã em 1689:

> – O que é a *civilidade*?
> – É uma maneira honesta de viver uns com os outros, pela qual nós devolvemos a alguém, em épocas e lugares determinados, aquilo que lhe é devido segundo sua idade, sua condição, seu mérito e sua reputação.[16]

Com efeito, J.-B. de La Salle respeita com um escrúpulo extremo as diferenças sociais que governam as condutas. A aparência deve indicar não somente a parte divina do homem ou as qualidades de sua alma, mas também sua classe:

> Não é de menor conseqüência que a pessoa que manda fazer para si uma roupa considere sua situação, porque não seria conveniente que um pobre se vestisse como um rico, e que um plebeu quisesse vestir-se como uma pessoa de qualidade. (p.60)

E em cada uma das "ações comuns e ordinárias" examinadas na segunda parte do livro, as diferenças sociais entre as pessoas devem guiar os comportamentos, tanto à mesa como no passeio, em visita como em viagem. Visando ensinar um pudor que se identifica com a lei de Deus e uma conveniência que seja sinceridade e caridade, as *Regras* lassallianas são também uma aprendizagem da ordem do mundo, de um mundo em que os gestos de civilidade devem traduzir, com toda a legibilidade, as relações sociais. Não basta então agir em conformidade com sua condição, mas julgar, em cada situação, a qualidade respectiva das pessoas a fim de que suas diferenças sejam precisamente respeitadas.

O tratado de J.-B. de La Salle é um texto essencial na trajetória do conceito de civilidade. Destinadas explicitamente a um uso escolar, nas aulas dos irmãos das escolas cristãs (onde elas coroam

---

16 *De l'éducation de la jeunesse où l'on donne la manière de l'instruire dans la civilité comme on la pratique en France*. Amsterdam: Abraham Wolfrang, 1689. p.5.

a aprendizagem da leitura), mas também em outras escolas que imitam sua pedagogia, freqüentemente reeditadas no curso do século XVIII,[17] as *Regras* lassallianas foram, certamente, um dos agentes mais eficazes da implantação dos modelos de comportamentos das elites nas camadas inferiores da sociedade.[18] Ao mesmo tempo que cristianizam os fundamentos da civilidade, elas propõem a um público infantil, numeroso e socialmente amplo,[19] normas de condutas novas, coercitivas e exigentes. Trata-se, antes de tudo, de frear aquilo que J.-B. de La Salle chama várias vezes de "sensualidade", portanto impor à maioria domínio das pulsões e censura da afetividade. Assim entendida, a civilidade se afasta do uso aristocrático que a isola no enunciado das normas de um parecer social para constituir-se em controle permanente e geral de todas as condutas, mesmo subtraídas ao olhar exterior. A diferença das acepções remete claramente à oposição permanente entre a elegância dos homens do mundo, que apenas o julgamento dos seus pares ratifica, e uma ética, moldada pelos pedagogos oriundos das burguesias e ensinada aos meios populares, que visa incorporar uma disciplina onipotente, governando até mesmo a solidão.

A civilidade no século XVIII: divulgação e desvalorização

No século XVIII, a noção de civilidade conhece um duplo e contraditório destino. Levada pela escola caridosa e pelo livro de

---

17 As únicas coleções da Bibliothèque Nationale e da Maison Généralice de l'Institut des Frères des Écoles Chrétiennes conservam vinte edições do texto de J.-B. de La Salle, escalonados entre 1703 e 1789.

18 Elias, *Über den Prozess der Zivilisation Soziogenetische...*, op. cit. Erster Band, p.136 (ed. franc.: *La civilisation des moeurs*, op. cit., p.147).

19 Sobre a difusão e a clientela, muito popular, das escolas de caridade, cf. Chartier, R., Compère, M.-M., Julia, D. *L'Éducation en France du XVIᵉ au XVIIIᵉ siècle*. Paris: Sedes, 1976. p.77-84.

grande circulação, ela é difundida em meios cada vez mais amplos, inculcando ao mesmo tempo um saber-viver e um saber-ser em sociedade. Mas, ao mesmo tempo, na literatura das elites, ela se vê criticada, desvalorizada, desvitalizada. Um duplo processo faz então a elite abandonar os signos tradicionais de sua distinção à medida que sua divulgação faz que sejam açambarcados por outros.[20] As civilidades impressas pelos impressores de Troyes desempenham um papel essencial nessa difusão.[21] Depois da edição de Girardon em 1600 e a de Nicolas II Oudot em 1649, o livreto toma sua forma definitiva, no início do século XVIII, reunindo o texto da civilidade, que recebeu aprovação em 2 de junho de 1714, e o de um tratado de ortografia, aprovado em 15 de outubro de 1705. Sobre a capa dessas aprovações, são concedidas diferentes permissões para imprimir: à viúva de Jacques Oudot, em setembro de 1714, a Étienne Garnier em julho de 1729, a Jean IV Oudot em junho de 1735, a Pierre Garnier em maio de 1736 (essa permissão servindo para meia dúzia de edições de sua viúva e de seu filho Jean). Em todas essas edições, o título é o mesmo: *A civilidade pueril e honesta para a instrução das crianças. Na qual é colocada no início a maneira de aprender a bem ler, pronunciar e escrever, de novo corrigida e aumentada ao fim de um muito belo tratado para aprender a ortografia. Organizada por um missionário. Conjuntamente os mais belos preceitos e ensinamentos para instruir a juventude a se conduzir bem em todos s tipos de companhias.* Única nuança: enquanto nas edições Oudot a civilidade é "pueril e honesta", na Garnier ela é apenas "honesta". As edições do início do século XIX, de Sainton em 1810, da Viúva André em 1822, 1827 e 1831, ou de Baudot, retomam quase palavra por palavra o mesmo título.

---

20 Elias, *Über den Prozess der Zivilisation Soziogenetische...*, op. cit. Erster Band, p.135 (ed. franc.: *La civilisation des moeurs*, op. cit., p.146).

21 É assim que, em 1781, o fundo de Garnier L'Ainé compreende mais de 3.500 exemplares da *Civilité puérile et honnête*, prontos para a venda, "em folhas e não reunidas" ou em curso de impressão (A. D. Aube, 2E, 3 janeiro 1781) e cf. também n.4 do capítulo 7.

Vejamos a título de exemplo, *A civilidade honesta* numa das edições da Viúva Garnier.[22] A noção aqui é fundamentada religiosamente. Por um lado, as regras coercitivas da civilidade estão aqui para ressaltar, tanto quanto possível, a natureza pecadora do homem:

> A Educação da Juventude é seguramente da última conseqüência desde a corrupção de nossa natureza pelo pecado de nosso primeiro Pai. O homem é tão miserável que não produz nada nele que não seja mau: assim, não basta não ensinar nada de mau às Crianças, ou não lhes mostrar mau exemplo, para torná-las boas; é preciso desenraizar neles aquilo que não vale nada. (p.5)

Por outro, como em J.-B. de La Salle, a civilidade é considerada uma virtude cristã, e não mundana:

> A leitura deste livro não lhes será inútil, minhas caras Crianças, ela lhes ensinará o que vocês devem a Deus, pelo menos quanto às suas ações exteriores, e os instruirá sobre a maneira pela qual vocês devem se comportar em relação ao seu próximo, para lhe prestar todos os deveres de *civilidade* a que a Caridade cristã os obriga. (p.3)

Assim definida, a aprendizagem da civilidade participa de uma dupla pedagogia: a educação parental ("Assim, Pais e Mães, vejam a obrigação indispensável que os senhores têm de tomar um grande cuidado com suas Crianças ... façam que aprendam as regras da conveniência, e façam que as pratiquem" (p.6), a imitação do exemplo dado ("Notem, porém, minhas caras Crianças, que o caminho mais curto para se tornar um homem honesto é freqüentar as pessoas honestas, e prestar atenção às suas maneiras de agir, porque os exemplos têm muito mais força sobre nossos espíritos do que as palavras" (p.4)).

---

22 BN Paris, R 31 784, n.127 do catálogo de A. Morin.

Permitindo inculcar, reconhecer e reproduzir o gesto justo, a civilidade de Troyes, difundida como os outros títulos da Biblioteca Azul em centenas de milhares de exemplares, ensina ao mesmo tempo a conduzir-se sem escândalo e a se localizar na escala das condições. Da edição de Nicolas II Oudot de 1649 às edições do século XVIII, há uma trajetória nítida que acentua a importância das diferenças sociais na definição dos comportamentos legítimos. Em meados do século XVII, a civilidade de Troyes demarca o modelo erasmiano cuja marcha ela acompanha, abordando sucessivamente a atitude e a vestimenta, a maneira de se comportar numa igreja, as refeições, os encontros e as conversas, o jogo, o repouso. Um século mais tarde, o livreto se abre com as duas obrigações consideradas fundamentais, para com Deus e em relação aos superiores, pais e mães, patrões e patroas, pessoas da Igreja, velhos e "pessoas constituídas de dignidade". E várias vezes o texto modula seus preceitos em razão da posição social dos protagonistas: "Os pecados contra a honestidade são maiores quando as pessoas que você ofende são consideráveis ou lhe tocam mais de perto"; ou: "Preste atenção nas pessoas com quem você conversa: tenha o cuidado de saber suas condições e estude seus humores"; ou ainda, capítulo novo: "A maneira de qualificar as pessoas a quem se fala, e de subscrever as cartas". Na sua circulação mais popular, a civilidade atribui, portanto, grande importância às distinções sociais que devem sempre ser corretamente decifradas e precisamente respeitadas. Ela permite aos humildes compreender o código de comportamentos que, desde o início do século XVII, exprime a desigualdade das condições e relações de poder[23] e que, justamente interpretada, coloca cada um no lugar que lhe cabe.

---

23 Sobre a utilização política da etiqueta e da civilidade, cf. Ranum, O. Courtesy, Absolutism and the Rise of the French State, 1630-1660. *Journal of Modern History*, n.52, p.426-51, 1980.

Ensinada ao povo, a civilidade se vê ao mesmo tempo desvalorizada aos olhos das elites. Primeiramente, seu sentido é de certo modo restrito, identificado com o mundanismo necessário nas ocasiões de encontros, visitas, conversações. Nos seus *Sinônimos franceses*, Gabriel Girard a define pela própria circunstância do encontro ("Nós somos civis pelas honras que prestamos àqueles que se acham em nosso encontro"), distinguindo-a assim da honestidade, que é a observação das regras da vida em sociedade, e da polidez, que deve reger as relações ordinárias com os próximos.[24] De fato, o uso mais comum da palavra remete às relações exigidas entre pessoas nada familiares, que respeitam as convenções do intercâmbio social. É o caso, seriamente, no *Diário* de Buvat:

> Este embaixador [turco] foi alojado com sua comitiva no hotel dos embaixadores extraordinários na Rua de Tournon, onde, depois de ter sido levado ao apartamento que lhe era destinado, reconduziu o Sr. Marechal d'Estrées até sua carruagem, no que ele observou a mesma *civilidade* que se pratica na França entre os senhores de distinção.[25]

É o caso, ironicamente, no *Diário* de Collé:

> Dizem que, nestes últimos dias, um oficial foi atacado, ao voltar do jantar, por um homem em robe de chambre, com um revolver na mão. Não podendo resistir a essa *civilidade* premente, o oficial entregou sua espada, sua tabaqueira e o relógio.[26]

Durante todo o século, quando conserva um valor positivo, a civilidade é assim entendida como uma "virtude de sociedade"

---

24 Girard, G. *Synonymes français, les différentes significations et le choix qu'il en faut faire pour parler avec justesse*. 3.ed., 1710, p.221-2.

25 Buvat, J. *Journal de la Régence, 1715-1723*. Publicado por E. Compardon. Paris: Plon, 1865. p.221.

26 Collé, C. *Journal et mémoires sur les hommes de lettres... 1748-1772*. Ed. por H. Bonhomme. Paris, 1868. t.l, p.117.

que deve tornar agradável o comércio que os homens mantêm entre si. No seu *Dicionário filosófico*, Chicaneau de Neuville a define assim: "Ela consiste nas relações mútuas, estabelecidas pelo uso e pela diferença de classe e condições. A *civilidade* é também a demonstração de nossos sentimentos, obsequiosos para nossos semelhantes, por nossos gestos e nossa atitude".[27] Quinze anos mais tarde, o padre Joly propõe uma variação sobre o mesmo tema:

> A *civilidade* é uma destreza ou boa graça com a qual nós recebemos aqueles que vêm a nós, e nos aproximamos das pessoas com quem queremos conversar. Essa virtude faz assumir uma continência agradável e modesta, sem orgulho e sem afetação. Os que se gabam de ser civis saúdam graciosamente aqueles que os abordam, mostram-lhes um rosto sereno, respondem-lhes com muita suavidade, e lhes falam com um ar afável, evitando as réplicas rudes ou duras, e com isso eles atraem a confiança de todo mundo.[28]

Completamente separada de qualquer referência às qualidades da alma ou à parte divina do homem, a civilidade é entendida como uma simples virtude mundana, condição de uma vida social agradável, já que da afabilidade e da suavidade de cada um depende a satisfação de todos. Nessa acepção mínima, ela acaba por identificar-se com a paciência necessária para com o próximo para que sejam vivíveis as relações entre os homens: "Suportemo-nos mutuamente; e é nisso que consiste a verdadeira *civilidade*", conclui o padre Joly.

Reduzida ao mundanismo indispensável no encontro e na conversação, a civilidade se vê, paralelamente, totalmente depreciada. O verbete do *Dicionário de Trévoux*, que tem um mesmo conteúdo nas edições de 1723 e 1743, é um bom testemunho disso.

---

27 Chicaneau de Neuville, D.-P. *Dictionnaire philosophique, ou Introduction à la connaissance de l'homme*. Lyon, 1756. p.45.

28 Joly, J.-L. (Père) *Dictionnaire de morale philosophique*. Paris, 1771, t.1, p.147.

À primeira vista, nada mais clássico que a definição que entende a *civilidade* como uma "maneira honesta, suave e polida de agir, de conversar juntos". Os termos são os mesmos dos dicionários do fim do século XVII e serão reencontrados na edição de 1777 do *Dicionário da Academia*. Entretanto, a leitura dos doze exemplos dados atesta que a noção não é mais redutível a esse enunciado primitivo, positivo e normativo, que pretende eternizar um sentido neutralizado. Em duas das citações é criticado o excesso de civilidade, que importuna ou atrai os importunos. Em sete outras, é a própria civilidade que é solapada em seus fundamentos.

Com efeito, ela não aparece como a tradução sincera de uma boa naturalidade, mas guiada pela preocupação de notoriedade ("A *civilidade* muitas vezes é apenas um desejo de passar por polido, e um temor de ser visto como um homem selvagem e grosseiro", abade Esprit), o desejo de reciprocidade ("A *civilidade* é um desejo de também recebê-la, e de ser considerado polido em certas ocasiões", La Rochefoucauld), a procura de um interesse ("É bastante difícil distinguir a bajulação da *civilidade*, e da polidez mundana", Scudéry) ou, pelo menos, o prazer de uma posição superior ("Aqueles que são elevados nas primeiras classes devem de certa maneira rebaixar-se pelas suas *civilidades*, para usufruir de sua proeminência", Malebranche).

"Passar por", "ser visto como", "ser considerado": a civilidade não pertence (ou não mais) à ordem da verdade, mas à da reputação. Ela não exibe por si própria uma identidade íntima, mas é definida pelo olhar e pelo julgamento do outro. Ora, este último não é sem falhas e se deixa iludir facilmente pelas máscaras: "A *civilidade* é um certo jargão que os homens estabeleceram para ocultar os maus sentimentos que eles têm uns pelos outros" (Saint-Évremond); "A *civilidade* nada mais é que um comércio contínuo de mentiras engenhosas para se enganar mutuamente" (Fléchier); "Quantos ódios secretos não se cobrem sob as aparências afetadas de *civilidade*?" (Fléchier).

Três empregos somente vão ao encontro desse sentido depreciado de uma civilidade interessada, dissimuladora, hipócrita. Só o primeiro, que é o mais antigo, conserva algo da positividade fundadora da noção: "A *civilidade* é como a beleza; ela começa, e faz os primeiros laços da sociedade" (Montaigne). Os dois outros empregos só manifestam o sentido enfraquecido que assimila respeito da civilidade com prazer do comércio social: "A *civilidade* aumentou entre nós à medida que a polidez se introduziu" (Caillières); "O verdadeiro espírito mundano encontrou a arte de introduzir uma certa *civilidade* familiar, que torna a sociedade agradável e cômoda" (Saint-Évremond). Contradizendo a definição liminar, os empregos de civilidade citados pelos jesuítas do *Dicionário de Trévoux* marcam, na sua maioria, o descrédito de uma noção que para eles perdeu suas raízes éticas, e sua garantia religiosa. Ser e parecer estão totalmente separados, e a identificação da civilidade com uma polidez amável, que não exige nenhuma autenticidade do sentimento, sanciona essa ruptura admitida.

A civilidade reformulada

O verbete "Civilidade, polidez, afabilidade" da *Enciclopédia*, devido ao Chevalier de Jaucourt, registra essa redução e essa desvalorização.[29] A civilidade aqui é apenas uma "porção" da polidez, definida por uma motivação totalmente negativa (o temor de ser visto como um homem grosseiro) e pela condição daqueles que se amoldam a ela, ou devem amoldar-se ("a maioria", "as pessoas de uma condição inferior" por oposição às "pessoas da Corte"). A civilidade caracteriza então o mais baixo escalão de duas hierarquias paralelas: a dos estados e a das maneiras. Jaucourt põe claramente em evidência o duplo processo de divulgação e de desqualificação que modificou o uso da noção: a civilidade,

---

29 *Encyclopédie ou Dictionnaire raisonné des sciences, des arts et des métiers*. Paris, 1753. t.III.

com uma rede densa e coercitiva de preceitos e de interdições, se impôs em meios cada vez mais numerosos; por isso mesmo, ela perdeu seu valor de distinção para as "pessoas mundanas" que se afastaram dela e que, rejeitando seus formalismos opressivos, definiram outro código de comportamentos, mais livre, qualificado de polidez. A *Enciclopédia* considera que a civilidade foi inculcada à maioria e que se tornou uma norma para as condutas populares. Ela constata que essa depreciação social, expressa por meio da crítica de formalidades inúteis e cansativas, levou as pessoas de qualidade a definirem outro modelo de referência cujo caráter espontâneo se harmoniza melhor com a valorização aristocrática de maneiras "naturais" e não estudadas.

No texto de Jaucourt, a constatação dessa trajetória social é acompanhada de um propósito mais ordinário sobre a hipocrisia comum que vicia, igualmente, civilidade e polidez: "Sem emanar necessariamente do coração, elas dão sua aparência, e fazem o homem exterior parecer como deveria ser interiormente". Entretanto, o conceito, refundido e reformulado, pode escapar a esses usos herdados que o fecham no mundo das aparências enganosas e das reputações usurpadas. Duas condições definem a civilidade "tomada no sentido que se lhe deve dar" – e que não é o da época. A primeira exige enraizar as marcas de respeito e as atenções devidas ao próximo na verdade do sentimento interior. A segunda, menos tradicional e diretamente tirada de *O espírito das leis* (livro XIX, cap.XVI), é considerar as obrigações da civilidade à tradução visível da dependência recíproca que liga os homens uns com os outros. Seguindo Montesquieu, Jaucourt termina seu verbete dando o exemplo da China, tópica na medida em que a civilidade, que manifesta o vínculo social fundamental, foi nesse caso regulamentada e imposta pelo legislador. Essa evocação de um Estado em que as leis, os costumes e as maneiras foram confundidos num mesmo código fornece a formulação mais radical para repensar o conceito de civilidade, assim aproximada do sentido originário, comunitário e político, de *civilitas*.

De fato, é exatamente a partir das duas condições enunciadas no verbete da *Enciclopédia* que alguns tentam restaurar a validade de uma noção tão desacreditada. F.-V. Toussaint, por exemplo, parte da crítica, já comum, contra a civilidade hipócrita para inverter seus termos:

> Em vão os Rústicos e os Cínicos declamam contra a *civilidade*; em vão a tratam de comércio falso e impostor, que só serve para mascarar os verdadeiros sentimentos: que eles tenham realmente no coração, como devem, a afeição cujas marcas recíprocas são dadas pelas pessoas bem-nascidas; e sua *civilidade* jamais será uma impostura.[30]

Constatar que nem sempre existe concordância entre o sentimento e as maneiras não deve fazer considerar a civilidade como um "sortimento de caretas",[31] artificiosas, mas, ao contrário, isso legitima sua necessidade, porque "afetar por fora disposições virtuosas é confessar que se deveria tê-las no coração". Certamente, para Toussaint, as regras da civilidade formam "um cerimonial de convenção", um conjunto de signos arbitrários, variáveis de uma noção para outra, não baseados na razão. Estamos longe, portanto, da tradição normativa que, de Erasmo a La Salle, definia, por meio de interdições e injunções, os gestos justos, as atitudes convenientes, as condutas obrigatórias, universalmente adequadas às inclinações e aos sentimentos manifestados. Mas, aqui, a necessidade não está absolutamente no próprio código, mas no respeito de um código, seja ele qual for, porque é essa sujeição ao uso que poderá suscitar as virtudes que ele supostamente mostra: "Ter no coração os sentimentos corteses que se exprime": de tradução da alma, a civilidade tornou-se aprendizagem prática da moral. Portanto, é numa restauração de natureza

---

30 Toussaint, F.-V. *Les moeurs*, 1748; aqui, ed. de Amsterdã, 1760, p.384-7, da qual são tiradas as citações desse parágrafo.

31 Alletz, P.-A. *L'esprit des journalistes de Trévoux*. Paris, 1771. t.I, p.427.

ética que se apóia a defesa social das "pessoas bem-nascidas" cuja autoridade e dignidade correm o risco de ser arranhadas pela desvalorização da noção que designa sua maneira de ser.

A reabilitação da noção se apóia, também, no texto de Montesquieu utilizado por Jaucourt. Citada mais ou menos exatamente, a comparação feita em *O espírito das leis* entre civilidade e polidez torna-se um *tópos* do fim do século:

> A *civilidade* vale mais, a esse respeito, que a polidez. A polidez lisonjeia os vícios dos outros, e a *civilidade* nos impede de mostrar os nossos: é uma barreira que os homens põem entre si para impedir sua própria corrupção. (XIX, XVI)

Demarcado na *Enciclopédia*, o texto é reencontrado freqüentemente, por exemplo, na *Enciclopédia de pensamentos, máximas, reflexões sobre toda espécie de assuntos,* de P.-A. Alletz, publicada em 1761 (p.72) ou no *Dicionário crítico da língua francesa* do padre Féraud editado em 1787 (t.I, p.454). O texto tem sucesso, de início, porque inverte as relações estabelecidas pelo uso entre civilidade, desqualificada porque difundida na maioria, e a polidez, exaltada como nova norma do comportamento aristocrático. Entretanto, ele manifesta claramente o vínculo existente entre o controle da afetividade individual e a boa ordem da sociedade. Recobrindo e censurando os vícios da natureza humana, a civilidade não é, como pensam seus contemporâneos, a máscara enganosa da imoralidade, mas preenche uma indispensável função de polícia moral. Positivamente, ela significa a interdependência dos homens em sociedade; negativamente, ela impede o contágio de costumes corrompidos. O texto de Montesquieu designa, portanto, com acuidade, o espaço social em que se inscreve civilidade: o estreitamento das dependências entre os homens, ligado à diferenciação aumentada das funções sociais, implica um domínio inédito das condutas de cada um, um poderoso autocontrole das manifestações individuais (nesse caso, a exibição dos vícios) que ameaçam o tecido comunitário.[32] Embora ela não modifique a natureza do sentimento e não torne o homem melhor no coração, nem por isso a civilidade é menos necessária, porque impondo severas coerções interiores ela garante relações sociais disciplinadas e livres da violência ou da corrupção.

A figura de Rousseau está evidentemente por trás dessas tentativas de reabilitação da civilidade, como do sucesso duradouro do texto de Montesquieu. Rousseau, com efeito, incomoda duplamente: porque ele desacredita os usos mundanos e os julgamentos da opinião, sem valor na escala dos sentimentos de humanidade segundo a ordem da natureza; porque ele próprio, na sua conduta e nos seus livros, não respeita absolutamente o código das boas maneiras. No livro IV do *Emílio*, a entrada do jovem aluno no mundo é o momento decisivo do confronto entre as regras recebidas do saber-viver mundano e os comportamentos naturais inspirados pelo coração e pela razão.[33] Rousseau opõe então convenções e usos que socialmente fazem julgar mal Emilio, tido por desajeitado e ignorante, e a verdade dos sentimentos (a bondade, a franqueza, a benevolência etc.) que, em compensação, desqualifica moralmente as máscaras e os disfarces do mundo. É, portanto, uma crítica radical que, ao mesmo tempo, visa aos hábitos pedagógicos ("um elenco de preceitos" não é nada ao lado do desabrochar de uma naturalidade virtuosa), os usos mundanos ("Emílio será, se quisermos, um amável estranho" numa sociedade cujas normas ele absolutamente não reconhece); as hierarquias de convenção ("Ninguém será mais fiel a todos os aspectos baseados na ordem da natureza e até mesmo sobre a boa ordem da sociedade; mas os primeiros serão sempre preferidos

---

32 Para essa leitura do texto de Montesquieu através das categorias de N. Elias, cf. *Über den Prozess...*, op. cit. Zweiter Band, p.316-7 (ed. franc.: *La dynamique de l'Occident*, op. cit., p.191-2).

33 Rousseau, J.-J. Émile ou De l'éducation, 1762. In: *Oeuvres complètes*. Paris: Gallimard, 1969. t.IV, p.665-70 (Bib. de la Pléiade). Todas as citações de Rousseau em nosso texto são tiradas dessas páginas do *Emílio*.

aos outros, e ele respeitará antes um particular mais velho que ele do que um magistrado de sua idade").

Destruidor da civilidade, tal como a entende a sociedade de seu tempo, o próprio Rousseau dá a imagem de um homem incivil. Louis-Sébastien Mercier, entre outros, faz-se o eco desse julgamento do mundo sobre um homem que, como Emílio, "dá muito pouca importância aos julgamentos dos homens para submeter-se aos seus preconceitos". No décimo primeiro tomo do *Quadro de Paris*, Rousseau é invocado da seguinte maneira:

> A dívida de civilidade para com cada homem é, portanto, evidente. Um autor de nossos dias, tendo faltado por muito tempo a esse tributo, conciliou para si a inimizade universal, e os traços duros de sua crítica lhe fizeram mais mal do que os belos traços de suas obras lhe fizeram honra. É preciso incomodar-se um pouco nos seus pronunciamentos, para não incomodar os outros.[34]

Aliás, é exatamente a essa utilidade social da noção que L.-S. Mercier visa no capítulo que lhe consagra no primeiro tomo do seu livro (p.287-8). Qualidade de "mentira engenhosa", a civilidade é aqui elogiada pelo prazer que traz aos encontros e pela censura que ela faz às "pequenas e vis paixões". Virtude de sociedade, ela não prejulga nada das qualidades morais ou das disposições psicológicas daqueles que a respeitam. Instaura-se assim um corte entre a esfera da intimidade, onde os caracteres exprimem sua verdade, e o espaço social, onde as coerções interiorizadas ditam condutas policiadas: "Ofereceram-se um ao outro sob os mais belos aspectos, e a superfície hedionda do caráter vai desvelar-se no interior doméstico diante de olhos que estão acostumados, ou que são feitos para suportar essa prova". À divisão interna do indivíduo, dilacerado entre pulsões e coerções, afetividade e censuras, corresponde uma divisão dos espaços que recalca no foro privado aquilo que deve permanecer oculto no comércio do mun-

---

34 Mercier, L.-S. *Tableau de Paris*. Amsterdam, 1782-1788. t.XI, p.188-9.

do. Longe de ser moralmente condenada, a aparência aqui é valorizada em nome da vantagem social do ornamento: "Um manto leve, jogado sobre o moral, talvez seja tão necessário quanto é uma vestimenta para o físico do homem".

Fundar uma civilidade republicana

Com a Revolução, semelhante justificação da civilidade não é mais admissível, e os textos que defendem a noção pretendem fundamentá-la sobre valores totalmente diferentes. Para isso, uma primeira tarefa consiste em reformular completamente a relação que liga civilidade e polidez. É o que faz, por exemplo, Pierre-Louis Lacretelle, quando examina este último conceito no *Dicionário de educação* acrescentado ao quarto tomo, *Lógica e metafísica*, da *Enciclopédia metódica* de Panckoucke.[35] Nesse texto, publicado em 1791, é proposta uma articulação inédita entre a polidez, considerada uma linguagem, e a civilidade, tida por uma disposição do espírito e do coração, uma "virtude que é a primeira e a mais encantadora de todas as virtudes sociais". Enquanto ela supõe sentimentos invariáveis e universais, uma "benevolência geral" que se encontra ou se deve encontrar em todo homem, a polidez, que é a sua expressão, varia segundo os lugares e as épocas, depende dos costumes de cada nação e comanda gestos de convenção que não têm nenhuma necessidade intrínseca. Ensinar a civilidade, portanto, não é inculcar maneiras arbitrárias, que cada um descobrirá pelo uso, mas inscrever no coração da criança sentimentos de humanidade:

> Para dizer livremente meu pensamento, se as crianças não fazem nada por teimosia, por orgulho ou por algum princípio mal-

---

35 *Encyclopédie méthodique ou par ordre de matières*. Paris: Panckoucke, t.IV: *Logique et Métaphysique*, p.694-8.

vado, pouco importa de que maneira elas tiram o chapéu ou fazem a reverência. Se alguém puder ensiná-las a amar e a respeitar os outros homens, elas encontrarão, quando tiverem idade para isso, o meio de fazer cada um sentir isso delicadamente segundo maneiras a que terão sido acostumadas. (p.697)

Destacada da rede de obrigações e de proibições que a caracterizava, a civilidade é assim identificada a uma virtude maior, garantia e emanação de todas as outras, já que ela supõe o respeito ao próximo, a benevolência, a modéstia, a beneficência. Seu contrário, para Lacretelle, não são mais as más maneiras, mas uma série de vícios que são outras tantas fontes da *incivilidade*: "a ferocidade natural que faz que um homem seja sem complacência para com os outros homens", "o desprezo ou a falta de respeito", "o espírito de crítica" que faz escarnecer ou contradizer, "o humor melindroso que se choca com a menor coisa". A partir daí, é proposta uma ruptura radical com a educação tradicional, já que a repetição dos gestos considerados convenientes, que não implicam forçosamente a existência dos sentimentos que deviam mostrar, é idealmente substituída pela aprendizagem de virtudes que conseguirão sempre expressar-se numa linguagem adequada. A civilidade torna-se assim, fundamentalmente, instrução moral.

É exatamente sobre semelhante fundamento que se tenta no curso dos anos revolucionários uma *civilidade republicana*, totalmente diferente daquela que regia as maneiras da antiga sociedade. Primeiro contraste: essa nova *civilidade*, ao mesmo tempo, supõe e secreta a liberdade. É assim que L.-M. Henriquez a funda num tratado publicado no ano III, *Princípios da civilidade republicana destinados à infância e à juventude sob os auspícios de J.-J. Rousseau*, apresentado sob a forma de diálogos entre um pai, Ariste, e seus dois filhos, Prosper e Adèle:[36]

---

36 Paris, Hugard, ano III. L.-M. Henriquez, professor do colégio de Blois, publicou no ano II as *Épîtres et Évangiles du républicain pour toutes les décades de*

Ariste: A *civilidade*, que exige atenções recíprocas, que como a lei natural nos prescreve não fazer aos outros o que não queremos que nos façam, a *civilidade*, dizia eu, leva o homem ao desejo e à manutenção de sua liberdade.

Prosper: Papai, os homens que viveram antes da liberdade não conheciam então a *civilidade*?

Ariste: Eu poderia responder sim sem temor de me enganar. Num regime despótico, a *civilidade* é forçada, as virtudes são raras. Alguns homens, entretanto, aplacam a natureza do opróbrio em que seus semelhantes estão mergulhados. (p.39-40)

Inseparável da liberdade, a verdadeira civilidade não o é menos da igualdade. No ano III igualmente, o cidadão Gerlet abre a sua *Civilidade republicana* da seguinte maneira: "O nível da Igualdade não exclui as atenções que devemos uns aos outros".[37] Quatro anos mais tarde, numa outra *Civilidade republicana* devida a Chemin, há um contraste bem marcado entre a etiqueta da desigualdade da sociedade das ordens e a moral natural do tempo da igualdade:

No tempo em que os homens não se estimavam e só eram estimados segundo seu poder, sua classe ou suas riquezas, eram necessários muitos estudos para saber todas as nuanças de atenções e de polidez a observar em sociedade. Hoje, só existe uma

---

l'année à l'usage des jeunes sans-culottes, obra premiada em germinal ano IV por ocasião dos resultados do concurso sobre os livros elementares aberto pela lei de 9 pluviose ano II. No ano III, ele publica, ao lado de sua *Civilité républicaine*, as *Histoires et morales choisies pour chaque mois de l'année républicaine* (segundo Morange, J., Chassaing, J.-F. *Le mouvement de réforme de l'enseignement en France, 1760-1798*. Paris: Presses Universitaires de France, 1974. p.121-7).

37 Gerlet, C. *La civilité républicaine contenant les principes d'une saine morale, un abrégé de l'histoire de la Révolution et différents traits historiques tirés de l'histoire romaine, suivis d'un vocabulaire de la langue française. Ouvrage essentiellement utile et agréable aux jeunes citoyens de l'un et l'autre sexe, et propre à leur faire aimer et pratiquer les vertus*. Amiens: Caron Berquier, ano III.

Leituras e leitores na França do Antigo Regime

regra a seguir no comércio da vida, é ser com todos livre, modesto, firme e leal.[38]

As obrigações da *Civilidade republicana* não devem então regular-se pelas diferenças de condição ou de posição, mas somente por aquelas desigualdades naturais que são as da escala das idades e dos laços de parentesco.[39] Apoiada na liberdade, conforme à igualdade, a civilidade refundida deve reconciliar enfim as qualidades da alma e as aparências exteriores. Todos os diálogos entre Ariste e seus filhos repousam sobre esse acordo reencontrado, sempre frustrado pela polidez antiga pretensiosa e mentirosa:

Adèle: Papai, diga-nos o que é *civilidade*...

Ariste: Meus filhos, é uma virtude que estabelece entre os homens um comércio agradável, honesto, que procede por maneiras polidas, sem falsidade, sem afetação. Não apenas ela compõe o exterior de um cidadão, mas guia sua alma e o torna um ser social. (p.7-8)

Numa formulação classicamente erasmiana, Henriquez indica que o rosto deve ser limpo porque ele é "o símbolo da alma", mas acrescenta, mais revolucionariamente, que a fronte deve ser livre porque "o homem livre deve sempre trazê-la descoberta".

---

38 Chemin, *La civilité républicaine contenant les principes de la bienséance puisés dans le monde, et autres instructions utiles à la jeunesse.* Paris: Chez l'Auteur, ano VII. Esse livreto, que não se acha nem na Biblioteca Nacional nem no Instituto Pedagógico Nacional, é descrito e citado por Nisard, C. *Histoire des livres papulaires ou de la littérature de colportage depuis l'origine de l'imprimerie jusqu'à l'établissement de la Commission d'examen des livres de colportage.* 2.ed. Paris, 1864. p.394-5. O autor é certamente aquele mesmo Chemin filho que publicou no ano II um *Alphabet républicain* e *L'ami des jeunes patriotes ou Catéchisme républicain dédié aux jeunes martyrs de la liberté* (cf. Morange & Chassaing, *Le mouvement de réforme de l'enseignement en France, 1760-1798*, op. cit., p.136).

39 Uma mesma reorganização segundo os graus das idades e as funções familiares marca os dispositivos festivos (cf. Ozouf, M. *La fête révolutionnaire 1789-1799.* Paris: Gallimard, 1976. p.223-33).

E as virtudes exigidas pela civilidade são as que fortificam uma nação republicana "que não reconhece outro chefe a não ser ela mesma, outro poder a não ser o do povo, e cujas instituições tendem todas ao bem geral": como a franqueza, a temperança, a vigilância, a justiça. Como em Lacretelle, a civilidade é aqui elevada ao estatuto de virtude republicana por excelência, compreendendo todas que são necessárias à nova forma de governo.

Em todas as civilidades republicanas, a garantia última da nova moral é um Ser supremo cuja existência é afirmada contra os ateus e os pirrônicos. Como em Gerlet: "Uma secreta e suave inclinação nos leva a admitir um Ser Supremo, a amar nossos semelhantes, a respeitar a velhice, a bem formar a infância, a estimar a virtude, a honrar o mérito, enfim a odiar o vício". Mais adiante, o texto reencontra as próprias fórmulas das *Regras* lassallianas:

> Nós nos modelaremos por ele [o Ser Supremo] em relação a nós mesmos e em relação aos nossos semelhantes, primeiro quanto a nós mesmos respeitando nosso corpo, que é como uma urna na qual Deus encerrou nossa alma, imagem de sua Divindade. Teremos prazer em ornar de virtudes nosso corpo, em fazer dele um templo digno de nossa alma, para que essa emanação de sua Divindade não se envergonhe de sua morada. (p.12-3)

Em Henriquez, a referência não é cristã, mas rousseauniana: a existência de um Ser Supremo "soberana e infinitamente perfeito nas suas virtudes e nas suas obras" e a imortalidade da alma constituem os princípios de uma religião natural que dá suporte à moral republicana. As civilidades revolucionárias compartilham, portanto, o mesmo deísmo de dois outros conjuntos de textos moralizadores: os catecismos republicanos, muito numerosos nos anos II e III,[40] os almanaques patriotas que também di-

---

40 Morange & Chassaing (*Le mouvement de réforme...*, op. cit., p.169-72) assinalam a existência de nove obras impressas e de dez manuscritos destinados às escolas primárias que se intitulam *Catéchisme* no ano II e no ano III.

fundem um rousseaunismo defensor de uma religião natural e civil.[41] De seu lado, as civilidades pesam pouco, como se a palavra permanecesse prisioneira de seu sentido antigo e o gênero confundido com a etiqueta da sociedade abolida.[42] Entretanto, os poucos textos existentes manifestam a vontade clara de revolucionar a noção, dando-lhe uma definição nova, republicana e deísta, igualitária e moral, livre e natural.

Nítida, com efeito, é a recusa das formalidades antigas. Para Lacretelle, como vimos, a maneira de tirar o chapéu ou de fazer a reverência é de pouca importância, e a verdadeira civilidade não tem nada a ver com as regras e os preceitos que outrora a codificavam. Uma recusa paralela da etiqueta tradicional encontra-se manifesta na esfera política. Seja, a título de exemplo, um artigo das *Revoluções de Paris* de janeiro de 1792, intitulado "*Incivilidade do poder executivo*".[43] O autor aqui denuncia a maneira como o rei recebeu muito mal nas Tulherias uma deputação da Assembléia nacional que lhe levava um decreto para assinar: "Só uma folha da porta foi aberta e o orador foi quase o único admitido no gabinete do príncipe, o resto esperou na porta". Semelhante conduta, qualificada de "*incivilidade* marcada", é condenável, antes de tudo, porque manifesta relações de poder que eram os do Antigo Regime e não os que existem entre os representantes do povo soberano e um rei delegado e assalariado: "Será que é preciso então advertir nossos representantes que uma Assembléia nacional não é um Parlamento, ou uma corte de assistência, ou um tribunal de contas, e que é importante que nossos deputados

---

41 Gobel, G., Soboul, A. Audience et pragmatisme du rousseauisme. Les almanachs de la Révolution (1788-1795). *Annales Historiques de la Révolution Française*, n.234, p.600-40, 1978. Os autores enumeram 81 almanaques patriotas, de diversos matizes, entre 1790 e o ano III.

42 Podemos citar também, do cidadão Prévost, *La véritable civilité républicaine*, ano III.

43 *Révolutions de Paris, adressées à la nation et au district des Petits-Augustins*, n.133, p.179-80, 21-28 janv. 1792.

se mantenham à altura do caráter de que nós os investimos?". Para o jornalista das *Revoluções de Paris*, as formas antigas da etiqueta, definidas ou impostas pela vontade do monarca, não são mais admissíveis e devem ser rejeitadas como signos de uma humilhante dependência. Abolindo o cerimonial que regulava a vida pública, trata-se então de destruir para sempre um dos meios pelos quais o Estado absolutista, desde Richelieu, havia reprimido as Cortes soberanas, suprimido os oficiais, submetido o povo.[44] O novo equilíbrio político exige outras práticas e outra civilidade pública que impeçam "de deixar um só instante os reis com a idéia de que o povo está na sua dependência".

1800-1820: civilidades populares, conveniências burguesas

No início do século XIX, na circulação da noção, subsiste muito pouco dessa aspiração a uma civilidade renovada. Primeiramente, os livros de civilidade difundidos em massa são idênticos aos editados nos séculos precedentes pelos impressores de Troyes.[45] Em inúmeras cidades, é assim reeditado o texto da civilidade tal como tinha sido aprovado em junho de 1714. As modificações são mínimas, propondo às vezes um título novo – como nos livretos de Lille impressos sob o Império e intitulados *Novo tratado da civilidade francesa para a instrução da juventude cristã* –, abandonando por vezes a letra de civilidade, pouco legível, em favor de caracteres romanos. Em certas cidades, é uma tradição meio independente daquela versão de Troyes que é prolongada

---

44 Cf. o artigo de Ranum ("Courtesy, Absolutism and the Rise of the French State...", op. cit.).

45 Para um início de inventário, descrevendo a coleção da BN, cf. Galais, M. *Répertoire bibliographique des manuels de savoir-vivre en France*. Conservatoire National des Arts et Métiers, Institut National des Techniques de la Documentation, 1970 (exemplar datilografado).

no início do século XIX. Em Rouen, por exemplo, sob o título *A civilidade honesta na qual é colocada a maneira de aprender a bem ler, pronunciar e escrever, e posta em melhor ordem que anteriormente*, os impressores reeditam um texto aprovado em 1751 que encurta, retoca e organiza à sua maneira a versão publicada em meados do século XVII por Nicolas II Oudot. Paralelamente, as *Regras* las-sallianas são várias vezes reeditadas para uso das escolas cristãs, tanto de moças como de rapazes; entre 1804 e 1820, vinte edições saem das oficinas, em Paris, Rouen, Reims, Évreux e Charleville.[46] É claro, portanto, que, nos dois primeiros decênios do século XIX, numa escala talvez inédita, circula todo um material antigo que difunde, pela escola e fora da escola, o conteúdo mais clássico de uma noção cristianamente fundada e respeitosa de uma ordem não igualitária.

Ao mesmo tempo, as definições normativas reatam com as significações depreciadas da metade do século XVIII. É assim que Morin, no seu tratado sobre os sinônimos, publicado em 1801, restabelece uma hierarquia estrita entre civilidade e polidez, total-mente em benefício do segundo termo. A civilidade é inferior à polidez de um triplo ponto de vista: social, já que "um homem do povo e até mesmo um simples camponês podem ser civis", enquanto a polidez é o apanágio do homem mundano; cultural, já que a civilidade é compatível com uma má educação, enquanto a polidez supõe uma educação excelente; moral, enfim, já que ela é apenas um cerimonial de convenção oposto à fineza de senti-mentos e à delicadeza de espírito que caracterizam o homem polido.[47] Acha-se assim totalmente invertido o equilíbrio cons-truído entre as duas noções por textos como os de Montesquieu e de Lacretelle ou pelas civilidades republicanas. Em face da civi-

---

46 Segundo a tabela das principais edições conhecidas que é dada nas *Règles de la bienséance...*, op. cit., p.III-XII.

47 Morin, B. *Dictionnaire universel des synonymes de la langue française*. 2.ed. Paris: Maradan, 1802. p.290-4.

lidade divulgada e popular, a polidez retoma um valor distintivo que repousa sobre a equivalência dada como implícita entre qualidades naturais, domínio cultural e superioridade social.

É certo que alguns textos, fiéis a Rousseau, pleiteiam que a aprendizagem da civilidade seja antes de tudo instrução moral:

> Jamais se devem separar os princípios da moral das regras da civilidade: é preciso que cada lição de polidez dada às crianças responda a uma regra de moral e esteja baseada sobre ela ... porque toda regra de civilidade que não tivesse por apoio um princípio de moral, e que fosse fruto de um capricho ou de alguma singularidade, se tornaria uma vã superfluidade.[48]

Na sua maioria, porém, os manuais, que pretendem romper com os preceitos e com a linguagem envelhecida do texto de Troyes e de suas imitações, distanciam-se muito de semelhante perspectiva. Com efeito, a civilidade aqui é definida como o conjunto de regras que tornam agradáveis e fáceis as relações dos homens entre si. Isso significa reencontrar o sentido restrito e mínimo que, no início do século XVIII, tinha assimilado a civilidade a uma virtude mundana, permitindo o prazer da vida em sociedade. Como um livreto publicado em 1812 e apresentado sob a forma de diálogos dirigidos por Mme. de Sainte-Lucie: "Minhas crianças, a *civilidade* é a maneira de agir e de falar na sociedade com honestidade e conveniência ... Ela força os homens a adotarem sinais exteriores de estima e benevolência, que mantêm entre eles a suavidade e a paz".[49] A atenção se encontra então centrada nesses "sinais exteriores", que convém fazer ou não fazer em sociedade. Abandonando a ambição ética e cívica dos anos revolucionários, a civilidade é entendida doravante como o

---

48 Dubroca, *La civilité puérile et honnête à l'usage des enfants des deux sexes*. Nova ed. Paris, s. d. (início do século XIX), p.43-4.

49 Mme. de Sainte-Lucie. *Civilité du premier âge*. Paris: A. Eymery, 1812. p.6-7 (BN Paris, R 19 189).

código das boas maneiras necessárias na sociedade, como a nomenclatura dos "usos da boa companhia".[50] É fixada assim, para todo o século, a identificação da civilidade com a conveniência burguesa.

Entre os séculos XVI e XIX, a história da noção de civilidade é, portanto, a de estreitamento e de um enfraquecimento. Apesar de várias tentativas para reformulá-la ou fundamentá-la de maneira diferente, por exemplo no fim do Antigo Regime ou durante a Revolução, a noção perde pouco a pouco o estatuto ético e cristão dos seus inícios para significar apenas a aprendizagem e o respeito das maneiras convenientes na vida das relações. Apresentada por dois tipos de textos, por livretos de uso que enumeram seus preceitos sem forçosamente defini-la, e por definições ideais que a situam em relação às noções vizinhas (honestidade, polidez, conveniência), a civilidade privilegia a longo termo sua acepção disciplinante. Progressivamente cortada de seus fundamentos antropológicos, religiosos ou políticos, ela enuncia, para uns, a maioria, as regras elementares de um dever-ser em sociedade, e, para outros, as condutas que fazem conhecer imediatamente o saber-viver. Presa entre o parecer e o ser, o público e o íntimo, a imitação e o exclusivismo, sua trajetória, de Erasmo aos tratados da Restauração, exprime a instauração desejada, se não realizada, de coerções subjugantes, sempre pensadas como distintivas e sempre desmentidas como tais.

---

50 *La civilité en estampes, ou Recueil de gravures propres à former les enfants des deux sexes à la politesse et aux usages de la bonne compagnie.* Paris: Le Cerf et Blanchard, s. d. (início do século XIX) (BN Paris, R 31 781).

3
Estratégias editoriais e leituras populares (1530-1660)

Destinada a disciplinar as condutas, a encarnar-se em gestos e dizeres, a civilidade, no entanto, é, de início, textos e livros. Ela atesta que na França de entre os séculos XVI e XVIII, embora a alfabetização seja ainda apenas minoritária e a palavra e a imagem permaneçam essenciais, o escrito impresso já desempenha um papel de primeira importância na circulação dos modelos culturais. Se muitos não podem ler diretamente, sem mediação, a cultura da maioria é, contudo, profundamente penetrada pelo livro, que impõe suas normas novas, mas que também autoriza usos próprios, livres, autônomos. É por essa razão que escolhemos dar atenção à sua difusão e a seus efeitos, cruzando a história dos objetos e a dos usos e confrontando estratégias de editores e táticas de leitores.

Neste primeiro estudo, limitado a montante pelos anos 1530, que vêem as formas do livro se emancipar definitivamente das do manuscrito, e a jusante pelos anos 1660, quando a política monárquica de controle e de censura transtorna toda a economia do impresso, a questão que se coloca é a da presença do livro, ou de outros impressos, mais humildes, nas camadas sociais que não pertencem às elites da fortuna, do poder e da cultura. Nesse século amplamente recortado, será que é possível reconhecer uma familiaridade "popular" com o livro, oferecendo um mercado novo à atividade dos livreiros e impressores e transformando aquilo que se convencionou designar como a "cultura popular"? Da resposta depende evidentemente uma melhor apreciação, tanto das práticas e políticas editoriais como das clivagens ou das proximidades culturais na época da primeira modernidade.

Os leitores "populares"

Será que os meios populares têm muito peso entre os possuidores e os compradores de livros nos séculos XVI e XVII? Responder a essa pergunta supõe, de início, definir a própria noção de "classes populares". Nós a entenderemos aqui por ausência, considerando que são leitores "populares" todos aqueles que não pertencem a nenhuma das três casacas (para retomar a expressão de Daniel Roche): a casaca negra, isto é, os clérigos; a casaca curta, isto é, os nobres; a casaca longa, isto é, o numeroso e variado mundo dos oficiais, altos ou baixos, dos advogados e procuradores, dos homens de letras, aos quais se devem acrescentar aqueles outros eruditos, também portadores de veste, que são os homens da medicina. Acham-se assim identificados como "populares" os camponeses, os operários e mestres de ofícios, os mercadores (e também aqueles que estão afastados da mercadoria, freqüentemente designados como "burgueses"). Descobrir se esses homens têm familiaridade com o impresso não é coisa fácil, e ainda só é possível fazê-lo de maneira sistemática em alguns locais urbanos. O primeiro destes é Amiens no século XVI.[1]

---

1 Labarre, A. *Le livre dans la vie amiénoise du XVIᵉ siècle*. L'enseignement des inventaires après décès 1503-1576. Paris-Louvain: Nauwelaerts, 1971.

Nessa cidade de importância média (talvez vinte mil habitantes), o estudo minucioso de Albert Labarre permite, com efeito, saber exatamente quais são os possuidores de livros. É claro que eles constituem uma minoria: entre 4.442 inventários após falecimento encontrados para os anos 1503-1576, somente 887 mencionam a presença de livros, ou seja, 20%, um inventário entre cinco. Nessa sociedade minoritária dos proprietários de livros, mercadores e artesãos aparentemente não fazem má figura: os mercadores são 259 a ter livros e os artesãos ou pessoas de ofício, 98, ou seja, respectivamente 37% e 14% do conjunto dos inventários com livros socialmente identificados. É claro então que, desde o primeiro século de sua existência, o livro impresso (amplamente majoritário nos inventários de Amiens em relação aos manuscritos) não foi o privilégio exclusivo apenas dos dignitários, mas atingiu uma população de leitores modestos, situados na parte baixa da escala dos estados e das condições.

Essa constatação, todavia, demanda algumas correções. Primeiramente, a porcentagem dos inventários com livros revela-se muito variável segundo as diferentes categorias sociais: ela atinge o ponto mais alto nas profissões de medicina, com 94% (é bem verdade que o total dos inventários aqui é de apenas 34), e permanece elevada entre os togados (73% dos inventários com livros), os nobres (72%) e os clérigos (72% igualmente). Segundo os dados fornecidos por A. Labarre, pode-se estimá-la em apenas 11,6% para os mercadores e artesãos, tomados em conjunto,[2] sem

---

2 Ibidem, p.129. A porcentagem dos inventários com livros nas categorias dos comerciantes e artesãos, considerados em conjunto, é calculada a partir da hipótese segundo a qual a parcela dos inventários diversos é a mesma para os inventários com livros e para o conjunto dos inventários (ou seja, 21%) – o que permite obter o total (não dado por Labarre) dos inventários com ou sem livros para os negociantes e artesãos. Se admitirmos que a parcela dos negociantes e a dos artesãos são idênticas nos dois conjuntos (de um lado, os inventários com livros, de outro, o total dos inventários), ou seja 72,5% de inventários de negociantes e 27,5% de inventários de artesãos, é possível propor uma porcentagem de inventários com livros para cada uma das duas categorias sociais: 11,6% para uma e outra.

que apareça diferença entre um e outro grupo. Dentro da população mercantil e artesanal, é só uma pequena minoria que tem então acesso à posse do livro. Esta última, por sua vez, não é igual, longe disso: os mercadores de Amiens, que constituem 37% dos proprietários de livros socialmente identificáveis, só detêm 13% dos livros possuídos, e os artesãos, que constituem 14% desses proprietários de livros, só têm 3%.

Vários dados atestam essa condição mediana das "bibliotecas" mais populares: enquanto a média dos livros possuídos é de 37 para os togados, 33 para os médicos, 23 para os clérigos, 20 para os nobres, ela é de apenas seis para os mercadores e de apenas quatro para as pessoas de ofício. Entre esses últimos, a regra é a posse de um único livro (situação encontrada em 53% dos inventários de artesãos que mencionam livros, mas também em 44% dos mercadores). Inversamente, apenas dezesseis mercadores e somente dois artesãos – um descarregador de vinhos e um marceneiro – possuem mais de vinte livros. Embora o povo urbano não esteja absolutamente ausente dos possuidores de livros no século XVI, o exemplo de Amiens mostra claramente que só uma fração restrita de seus membros se inscreve entre eles e que, para essa minoria, o livro permanece raro, possuído em número muito pequeno, quando não é apenas único.

Última observação que o caso de Amiens autoriza: a distribuição desigual do livro no próprio interior do mundo dos artesãos e das pessoas de ofício. Entre os 98 que possuem livros, três grupos parecem particularmente desfavorecidos: os trabalhadores da terra que moram dentro dos muros, os profissionais da alimentação e os pedreiros (eles só dão respectivamente seis, seis e três inventários com livros). Mais familiarizados com o impresso, aparecem aqueles que trabalham a madeira (quinze inventários com livros), os metais (dez), o couro (dez), as peles e os tecidos (dez). Para os profissionais têxteis – fiandeiros e cardadores –, aparentemente bem presentes (22 inventários com livros), seu peso na cidade deve corresponder a uma porcentagem bastante

Leituras e leitores na França do Antigo Regime

baixa de proprietários de livros. Essa hierarquia de Amiens quanto à posse do livro encontra aquela da capacidade de assinar, tal como Natalie Zemon Davis estabeleceu em Lyon nos decênios 1560 e 1570: no topo, os artesãos de metais, do couro e da vestimenta, e, na parte mais baixa, os profissionais da construção, da alimentação e da terra.

Em Paris, entre 1601 e 1670, a parcela dos mercadores e artesãos no seio da população dos possuidores de livros é menor que em Amiens um século antes. Os inventários após falecimento, dos quais Henri-Jean Martins estudou uma amostra de quatrocentos, manifestam isso: artesãos e mercadores, considerados em conjunto, fornecem dezesseis dos 187 inventários após falecimento com livros cujo proprietário é socialmente identificável no período 1601-1641 (ou seja, 8,5%), e treze dos 175 do período 1642-1670 (ou seja, 7,4%).[3] Se acrescentarmos os "burgueses de Paris", que são muitas vezes antigos mercadores aposentados, a parcela aumenta, mas permanece muito aquém do que era nos inventários de Amiens, com 15,5% até 1641, e 13,7% em seguida. Poucos numerosos quanto à posse de livros, mercadores e artesãos parisienses têm poucos cada um: entre 1601 e 1641, enquanto o módulo para o conjunto dos proprietários de livros está entre 101 e quinhentos títulos, para eles está em menos de 26 títulos (dez inventários entre dezesseis), e a constatação se encontra idêntica no período seguinte em que sete "bibliotecas" de mercadores e artesãos entre treze têm menos de 26 livros. São testemunhas desses possuidores de raros livros um vidraceiro da Praça Maubert cujo inventário em 1601 só menciona quatro livros, e em 1606 um mercador de tecidos que detém igualmente apenas quatro obras.[4]

Última sondagem urbana, que se tornou possível graças à publicação feita por H.-J. Martin do livro de contas do livreiro Jean

---

3 Martin, H.-J. *Livre, pouvoirs et société à Paris au XVIIᵉ siècle (1598-1701)*. Genève: Droz, 1969. t.I, p.492.

4 Ibidem, t.I, p.516-7.

Nicolas: Grenoble entre 1645 e 1668.[5] O que se pode captar aqui é o gesto da compra, a visita à loja para uma aquisição que será paga mais tarde. Entre os 460 clientes de Nicolas socialmente identificáveis, mercadores e profissionais são apenas 49, ou seja, 10,6%. Mas deve-se assinalar também que alguns, que não residem em Grenoble, só figuram como assinantes da *Gazette* e que outros são na verdade livreiros não declarados como tais que revendem os livros encomendados a Nicolas. A clientela propriamente de Grenoble do livreiro é composta, portanto, apenas de 22 mercadores e sete profissionais. Afora quatro deles, que adquirem mais de dez títulos, são pequenos compradores: seis mercadores e seis artesãos só compram um livro, oito mercadores e o último artesão, um ourives, somente dois ou três. Os compradores excepcionais no mundo da mercadoria de Grenoble são M. Brun (onze compras, duas das quais para seus filhos), o estalajadeiro Milleran (onze compras), um grande mercador protestante, Éliza Julien (dezoito compras) e o boticário Jacques Massard, também protestante, situado no limite entre o comércio e a medicina (21 compras). As contas de Grenoble confirmam, portanto, os inventários parisienses: os mercadores, e mais ainda os artesãos, no século XVII, são compradores raros que compram pouco.

Livros possuídos e comprados: o primado do religioso

Mas o que eles compram? Entre os mercadores e artesãos de Amiens, no século XVI, os livros possuídos são na maioria religiosos, antes de tudo livros de horas. Enquanto esses últimos constituem 6% do número total de livros contidos nos inventá-

---

5   Martin, H.-J., Lecocq, M. *Livres et lecteurs à Grenoble*. Les registres du libraire Nicolas (1645-1668). Genève: Droz, 1977. t.I, p.137-265, "Les clients des Nicolas".

rios, eles representam 15% dos encontrados entre os representantes de profissões. E as horas são freqüentemente o único tipo de livro possuído: 124 mercadores entre 259 (ou seja, 48%) só têm livros de horas – 91 têm um; 23, dois; sete, três; um, quatro; e dois, cinco, que perfazem o total de sua "biblioteca" – e 32 artesãos entre 98 (ou seja, 33%) estão no mesmo caso – 28 só possuem um; três possuem três; e um possui cinco. Ao lado das horas, mas muito aquém pelo número, encontram-se *A legenda dourada* (uma dúzia entre os mercadores, dez entre os artesãos), bíblias (sete e cinco, todas em francês ao que parece), breviários e missais. O livro religioso é, portanto, amplamente dominante, e deixa pouco lugar aos outros. Único conjunto coerente em face dele: aquilo que os inventários designam como livros de *"pourtraicture"*, que são coletâneas de modelos, de padrões e de estampas utilizados no exercício da profissão. São encontrados entre dois pintores, dois iluminadores, dois vidreiros, um moveleiro, um marceneiro, um pedreiro, um armeiro, três ourives.

Como nos indicam os inventários de Amiens, as leituras dos mercadores e artesãos se encontram limitadas por dois horizontes – o da profissão e o da religião. É essa última, evidentemente, que cria as maiores demandas, em particular em livros de liturgia. Reunindo os textos de ofícios e de fragmentos da Escritura, os livros de horas são o gênero maior dessa literatura devota impressa em quantidades enormes, como atestam os fundos dos livreiros parisienses: em 1528, Loys Royer tem em estoque 98.529 livros de horas entre um total de 101.860 livros, e, em 1545, Guillaume Godard possui 148.717 num fundo que contém 263.696 livros, todos litúrgicos. O livro de horas constitui, portanto, um mercado fundamental para a edição do século XVI, já que ele possui, ao mesmo tempo, uma clientela de dignitários e uma clientela "popular" para a qual ele é a compra mais habitual (e freqüentemente a única). Seus preços, como revelam as tomadas de Amiens, manifestam bem esse suporte social duplo: 43% das horas valem menos de dezoito níqueis, 42% entre uma e quatro libras e 15% entre quatro e vinte libras. Deve-se acrescentar que esses preços de inventários, que se referem mais freqüentemente a livros encadernados, não revelam o preço de compra das horas em brochura, que geralmente não ultrapassam um níquel, o que faz dele o livro mais barato, totalmente ao alcance dos leitores mais carentes.[6]

Em Grenoble, em meados do século XVII, nas compras feitas de Jean Nicolas pelos 22 mercadores e os sete artesãos da cidade que freqüentavam sua livraria, as obras religiosas predominam claramente, constituindo um terço dos livros que lhes são debitados (42 títulos entre 124) – o que é mais do que a parcela do livro religioso no total das vendas de Nicolas que é de 23%. As bíblias, os livros de liturgia (horas, breviários, ofícios), os livros de devoção (por exemplo *As consolações da alma fiel*, do pastor Drelincourt), a literatura apologética são as aquisições mais freqüentes desses leitores de classe modesta, sejam eles católicos sejam reformados. Vêm em seguida, com 25 títulos, os livros ou folhos de aula, comprados pelas crianças de colégio: os *abc*, os livros de gramática (entre os quais, Despautère), os clássicos latinos. Encontramos aqui uma confirmação do recrutamento socialmente aberto dos colégios do Antigo Regime, que não acolhem somente os filhos de dignitários, mas também os dos mercadores – pode-se, todavia, notar que nenhum artesão figura entre os compradores de livros escolares que não sejam os *abc*. Afora essas duas grandes posições, as compras se espalham ao sabor dos gostos e dos interesses, cedendo lugar, mas um lugar limitado, à literatura do século (Guez de Balzac, Corneille, os romances), à história (com quatro compradores para a *História do condestável de Lesdiguières*, de Louis Videl), aos avulsos e às mazarinadas, panfletos contra o cardeal Mazarin. Se as curiosidades dos mercadores e artesãos de Grenoble no século XVII parecem mais amplas que as de seus confrades de Amien cem anos antes, mais da

---

6 Cf. Labarre, *Le livre dans la vie amiénoise du XVIe siècle*, op. cit., p.164-77.

metade dos livros que eles compram são destinados ou a orientar sua vida religiosa ou a educar seus filhos. A clientela "popular" nos registros de Nicolas não aparece, portanto, como desejosa de livros específicos, que seriam impressos para ela (não há, por exemplo, nenhum mercador ou artesão entre os 28 adquirentes de almanaques), mas, como no século XVI para o livro de horas, ela constitui uma parte do mercado de livros de grande saída, livros de devoção ou livros escolares.

Os inventários após falecimento de Amiens ou os livros de contas de Grenoble permitem, portanto, diversas constatações. Inicialmente, eles confirmam que os leitores "populares" constituem apenas uma minoria no público dos livros, e uma minoria que mais freqüentemente se limita a comprar ou possuir somente alguns títulos. Esses documentos, aliás, não manifestam expectativas particulares desses leitores mais humildes na escala das condições: eles não lêem tudo o que lêem os dignitários, longe disso, mas os livros que eles possuem ou adquirem não são suas leituras próprias. Obras litúrgicas, livros de devoção, livros de escola, e até mesmo os livros de *"portraicture"* (categoria na qual se encontram também os livros ilustrados de Alberti ou de Holbein) são os produtos compartilhados da atividade de imprimir. Parece então, nessa primeira abordagem, que não existe público "popular" específico para o livro dos séculos XVI e XVII. Daí uma relação com o impresso que parece idêntica em todas as camadas sociais; daí, também, a ausência de um mercado próprio para os editores que se limitariam a imprimir em grande quantidade e a preços baixos os textos que são mais voluntariamente comprados por mercadores e artesãos, sem que, entretanto, lhes sejam particulares.

Antes de serem admitidas, tais conclusões suscitam, todavia, duas interrogações. Por um lado, será que a relação popular com o livro pode limitar-se à posse dele, tal como constata o inventário dos bens ou como revela o registro do livreiro? Por outro, será que se deve identificar relação com a "cultura impressa" apenas mediante a posse do livro, vendido pelo livreiro ou avaliado pelos oficiais de justiça e os tabeliães? Nos séculos XVI e XVII, certamente mais que antes, a relação com o escrito não implica necessariamente uma leitura individual, a leitura não implica necessariamente a posse e a convivência com o impresso não implica necessariamente o livro. São essas constatações, das quais depende boa parte da atividade editorial, que precisamos agora fundamentar.

Na cidade: os manuseios coletivos do impresso

Na população urbana, o uso do escrito pode às vezes ser coletivo ou mediado por uma leitura em voz alta. Três lugares sociais, que correspondem a três experiências fundamentais da existência popular, parecem privilegiados para esse manuseio do livro. Existe primeiro a oficina ou loja onde os livros das técnicas familiares podem ser consultados pelo mestre e seus meninos e orientar os gestos do trabalho. Nos inventários de Amiens, eles são muitas vezes anônimos: "um livro concernente ao ofício de cardador onde estão estampados vários padrões", "um livro onde há vários modelos que servem ao ofício de marceneiro", "oito volumes onde estão estampados vários modelos"; e em Grenoble, Nicolas vende uma *Aritmética* ao negociante de cerâmica Rose e uma *Práxis médica* ao boticário Massard. No século XVII, essas coletâneas técnicas, geralmente atribuídas a mestres no ofício, constituem uma parcela da atividade editorial dos impressores: como prova, entre outros, *A fiel introdução da arte de serralheiro* e *O teatro da arte do carpinteiro*, redigidos por Mathurin Jousse, "negociante serralheiro na cidade de La Flèche", e publicados em 1627 por um impressor da cidade, Georges Grivaud.

Segundo quadro do uso coletivo do impresso: as assembléias religiosas realizadas nas cidades, e às vezes também no campo, pelos prosélitos protestantes. Como ela visa engajar mesmo os mais humildes, mesmo os analfabetos que só podem receber o escrito por intermédio de uma fala, a Reforma se apóia nesses conventículos em que o canto dos salmos e a leitura em voz alta do Evangelho misturam na fé aqueles que lêem e os que ouvem, os que ensinam e os que aprendem. Tais assembléias se alimentam no comércio clandestino de livros impressos em Genebra, e introduzidos no reino por ambulantes e merceeiros como Jehan Beaumaistre, Hector Bartholomé ou Pierre Bonnet, que figuram entre os varejistas de Laurent de Normandie, livreiro de Genebra que lhes fornece bíblias, salmos e opúsculos de Calvino.[7]

Reunindo homens e mulheres, letrados e analfabetos, fiéis de profissões e de bairros diferentes, os cultos protestantes, tal como se pode perceber, apesar do segredo que os cerca, nas cidades atingidas pela Reforma, são um dos lugares em que se opera, em comum, a aprendizagem do livro. Ao mesmo tempo, eles manifestam a coerência já realizada da comunidade e atraem para a leitura do texto sagrado aqueles ou aquelas que ainda estão afastados.[8] Nas cidades de Flandre e do Hainaut, são essas assembléias que preparam a fogueira iconoclasta do verão de 1566: em casas particulares, alojamentos vazios ou celeiros situados às portas da cidade, os fiéis do novo culto cantam os salmos e lêem o Evangelho. Os livros lhes vêm dos ambulantes que se abastecem em Anvers; como em Lessines, pequena cidade situada a leste de Tournai, onde uma testemunha assinala a propósito das assembléias reformadas: "Não se fazia distribuição de livros ... a maioria tinha os referidos salmos, comprados em parte nesta cidade, à qual vinha algumas vezes de Anvers um confrade ven-

---

7 Schlaepfer, H.-L. Laurent de Normandie. In: *Aspects de la propagande religieuse*. Genève: Droz, 1957. p.176-230.

8 Davis, N. Z. The Protestant Printing Workers of Lyons in 1551. In: *Aspects de la propagande religieuse*, op. cit., p.247-57; e *Les cultures du peuple*. Rituels, savoirs et résistances au XVIe siècle. Paris: Aubier-Montaigne, 1979. "Les hugenotes" e "L'imprimé et le peuple", p.113-58 e 308-65.

dendo semelhantes livros em pleno mercado".[9] Lido e comentado pelos ministros e pregadores, possuído e manuseado pelos fiéis, o texto impresso impregna toda a vida religiosa das comunidades protestantes, em que o retorno à verdadeira fé não se separa da entrada do escrito impresso na civilização.

Nas confrarias jocosas, enfim, de profissões ou de bairros, são elaboradas, postas em circulação e lidas peças impressas que acompanham os gestos festivos.[10] Em Lyon, a confraria jocosa dos colegas impressores, chamada da Coquille, se encarrega da confecção desse material impresso. Por um lado, ela participa das cavalgadas do asno, organizadas pelas abadias de Maugouvert, que são associações reunidas com base na vizinhança e no bairro e dedicadas a zombar dos maridos espancados. Os confrades da Coquille tomam lugar no desfile exibindo "alguns cartazes, impressos, em latim e em francês", sobre os quais distribuem comentários escritos em coletâneas impressas, por exemplo a *Coletânea feita conforme a cavalgada do asno feita na cidade de Lyon e começada no primeiro dia do mês de setembro de 1566* ou *Coletânea da cavalgada feita na cidade de Lyon, em 17 de novembro de 1578*.

Por outro, durante a época de carnaval, a confraria jocosa dos operários impressores edita pequenos livretos, *Os divertidos orçamentos dos cúmplices do senhor da Coquille*, que fixam o texto dos diálogos paródicos supostamente trocados pelos três cúmplices do dignitário festeiro na frente do cortejo do Domingo Gordo. Em Lyon, textos como esses, "impressos pelo Senhor da Coquille", foram conservados para os anos de 1558, 1581, 1584, 1589, 1593, 1594 e 1601. Temos aí todo um material impresso, semelhante àquele que acompanha em Rouen o triunfo da Abadia, dos Cretinos ou

---

9   Citado por Deyon, S., Lottin, A. *Les "Casseurs" de l'été 1566*. L'iconoclasme dans le Nord. Paris: Hachette, 1981. p.19-20.

10 Davis, *Les cultures du peuple*, op. cit., "La règle à l'envers", p.159-209; e *Entrées royales et Fêtes populaires à Lyon du XVe au XVIIIe siècle*. Lyon: Bibliothèque de la Ville de Lyon, 1970. p.46-59.

os cortejos de carnaval nas cidades languedoquianas, e que constituem incontestavelmente uma forma de aculturação ao escrito, elaborado e decifrado em comum, expresso por aqueles que o lêem para aqueles que não lêem, e por isso então mais familiar.

No campo, as vigílias sem o livro

Na área rural (para a qual não dispomos de pesquisas sistemáticas comparáveis às que foram feitas sobre os inventários de Amiens), o acesso coletivo ao livro impresso pode conhecer duas modalidades: uma comunitária, outra senhorial. Será que a vigília camponesa constitui uma daquelas ocasiões em que um alfabetizado lê, o que significa que divide, comenta e às vezes traduz um livreto trazido por um ambulante até o vilarejo? Talvez, mas certamente não se deve exagerar, para os séculos XVI e XVII pelo menos, o papel dessas assembléias camponesas na difusão, mesmo mediata, do impresso. As atestações das vigílias camponesas, condenadas pelos estatutos sinodais e pelas recomendações eclesiásticas, são afinal bastante raras e tardias, e fazem alusão a jogos, danças ou trabalhos feitos em comum, e não à leitura de livros; aliás, as menções encontradas em alguns autores literários põem em cena sobretudo "dignitários" camponeses.[11] É assim que Noël du Fail, nos *Discursos rústicos de mestre Léon Ladulfi, Champanhês* (Lyon, 1548), descreve uma vigília realizada na residência de Robin Chevet, onde o dono da casa canta e conta:

---

11 Cf. dois artigos fundamentais com os quais exprimimos nossa concordância: Martin, H.-J. Culture écrite et culture orale, culture savante et culture populaire dans la France d'Ancien Régime. *Journal des Savants*, jul.-déc. 1975, p.225-82; e Marais, J.-L. Littérature et culture "populaire" aux XVIIᵉ et XVIIIᵉ siècles. Réponses et questions. *Annales de Bretagne et des Pays de l'Ouest*, n.1, p.65-105, 1980, que modificam um pouco a perspectiva de Mandou, R. *De la culture populaire aux XVIIᵉ et XVIIIᵉ siècles*. La Bibliothèque bleue de Troyes. Paris: Stock, 1964 (reed. Flammarion, 1975).

À vontade depois de jantar, a barriga estufada como um tambo-rim, bêbado como um gambá, estendia-se no chão com as costas voltadas para o fogo, trilhando graciosamente o cânhamo, ou lus-trando suas botas da moda em voga (porque o homem de bem geralmente seguia todas as modas), cantando melodiosamente, como honestamente sabia fazer, alguma canção nova. Jouanne, sua mulher, do outro lado, lhe respondia da mesma maneira. O resto da família trabalhando cada um no seu ofício, uns amaciando as correias de seus chicotes, outros afiando os dentes de um rastelo, queimando gravetos para soldar (possivelmente) o eixo da charrete, rompido por um peso muito grande, ou faziam uma vara de açoite de nespereira. E assim ocupados em diversas tarefas, o bom homem Robin (depois de impor silêncio) começava um belo conto do tempo em que os bichos falavam (não faz duas horas), como a Raposa roubava o peixe dos peixeiros; como fazia as Lavadeiras bater no Lobo, quando aprendia a pescar; como o Cão e o Gato iam para bem longe; da Gralha, que cantando perdia seu queijo; da Melusine; do Lobisomem, do couro de Asna; das Fadas, e que muitas vezes falava com elas familiarmente, até mesmo à tarde passando pelo caminho profundo, e ele as via dançar em rodopios perto da fonte da Sorveira, ao som de uma cornucópia coberta de couro vermelho.

Note-se que nada indica que Robin está lendo; talvez ele te-nha encontrado em algum livro algumas das histórias que conta – ainda que elas pertençam à tradição oral –, mas está claro que à sua mulher e à família ele as conta de cor:

E se alguém porventura adormecesse, como acontecia quando ele contava essas grandes histórias (das quais muitas vezes fui ouvinte), mestre Robin pegava um canudinho aceso numa ponta e soprava pela outra no nariz de quem dormia, fazendo sinal com a mão para que o acordassem. Então dizia: "Que diabo! Tive tanto trabalho em aprendê-las, quebro a cabeça aqui pensando fazer bem e ainda não se dignam escutar-me".[12]

---

12 Noël du Fail. Propos rustiques de maistre Léon Ladulfi, Champenois. In: *Conteurs français du XVIᵉ siècle*. Paris: Gallimard, 1965. p.620-1. ("Bib. de la Pléiade").

No seu primeiro capítulo, Du Fail destaca quatro leitores de vilarejo, que são os narradores de "discursos rústicos", mas eles não participam de uma vigília; ao contrário, mantêm-se afastados, "sob um grande carvalho", durante uma festa campestre. Lá estão Anselme, "um dos ricaços desta aldeia, bom Lavrador, e muito bom escrivão para a região da planície"; Pasquier de cuja cintura pende uma "grande sacola" onde estão Óculos e dois velhos livretos de horas; mestre Huguet, antigo mestre-escola que se tornou "bom vinhateiro", mas que "não pode deixar de vir às festas sem nos trazer seus velhos livros e ler para nós até dizer chega, como um Calendário dos Pastores, as fábulas de Esopo, *O romance da rosa*", e enfim Lubin, "outro ricaço", que por cima do ombro de mestre Huguet olha "no seu livro".[13] Nenhuma alusão aqui à vigília camponesa, mas um testemunho sobre a circulação do livro e a prática da leitura em voz alta entre aqueles que não pertencem à comunidade dos camponeses. As menções de leituras feitas durante as vigílias camponesas são, portanto, bastante raras, se não inexistentes, para o século que separa o reinado de Henrique II do de Luís XIV, o que faz duvidar muito que elas sejam um suporte para a possível penetração do impresso nos campos.

A leitura senhorial

A relação entre o senhor e seus camponeses, por sua vez, por acaso seria um suporte? Aqui temos um testemunho direto, de Gilles Picot, senhor de Gouberville. Em 6 de fevereiro de 1554, ele escreve: "Não pára de chover, [meus homens] foram para os campos, mas a chuva os rechaçou. No solar, durante todo o serão, nós lemos no *Amadis de Gaula* como ele venceu Dardan".[14]

---

13 Ibidem, p.607-8.

14 *Un sire de Gouberville, gentilhomme campagnard du Cotentin de* 1553 à 1562. Publicado pelo abade A. Tollemer, precedido de uma introdução por E. Le Roy

Sabemos que o fidalgo normando está lendo; e que entre ele e seus amigos circulam livros, doados, emprestados ou trocados: assim, em novembro de 1554, "um texto de instituição, onde estava inscrita uma roda pitagórica" – trata-se das *Institutas* de Justiniano – lhe é dado pelo pároco de Beauficet, e no mesmo mês "estando em Vallongnes eu devolvo ao Mestre Jehan Bonnet o Prontuário das Medalhas que ele me tinha emprestado no dia anterior; e ele me entregou as lições de Pierre Messye, que eu deixo ao meu anfitrião para ceder a M. de Hémesvez" – trata-se aqui de uma obra do autor espanhol Mexia, traduzido em francês por Claude Gruget.

Em 1560, trazem-lhe de Bayeux "um almanaque de Nostradamus", cuja edição anterior é mencionada em 1558, em 29 de outubro, dia em que Gouberville declara: "Mandei começar a semear o trigo na minha terra de Haute-Vente. Nostradamus dizia no seu almanaque que era bom trabalhar nesse dia". Em novembro de 1562, o tenente Franqueterre lhe entrega "um prognóstico de Nostradamus, e eu lhe paguei a fatura que ele me havia feito", testemunho ao mesmo tempo da prudência de Gouberville e do preço atribuído ao livro, objeto ainda raro.

À lista dessas leituras, devem-se acrescentar também livros de medicina e de cirurgia, *O príncipe* de Maquiavel e o *Quarto livro* de Rabelais que o pároco de Cherbourg, de passagem por Mesnil-au-Val, promete emprestar-lhe. Esses poucos livros, notados porque geralmente foram emprestados ou tomados de empréstimo, parecem alimentar as leituras pessoais de Gouberville. A alusão ao *Amadis*, lido em voz alta numa noite de chuva, é a única encontrada em todo o diário, o que é pouco para um texto que fala das ocupações cotidianas de cinco mil jornadas. Se a crônica de Gouberville atesta a realidade da leitura senhorial, meio oral da

---

Ladurie, Paris-La Haye: Mouton, 1972. p.203-11; e Foisil, M. *Le Sire de Gouberville. Un gentilhomme normand au XVIe siècle*. Paris: Aubier-Montaigne, 1981. p.80-1 e 231-4.

difusão do impresso, ela revela também sua raridade. Enquanto na cidade numerosas e diversas parecem as oportunidades dadas aos que não sabem ler para encontrar o impresso, certamente não ocorre o mesmo no campo, onde a audição do livro durante a vigília, seja o que for que se tenha dito, é um momento excepcional.

O impresso na cidade: imagens e textos

Entre a leitura individual do livro, ato íntimo do foro privado, e a simples audição do escrito, tal como a do sermão, por exemplo, existe então, nas cidades pelo menos, uma outra relação com o impresso. Nas oficinas, nas igrejas dissidentes, nas confrarias festivas, o escrito tipográfico está próximo até mesmo daqueles que não podem lê-lo. Manuseado em comum, ensinado por uns e decifrado por outros, profundamente integrado na vida comunitária, o impresso marca a cultura citadina da maioria. Desse modo, ele cria um público – portanto um mercado – mais amplo que o dos simples alfabetizados, mais amplo também que o dos simples leitores de livros. Com efeito, entre 1530 e 1660, para a maioria das populações urbanas, a relação com o escrito não é uma relação com os livros, ou pelo menos com aqueles livros bastante nobres para serem conservados uma vida inteira e estimados como um patrimônio.

A "aculturação tipográfica" do povo urbano conhece outros suportes, mais modestos e mais efêmeros. Em todas as formas desse material, que constitui uma parte importante da atividade de imprimir, texto e imagem estão associados, mas em arranjos e proporções muito diversas. Da imagem solta ao cartaz, do cartaz ao pasquim, do pasquim ao livro azul, as diferenças não são nitidamente distintas, mas, ao contrário, multiplicam-se as formas de transição de uma produção para outra. Seja, para começar, o gênero tipográfico aparentemente mais distante da cultura escrita: a imagem solta. Há aqui, com efeito, um material onde o escrito impresso está sempre presente, dando títulos, legendas e comentários. O exemplo das imagens de confrarias, sejam elas de profissão sejam de devoção, mostra isso claramente.[15]

As imagens soltas

Sempre impressas em formato grande, essas peças reúnem imagem e texto: em algumas, o motivo gravado constitui o essencial, em outras, por exemplo os cartazes de perdões e de indulgências ou as listas de congregados, é o escrito impresso. Mas, nestas últimas, uma vinheta geralmente acompanha o texto, enquanto as grandes imagens cedem espaço – e um espaço que parece crescente – ao escrito: titulariedade da confraria e indicação da igreja em que está instalada, oração em honra do santo padroeiro, histórico da confraria ou seu estatuto. Como indica uma imagem de uma confraria do Santíssimo Sacramento, esse material é sempre suscetível a uma dupla "leitura": "Quem mantiver este escrito em lugar onde possa ser lido e quem o ler – não sabendo ler, fará a reverência – ganhará Indulgência plenária" (BN, Est, Re 19). Semelhantes imagens são ao mesmo tempo de uso doméstico e público.

Todo ano, no momento em que contribuem para a confraria, os congregados recebem uma, que colam na parede de seu quarto ou de sua oficina. Alguns estatutos fazem disso uma obrigação; por exemplo, os da Confraria do Santíssimo Sacramento de Rueil que esclarecem que os confrades "terão em suas casas uma imagem que representará este mistério". Por ocasião da festa do santo padroeiro, as imagens são distribuídas na cidade e afixadas na igreja: assim os companheiros carpinteiros, reunidos na Confraria de São José instalada na paróquia de Saint-Nicolas-des-Champs,

---

15 Gaston, J. *Les images des confréries parisiennes avant la Révolution*. Paris: Société d'Iconographie (2ᵉ année 1909), 1910, em particular a introdução, p.XV-LVI.

mandam rezar uma Missa cantada, com Diácono e Sub-Diácono e também Cabido, com órgãos e carrilhões, pinturas de tapeçarias dentro e fora da Igreja *com as imagens da confraria* onde está marcado que o rei Robert, 37º Rei de França, é fundador, e as *Bulas de Indulgências* que foram concedidas no mês de Março do ano 1665 pelo Papa Alexandre VII. (grifo nosso)

Propondo preces e fórmulas piedosas, indicando os nomes dos chefes e dos tesoureiros, dando uma representação figurada e sensível do próprio objeto da devoção comunitária (o Santíssimo Sacramento, o Rosário, o santo padroeiro), essas imagens alimentam a piedade dos que lêem e dos que não lêem, e podemos pensar que sua presença familiar, no seio do cotidiano, atrai pouco a pouco para o escrito todos aqueles aos quais as pequenas escolas urbanas não ensinaram o *abc*.

Uma parte dessa produção é impressa a partir de pranchas que são de propriedade das confrarias: a confraria dos companheiros carpinteiros de Saint-Nicolas-des-Champs, já encontrada, possui, por exemplo, "duas pranchas de cobre que servem para imprimir as Imagens que são dadas à confraria" e "uma grande prancha de cobre que foi feita em 1660". Mas, na maioria das vezes, os confrades recorrem aos imagineiros, gravadores e impressores de estampas. Em Paris, até o fim do século XVI, os ateliês da Rua Montrogueil controlam o mercado, produzindo grandes imagens murais talhadas em madeira, passadas em seguida para os gravadores de relevo das ruas Saint-Jacques e Saint-Jean-de-Latran, que trabalham também para as edições de livros ilustrados. As encomendas de confrarias constituem evidentemente apenas uma parte da atividade desses imagineiros, ocupada a maior parte do tempo pela produção de imagens religiosas.

Segundo as sondagens feitas sobre as estampas conservadas na Bibliothèque Nationale, a parte do religioso seria de 97% das gravuras em madeira no fim do século XV, de 80% no fim do século XVI, e de quase 50% no início do século XVII, no *corpus* dos ateliês da Rua Saint-Jacques.[16] Essa produção de imagens religiosas, que se deve considerar como uma forma de "edição", como atesta o descontentamento dos livreiros editores diante da proliferação de estampas com textos, apresenta várias características marcantes. Por um lado, sua importância: cada prancha permite com efeito tiragens múltiplas, e durante um longo lapso de tempo. As imagens conservadas só representam então uma parte ínfima das que circularam, coladas em paredes, em dosséis de cama ou em cima da lareira, fechadas num cofrinho ou numa gaveta, enterradas com os mortos.

Por outro, a imagem religiosa evolui: as gravuras em madeira de tamanho grande, que muitas vezes constituem "seqüências" e podem ser coloridas, são sucedidas por pequenas imagens em relevo, do mesmo tamanho que os livros aos quais podem servir de ilustração. Esse uso duplo da estampa – em imagem solta e em prancha dentro de um livro – não passa, aliás, de um caso das múltiplas reutilizações de que são objeto as imagens gravadas. O material das confrarias nos dá muitos exemplos disso, já que a mesma imagem pode ser impressa com os títulos e os textos de diferentes confrarias (quando estes não são simplesmente colados sobre uma estampa feita para uma outra companhia).

Dominada pela imagem religiosa no século XVI, a produção de estampas cede um espaço crescente aos assuntos profanos no curso do século XVII: constituindo 48% da produção conservada no início do século, as imagens religiosas não somariam mais de 27% em meados do século. O primeiro desses usos laicizados é político. Durante as guerras religiosas, e em particular com a Liga, uma guerra de imagens duplica a guerra dos panfletos. Politizando as representações devotas (por exemplo, justapondo um crucifixo e a imagem do leito fúnebre do duque de Guise e de seu irmão o cardeal de Lorraine), invertendo a significação de motivos idên-

---

16 Chaunu, P. *La mort à Paris XVIe, XVIIe et XVIIIe siècles*. Paris, Fayard: 1978. p.279-82 e 337-44.

ticos (por exemplo, o do caldeirão emborcado), essas imagens políticas são de ampla circulação, brandidas nas procissões, "gritadas, apregoadas e vendidas publicamente em Paris, em todos os recantos e encruzilhadas da cidade", como escreve Pierre de L'Estoile no frontispício de sua coletânea.

Henrique IV soube captar a importância da imagem impressa: por um lado, em 1594, ele ordena que todas as peças referentes à Liga sejam queimadas; por outro, manda gravar todo um conjunto de imagens de propaganda, que exaltam as ações reais ou espalham o retrato do soberano. Uma parte do sucesso dos negociantes de estampas da Rua Saint-Jacques deve-se evidentemente ao seu engajamento a serviço da glória monárquica, que faz multiplicar as gravuras ilustrando os livros de propaganda ou distribuídas como imagens soltas. Ao lado da imaginária política, as imagens de diversão, satíricas e moralizantes, constituem outro domínio importante da produção não-religiosa.

Na primeira metade do século XVII, duas são as temáticas predominantes: os graus de idades, as relações entre homens e mulheres que inspiram diversas representações, por exemplo, a da Bigorna, fartamente nutrida de "bons homens", e a da Cara-Carente, que morre de fome por não encontrar "boas mulheres", ou ainda do Diabrete operador cefálico, que repõe a cabeça das mulheres no lugar. Dentro dessa imaginária (à qual se ligam as diversas séries dos *Provérbios* de Lagniet, publicadas entre 1657 e 1663), como nas gravuras políticas, o texto ocupa menos lugar que nas estampas religiosas, limitando-se muitas vezes a um título ou um comentário em versos, explicativo ou moralizante, colocado em baixo da imagem mais freqüentemente oblonga. Todavia, o escrito jamais desaparece completamente, e, tal como nas imagens de devoção, as que pretendem divertir ou convencer favorecem a entrada do povo urbano na cultura do escrito impresso.[17]

---

17 *Cinq siècles d'imagerie française.* Musée National des Arts et Traditions Populaires, 1973.

Os cartazes

Pouco diferentes das grandes imagens gravadas, a não ser pelos assuntos, são os pasquins e os avulsos, impressos apenas de um lado de uma folha de tamanho grande. No caso dos pasquins, que apresentam notícias pouco comuns, semelhante apresentação revela-se rara (pelo menos entre aqueles que foram conservados): entre 1529 e 1631, o inventário de Jean-Pierre Seguin enumera apenas sete.[18] Todos – exceto um que não é ilustrado – têm a mesma disposição: de alto a baixo da folha, tomada na sua maior dimensão (ao contrário das imagens satíricas), sucedem-se um título para ser visto e apregoado, uma gravura em madeira e um texto descritivo de umas dez ou vinte linhas. Aqui também imagem e texto se conjugam, para descrever prodígios celestes (*Retrato do cometa que apareceu sobre a cidade de Paris de quarta-feira 28 de novembro de 1618, até alguns dias depois*, Paris, M. de Mathonière, 1618), malfeitos de feiticeiros (*Morte e exéquias de monsenhor Príncipe de Courtenay, pela maliciosa bruxaria de um miserável feiticeiro que depois foi executado*, s.l. s.d.) ou criaturas monstruosas (como nestes dois pasquins, de estrutura totalmente idêntica, impressos em 1578 por F. Poumard em Chambéry, o *Breve discurso de um maravilhoso monstro nascido em Eurisgo, região de Novarrez, na Lombardia, no mês de janeiro do presente ano de 1578. Com o verdadeiro retrato do mesmo o mais próximo possível do natural* e o *Verdadeiro retrato, e sumária descrição de um horrível e maravilhoso monstro, nascido em Cher, região do Piemonte, em 10 de janeiro de 1578. Às oito horas da noite, da mulher de um doutor, com sete chifres, aquele que pende até o santuário e o que está ao redor do pescoço são de carne*).

Alguns avulsos, ligados à atualidade política, retomam essa mesma fórmula da impressão de uma folha só de um lado, o que

---

18 Seguin, J.-P. *L'information en France avant le périodique*. 517 canards imprimés entre 1529 et l631. Paris: Maisonneuve et Larose, 1964. n.252, 410, 461, 465, 466, 467 e 472.

permite a afixação, por exemplo, em 1642, de o *Retrato de monsenhor cardeal de Richelieu em seu leito mortuário, com seu epitáfio*, impresso em Paris por François Beauplet. Trazendo um texto mais longo que o das imagens soltas e, diferentemente dos cartazes, ilustrados, os avulsos *in-folio* são uma forma de transição entre diferentes gêneros tipográficos, de vida efêmera, mas que podiam atingir até aqueles que não os compravam. Menos imediatamente "populares", já que recorrem exclusivamente ao escrito, os cartazes podem, contudo, alimentar a cultura da maioria, uma vez que, afixados nos muros da cidade, podem ser lidos por aqueles que sabem para aqueles que não o sabem. É certamente o que esperavam os reformadores de 1534 afixando nos muros de Paris o cartaz contra a missa, composto por Antoine Marcourt e impresso por Pierre de Vingle, ambos refugiados em Genebra. É também para convencer a maioria que, em janeiro de 1649, a rainha e o cardeal Mazarino, instalados em Rueil, mandam afixar na capital um cartaz cujo texto será em seguida impresso sob a forma de panfleto, o *Lis et fais* [*Leia e faça*], espalhado secretamente na cidade pelo Chevalier de la Valette na noite de 10 para 11 de fevereiro.[19]

Nos séculos XVI e XVII, sob formas diversas, que quase sempre autorizam uma dupla leitura, a do texto e a da imagem, a imprensa difundiu amplamente um material tipográfico abundante, destinado a ser afixado, colado nas paredes das casas e das igrejas, dos quartos e das oficinas. É fora de dúvida, portanto, que, desse modo, ela transformou profundamente uma cultura até então privada do contato com o escrito. Semelhante modificação, que tornava familiar o escrito impresso, necessário para uma plena compreensão das imagens que eram mostradas, foi certamente decisiva para que uma alfabetização urbana, ao mesmo tempo forte e precoce, criativa, a prazo, fosse levada de um mercado "popular" para o livro.

---

19 Carrier, H. Souvenirs de la Fronde in URSS: les collections russes de mazarinades. *Revue Historique*, n.511, p.27-50, 1974 (espec. p.37).

Os pasquins

Se os inventários após falecimento ainda não constatam isso em meados do século XVII, é certamente porque as leituras dos mais humildes se nutrem daqueles livretos cujo valor derrisório não justifica nenhuma estimativa. É o que ocorre, a partir dos anos 1530, com os pasquins distribuídos pelos ambulantes urbanos, aqueles "porta-cestos" ou "contra-carregadores" de que fala Pierre de L'Estoile. Alguns, como vimos, são impressos num formato *in-folio* e têm o aspecto de cartazes que podiam ser afixados, mas, na grande maioria, são livretos *in-quarto* ou *in-octavo* que comportam pequeno número de páginas. Entre os pasquins conservados, segundo o levantamento feito por J.-P. Seguin, quase 60% têm entre treze e dezesseis páginas impressas – o que corresponde a duas fórmulas possíveis: a majoritária, de um caderno *in-octavo* ou a de dois cadernos *in-quarto*. Trinta por cento dos pasquins são mais breves, com sete ou oito páginas impressas (fórmula do caderno *in-quarto* ou do meio-caderno *in-octavo*); poucos, em torno de 5%, atingem 22 ou 24 páginas impressas (ou seja, três cadernos *in-quarto* ou um caderno em meio *in-octavo*). A edição desses livretos parece aumentar no curso do tempo, já que, no *corpus* reunido, 4% dos pasquins foram impressos entre 1529 e 1550, 8% entre 1550 e 1576, 22% entre 1576 e 1600, 66% entre 1600 e 1631 – mas talvez essas porcentagens devessem ser corrigidas em razão de uma conservação certamente melhor para o século XVII.

Entre 1530 e 1630, a edição de pasquins é antes de tudo assunto de livreiros e impressores parisienses e lioneses: os primeiros produzem mais da metade das peças conservadas (55%), os segundos, quase um quarto (22%). Em Paris, os maiores editores de pasquins não são absolutamente especializados na produção de livros de baixo custo para um público "popular", mas, ocasionalmente, fazem rodar suas prensas desocupadas para imprimir esse material com preço de baixo retorno e de larga difusão. Três dão nove títulos ou mais: Abraham Saugrain (quatorze), Fleury Bourriquant (doze) e Antonio du Breuil (nove). Para cada um deles, a impressão dos pasquins é uma atividade entre outras, como a publicação de libelos políticos, livros de matemática no caso de Bourriquant, relatórios de viagens ou coletâneas de poesias no caso de Du Breuil. Em Lyon, o mercado dos pasquins é dominado por um impressor, Benoît Rigaud, que imprime cerca de um quarto das edições feitas na cidade. Para ele, a publicação de eventuais insere-se numa atividade centralizada na edição de livretos baratos – o que não quer dizer destinados a um mesmo público –: almanaques e predições, canções e poesias, atas oficiais.

Em um pasquim entre quatro, o texto é acompanhado de uma gravura sobre madeira, geralmente de pequena dimensão e de proveniência muito variável. A mesma madeira, retocada ou não, pode servir para várias edições, e uma serpente monstruosa de Cuba pode facilmente converter-se em um dragão voador no céu parisiense.[20] O princípio de reutilização parece, aliás, estar na base da edição dos pasquins, já que, além da imagem, ele inclui o próprio texto. Com efeito, uma mesma narração, com pequena diferença de nomes e datas, pode ser retomada a alguns anos de distância: é assim que um mesmo texto relata sucessivamente a morte de Marguerite de La Rivière, executada em Pádua em dezembro de 1596, a de Catherine de La Critonnière, executada na mesma cidade em setembro de 1607, de novo a de Marguerite de La Rivière, executada ainda em Pádua mas em dezembro de 1617, e enfim a da mesma heroína, executada em Metz em novembro de 1623.[21]

Jean-Pierre Seguin indica cinco outros exemplos dessas reutilizações, referentes a dois, quatro ou seis pasquins, publicados por um mesmo impressor ou por impressores diferentes, e Pierre de L'Estoile menciona várias vezes a existência dessas

---

20 Seguin, *L'information en France avant le périodique*, op. cit., n.462 e n.237.
21 Ibidem, n.14, 15, 16 e 17.

peças "regravadas": "No referido dia [16 de junho de 1608], apregoava-se a *Conversão de uma cortesã veneziana*, que era uma tolice regravada, porque todo ano são feitas três ou quatro delas", ou dois anos mais tarde: "Apregoava-se nesse dia [13 de março de 1610] a seguinte tolice como nova, apesar de regravada e ultrapassada, *Discurso prodigioso e espantoso de três espanhóis*, que é uma data falsa, colocada por compaixão, para estimular aqueles pobres jornaleiros, morrendo de frio, pelo impressor Ruelle que me contou e me trouxe um exemplar".[22] Mas, para além dessas edições camufladas como novidades, é toda a escrita dos pasquins que se abastece num limitado repertório de intrigas e faz uso de um número restrito de fórmulas narrativas.

Entre as 517 edições de pasquins descobertos entre 1530 e 1630, seis motivos predominam, com mais de trinta edições cada um: os crimes e as execuções capitais (89 edições), a aparições celestes (86 edições, às quais podemos acrescentar oito edições de visões do grande Turco), os feitiços e possessões diabólicas (62 edições), os milagres (45 edições), as inundações (37 edições), os tremores de terra (32 edições). Vêm em seguida os sacrilégios, as criaturas monstruosas, os roubos, os raios. Leitura de alfabetizados, já que o texto aqui predomina sem por isso fazer desaparecer a imagem, o pasquim alimenta as imaginações citadinas com narrativas em que o excesso, seja ele o do desregramento moral seja o da desordem dos elementos, e o sobrenatural, miraculoso ou diabólico, rompem com o ordinário do cotidiano. Com grandes tiragens, os pasquins com os almanaques constituem certamente o primeiro conjunto de textos impressos sob a forma de livretos destinados aos leitores mais numerosos e mais "populares", o que não significa que seus compradores eram todos artesãos ou negociantes, nem que sua leitura produzia efeitos unânimes. O testemunho de Pierre de L'Estoile confirma o gosto das elites urbanas por essa literatura e, ao mesmo tempo, a distân-

---

22 Citado por Seguin, *L'information en France avant le périodique*, op. cit., p.23-4.

cia que elas querem ter em relação a essas "tolices", "baboseiras", "besteiras" e "engana-trouxas", aceitas pelos ingênuos e pelos simples.

Nas origens da Biblioteca Azul

De maneira certamente discreta, os impressores de Troyes estão presentes no mercado dos pasquins: em 1584 e 1586, N. du Ruau imprime dois deles, depois, no início do século XVII, os Oudot editam alguns, no endereço de J. Oudot em 1605 e 1609 e de N. Oudot em 1608 e 1610 (trata-se de Nicolas I Oudot). Talvez seja o sucesso desses livretos baratos, mas também o controle de sua edição pelos impressores parisienses que dão a idéia a Nicolas Oudot de produzir para o mesmo público obras análogas (embora um pouco mais volumosas) mas de conteúdo diferente. Reutilizando pranchas de origens diversas abandonadas com o triunfo do entalhe, utilizando caracteres já gastos, imprimindo sobre papel mediano fabricado pelos papeleiros champanheses, Nicolas Oudot edita a partir de 1602 livretos de baixo custo, logo designados "livretos azuis", em alusão à cor tanto do papel como da capa.[23] No endereço da "Rua Notre-Dame, no Chappon d'Or coroado", ele publica assim até sua morte, em 1636, 52 edições que o catálogo elaborado por Alfred Morin permite inventariar.[24] Os romances de cavalaria, com 21 edições, constituem cerca da metade dessa produção. É longa a lista dos heróis assim ressuscitados: o possante e valente Heitor, o cavaleiro Geoffroy "de dente grande", senhor de Lusignan, Doolin de Mayence, Maugis d'Aygremont e seu filho Vivien, Morgant, o Gigante, Artus de Bretagne, os quatro filhos Aymon, Gallien, Ale-

---

23 Sobre os Oudot, cf. Morin, L. Les Oudot imprimeurs et libraires à Troyes, à Paris, à Sens et à Tours. *Bulletin du Bibliophile et du Bibliothécaire*, p.66-77, 138-45, 182-94, 1901.

24 Morin, A. *Catalogue descriptif de la Bibliothèque Bleue de Troyes* (*Almanachs exclus*). Genève: Droz, 1974.

xandre, o Grande, Olivier de Castille e Artus d'Algabre, os cavaleiros Milles e Amys, Guérin Mesquinho, Ogier, o Dinamarquês, o príncipe Meliadus, Mabrian, rei de Jerusalém e da Índia, e, mulher entre os valentes, Helena de Constantinopla.

Segundo conjunto de textos impressos por Nicolas Oudot sob a forma de pequenos livretos baratos: as vidas de santos (dez edições), as de Santa Suzana, Santa Catarina, São Cláudio, São Nicolau, Santo Agostinho, São Roque, Santa Reine e Santa Helena, aos quais podemos acrescentar uma *Vida, morte e paixão e ressurreição* de Cristo e uma *Vida das três Marias,* que traz uma autorização de 1602 e retoma 75 gravuras em madeira utilizadas nos livros de horas publicados em Troyes no século XVI pelos Lecoq. Diferentemente dos romances de cavalaria, que ultrapassam cem e às vezes duzentas páginas e a maioria dos quais é de formato *in-quarto,* as vidas de santos são pequenos livretos geralmente impressos num único caderno *in-octavo.* Enfim, a nova fórmula de edição inventada por Nicolas Oudot lhe permite dar uma ampla circulação a textos da literatura erudita, como uma meia dúzia de tragédias francesas cujos assuntos se aproximam dos romances de cavalaria. Afora esses três domínios, o resto conta pouco com alguns textos de edificação religiosa, um Novo Testamento, um guia dos caminhos do reino de França, duas edição de *Melusine,* uma edição da *Vida generosa dos andarilhos, bons companheiros e boêmios,* romance picaresco em miniatura.

É claro, portanto, que desde seus inícios a Biblioteca Azul é, antes de tudo, uma fórmula editorial suscetível de difundir textos de natureza muito diferentes. Nicolas Oudot imprime sob essa forma três grandes tipos de textos: por um lado, romances medievais, distantes da cultura das elites no século XVI, portanto desprezados pela edição "ordinária"; por outro, textos que pertencem ao fundo tradicional da literatura hagiográfica; enfim, certos títulos da literatura erudita que encontram nos livretos de Troyes sua "edição de bolso". Seu filho, Nicolas II, nascido de seu segundo casamento com Guillemette Journée, continua essa mesma atividade – mudando sua direção –, primeiro no endereço do "Santo Espírito Rua do Templo", em seguida, depois de 1649, no endereço paterno do "Chappon d'Or Couronné".

Nicolas II dedica, de fato, uma parte das 42 edições que imprime entre 1645 e 1679 aos mesmos gêneros de textos que seu pai: os romances de cavalaria (com uma reedição do Gallien restaurado e os dois livros de Huon de Bordeaux), a literatura hagiográfica e de devoção (com uma vida de São Juliano, uma *Grande Dança macabra dos homens e das mulheres,* e em 1679 a *Grande Bíblia dos Natais tanto velhos como novos*), os textos literários (com uma edição de *Polyeucte* e uma da *Sophonisbe* de Mairet e a tradução francesa do *Buscón* de Quevedo). Todavia, o essencial de sua atividade consiste em editar, na forma experimentada por Nicolas I, textos que este último tinha desprezado. Na primeira linha destes, os livros de instrução e de aprendizagem (dezessete edições): *Civilidade pueril e honesta para a educação das crianças*, modelos de conversação (o *Gabinete da eloqüência francesa* ou as *Flores do bem dizer)*, os livros técnicos comuns (o *Cozinheiro francês* de La Varenne ou o *Ferreiro especialista*), receitas médicas (o *Médico caridoso ensinando a maneira de fazer e preparar em sua casa com facilidade e pouca despesa os remédios próprios para todas as doenças* ou o *Operador dos pobres,* ou a *Flor da operação necessária aos pobres para conservar sua saúde e curar-se com pouca despesa*), enfim, coletâneas de astrologia (o *Palácio dos curiosos onde a álgebra e a sorte dão a decisão das questões mais duvidosas e onde os sonhos e as visões noturnas são explicadas segundo a doutrina dos Antigos,* o *Espelho de astrologia natural* ou os *Prognósticos gerais* de Commelet, do qual ele dá cinco edições sucessivas e diferentes).

Por outro lado, Nicolas II Oudot dá amplo espaço ao burlesco que caracteriza os meados do século XVII, e edita, por exemplo, as *Fantasias de Bruscambille*, as *Obras burlescas* de Scarron e sua continuação, ou as *Confusões de Paris em versos burlescos*. Finalmente, ele introduz no catálogo da Biblioteca Azul, mas ainda timidamente, a literatura devota da reforma católica, publicando as *Sete trombetas espirituais para despertar os pecadores e para induzi-los a fazer penitência*, do frade recoleto Barthélemy Solutive. Na segunda geração, a fórmula dos Oudot, embora conserve as mesmas características quanto às formas de edição, abre o leque dos textos de que se apropriam, difundindo a preço baixo a literatura da moda, os guias da nova espiritualidade e os livretos do cotidiano que ensinam conhecimentos e saber-fazer. Em sessenta anos, foi assim constituído o repertório fundamental dos gêneros que os editores de Troyes irão explorar durante dois séculos.

Nos primeiros dois terços do século XVII, Nicolas Oudot e seu filho não são os únicos impressores de Troyes a editar livretos azuis. Vários de seus confrades retomam a fórmula, e de início seus próprios parentes. Jean Oudot, o Velho, e seu filho Jean Oudot, o Jovem, imprimem assim alguns textos: o primeiro, dois pasquins, como já o dissemos, e uma *História da França com as figuras dos reis*; o segundo, uma *Exposição dos Evangelhos*, a *História de Valentin e Orson* e as *Predições e prognósticos gerais para dezenove anos*, de Pierre Delarivey. Em janeiro de 1623, outro impressor de Troyes, Claude Briden, vendeu-lhe "histórias em madeira, cobre, chumbo e outros servindo para imprimir romances", ficando a cargo de Jean Oudot pagar-lhe cem libras na Páscoa e imprimir os romances que Briden lhe pedir pelo equivalente em trabalho de uma soma de 150 libras. Outro Oudot, Jacques, instalado igualmente na Rua Notre-Dame, publica duas coletâneas de predições, atribuídas a Jean Petit, as *Predições gerais para o ano MDCXLII* e as *Prestações perpétuas do número de ouro ou ciclo lunar*, bem como uma "mazarinada", a *Conferência agradável de dois camponeses de Saint-Ouen e Montmorency* – prova suplementar da plasticidade da fórmula inventada por Nicolas Oudot.

Do lado dos Oudot, dois impressores editam livretos baratos: Edme Briden, no endereço da "Rua Notre-Dame com a tabuleta do Nome de Jesus" (cinco edições), Yves Girardon (oito edições, quase todas retomando textos já editados) e Jacques Balduc (duas edições). Como se vê, nenhum desses impressores faz concorrência séria a Nicolas Oudot e seu filho, que conservam o domínio sobre a produção do livro de baixo custo. Todavia, essa produção permanece ainda modesta em relação à importância que terá nos dois séculos que se seguirão. Somadas, as produções dos dois Nicolas Oudot e de seus rivais dão um total de 116 edições, ou seja, nem um décimo das 1.273 edições da Biblioteca Azul levantadas por A. Morin.[25] Nos primeiros 75 anos de sua existência – que se estenderá por dois séculos e meio –, a fórmula editorial de Troyes constitui progressivamente o leque dos tipos de textos que ela é suscetível de difundir, mas ainda não multiplica as edições desses textos como irá fazer mais tarde.

Essa constatação certamente poderá ser matizada porque não leva em conta um setor da produção de Troyes que parece muito denso nos três primeiros quartos do século XVII: o dos almanaques. Desde os inícios do século, são numerosos em Troyes os impressores que fazem contrato com produtores de almanaques, tanto mais que Nicolas I Oudot, inteiramente dedicado aos romances de cavalaria, não se interessa por essa produção. Louis Morin citou vários desses contratos que prevêem as obrigações das duas partes: para o autor, a entrega do texto do almanaque a cada ano durante seis, oito ou dez anos e a obtenção da permissão por parte das autoridades eclesiásticas e civis; para o impressor, o pagamento anual de uma quantia em dinheiro à qual pode acrescentar-se determinado número de exemplares do almanaque, e às vezes a obrigação de inserir na obra um retrato gravado do astrólogo. São acordos como esse que fazem, em 1616, Jean Berthier e Pierre Varlet, "mestre escrivão juramentado em Troyes, professor de matemática, geometria e aritmética"; em 1618, Pierre Sourdet e Louis de La Callère, "astrólogo champanhês"; em 1620, Jean Oudot, o Velho, e Pierre Patris, vulgo Pierre Delarivey.[26]

---

25 O catálogo de A. Morin compreende 1.226 números. O total de 1.273 edições é obtido separando-se os números livres ou suprimidos e acrescentando-se os números *bis* e *ter* do catálogo e de seu suplemento.

26 Morin, L. *Histoire corporative des artisans du livre à Troyes*. Troyes, 1900. p.244 ss.

Desenvolvida paralelamente à dos livretos azuis, a produção dos almanaques suscita dois tipos de conflitos: primeiro, entre os troyenses – é por isso que, por exemplo, em 1623, Claude Briden e Jean Oudot, o Jovem, fazem um acordo quanto à distribuição de seus almanaques –, depois, com os concorrentes de outras cidades – em 1635, o mesmo Claude Briden entra em conflito com um impressor de Autun, Blaise Simonnot que, sem a sua autorização, publicava uma contrafação do almanaque de Pierre Delarivey. Nesse caso, também, os acordos notariais regulamentam ou dirimem os conflitos possíveis; assim, em 1630, o mesmo Briden vende por dez anos a Louis Dumesgnil o direito de imprimir e vender o almanaque de Pierre Delarivey na circunscrição do Parlamento de Rouen, à razão de sessenta libras por ano, pagáveis em mercadorias de livraria.

É em meados do século XVII, contudo, que a produção dos almanaques troyenses conhece o seu apogeu.[27] Por um lado, diversos impressores que não editam nenhum livro da Biblioteca Azul os publicam regularmente, isolados ou em associação: como Denis Clément, Jean Blanchard, Edme Adenet, Eustache e Denis Regnault, Edme Nicot, Léger Charbonnet ou Gabriel Laudereau. Por outro, Nicolas II Oudot, que dedica uma parte de suas edições azuis à astrologia e aos prognósticos, multiplica os almanaques até sua aposentadoria em 1679. Primeiramente, ele dá em 1657 a primeira edição "popular" do *Grande Calendário e Compostagem dos pastores*, já publicado em Troyes no século XVI (em 1510, 1529 e 1541), mas em edições que não prefiguram as da Biblioteca Azul. De outro modo, a cada ano, Nicolas II Oudot acrescenta novos almanaques aos que já imprime, o que o leva a publicar treze diferentes em 1671, doze em 1672 e mais oito em 1673. A meada dessas edições ainda não está claramente desembaraçada,

---

27 Socard, E. Étude sur les almanachs et les calendriers de Troyes (1497-1881). *Mémoires de la Société Académique d'Agriculture, de Sciences, Arts et Belles-Lettres du Département de l'Aube*, p.217-375, 1881.

mas é certo que há uma produção considerável que exige a mobilização de um número crescente de astrólogos, reais ou fictícios, mortos ou vivos, fiéis ou episódicos. Através dos títulos dos almanaques de Nicolas II Oudot, podemos descobrir uns vinte que trabalham em exclusividade para ele ou que ele divide com outros editores. Constituindo uma produção distinta dos livretos azuis, seja porque ela engloba um número muito superior de impressores, a fabricação dos almanaques foi uma das bases mais sólidas da prosperidade da livraria troyense, ao mesmo tempo que difundia através do reino o livro certamente mais divulgado.

Uma clientela urbana

Detectar os leitores e as leituras desses livretos impressos em massa em Troyes, depois em outras cidades como Rouen, não é coisa fácil, e tanto mais que devemos aqui deter a observação nos anos 1660-1670. Parece, entretanto, que duas proposições podem ser adiantadas. Antes de tudo, no primeiro século de sua existência, a Biblioteca Azul, incluindo os almanaques, parece atingir essencialmente um público urbano. A venda pelos ambulantes dos livros baratos dos Oudot e de seus êmulos não deve induzir-nos aqui em erro: no século XVII, as atestações sobre a venda ambulante de livros, em particular nas regulamentações reais, visam exclusivamente a uma atividade urbana, que é preciso vigiar e às vezes restringir, já que ela faz concorrência aos livreiros e favorece a difusão de textos proibidos.[28] O vendedor ambulante de livros é, portanto, uma figura urbana, que propõe ao mesmo tempo publicações avulsas e peças oficiais, almanaques e livretos azuis, panfletos e gazetas. Como prova, citamos um texto e um

---

28 Cf. Chartier, R. Pamphlets et gazettes. In: Martin, H.-J., Chartier, R. (Dir.) *Histoire de l'édition française*. Paris: Promodis, 1982. t.I: *Le livre conquérant. Du Moyen Age au milieu du XVIIᵉ siècle*, p.402-25.

quadro. O texto é de 1660 e descreve, para estigmatizá-lo, o fardo dos vendedores "que carregam para cá e para lá almanaques, livretos de *abc*, a Gazeta ordinária e extraordinária, legendas e pequenos romances de Melusine, de Maugis, dos quatro filhos Aymond, de Geoffroy de dente grande, de Valentin e Ourson, passatempos, canções mundanas, sujas e feias, ditadas pelo espírito imundo, *vaudevilles*, vilancetes, árias de corte, canções para brindar".[29] Um material heterogêneo, portanto, cujo conteúdo engloba formas e expectativas culturais muito diversas, mas constituído por peças impressas de pequeno formato e pequeno volume, simples brochuras a preço baixo.

Mesma constatação com um quadro do início do século XVII, que retrata um ambulante vendendo o *Almanaque para o ano 1622 P. Delarivey, jovem astrólogo troyense, o cerco de La Rochelle ano 1623, em Rouen*, um *Edito do rei para as moedas*, um *Aviso dado para a Reforma dos Prados. Normandia ano 1623. A Tomada de Clérac pelo senhor Duque Delboeuf, A fuga do conde Mansefeld e do bispo Dalbestrad para a Holanda. Ano 1623* e, levada no chapéu, *A recepção do príncipe de Gales em Espanha, ano 1623*.[30] Aqui também, uma mercadoria misturada com avulsos, uma peça oficial e um almanaque.

É claro que nada indica com certeza absoluta que esse texto e essa imagem põem em cena vendedores urbanos, mas a ausência de atestações contemporâneas de uma venda rural do livro, tanto quanto o conteúdo dos fardos que contêm textos cuja leitura é sabidamente urbana (por exemplo, os avulsos ou a Gazeta), faz supor que isso é plausível. Foi somente no século XVIII que a venda ambulante sairá para fora das cidades, levando para os burgos e os vilarejos sem livraria os livretos azuis – mas também os livros proibidos e os vendidos normalmente nas livrarias urbanas.

---

29 Martin, D. *Parlement nouveau...* Strasbourg, 1660, citado por Marais, artigo citado, p.70.

30 *Le colporteur*, école française, XVIIe siècle, Museu do Louvre, em depósito no Musée des Arts et Traditions Populaires.

Outro indício de uma difusão urbana do material impresso pelos impressores troyenses: os acordos feitos entre eles e um livreiro da capital. Nicolas I Oudot é o primeiro a experimentar essa fórmula com o livreiro parisiense Jean Promé. Em 1627, ele imprime um *Novo Testamento de Nosso Senhor Jesus Cristo*, com uma reedição em 1635, da qual A. Morin encontrou um exemplar que trazia, colado sobre o título primitivo, um título gravado com o endereço: "Em Troyes, e se vendem em Paris, em Jean Promé Rua Frémentel no pequeno Corbeil 1628".[31] Em 1670, é Nicolas II Oudot que, num de seus almanaques, o *Almanaque para o ano da graça de mil seiscentos e setenta ... pelo senhor Chevry, parisiense, engenheiro do rei e matemático ordinário das páginas de monsenhor duque de Orleans*, anuncia sua venda na capital: "Em Troyes, e se vende em Paris, no Nicolas Oudot" (trata-se de um dos filhos de Nicolas II, instalado em Paris em 1664 onde se casa com uma das filhas da viúva Promé).[32]

No último terço do século XVII, os livreiros Antoine Raffle e Jean Musier farão em grande escala o comércio dos livretos troyenses, mas é claro que desde as origens da Biblioteca Azul seus impressores consideraram como essencial o mercado parisiense, conquistado ao mesmo tempo pelos livreiros associados e pelos ambulantes urbanos. Isso significava retomar as práticas dos editores parisienses e lioneses, que no século XVI, antes de Nicolas Oudot, tinham dirigido toda uma parte de sua atividade para a impressão e a venda de edições baratas cujos títulos irão alimentar, em parte, o fundo troyense. Entre esses predecessores dos Oudot, os mais importantes são, certamente, em Paris, os Trepperel, Jean Janot e os Bonfons; em Lyon, os Chaussard e Claude Nourry, o editor de Rabelais, e sobretudo Benoît Rigaud.[33]

---

31 Morin, *Histoire corporative...*, op. cit, n.822 e 823.

32 Socard, "Étude sur les almanachs et les calendriers de Troyes (1497-1881)", artigo citado, p.280-1.

33 Martin, artigo citado, p. 232 e 244; e Oddos, J.-P. Simples notes sur les origines de la Bibliothèque bleue. In: *La "Bibliothèque Bleue" nel Seicento*

Roger Chartier

Leituras compartilhadas

Difundida sobretudo na cidade, a literatura azul certamente não é lida exclusivamente pela arraia-miúda urbana. Essa é a segunda constatação que podemos arriscar quanto à sua difusão antes do século XVIII. Parece correta no que concerne ao almanaque, leitura compartilhada de toda uma sociedade, como atestam as coleções conservadas, os livros de razão e as notações literárias, tais como na *História cômica de Francion*, nos *Cacarejos da parturiente*, em *A Fortuna das pessoas de qualidade*, de J. de Caillières, ou no teatro de Molière.[34] Pela sua própria economia, o almanaque podia suscitar essa leitura plural, oferecendo um texto a ser lido para aqueles que sabem ler, e signos ou imagens a decifrar para aqueles que não o sabem, informando os primeiros sobre o calendário da justiça e das feiras, e os segundos sobre o tempo que vai fazer, transmitindo, na sua dupla linguagem da figura e do escrito, predições e horóscopos, preceitos e conselhos.[35]

Livro de uso, e de usos múltiplos, intrincando como nenhum outro os signos e o texto, o almanaque parece ser o livro por excelência de uma sociedade ainda desigualmente afeiçoada ao escrito, onde existe certamente uma multiplicidade de relações com o impresso, desde a leitura cursiva até a decifração balbuciante. A constatação vale certamente para os livretos azuis – mas em pequena medida, já que aqui o texto geralmente só é acompanhado de raras imagens.[36] Os poucos indícios recolhidos quanto à

---

   o della letteratura per il popolo. Bari: Adriatica; Paris: Nizet. 1981, p.159-68.

34 Marais, "Littérature et culture 'populaire'"..., artigo citado, p.83-4; e Martin, *Livre, pouvoirs et société...*, op. cit., t.I, p.538.

35 Bollème, G. *Les almanachs populaires aux XVII⁺ et XVIII⁺ siècles*. Essai d'histoire sociale. Paris-La Haye: Mouton, 1969.

36 Bollème, G. *La Bibliothèque Bleue. Littérature populaire en France du XVII⁺ au XIX⁺ siècle*. Paris: Julliard,1971 ("Archives"); e *La Bible bleue. Anthologie d'une littérature "populaire"*. Paris: Flammarion, 1975.

sua leitura no século XVII autorizam talvez uma dupla hipótese: por um lado, eles manifestam sua presença numa sociedade de leitores que não é nem a arraia-miúda urbana nem a clientela do livro erudito, mas um mundo de semiletrados, pequenos nobres, burgueses das cidades, negociantes em atividade ou aposentados que apreciam os textos antigos, divertidos e práticos que constituem uma boa parte do fundo troyense; por outro, eles sugerem que, no mundo das profissões urbanas, esses livros podiam conhecer o mesmo manuseio coletivo que outros textos, lidos na comunidade da oficina ou da confraria jocosa. Esse é certamente o primeiro público da Biblioteca Azul, antes que o surto da venda ambulante rural, o aumento da alfabetização e o desprezo dos dignitários façam dela uma leitura mais própria das classes populares.

Estratégias editoriais e cesuras culturais

Na história da edição e da leitura na França, os anos 1530-1600 marcam uma etapa decisiva. Com efeito, nesse século amplamente recortado, em que o analfabetismo permanece grande, mesmo nas cidades muito à frente dos campos que as circundam e onde a propriedade individual do livro permanece como privilégio apenas das elites, é que se constitui um mercado "popular" do impresso. Ele foi certamente preparado pela circulação de todo um material que, desde os livretos xilográficos, reúnem imagem e texto, tornando assim familiar o escrito, mesmo para aqueles que não sabem ler. Essa relação nova com o impresso não se separa das relações estabelecidas no seio da sociabilidade popular, seja ela laboriosa, religiosa ou festiva. Longe de supor, num primeiro tempo pelo menos, uma retração para o foro íntimo, a circulação dos textos impressos apóia-se fortemente nos vínculos comunitários tecidos pelo povinho das cidades. Essa recepção popular do impresso não cria, contudo, uma literatura específica, mas faz que os mais humildes manuseiem textos que são também a leitura dos dignitários, pequenos ou nem tanto, como os almanaques, os pasquins, os livretos azuis. No século XVI, em Paris e Lyon, no século XVII, em Troyes, alguns impressores consagram a maior parte de sua atividade a editar esses livros que custam pouco, mas que têm numerosos compradores. Desse modo, eles criam ou reforçam diferenças culturais até então pouco ou menos sensíveis. A primeira distingue as cidades dos campos. Enquanto nestes a cultura tradicional cede pouco espaço ao impresso, raramente possuído e raramente manuseado, na cidade a aculturação ao impresso é quase cotidiana, porque o livro está presente, porque os muros exibem imagens e cartazes, porque freqüentes são os recursos ao escrito. De um lado e de outro das muralhas citadinas, os universos culturais tornam-se mais contrastados, o que gera o desprezo de uns e a hostilidade de outros. Num mundo do oral e do gesto, as cidades tornam-se as ilhas de uma cultura diferente, escritural e tipográfica, da qual participa, pouco ou muito, direta ou imediatamente, todo o povo urbano. E é na escala dessa nova cultura, apoiada sobre o mais novo de todos os suportes da comunicação, que serão doravante medidas todas as outras, assim desvalorizadas, recusadas, negadas.

A essa primeira diferença, a difusão "popular" do impresso e do livro acrescenta outra. Com efeito, as novas formas editoriais que produzem os livretos baratos não se apoderam igualmente de todos os textos. No essencial, elas contribuem para distribuir textos que não pertencem ou já pertenceram mais à cultura impressa das elites. É assim que os textos medievais e os textos de uma devoção antiga encontram sua difusão máxima numa época em que são abandonados pelas leituras eruditas, assim como os livros que decifram o universo e o futuro ou os que dão receitas de bem-viver se multiplicam no mesmo momento em que os dignitários começam a desprezá-los. Em filigrana, desenha-se então uma oposição, que será duradoura, entre dois *corpus* de textos, os que alimentam os pensamentos dos mais ricos ou dos mais instruídos e os destinados a alimentar as curiosidades do povo.

Embora no século XVII esses dois conjuntos não tenham dois públicos radicalmente divididos, mesmo assim eles definem dois materiais que os impressores editam visando a clientelas, circulações e usos que não são absolutamente os mesmos. E é no aspecto material do livro que se inscrevem essas intenções contrastadas: objeto nobre, cuidado, encadernado, preservado, de um lado, e objeto efêmero e grosseiro, de outro. Pela forma e pelo texto, o livro torna-se signo de distinção e portador de uma identidade cultural. Molière é um bom exemplo dessa sociologia *avant la lettre* que caracteriza cada meio pelos livros que manuseia, e para ele a presença do livro azul ou do almanaque basta para designar um horizonte cultural, que não é nem o do povo nem o dos letrados.

O impresso "popular" tem, portanto, uma significação complexa: por um lado, ele é recuperação para o uso de um novo público e por uma nova forma de textos que pertenciam diretamente à cultura das elites antes de cair em desgraça, mas, por outro, ele contribui para "desclassificar" os livros que propõe, que se tornam assim, aos olhos dos letrados, leitura indigna deles, já que são próprias do vulgo. As estratégias editoriais engendram, portanto, de maneira despercebida, não uma ampliação progressiva *do* público do livro, mas a constituição de sistemas de apreciação que classificam culturalmente os produtos da imprensa, fragmentando o mercado entre clientelas supostamente específicas e desenhando fronteiras culturais inéditas.

4
Normas e condutas:
as artes de morrer (1450-1600)

Se a civilidade enuncia como se deve viver em sociedade, as artes de morrer ensinam a preparar a grande passagem entre este mundo e o outro. O texto que funda o gênero, a *Ars moriendi*, é pouco anterior à invenção da imprensa, e é certo que o impresso em todas as suas formas dá força aos textos e às imagens que dizem como enfrentar o último combate. Para numerosos historiadores, a inquietação da boa morte é a preocupação principal dos homens e das mulheres que viviam o outono da Idade Média. Émile Mâle foi o primeiro a estabelecer o inventário dessa iconografia nova que inventa ou divulga os cadáveres, as danças dos mortos, os combates entre anjos e demônios ao redor do leito de agonia.[1] Para ele, a obsessão atroz do *"memento mori"*, cristalizada nas pregações, nas poesias, nos afrescos, nas gravuras, constitui um dos motivos essenciais da sensibilidade coletiva dos

---

1 Mâle, E. *l'art religieux de la fin du Moyen Age en France*. Étude sur l'iconographie du Moyen Age et sur ses sources d'inspiration. Paris: Colin, 1908 (5.ed., 1949, p.347-89).

homens do fim da Idade Média. Johan Huizinga lia aí, revelados com força, os traços principais de uma mentalidade propensa aos comportamentos extremos, mais sensíveis às imagens do que aos raciocínios, e sobretudo inquieta pela morte já que angustiada pela salvação.[2]

Ampliando a observação para as dimensões de dois séculos, os trabalhos de Alberto Tenenti, no quadro de uma Renascença amplamente cortada entre 1450 e 1650, colocaram em perspectiva essa "religião da morte" que dominava espíritos e vontades.[3] No século XV, uma sensibilidade original, que traduz e molda ao mesmo tempo a nova imaginária, coloca a morte no centro. No fim do século, essa maneira de sentir a morte elabora o texto e as representações que lhe são mais adequadas: as da *Ars moriendi*, verdadeira "cristalização iconográfica da morte cristã". Depois, como por um movimento de compensação, dissipa-se um pouco a dramatização do fim derradeiro e opera-se um retorno para a vida, que é exaltação humanista da dignidade do homem e insistência cristã sobre a necessidade de bem viver para bem morrer. Erasmo está nos inícios dessa evolução; Belarmino, no seu término.

Coube a Philippe Ariès situar na longa, a muito longa duração das atitudes ocidentais em face da morte esse "momento" que é o declínio da Idade Média.[4] Para ele, a temática macabra que durante muito tempo focalizou as atenções é apenas o último

---

2 Huizinga, J. *Le déclin du Moyen Age*. Paris: Payot, 1967. cap.XI: "La vision de la mort", p.141-55 [ed. bras.: *Declínio da Idade Média*. São Paulo: Verbo, Edusp, 1978].

3 Tenenti, A. *Ars moriendi*. Quelques notes sur le problème de la mort à la fin du XVe siècle. *Annales ESC*, 1951, p.433-46; *La vie et la mort à travers l'art du XVe siècle*. Paris: Colin, 1952 ("Cahiers des Annales"); *Il senso della morte e l'amore della vita nel Rinascimento (Francia e Italia)*. Torino: Einaudi, 1957 (reed. Einaudi, 1977, com um prefácio que discute, entre outros, nosso ensaio).

4 Ariès, P. *Western Attitudes towards Death*: from the Middle Ages to the Present. Baltimore, London: The Johns Hopkins University Press, 1974; *Essais sur l'histoire de la mort en Occident du Moyen Age à nos jours*. Paris: Seuil, 1975; e *L'homme devant la mort*. Paris: Seuil, 1977.

tempo de um movimento que começou no século XI ou XII e que constitui a primeira alteração da vulgata da morte introduzida com a cristianização. Entre os séculos XI e XVI, através dos Julgamentos Finais, as *Ars moriendi*, as representações macabras e a individualização dos túmulos, o homem ocidental descobre progressivamente o *"speculum mortis"* e faz o aprendizado da "morte de si". A atitude antiga, toda de familiaridade e de resignação diante do destino comum, é acrescida ou substituída pelo sentimento novo da consciência de si e da morte individual. A Idade Moderna e romântica deslocará a ênfase sobre a morte do outro, depois as sociedades contemporâneas eliminarão aquilo que se tornou o obsceno por excelência.

É na linha desses livros essenciais que queríamos situar esta pesquisa sobre as artes de morrer, limitada, a montante, pela *Ars moriendi* e, a jusante, pela elaboração da literatura pós-tridentina. Este estudo, sugerido por Pierre Chaunu, constitui a primeira parte de um inventário das preparações para a morte da Idade Moderna, continuada por Daniel Roche para os séculos XVII e XVIII.[5] Sobre esses três séculos e meio, uma pergunta: os modelos e as formas elaborados na segunda metade do século XV têm valor plurissecular ou as reformas, tanto a católica como a protestante, forjam novos arquétipos que dão aos tempos clássicos uma forma original? A resposta depende não apenas da análise das 236 preparações encontradas para o período 1600-1789, mas também da compreensão das formas adotadas pelas artes de morrer entre meados do século XV e o fim do século seguinte, logo depois do Concílio de Trento. Para isso, são necessários três tempos: um inventário do *corpus* com uma parada prolongada sobre seu mais

---

5 Roche, D. "La mémoire de la mort". Recherche sur la place des arts de mourir dans la librairie et la lecture en France aux XVIIe et XVIIIe siècles. *Annales ESC*, 1976, p.76-119; e Vovelle, M. *Mourir autrefois. Attitudes collectives devant la mort aux XVIIe et XVIIIe siècles*. Paris: Gallimard-Julliard, 1974 ("Archives").

belo florão, a *Ars moriendi*, a coleta dos dados quantitativos disponíveis para medir, tanto quanto possível, o peso das artes de morrer na produção e no consumo do livro entre 1450 e 1600, finalmente a interrogação de alguns textos considerados marcos significativos na curva de evolução.

Numerosos são aqueles que, sejam eles historiadores das mentalidades, do sentimento religioso, da arte ou do livro, manifestaram interesse pelo texto e pelas imagens da *Ars moriendi*. Antes de tentar trazer alguns dados novos sobre a circulação do livro, talvez seja bom lembrar os elementos do nosso conhecimento. A *Ars* é primeiramente um texto, conhecido sob duas versões, uma longa chamada CP, segundo seu *incipit "Cum de presentiis"*, uma curta chamada QS, já que as primeiras palavras são *"Quamvis secundum"*. A versão longa, dividida em seis momentos (as recomendações sobre a arte de morrer, as tentações que assaltam o moribundo, as perguntas a lhe fazer, as preces que ele deve pronunciar, as condutas que devem manter aqueles que o cercam e as orações que lhes convêm dizer), é a de quase todos os manuscritos e da maioria das edições tipográficas; a curta, que retoma o segundo tempo da versão CP enquadrando-o com uma introdução e uma conclusão, é a das edições xilográficas e de uma pequena minoria das edições tipográficas.

Graças a Helmut Appel,[6] Irmã O'Connor[7] e A. Tenenti,[8] é possível descobrir as fontes e as origens desse tratado. As fontes remotas são os capítulos sobre a morte encontrados nas sumas

---

6 Appel, H. *Die Anfechtung und ihre Überwindung in der Trostbüchern und Sterbebüchlein des späten Mittelalters nach lateinischen und oberdeutschen Quellen des XIV und XV Jahrhunderts untersucht und mit der Anfechtungslehre verglichen.* Leipzig, 1938; sobre a *Ars*, p.63-104. Ver também o estudo (consultado após a redação deste ensaio) de Rudolf, R. *"Ars moriendi". Von der Kunst des Heilsamen Lebens und Sterben.* Köln: Graz, 1957.

7 O'Connor, M. C. (Soeur) *The Art of Dying Well.* The Development of the "Ars moriendi". New York: Columbia University Press, 1942.

8 Tenenti, *Il senso della morte...*, op. cit., cap.III, p.80-107.

teológicas dos séculos XIII e XIV, as fontes mais próximas são as artes de morrer que florescem no fim do século XIV e no início do XV, entre outras o *Cordiale quatuor novissimorum*, o *Dipositorium moriendi* de Nider, a terceira parte do *Opusculum tripartitum* de Gerson. Enquanto uma parte da tradição e Tenenti atribuem o texto ao cardeal Capranica, Irmã O'Connor propõe outras hipóteses: muito seguramente composto no sul da Alemanha, já que cerca de um terço dos manuscritos conservados está em Munique (84 dos 234), e provavelmente, por ocasião do Concílio de Constança a partir do tratado de Gerson, o manuscrito seja talvez de um dominicano do priorado de Constança. A circulação do texto teria então se beneficiado em seus inícios de dois suportes, os padres de volta do Concílio e as casas da ordem de São Domingos.

A julgar pelos comentários dos manuscritos conservados, a *Ars*, desde essa primeira forma, conheceu uma ampla difusão. Os catálogos das grandes bibliotecas indicam com efeito 234 manuscritos: 126 em latim, 75 em alemão, onze em inglês, dez em francês, nove em italiano, um em provençal, um em catalão e um sem indicação de língua.[9] Só a *Imitatio Christi* certamente se encontra amplamente além, com uns seiscentos manuscritos latinos,[10] o que faz dela "a obra mais lida no mundo cristão, excetuando-se a Bíblia".[11] A *Ars moriendi*, se seguirmos essa indicação do número de manuscritos conservados, situa-se quase no mesmo nível de um grande texto político como o *De regimine principum* de Gilles de Roma (cerca de trezentos manuscritos[12]), de um

---

9 O'Connor, *The Art of Dying*, op. cit., p.61-112.

10 Monsenhor P. E. Puyol (*Descriptions bibliographiques des manuscrits et des principales éditions du livre "De Imitatione Christi"*. Paris, 1898) recenseia 349 manuscritos latinos, mas J. Van Ginneken (*Op Zoek naar der oudsten tekst en den waren schrijve van het eerste boek der Navolging van Christus*, 1929, p.2) avança a cifra de 600.

11 Rapp, F. *L'Église et la vie religieuse en Occident à la fin du Moyen Age*. Paris: Presses Universitaires de France, 1971. p.248.

12 Informação fornecida por J.-P. Genet.

grande sucesso literário como o *Romance da Rosa* (cerca de 250[13]), ou de uma crônica histórica de larga audiência como o *Brute* ou *Crônica da Inglaterra* (167 manuscritos conhecidos[14]). Por contraste, podemos notar o número muito pequeno de manuscritos conservados das traduções de Aristóteles por Nicolas Oresme: dezoito para a *Política*,[15] dez para o *Econômico*,[16] seis para o *Livro do céu e do mundo*.[17]

Mas se a *Ars moriendi* conheceu tal sucesso junto aos fiéis do século XV e junto aos historiadores, isso certamente se deve à força das onze gravuras que ilustram a versão curta e levam à boa morte depois que as cinco tentações diabólicas – a infidelidade, a desesperança, a impaciência, a vanglória e a avareza – foram repelidas graças às cinco inspirações angélicas. Essa série iconográfica, recentemente reestudada por Henri Zerner,[18] é amparada no século XV por três suportes, sem que seja possível estabelecer qualquer filiação linear de um a outro; as miniaturas do manus-

---

13 E. Langlois (*Les manuscrits du "Roman de la Rose"*. Description et classement. Lille-Paris, 1910) dá uma lista de 214 manuscritos e acrescenta outros trinta "cujo domicílio atual é desconhecido".

14 Brie, F. W. *Geschichte und Quellen der mittelenglischen Prosachronik. "The Brute of England" oder "The Chronicles of England"*. Marburg, 1905, p.1-5 (120 manuscritos em inglês, 43 em francês, quatro em latim).

15 Maistre Nicolas Oresme, *Le livre de "Politique" d'Aristote. Published from the Text of the Avranches Manuscript 223 with a Critical Introduction and Notes*, por A. D. Menut, *Transactions of the Americam Philosophical Society*, New Series, v.LX, part.6, 1970, p.33-9.

16 Maistre Nicolas Oresme, *Le livre de "l'Économique" d'Aristote. Critical Editions of the French Text from the Avranches. Manuscript with the Original Latin Version*. Introdução e trad. inglesa por A. D Menut, *Transactions of the American Philosophical Society*, New Series, v.XXXXVII, part. 5, 1957, p.801-3.

17 Nicolas Oresme, *Le livre du ciel et du monde*. Ed. A. D. Menut e A. J. Denomy. The University of Wisconsin Press, 1968, p.32-6.

18 Zerner, H. L'Art au morier. *Revue de l'Art*, n.11, p.7-30, 1971, dá a bibliografia recente do assunto e reproduz os onze manuscritos do Wellcome Institute of the History of Medicine, assim como a tradução francesa da *Ars moriendi* na sua primeira edição xilográfica.

crito Wellcome, os três conjuntos de gravuras a buril atribuídas ao Mestre E. S., ao Mestre dos enquadramentos a flores e ao Mestre do Jardim das Oliveiras Dutuit, finalmente as madeiras gravadas, tanto as treze séries utilizadas nas vinte edições xilográficas inventariadas por W. L. Schreiber,[19] como as figuras dos incunábulos descritos por Arthur M. Hind.[20]

Não é nosso propósito retomar aqui a descrição dessa série que encontra sua raiz no tema da luta pela posse da alma, ilustrado por numerosas miniaturas dos livros de horas.[21] Queremos sobretudo insistir na difusão e impacto dessas imagens. Podemos observar de início que a *Ars moriendi* foi certamente o mais difundido dos livretos xilográficos, já que fornece 15% dos exemplares conservados dos 33 textos editados sob forma de *"block-book"* (entre cerca de quatrocentos exemplares, a *Ars* fornece 61[22]). Sua circulação, aliás, não se limita à do livro. As gravuras e cartazes

---

19 Schreiber, W. L. *Manuel de l'amateur de la gravure sur bois et sur métal au XVe siècle*. Leipzig, 1902, t.IV, p.253-313; igualmente Blum, A. *Les origines de la gravure en France*. Les estampes sur bois et sur métal. Les incunables xilographiques. Paris, Bruxelles, 1927. p.58-61, e pl.XLIX.-LVII; e Hyatt Mayor, A. *A Social History of Printed Books Pictures*. New York: The Metropolitan Museum of Arts, 1971 (2.ed. 1972, il. 23-25).

20 Hind, A. M. *An Introduction to a History of Woodcut*. London, 1935, t.I, p.224-30, a completar para a Itália por Prince d'Essling, *Les livres à figures vénitiens de la fin du XVe siècle et du commencement du XVIe siècle*. Florence, Paris, 1907, t.I, p.253-67; e Sander, M. *Le livre à figures italien depuis 1467 jusqu'à 1530*. Milan, 1942. p.109-11.

21 Mâle, *L'art religieux de la fin du Moyen Age...*, op. cit., p.380-9; e Boase, T. S. R. *Death in the Middle Ages*. Mortality, Judgment and Remembrance. London: Library of Medieval Civilization, 1972. p.119-26.

22 O'Connor, *The Art of Dying*, op. cit., p.114-5. Sobre os livretos xilográficos, cuja data de aparecimento foi objeto de novas controvérsias, ver as resenhas (com bibliografia dos trabalhos de L. Donati e A. Stevenson) nos catálogos de duas exposições: *Le livre* (Paris: Bibliothèque Nationale, 1972, p.37), e *Les incunables de la collection Edmond de Rothschild*. La gravure en relief sur bois et métal (Paris: Museu do Louvre, 1974, p.32).

deram seqüência para garantir uma difusão mais ampla e sobretudo para dar à imagem, que podia ser colada na parede, uma presença mais forte. A Reserva dos Impressos da Biblioteca Nacional conserva duas dessas gravuras xilográficas, datadas por Schreiber da década 1465-1475 e certamente de origem bávara.[23]

Sobre uma primeira folha, à esquerda, o gravador reuniu a cena da boa morte no registro médio e a luta entre os cinco anjos vitoriosos, situados no registro superior, e os cinco diabos vencidos, colocados na parte baixa da prancha; à direita, um Julgamento Final. A gravura reúne aí, num resumo significativo, a imagem tradicional do Julgamento, que é sanção coletiva e a idéia nova do julgamento de cada vida individual encenado sobre o teste da resistência às tentações no momento do óbito.[24] A segunda folha ministra uma mesma lição: é da atitude diante da morte de que depende a vida eterna. Aquele que toma a morte de boa vontade será coroado por Cristo no Paraíso; aquele que morre sem ter feito penitência de todos os seus pecados será levado ao Purgatório; aquele que viveu mal sem pensar na morte será levado ao diabo. Essas gravuras, com certeza infinitamente mais numerosas que aquelas que nos chegaram, constituíram uma arma maior para uma pedagogia de massa.[25]

A série iconográfica das cinco tentações diabólicas, das cinco inspirações angélicas e da boa morte não desaparece com a multiplicação dos livros tipográficos. Ela ilustra também uma boa parte dos incunábulos da *Ars moriendi* em latim ou em língua vulgar.

---

23 Bibliothèque Nationale, Rés. des Imprimés, Xyl 37, descrito por Schreiber, op. cit. Berlin, 1892, t.II, p.249-50, e Leipzig, 1902, t.IV, p.313-4.

24 Sobre essa dualidade, cf. as páginas esclarecedoras de Ariès, *Essais sur l'histoire de la mort...*, op cit., p.33-8.

25 Os cartazes puderam desempenhar a mesma função, por intermédio dos alfabetizados, cf. *Einblattdrücke des XV Jahrhunderts. Ein bibliographisches Verzeichnis*, Halle, 1914, n.761, "Instrumentum continens modum disponendi se ad mortem", Ulm, J. Zainer, *ca.* 1500, e n.509, "Death Bed Prayers: O Glorious Jesu", Westminster, W. Caxton, *ca.* 1484.

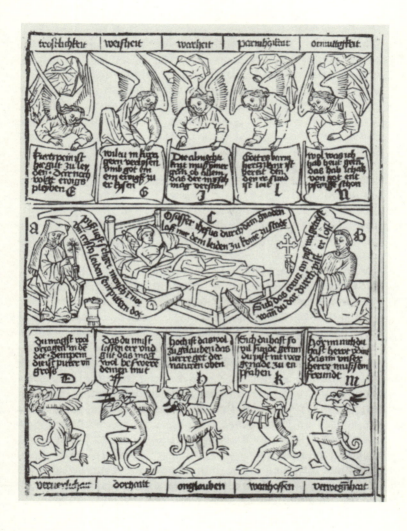

Julgamento particular.
(Paris, Bibliothèque Nationale)

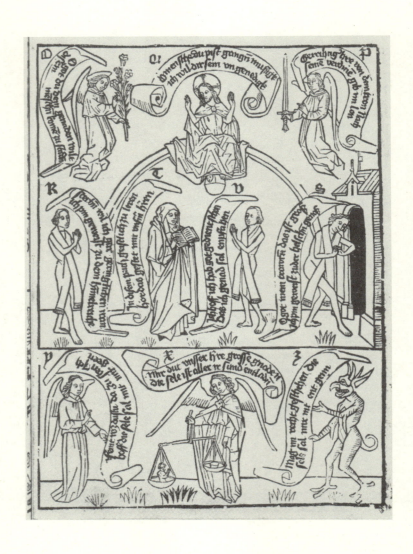

Julgamento coletivo.
(Paris, Bibliothèque Nationale)

Tomemos o exemplo alemão: entre 23 edições de antes de 1500, nove comportam a série clássica das onze gravuras em madeira (em duas ela constitui a totalidade da ilustração; em três são acrescentadas uma imagem de um moribundo recebendo o santo viático e uma de São Miguel pesando as almas; em quatro finalmente encontra-se uma décima quarta gravura representando a confissão[26]). No século XVI, as edições publicadas por J. Weyssenburger em Nuremberg, depois Landshut, a partir de 1513 perpetuarão o sucesso dessa iconografia. Outro fato diminuiu a audiência de certas representações, a reutilização das mesmas pranchas em livros diferentes.

Consideremos a imagem da boa morte, muito importante, já que ela mostra ao mesmo tempo o enredo mundano da agonia e os pensamentos que devem ser os do moribundo. Na Alemanha do século XV, a representação, vulgarizada pelos livretos xilográficos, é muitas vezes copiada ou demarcada, por exemplo, para nos limitarmos aos impressores de Augsbourg, no *Büchlein des sterbenden Menschen* de H. Münzinger duas vezes editado por A. Sorg, por volta de 1480 e 1484, no *Mensch auf dem Totenbett* publicado por J. Blaubirer por volta de 1485, nas edições dadas por H. Schönsperger em 1490 e 1494 do *Versehung Leib, Seel, Ehrt und Gut.*[27] A prática é a mesma na Inglaterra do início do século XVI: a cena da agonia é retomada em nove de suas edições por Wynkin de Worde, a *Ars moriendi* em 1506, a *Arte to lyve well* em 1505 e 1506, o *Thordynary of Crysten men* em 1506, o *Boke named the Royall* em 1507 e 1508, o *Dyenge creature* em 1507 e 1514 e a *Complaynt of the soule* em 1519.[28]

O sucesso da *Ars*, ilustrada ou não, parece bem estabelecido até por volta de 1530. A lista organizada pela Irmã O'Connor a

---

26 Cifra dos incunábulos segundo O'Connor, número das edições com figuras segundo Schreiber, *Manuel de l'amateur...*, op. cit. Leipzig, 1910, t.V, p.72-4.

27 Schreiber, *Manuel de l'amateur...*, op. cit., t.V, n.4815, 4816, 4642, 5424 e 5425.

28 Hodnett, E. *English Woodcuts 1480-1535*, impresso para The Bibliographical Society (Londres), Oxford University Press, "A Dying Man in Bed", p.188, n.510.

partir do *Gesamtkatalog des Wiegendrucke* fornece 77 edições incunábulos, e esse é um número certamente bastante inferior à realidade.[29] A versão longa constitui o maior número delas, 51 edições, ou dois terços, contra 26 para a versão curta. A circulação do texto se faz majoritariamente em língua vulgar (42 edições contra 35), mas com um forte contraste entre, de um lado, as edições alemã e francesa em que o latim predomina (respectivamente dezesseis edições latinas entre 23, e quinze entre 23), e, de outro, aquelas em que triunfa a língua vernácula, nos Países Baixos (cinco edições entre seis), na Itália (treze entre dezesseis), na Espanha (quatro entre quatro), na Inglaterra (cinco entre cinco). A geografia das edições marca o primado parisiense (dezessete edições ou 22%) e, para o resto, desenha quatro centros: a Itália do norte com quatorze edições, a Alemanha do sul e o vale do Reno de Basiléia a Colônia com igualmente quatorze edições, a cidade de Leipzig onde Kachelofen e Lotther dão nove edições, finalmente os Países Baixos, seis edições. Essa geografia é a da difusão da imprensa, que garante o avanço das cidades alemãs e de Paris e, desde antes de 1480, dota a Itália do norte de uma densa rede de oficinas,[30] ao mesmo tempo que é também a dos grandes centros de espiritualidade, renano e flamengo, do fim do século XV.

No século XVI, a produção de *Ars* se mantém com dificuldade, passado o primeiro terço do século: na Inglaterra, quatro edições, as duas últimas de 1506;[31] em Paris, nove edições levantadas, cinco saem das prensas entre 1501 e 1510,[32] a da Viúva Trepperel

---

29 O'Connor, *The Art of Dying*, op. cit., p.133-71; Tenenti, *La vie et la mort...*, op. cit., indica (p.92-5) 97 edições incunábulos, mas não as descreve.

30 Febvre, L., Martin, H.-J. *L'apparition du livre*. Paris: Albin Michel, 1958 (2.ed., 1971, mapa p.260-1).

31 Pollard, A. W., Redgrave, G. R. *A Short-Title Catalogue of Books Printed in England, Scotland and Ireland and of English Books Printed. Abroad, 1475-1640*. London: The Bibliographical Society, 1926. p.19.

32 Moreau, B. *Inventaire chronologique des éditions parisiennes du XVIᵉ siècle, d'après les manuscrits de P. Renouard, t.I, 1501-1510*. Paris: Imprimerie Municipale, 1972 (1501: n.9; 1503: n.7; 1504: n.8: 1505: n.10; 1510: n.14).

e de Jehan Jahanot na segunda década, as de F. Regnault e H. Paquot, antes de meados do século (Regnault exerce até 1540 e Paquot não imprime mais depois de 1546), só a edição de Nicolas Bonfons é tardia, certamente do último quartel do século.[33] Em Lyon, duas edições, uma de Pierre Mareschal,[34] outra de Jacques Moderne,[35] ambas anteriores a 1540, e ocorre o mesmo com aqueles em que a *Exortação de bem viver e bem morrer* é colocada em seguida à *Grande dança macabra*.

A sobrevida da *Ars* está no norte e no leste: no norte, com as edições suecas (Malmö 1533) e dinamarquesas (Copenhague 1570, 1575, 1577, 1580); no leste, com as versões antiprotestantes *in-octavo* que Adam Walasser imprime em Dilingen (1569, 1570, 1579, 1583, 1603). A. Tenenti mostrou bem como, por meio de suas adaptações e traduções, a *Ars moriendi* inclinava-se desde os anos 1490 para um programa do bem viver que atenuava um pouco a crispação sobre os últimos instantes;[36] em todo caso, da metade do século XV à metade do XVI, um texto e uma série de imagens se espalharam por todo o Ocidente, constituindo um estoque de representações comuns centradas na agonia de uma pregnância excepcional.

Os anos 1530-1540 assistem então ao esgotamento de um *best-seller*. Uma primeira retomada ocorre no segundo terço do século pela circulação das duas grandes preparações para a morte

---

33 Bibliothèque Nationale, Rés. des Imprimés, Papiers Renouard, e P. Renouard, *Répertoire des imprimeurs parisiens, libraires, fondeurs de caractères et correcteurs d' imprimerie depuis l'introdution de l'imprimerie jusqu'à la fin du XVIe siècle*. Paris: Minard, 1965.

34 Baudrier, H. *Bibliographie lyonnaise. Recherches sur les imprimeurs, libraires, relieurs et fondeurs de lettres de Lyon au XVIe siècle* (publicadas e continuadas por J. Baudrier). Lyon: Brun, 1895-1921. t.XI, p.516.

35 Pogue, S. *Jacques Moderne. Lyons Music Printer of Sixteenth Century*. Genève: Droz, 1969, com uma bibliografia das edições de Moderne, p.107-296, n.67, *Le livre nommé "L'art et science de bien vivre et bien mourir"*.

36 Tenenti, *La vie et la mort...*, op. cit., p.63-8.

Roger Chartier

humanistas, a de Clichtove e a de Erasmo. O tratado de Clichtove, *De doctrina moriendi opusculum necessaria ad mortem foeliciter appetendam preparamenta declarans et quomodo in ejus agone variis antiqui hostis insultibus sit resistendum edocens,* publicado em Paris em 1520, tem onze edições latinas entre essa data e 1546 (sete parisienses, quatro de Anvers[37]), depois uma tradução francesa editada em Rouen em 1553, o *Doutrina da morte extraída do que antigamente escreveu o mestre Clichtove, traduzida em língua vulgar.* Mas o grande sucesso de livraria desses anos 1530-1560 é fornecido pelo *De preparatione ad mortem* de Erasmo, 59 edições em latim ou em línguas vernáculas, se contarmos juntas as publicações do texto sozinho e aquelas em que ele segue o *Enchiridion.* O latim predomina com 36 edições escalonadas entre 1534 e 1563, depois vem o flamengo, oito edições entre 1534 e 1566; o francês, oito igualmente entre 1537 e 1541, a partir de duas traduções, a *Preparação para a morte antigamente composta em latim por Erasmo e agora traduzida em francês,* Lyon, 1537, e o *Preparativo à morte. Livro muito útil e necessário a cada cristão. Acrescentado de uma instrução cristã para bem viver e se preparar para a morte,* publicado em Paris em 1539 sob o nome de Guy Morin; em seguida o alemão, três edições (1534-1546); o espanhol, três edições (1535-1555); o inglês, uma edição em 1543.[38]

Como se vê, a difusão do livro está estritamente encerrada no segundo terço do século XVI; ele desaparece em seguida e só é reencontrado num punhado de edições do século XVII, sete no total. Um pequeno fato, assinalado por Roger Doucet, permite medir a acolhida feita ao tratado de Erasmo, assim como a agita-

---

37 *Bibliotheca Belgica. Bibliographie générale des Pays-Bas,* fundada por F. Van der Haegen, reed. sob a dir. de M. T. Lenger, 1964, t.I, p.604-7; sobre o texto de Clichtove e suas abordagens humanistas (Tenenti, *La vie et la mort...,* op. cit., p.68-70).

38 *Bibliotheca Belgica,* op. cit., t.II, p.943-71; sobre este texto, Tenenti, *Il senso...,* op. cit., p.122-7, e mais geralmente sobre o problema da morte em Erasmo, p.229-61.

ção que ele provoca: em 30 de julho de 1535 é feito um inventário dos livros de Marco de Erasso, um milanês certamente estudante da Universidade de Paris; o livreiro encontra o texto em latim, anota-o mas recusa-se a avaliá-lo "porque ele é suspeito na fé".[39] Apreende-se aí, ao vivo, o zelo de determinado meio (o livro, lembremos, só apareceu um ano antes) e a desconfiança em face das novidades humanistas.

Além desses dois clássicos, o inventário das preparações para a morte nos domínios francês e inglês no século XVI só apresenta poucas obras. Do lado francês, uma dezena de títulos divididos entre os diretórios e as meditações;[40] para os primeiros citemos Jean Columbi[41] e Pierre Doré;[42] para as segundas, um reformado, Jean de L'Espine,[43] um jesuíta, o padre Richeome.[44] Na Inglaterra, uma dezena de títulos igualmente:[45] no último terço do século, preparações, geralmente anônimas, tais como o *Doctrynalle of Dethe* (editado por Wynkin de Worde em 1498 e 1532) ou *A Treatise to Teche a Man to Dye and not Feare Dethe* (c. 1538); em 1534, o texto erasmiano de Lupset,[46] reeditado cinco vezes em dez anos;

---

39 Doucet, R. *Les bibliothèques parisiennes au XVIe siècle*. Paris: Picard, 1946. p.36-7.

40 Dagens, J. *Blbilographie chronologique de la littérature de spiritualité et de ses sources (1501-1610)*. Paris: Desclée de Brouwer, 1952; Cioranescu, A. *Bibliographie de la littérature française du XVIe siècle*. Paris: Klincksieck, 1959.

41 Columbi, R. P. J. *Directoire pour ceuls qui sont à l'article de la mort, extraict de la doctrine de Gerson, avec aucunes petites oraisons en rimes ajoutées*. s. l., s. d.

42 Doré, P. *La déploration de la vie humaine avec la disposition à dignement recevoir le S. Sacrement et mourir en bon catholique*. Paris, 1554.

43 L'Espine, J. de. *Traicté pour oster la crainte de la mort et la faire désirer à l'homme fidèle*. Lyon, 1558.

44 Richeome, P. *L'adieu à l'âme dévote laissant le corps avec les moyens de combattre la mort par la mort et L'appareil pour heureusement se partir de ceste vie mortelle*. Tournon, 1590 (seis edições no século XVI; sete no século XVII).

45 Beatty, N. L. *The Craft of Dying*. A Study in the Literary Tradition of the *Ars moriendi* in England. New Haven: Yale University Press, 1970.

46 Lupset, T. *A Compendious and a Very Fruteful Tratyse Teachynge the Waye of Dyenge Well*, ed. em 1534, 1535, 1538, 1541, 1544.

em 1516, o tratado calvinista de T. Becon,[47] de maior sucesso com as onze edições no século XVI e sete nos primeiros trinta anos do século XVIII; finalmente, ao termo do percurso, a adaptação calvinista feita por E. Bunny do tratado do jesuíta Parsons.[48]

A *Ars moriendi* cedeu então lugar, depois de 1530, a um discurso sobre a morte que aparece ao mesmo tempo disperso e de menor peso sobre a consciência coletiva. Antes de verificar essa hipótese pela coleta de dados quantitativos sobre a produção do livro, convém nos determos mais um instante sobre as imagens. O tema da luta entre anjos e demônios ao redor do moribundo, que funda a série da *Ars,* com efeito, mantém-se melhor na gravura do que nos textos.[49] Ele atravessa o século, presente por exemplo nas horas da Viúva Kerver ou numa série de onze peças gravadas por Léonard Gaultier. Na edição de 1542 das *Horas da Virgem para uso dos dominicanos,* o quarteto

> Quando o homem viveu toda a vida
> Neste vale miserável
> Esperando sem distúrbio
> Obter a vida perdurável

serve de legenda para uma imagem em que o moribundo, cercado por três personagens, entre os quais um padre que lhe dá o sacramento, está colocado sob um Cristo abençoando, à esquerda

---

47 Becon, T. *The Sicke Mans Salve, wherin the faithfull Christians may learne both how to behave themselves paciently and thankefully in the tyme of sickenes and also vertously to dispose the temporall goods and finally to prepare themselves gladly and godly to dye,* ed. em 1561, 1563, 1568, 1570, 1572, 1574, 1577, 1584, 1585, 1594, 1596, 1601, 1604, 1607, 1611, 1613, 1631, 1632.

48 Bunny, E. *A Booke of Christian Exercise Appertaining to Resolution,* 1584, adaptação de R. Parsons, *The First Booke of the Christian Exercise Appertayning to Resolution,* 1582 (sobre este texto, Driscoll, J. *Robert Parsons'Book of Resolution. A Bibiographical and Literary Study.* New Haven: Yale University Press, 1957).

49 Linzeler, A. *Inventaire du fonds français.* Graveurs du XVIe siècle. Paris: Bibliothèque Nationale, 1932-1935.

A agonia entre anjos e demônios.
Horas da Virgem para uso dos dominicanos, Paris, Viúva Kerver, século XV. (Paris, Bibliothèque Nationale)

A agonia entre anjos e demônios.
L. Gaultier, peça gravada. (Paris, Bibliothèque Nationale)

de um anjo segurando um filactério com estas palavras: *"Libera Me Domine, Pone Me Juxta Te"* e acima de três diabos vencidos: à esquerda uma janela se abre sobre um homem que cava uma fossa junto a uma cruz.[50] No fim do século, L. Gaultier reencontra a inspiração e a própria estrutura das cenas da *Ars moriendi* em algumas de suas vinhetas. Numa seqüência de onze gravuras ilustrando uma série de máximas religiosas e morais sobre a condição humana, as cinco últimas são consagradas à morte:[51]

> Depois dos males e dores temporais
> O homem goza dos favores eternos

é a legenda de uma boa morte que retoma os elementos da última imagem dos livretos xilográficos: o moribundo, assistido por um clérigo que lhe estende um círio e segura a cruz, cercado de parentes, vê sua alma, figurada sob a forma de um pequeno personagem, sendo levada por um anjo, enquanto os demônios, derrotados, caem em desespero. O mesmo tema se encontra nas duas gravuras seguintes:

> Por oração, por voto e por prece,
> O homem é ajudado em sua última hora,

o combate entre anjos e demônios se desenvolve na presença da Santíssima Trindade e da Virgem colocadas na cabeceira do agonizante:

> Aqueles que vão para Deus pelos verdadeiros conceitos
> São consolados por seus Sagrados preceitos,

---

50 *Heures de la Vierge à l'usage des dominicains*. Paris: Vve Kerver, 1542. A prancha se encontra igualmente nas edições de 1522 e 1569.

51 Gaultier, L. *Suite de onze plèces*. Bibliothèque Nationale, Rés. des Estampes, Ed 12 Fol., n.140-4.

e a cena marca a representação da boa inspiração angélica contra a tentação da avareza. A série se fecha, depois do enterro, com um Julgamento Final,

> No julgamento do grande senhor e mestre,
> Todos os vivos e os mortos devem estar,

o que faz eco, a um século de distância, às gravuras xilográficas justapondo a visão escatológica do Julgamento universal e a inquietação da salvação individual.

Ao lado dessas representações da tradição, contudo, outras imagens vêm à luz. Retenhamos dois *corpus*, e primeiro os *Simulacros e histórias em face da morte, tanto elegantemente retratadas como artificialmente imaginadas*, onde uma série de pranchas, gravadas por H. Lutzelburger, reproduz as composições de Holbein.[52] O programa iconográfico é o das danças macabras, mas a última imagem é um *"memento mori"* de um novo tipo: encimado com as palavras do Eclesiastes: "Em todas as tuas obras lembra-te do fim e jamais ofenderás", uma simbólica nova mostra a Morte erguendo nos braços a pedra que quebrará a ampulheta, enquanto a legenda ensina:

> Se queres viver sem pecado
> Vê esta imagem sem cessar
> E não serás barrado
> Quando fores repousar.

A primeira edição, devida aos irmãos Treschel em Lyon, em 1538, é obra não de protestantes, mas de um grupo de católicos reformadores e tolerantes, ligados às vezes com reformados, mas sem por isso abandonar a Igreja de Roma. Dois homens ilustram

---

52 Baudrier, op. cit., t.V, *Jehan II et François Frellon*; Brun, R. *Le livre français illustré de la Renaissance*. Paris: Picard, 1969. p.73-6 e 222; e sobretudo Davis, N. Z. Holbein's Pictures of Death and the Reformation at Lyons. *Studies in the Renaissance*, n.III, p.97-130, 1956. *Les simulachres et historiées faces de la mort...* recebem o título de *Les images de la mort* nas edições em francês de 1547 e 1562.

Leituras e leitores na França do Antigo Regime

esse meio, Gilles Corrozet, ao mesmo tempo impressor, livreiro e literato, que compôs os quartetos colocados sob as gravuras, e Jean de Vauzelles, clérigo erasmiano, um dos principais artesãos da reforma da assistência de 1531, autor de uma epístola dedicatória e de vários ensaios colocados entre as imagens. O livro traduz, portanto, na sua primeira forma, a sensibilidade de um meio muito semelhante pela inspiração e pela fé àquele que empreende a obra de reforma urbana. Depois de 1539 e da greve dos confrades que desorganiza a imprensa lionesa e obriga os irmãos Treschel a cerrarem as portas, a obra vai assumir outra significação. Vendidas aos Frellon, um dos quais, Jean, é um reformado zeloso, as pranchas servem a novas edições das quais são retirados os textos de Vauzelles e são introduzidos outros ensaios, anônimos, *A medicina da alma* e *A forma e maneira de consolar os doentes*, que apresentam uma nítida inspiração calvinista mal dissimulada por trás de algumas fórmulas ortodoxas. O livro conhece então, durante trinta anos, um franco sucesso, com sete edições: três em francês (1542, 1547, 1562, esta última impressa por S. Barbier, enquanto os reformados dominam a cidade), três em latim (1542, 1545, 1547), uma em italiano (1549).[53]

Decididamente calvinistas, os *Emblemas ou divisas cristãos* de Georgette de Montenay fornecem novos motivos na iconografia das preparações para a morte. A primeira edição, feita em Lyon por P. de Castellas, data de 1566 (ela parece não ter sido conservada); em 1571 Jean Marcorelle, impressor protestante, retoma o livro que conhece em seguida algumas edições em países reformados: Zurique, 1584; Heidelberg, 1584; La Rochelle, 1620.[54] Muitas das cem vinhetas, assinadas por Pierre Woeiriot, são con-

---

53 H. Baudrier menciona a edição de 1562 como sendo "a nona e última" (op. cit., t.V, p.259), mas de fato só recenseia oito edições cuja descrição é retomada por Brun (op. cit, p.222).

54 Baudrier, op. cit., t.X, p.381-2; Brun, op. cit., p.265, Tenenti, *Il senso...*, op. cit., p.278-81.

"Memento mori", As imagens da morte.
Lyon, Jehan Frellon, 1562. (Paris, Bibliothèque Nationale)

sagradas à morte. Na figura 83, a resistência pela fé tomou o lugar da boa inspiração angélica:

> Vemos bem como grandes alarmes
> Satã, o mundo, até agora lançaram
> A todos os Cristãos: mas como bons soldados
> Resistam fortemente pela fé: porque entregues
> Serão logo desses loucos embriagados
> Do sangue dos santos, que grita a Deus vingança:
> Assim por fé Cristo, vosso chefe, seguireis
> Ei-lo, ele vem: coragem na paciência.

A prancha 89, ela também, expulsou anjos e demônios: um homem sai do mundo para encontrar a morte. A cena é encimada pelas palavras *"Desiderans dissolvi"* e sublinhadas pelos versos:

> Pelo grande desejo de ir logo para Deus,
> Este se vê quase fora do mundo:
> Medo de morte ao seu redor não tem lugar,
> Assim como ela tem no coração sujo e imundo.
> A morte nada mais é para o Cristão santo e limpo
> Do que uma suave passagem que leva à vida
> E ao verdadeiro repouso, onde toda graça abunda:
> Mas a caridade modera tal desejo.

Presença maciça da *Ars moriendi*, depois invenção de novas formas mas dentro de um recuo, assim se mostrou, à primeira vista, a evolução do gênero das preparações para a morte entre 1450 e o fim do século XVI. Precisamos então tentar verificar a hipótese por meio da mensuração. Para a época dos incunábulos, os dados são bastante seguros e permitem avaliar o peso do religioso na produção total do livro, e nessa produção religiosa a parte das *artes moriendi*.[55] Para os dez primeiros centros da edição européia, os resultados são os seguintes:

---

55 Lenhart, J. M. Pre-Reformation Printed Books. A Study in Statistical and Applied Bibliography. *Franciscan Studies*, n.14, quadro p.76, 1935.

Roger Chartier

	Produção religiosa			Artes moriendi*	
	Total das ed.	Edições	%	Edições	% no religioso
Veneza	3.754	974	25,9	4 (5)	0,4 (0,5)
Paris	2.254	1.063	47,1	17 (18)	1,5 (1,6)
Roma	1.613	465	28,8	1 (2)	0,2 (0,4)
Colônia	1.304	669	51,3	8 (16)	1,1 (2,3)
Estrasburgo	980	561	57,2	2	0,2
Milão	962	226	23,4	1 (2)	0,4 (0,8)
Lyon	909	342	37,6	4 (6)	1,1 (1,7)
Augsburgo	893	444	49,7	2 (4)	0,4 (0,8)
Florença	839	422	50,2	6	1,4
Leipzig	745	193	25,8	9 (7)	4,6 (3,68)

* Damos aqui, quando diferem, os números de O'Connor e, entre parênteses, os de Tenenti.

Conforme as cidades, a parcela do livro de religião na produção de incunábulos varia entre 25% e 50%, mas, se colocarmos à parte as cidades italianas e Leipzig, as porcentagens são mais estreitas em direção ao alto, entre 40% e 50%, o que alcança o número médio proposto por R. Steele e J. M. Lenhart.[56] A *Ars moriendi* ocupa em geral entre 0,5% e 2% do livro religioso, com exceção de Leipzig graças às edições de Kachelofen. Isso pode parecer modesto, mas em todo caso, se admitirmos os números de Tenenti (97 edições) e uma tiragem média de quinhentos exemplares por edição (o que faz Lenhart, mas que está muito

---

56 Lenhart (artigo citado, p.68) retoma a cifra mencionada por R. Steele numa série de artigos publicados em *Library. A Quarterly Review of Bibliography and Library Lore*, entre 1903 e 1907.

aquém das realidades para os xilógrafos), representa cerca de cinqüenta mil exemplares. São números bem comparáveis aos da *Imitatio Christi*, pelo menos 85 vezes editado antes de 1500.[57] Acrescentam-se à *Ars* os textos que pudemos contabilizar, os de Gerson, de Molinet, de Chastellain, de Castel,[58] os anônimos alemães e ingleses, o que faz que possamos admitir que as preparações para a morte constituem de 3% a 4% dos incunábulos religiosos.

Esse número, que se refere a uma época em que se tem o hábito de ler a onipotência da morte, permite medir melhor, por comparação, o impacto da reforma católica. Lembremos, com efeito, os dados trazidos por D. Roche para o século XVII: as preparações, que são certamente de natureza diferente, dão apenas para a França entre quatrocentos e quinhentos mil exemplares, e fornecem de 7% a 10% da produção teológica. A estatística bibliográfica autoriza, portanto, a repor em perspectiva os dados da tradição: as preparações para morrer conhecem dois apogeus, no século XV e no XVII, mas é nos tempos pós-tridentinos que o gênero invade mais a literatura religiosa.

Para o século XVI, os dados são mais incertos. Conforme o exemplo parisiense,[59] o início do século é marcado pela manutenção da parcela das artes de morrer. Entre 1500 e 1510, os impressores da capital fornecem 1.656 edições, das quais o livro religioso constitui cerca de 45%. No seio da teologia, três patamares: o nível das trezentas edições, dos livros de horas, o nível das trinta a quarenta edições, bíblias, missais, breviários, o nível da dezena de edições, o dos rituais e das artes de morrer, tanto a *Ars* como Gerson. Reencontramos aqui o 1% da preparação para a morte. Passadas as primeiras décadas, as artes de morrer se

---

57 Backer, A. de. *Essai bibliographique sur le livre "De Imitatione Christi"*. Liège, 1864; para os incunábulos 54 edições em latim, quatorze em italiano, oito em alemão, quatro em francês, quatro em espanhol, uma em polonês.

58 Tenenti, *La vie et la mort...*, op. cit., p.60.

59 Moreau, op. cit.

perdem no fluxo da produção. Três exemplos: Caen, 411 edições antes de 1560, 31 missais, 22 breviários, uma única preparação, *O aguilhão de temor divino para bem morrer*, parte das edições parisienses da *Arte de bem viver e de bem morrer*;[60] Bordeaux, 711 edições no século XVI, nenhuma preparação para a morte;[61] Lyon, quinze mil edições, cerca de trinta sobre a morte entre as quais o texto de Erasmo (seis edições), a tradução de Gerson, o *Diretório* de Columbi, a *Exortação de bem viver e de bem morrer*, colocada em seqüência a *Grande dança macabra* (quatro edições), *Os simulacros e histórias em face da morte* (oito edições).[62]

Outros índices, estes indiretos, confirmam essa escassez: por um lado, a separação que se opera entre as preparações para a morte pouco numerosas e a *Imitatio Christi* que continua sua difusão com duzentas edições no século XVI;[63] por outro, a curva da produção jesuíta que dá vinte títulos sobre a morte entre 1540 e 1620, 139 entre 1620 e 1700, 101 entre 1700 e 1800.[64] O livro de J. Polanco constitui ao mesmo tempo o arquétipo e o maior sucesso dessa literatura jesuíta. Seu *Methodus ad eos adjuvandos qui moriuntur: ex complurium doctorum ac piorum scriptis, diu diuturnoque usu, et observatione collecta* é o próprio modelo do livreto de pequeno formato, *in-12* ou *in-16*, guia prático do saber morrer e do saber ajudar a morrer. Aparecem dezoito edições entre 1577 e 1650, e são somente as edições em que o texto aparece isolado

---

60 Delisle, L. *Catalogue des livres imprimés ou publiés à Caen avant le milieu du XVIe siècle*. Caen, 1903-1904.

61 Desgraves, L. *Bibliographie bordelaise*. Bibliographie des ouvrages imprimés à Bordeaux au XVIe siècle et par Simon Millanges (1572-1623). Baden-Baden: Valentin Koerner, 1971.

62 Baudrier, op. cit.

63 Backer (op. cit.) indica para o século XVI 68 edições em latim, 56 em italiano, dezoito em francês, dezessete em inglês, dezesseis em flamengo, quinze em alemão, seis em espanhol, quatro em polonês.

64 Sommervogel, C. *Bibliothèque de la Compagnie de Jésus*. Paris: Picard, 1890-1909. t.X, tabelas da 1ª parte, p.510-9.

A resistência pela fé, Georgette de Montenay, *Emblemas ou divisas cristãos*. Lyon, J. Marcorelle, 1571. (Paris, Bibliothèque Nationale)

A morte desejada, Georgette de Montenay,
Emblemas ou divisas cristãos,
Lyon, J. Marcorelle, 1571. (Paris, Bibliothèque Nationale)

e não colocado em seguida a outros.[65] Numa mesma inspiração e para um mesmo uso, podemos assinalar em latim as obras de J. Anchieta, *Syntagma monitorum ad juvandos moribundos,* e de J. Fatio, *Mortorium seu libellum de juvandis moribundis,* em língua vulgar a *Práctica de ayudar a morir,* de J.-B. Poza (Madri, 1619) e o *Modo de aiudar a ben morir als qui per malatia, o per Justicia moren. Compost per lo P. Pedro Gil doctor theolec de la Compania de Jesus. Es utilissim per a tots los parocos y confessors, y sacerdots ques emplean en profit de las animas* (Barcelona, 1605).[66]

O século XVI é, portanto, um tempo de maré baixa para as preparações para a morte e desenha um fosso tanto em relação ao anterior dominado pela *Ars* e os tratados que nela se inspiram quanto em relação ao seguinte, já que o crescimento dos títulos é forte e regular até o clímax dos anos 1675-1700. Isso não quer dizer que o discurso sobre a morte esteja ausente da Renascença, mas ele passa por outros gêneros, um minoritário, as meditações sobre a Paixão de Cristo, outro majoritário, as orações, poemas ou consolações feitas por ocasião de uma morte ilustre. Aparece claramente que a literatura religiosa da segunda metade do século XVI é quase inteiramente devorada pela controvérsia antireforma. Ora, a preparação para a morte não constitui, pelo menos diretamente, um daqueles lugares privilegiados de confronto como são a confissão ou a Eucaristia. A hipótese de um relativo desaparecimento das artes de morrer pode então ser pleiteada, com a condição, todavia, de não esquecer dois dados suscetíveis de atenuar os contrastes: primeiro, o peso das literaturas de larga difusão com altas tiragens; em seguida, a constatação de que numerosas peças, cartazes e gravuras podem ter desaparecido e

---

65 Sommervogel, *Bibliothèque de la Compagnie de Jésus,* op. cit., t.VI, p.944, doze edições em latim, uma em alemão em 1584, cinco em francês, sendo a primeira em 1599 publicada sob o título *Consolations très utiles, brièves et méthodiques pour bien et fructueusement consoler et ayder les malades à l'article de la mort.*

66 Sommevogel, *Bibliothèque de la Compagnie de Jésus,* op. cit.; J. Anchieta, t.I, p.312; J. Fatio, t.III, p.552; P. Gil, t.III, p.1413; J.-B. Poza, t.VI, p.1135.

que esse é um material que nos escapa em largas proporções para o século XVI.[67]

Para calcular o lugar ocupado pelas artes de morrer nas leituras, possuímos poucos materiais coerentes, alguns dados trazidos por R. Doucet e, sobretudo, por A. Labarre em Amiens. Os poucos inventários publicados por R. Doucet para Paris indicam uma presença tênue mas bem real das preparações para a morte. Em 1499, entre as 101 obras possuídas por Nicole Gille, controlador do Tesouro e autor dos *Anais e crônicas de França*, encontra-se *A arte de bem morrer*;[68] em 1522 o livreiro Jehan Jehanot, marido da Viúva Trepperel, mantém no estoque quinhentos *Livros que falam de bem viver*, avaliado em 35 s. 6 d., e que são certamente exemplares de sua edição da *Arte e ciência de bem viver e de bem morrer*;[69] esse mesmo título, avaliado em 5 s., se encontra em 1548 em Jean Le Féron, advogado do Parlamento, que possui uma biblioteca de 783 títulos,[70] e, sem avaliação, em 1555 entre as 280 obras do comerciante de bordados Pierre Valet, vulgo Parent.[71] Três inventários de bibliotecas particulares e, portanto, três vezes um arte de morrer; todavia não se devem tirar conclusões apressadas de uma amostra tão reduzida em que o acaso pode ter exercido algum papel, porque o estudo mais amplo empreendido por A. H. Schutz sobre duzentos inventários parisienses não confirma essa onipresença das preparações para a morte.[72]

---

67 Os almanaques e predições do século XVI silenciam sobre a morte e não dizem nada de sua preparação, segundo Ponthieux, F. *Prédictions et almanachs au XVIᵉ siècle*. Memorial de mestrado da Universidade de Paris-I, 1973 (datilografado).

68 Doucet, op. cit., p.87, n.45.

69 Ibidem, p.100, n.117. Os diferentes títulos que se referem diretamente à morte perfazem um total de novecentos exemplares num fundo que compreende 53.475 volumes, ou seja, 1,6%.

70 Ibidem, p.127, n.246.

71 Ibidem, p.167, n.26.

72 Schutz, A. H. *Vernacular Books in Parisian Private Libraries of the Sixteenth Century*. Chapel Hill: The University of North Carolina Press, 1955. O autor

Ocorre o mesmo, aliás, em Amiens, no *corpus* analisado por A. Labarre.[73] Entre 1503 e 1576, na cidade, um entre cinco inventários após falecimento contém livros, mas somente 20% destes são descritos e identificáveis (2.700 entre 12.300). Apesar desse limite da fonte, é possível medir o peso e a hierarquia do religioso. Entre os livros identificados, 50% são de teologia. Nessa categoria, os livros de horas, com 52% dos exemplares, constituem o elemento essencial, seguidos, bem atrás, pelas obras litúrgicas, 15%; os livros piedosos, 10%; os tratados para uso dos clérigos, 10%; as bíblias, 8%. Nas obras piedosas, muito pouco numerosas são as preparações para a morte, dois *Cordiale de quatuor novissimis* em 1518 e 1520; dois *Arte de bem viver e de bem morrer* em 1523 e 1541; um *De doctrina moriendi opusculum* em 1531; um *Doctrinale mortis* de Raulin, igualmente em 1531; três exemplares do texto de Erasmo, em 1540 junto a um advogado de bailiado, em 1523 junto a um advogado do rei no Tribunal de Apelação e em 1565 junto a um pároco, doutor em teologia; no total, 0,6% dos livros religiosos. A rubrica é marcada sobretudo pela presença da hagiografia, em particular a *Legenda dourada*, 45 exemplares, ou seja, quase tanto quanto as bíblias inteiras, 53 exemplares.[74] As leituras também, quando podemos apreendê-las numa sondagem coerente, reforçam a idéia de uma certa escassez das artes de morrer na consciência coletiva do século XVI, tempo fraco entre uma primeira pedagogia de massa centralizada na dramatização dos últimos instantes e uma obra que é, depois de Trento, cristianização da vida inteira ao mesmo tempo que socialização das práticas.

A partir de alguns textos, e sem retomar aquilo que agora nos é bem conhecido graças a A. Tenenti e P. Ariès, queríamos

---

estuda 220 inventários (lista p.74-86) e descreve 650 títulos em língua vulgar (lista p.31-73).

73 Labarre, A. *Le livre dans la vie amiénoise du XVIe siècle*. L'enseignement des inventaires après décès 1503-1576. Paris-Louvain: Nauwelaerts, 1971.

74 Ibidem, p.189-95.

marcar sobre alguns pontos aquilo que as preparações para a morte dos séculos XV e XVI revelam dos sentimentos comuns e das práticas coletivas. Um primeiro traço, que aflora freqüentemente, é a consciência que têm os autores das clivagens socioculturais que dividem o público a que se dirigem. Ela passa por uma dupla de oposições, entre latim e língua vulgar, entre texto e imagens. Na *Arte e ciência de bem viver e bem morrer* de N. Bonfons, edição tardia mas conservadora dos traços antigos, até na tipografia gótica, o "tradutor" da *Ars moriendi* exprime-se assim:

> Vi este livro [a *Ars*] e considerando que para todas as pessoas de bem ele é útil e conveniente, como todos não entendem completamente o latim, eu quis transladá-lo do latim para o francês o melhor que pude, a fim de que todos os Cristãos possam nele recriar seu entendimento.[75]

Em 1513, aparece em Lyon, em edição Arnoullet, uma *Maneira de fazer testamento salutar*, cujo autor, anônimo, encerra seu livreto com estas palavras:

> Eu o fiz em língua materna por amor de minha irmã Renée e de outras pessoas devotas que não entendem latim, a fim de que conheçam como devem fazer seus testamentos, e mesmo como devem fazer testamento espiritual: é para saber preparar-se bem para a morte a fim de que desse modo possam chegar à glória eterna, a qual nos quer dar nosso senhor Deus por sua bondade, clemência e misericórdia. Amém.[76]

Muito logo, a arte de morrer, que de início podia ser texto para clérigos, toma então por missão ensinar os leigos cristãos dentro de um objetivo de universalidade.

---

75 *L'art et science de bien vivre et bien mourir*. Paris: Bonfons, s. d., fº K I v °K II rº (para os livros sem folhetação nem paginação, utilizamos as assinaturas das folhas como meio de localização dos textos citados).

76 *La manière de faire testament salutaire*. Lyon: Arnoullet, 1513, fº D VII vº.

A imagem, melhor ainda do que a língua vulgar, vê-se atribuída dessa função pedagógica. Desde as primeiras edições xilográficas da *Ars* o motivo aparece: "Mas a fim de que esta doutrina jamais seja esquecida por todos e que ninguém mais dela seja excluído, mas que todos aprendam com ela a morrer santamente, os clérigos pelas letras e os leigos e os clérigos pelas imagens poderão todos aproveitar deste espelho e meditar sobre as coisas passadas, futuras e presentes. Aquele, portanto, que quer bem morrer considere diligentemente estas coisas e as que seguem".[77] Ele é retomado com mais nitidez ainda nas adaptações do século XVI:

> Mas a fim de que esta matéria seja frutuosa e válida para todos, e de que ninguém seja excluído da sua especulação; mas nela aprendam todas as pessoas de qualquer estado que seja a bem morrer, eu tratei e dividi este livro de duas maneiras, uma correspondente à outra. Primeiro em sermões, autoridades e parábolas para servir aos clérigos e letrados; segundo em figuras e imagens mostrando figurativamente e diante dos olhos aquilo que especulativamente pela escrita é denotado. E o fiz para servir aos leigos e às pessoas não letradas.[78]

Num mundo onde Gutenberg tinha semeado apenas as primeiras estrelas de sua galáxia e em que perduram as equações antigas – clérigo = letrado, leigo = iletrado –, a educação do povo cristão deve tornar-se palavras e imagens. Daí certamente a ênfase colocada pela pastoral em temas simples, fáceis de dizer e de mostrar, e na morte, essa dramatização do fim, carregada, porém, do risco de esquecer a existência cristã, já que tudo parece estar em jogo nas horas da agonia.

---

77 *"L'art au morier"*, introdução. Seguimos aqui a transcrição dada por Zerner (artigo citado, p.19-30).

78 *L'art et science...*, op. cit., fº K III rº.

É por isso que, no início do século XVI, os textos insistem com vigor na necessidade de preparar a morte bem antes da hora. Todavia, num primeiro tempo, a injunção não se apóia na esperança que pode dar uma vida inteiramente cristã, mas nos temores cristalizados em torno do "ato de morrer". *A maneira de fazer testamento salutar* os reúne: é preciso "dispor de sua alma e de seu haver enquanto se tem entendimento e saúde, e não esperar até o artigo da morte",[79] porque se pode morrer sem ter o uso da razão, porque se pode morrer subitamente, porque se pode morrer completamente só. Três graças devem ser pedidas nas preces:

> Que deus queira socorrer na derradeira necessidade de tal modo que se tenha memória de deus e de si mesmo em artigo de morte e que para isso o entendimento não falhe; que deus queira dar a graça de bem e devotamente receber na derradeira doença e necessidade os santos sacramentos da igreja; que deus queira dar a graça de morrer em companhia de pessoas de bem, a fim de que elas ajudem na hora da morte tanto por suas orações quanto por bons conselhos e exortações.[80]

Ter consciência do fim próximo, ter tempo para receber o santo viático, ter reunidos em torno de si clérigos e leigos, parentes e amigos, tais são as condições da melhor morte. Sabemos como P. Ariès descobriu uma total inversão dessas atitudes nas sociedades ocidentais contemporâneas que fazem da morte súbita o ideal e da morte solitária o cotidiano.[81] Outros temores, mais supersticiosos, passam através dos textos: preparar a morte é na verdade talvez apressá-la. Vê-se isso na recusa a fazer testamento: "alguns cogitam que morrerão logo se fizerem testamento",[82] na recusa também em receber os sacramentos, o que em 1595 obri-

---

79 *La manière...*, op. cit., fº a III rº.

80 Ibidem, fº b VIII vº-c I rº.

81 Ariès, *Essais sur l'histoire de la mort...*, op. cit., p.167-76.

82 *La manière...*, op. cit., fº a VI rº.

ga R. Benoist, nomeado bispo de Troyes dois anos antes, a publicar *Considerações notáveis para os Cristãos enfermos, contra os perniciosos costumes, e as diabólicas persuasões, daqueles que na sua doença só querem receber os sacramentos no extremo.*[83]

As preparações para a morte desenvolvem, num discurso normativo que não se deve tomar por uma pura e simples tradução das realidades vividas, o conjunto das práticas necessárias para o cristão. A primeira dentre elas, que fundamenta a própria função dos textos, é a "recordação e memória" da morte. Ouçamos a *Ars*: "Para o que é muito conveniente que cada um freqüente diligentemente a arte de bem morrer e para pensar em sua morte e solução"; a edição Bonfons, "Porque uma das coisas no mundo que mais incitam a criatura à salvação de sua alma é a cogitação da morte"; P. Doré,[84] "A primeira preparação para a morte que ele [Cristo] nos ensinou é ter freqüentemente a meditação e o pensamento da morte". Esse exercício do foro interior pode ter apoio num conjunto de atitudes que P. Doré recomenda: primeiro, a leitura freqüente de uma arte de morrer que fornece a ocasião e dá a matéria dos pensamentos sobre a morte:

> Aconselho aos Cristãos ler e reler freqüentemente [este pequeno opúsculo], porque é o pão cotidiano que se deve usar durante a peregrinação deste presente século, a fim de chegar ao termo pretendido, na cidade de Jerusalém sempiterna, onde Jesus

---

83 Benoist, R. *Considérations notables pour les Chrestiens malades, contre les pernicieuses coustumes, et les diabolicques persuasions, de ceux qui ne veulent en leurs maladies recevoir les Sacremens qu'en l'extrémité. D'où vient la mort de l'âme et du corps en plusieurs*. Troyes, 1595. Sobre René Benoist, vigário da liga de Santo Eustáquio, depois bispo de Troyes, cf. Pasquier, E. *Un curé de Paris pendant les guerres de religion*. René Benoist le pape des Halles 1521-1608. Paris, 1913.

84 Doré, P. *La déploration de la vie humaine...*, op. cit. Doré, frade pregador, doutor em teologia, foi predicador na corte de Henrique II; morreu em Paris em 1559.

por sua misericórdia e conduta de sua graça a nós todos deve fazer ao fim chegar.[85]

Depois, se vier a enfermidade, a audição da Paixão de Cristo, "Vários bons Cristãos em suas doenças fazem ler o texto da Paixão de Nosso Senhor Jesus Cristo, reconfortando-se na doce memória de sua morte, apoiando-se sobre os braços da Cruz onde são amparados para não cair na impaciência",[86] enfim, com saúde mas mais ainda quando se sabe o fim próximo, a visão das imagens que podem confortar a alma: "Para isso, coloca-se ao pé do leito do doente a lembrança da Cruz de Nosso Senhor, na qual, como num espelho diante de seus olhos, se mira o pobre doente".[87]

Toda uma gama de gestos deve também preparar a morte. Sufrágios, missas, orações, esmolas e jejuns, que se pedem por testamento, são igualmente, e talvez sobretudo, práticas da vida cristã no pensamento da morte. *A maneira de fazer testamento salutar* marca bem a eficácia reconhecida das missas e orações reclamadas pelo defunto, e ao mesmo tempo a necessidade de fazer disso um exercício de preparação para a morte: "O terceiro ponto de um testamento concerne aos sufrágios pelos quais se podem ajudar as almas dos falecidos, e há quatro maneiras, a saber: missas, orações, esmolas e jejuns, pelas quais são entendidas todas as obras laboriosas e aflitivas do corpo feitas para o remédio e a salvação dos falecidos", mas, recomenda o texto, "é mais seguro e mais aproveitável mandar dizer sufrágios durante a vida do que deixá-los e ordenar por testamento quando a pessoa tem a força e a oportunidade de fazê-lo. É manifesto que é mais seguro a própria pessoa fazer do que deixar para outros fazerem depois de sua morte".[88]

---

85 Doré, op. cit., fº a III vº.

86 Ibidem, fº 144 rº.

87 Ibidem, fº 176 vº -177 rº e vº.

88 *La manière...*, op. cit., fº b V rº.

O testamento, contudo, constitui um ato essencial. Em *A maneira de fazer testamento salutar*, seu ordenamento habitual serve de estrutura ao livro e lhe dá sua própria significação religiosa, já que a cada artigo do *testamento comum* faz eco uma disposição do *testamento espiritual*. O texto se acha então dividido em seis momentos: a recomendação da alma a Deus, a Nossa Senhora e aos santos do Paraíso; a sepultura; os pedidos de sufrágios; os legados, doações e fundações; as dívidas e restituições; e finalmente a escolha dos executores. Em relação a P. Doré, numa tonalidade cristocêntrica, o "testamento deve ser feito segundo a ordem e a maneira daquele feito por Nosso Senhor, a fim de que tudo e por tudo sua morte seja instrução da nossa".[89] Depois da confissão e do arrependimento, o doente redige, ou manda redigir, um texto do qual P. Doré dá um modelo. Num primeiro artigo, toma lugar a invocação:

> Em nome do Senhor Jesus, Amém. Eu Chrystofle Doré recomendei minha alma a Deus, e à gloriosa Virgem Maria, e aos santos e santas da corte celestial do Paraíso: Rogando a meu Deus pelo mérito de seu filho Jesus e de sua Paixão, com a intercessão de sua mãe, e de todos os santos, para perdoar minha alma e colocá-la lá no alto no seu reino eterno, Amém.[90]

Pode-se notar que, em relação aos testamentos da segunda metade do século XVI, esse texto se acha "adiantado": ao lado de traços comuns à maioria dos testamentos dessa época (a enumeração do início ou a arcaizante fórmula final, por exemplo), ele introduz com efeito os méritos de Cristo, fórmula que se pode considerar como um teste de reformação católica e que, pouco presente antes de 1600, invade o discurso testamentário parisiense no segundo terço do século XVII.[91] A escolha da sepultura,

---

89 Doré, op. cit., fº 149 vº.

90 Ibidem, fº 150 rº.

91 Chaunu, P. *La mort à Paris XVIᵉ, XVIIᵉ e XVIIIᵉ siècle*. Paris: Fayard, 1978. p.288-329.

o pagamento das exéquias, as fundações e legados ("que se cantem missas anuais ou em aniversários ou sejam feitas distribuições entre os pobres e as igrejas a cada ano, ou de outro modo se fundamente a celebração do óbito"[92]) terminam esse primeiro artigo. O segundo é consagrado aos legados mundanos, ao pagamento das dívidas e às restituições; o terceiro, mais original, a uma admoestação feita às crianças "sobre o exemplo que nos deixa Nosso Senhor, que faz um longo sermão aos seus discípulos e Apóstolos pouco antes de sua morte".[93]

Chega a hora da agonia. As modificações na sua ordenação podem ser decifradas como vários resvalos nas sensibilidades. Num primeiro tempo, a *Ars* dá um modelo, o da morte pública que é espetáculo de edificação para os vivos e certeza de um socorro para o moribundo. Os presentes exercem, com efeito, um papel capital na cena dos derradeiros instantes porque ajudam ou até mesmo completam o agonizante na correta recitação das invocações dirigidas a Deus, à gloriosa Virgem Maria, aos santos e aos anjos, aos apóstolos, mártires, confessores e virgens. Na gravura da expiração, a *Ars* coloca no centro o monge que entrega o círio, mas no texto, que não faz alusão aos sacramentos, a figura que toma consistência é a do amigo fiel:

> E como assim seja que a salvação da pessoa é e consiste em seu finamento deste mundo, cada um deve cuidadosamente prover-se de um bom, devoto, fiel, idôneo amigo que lhe assista nessa necessidade e conforte com constância de verdadeira fé, paciência, devoção e perseverança, animando e incitando a boa e devota coragem e destreza de coração a Deus nas alturas, sua doce mãe etc. E rogando fielmente por ele na sua agonia e trespasse e depois por boas orações e recomendações, o que lhe pode muito valer para sua salvação e para esse assistente do moribundo é coisa de muito grande mérito como também queria que fizessem por ele.[94]

---

92 Doré, op. cit., fº 152 rº.

93 Ibidem, fº 154 vº-155 rº.

94 *L'art au morier*, "Bien utile conclusion à ceste salutaire doctrine".

Essa imagem de uma ampla assembléia, em que a presença clerical nem se destaca e em que o moribundo preside à sua morte, constitui a trama comum a todas as preparações e é vivida como um ideal:

> Lemos sobre um bom eremita que sabia que deveria morrer em breve e suplicou ser recebido num convento, e como lhe recusaram porque era velho, ele disse: "Não temam que eu lhes cause incômodo por causa da minha velhice, porque morrerei dentro em breve, e assim não os incomodarei por muito tempo". Disseram-lhe que se sua morte estava assim tão próxima por que queria então ser recebido no convento? "Ah", disse ele, "a passagem da morte é tão perigosa que eu não quero por nada passá-la sozinho".[95]

Indo diretamente para a versão QS da *Ars*, a recepção dos sacramentos é minuciosamente descrita nas adaptações em língua vulgar:

> Depois que o paciente foi advertido e interrogado, como é dito, deve-se apresentar-lhe e admoestá-lo a receber os Sacramentos de nossa Santa Madre Igreja. Primeiro, que ele tenha em si verdadeira contrição de coração por ter ofendido tanto a Deus. Segundo, que ele faça completa confissão de sua própria boca se isso lhe for possível, com vontade de fazer penitência se recobrar a saúde, ou aceitar a morte de bom grado se prouver a Deus enviar-lhe, esperando conseguir o Reino do Paraíso: não pelos seus méritos mas pelos méritos da Paixão de nosso salvador Jesus Cristo. O mesmo para os outros sacramentos como o Santo Sacramento do altar, que é o viático dos Cristãos: o qual todo bom cristão que possa fazê-lo deve receber no fim de seus dias. Como alguns sofrem de doenças por causa das quais não se ousa dar-lhes de medo que vomitem, deve-se pelo menos mostrar-lhes.[96]

---

95 *La manière...*, op. cit., fº c I rº.
96 *L'art et science...*, op. cit., fº K III vº.

Sobre esse roteiro, as artes de morrer do século XVI matizam certos motivos. De início, manifesta-se uma vontade de organizar o momento da morte, passando pela diminuição do número de assistentes. A ajuda dos cristãos é sempre necessária, mas ela pode e deve manifestar-se em outro lugar que não ao redor do leito do moribundo. P. Doré, por exemplo, pede uma morte mais discreta distinguindo os lugares: de um lado, o povo cristão reunido nas igrejas; de outro, as poucas pessoas presentes no quarto do doente:

> A congregação e a assembléia dos Cristãos, reunidos na fé e na oração, é uma arma espantosa para nossos inimigos, que são os diabos do inferno. Para isso, são enviados dos conventos, igrejas e assembléias Cristãos para rezar pelo enfermo, estando este no transe da morte.[97]

mas

> de tal modo deve fazer o homem que vai morrer, proibindo que alguém venha a ele (assim como fazia Santo Agostinho lendo os salmos de Davi, a não ser quando lhe davam carne ou medicamento), ao redor de seu leito deve haver apenas dois ou três que orem por ele, assim como estavam os três apóstolos nomeados, quando Nosso Senhor suou sangue e água, orando no Jardim das Oliveiras.[98]

No fim do século, a promoção dos clérigos fará passar para segundo plano a ajuda dos cristãos. Duas das *Considerações* publicadas por R. Benoist em 1595 manifestam a evolução: Consideração 14,

> ele [o cristão que caiu doente] se dirigirá àquele que tem o poder de curar sua alma, perdoando-lhe os pecados e ministrando-lhe os Sacramentos, e orando por ele segundo o dever de seu mister, que é seu Pároco Pastor hierárquico imediato.

---

97 Doré, op. cit., fº 170 vº.
98 Ibidem, fº 171 rº.

Consideração 16,

que o primeiro recurso seja ao seu próprio Pastor, e à sua própria Igreja paroquial, por diversas razões válidas, todavia não é mau mas muitas vezes muito útil acrescentar preces de pessoas Religiosas e devotas, tanto regulares como seculares, que devem compadecer-se das doenças, sendo caridosamente agradecidos a seus benfeitores.[99]

Está claro, portanto, que os séculos XV e XVI são apegados à morte-espetáculo que só cederá terreno com a promoção da morte no foro familial. Todavia, pelo menos no nível dos textos normativos que são as preparações, eles conhecem certos deslizes. O desejo de uma diminuição do número de presentes é um fato que a iconografia também traduz: a cena da agonia gravada por L. Gaultier mostra essa redução, ao mesmo tempo que uma feminização da assistência;[100] pode-se compará-la, para ter uma medida da evolução, com a mesma cena tal como a trata o miniaturista do Breviário Grimani, numa obra datada de entre 1480 e 1520.[101] Outra modificação é a emergência do padre, ambígua na sua significação, já que cristaliza os temores supersticiosos, fazendo crer que é ele que, significando a iminência da morte, a precipita, fazendo ao mesmo tempo sentir como uma falta terrível a ausência do pároco por ocasião dos derradeiros momentos.

Tentamos então aqui, com apoio na estatística bibliográfica, trazer ordens de grandeza quanto à importância das artes de morrer na circulação do impresso durante os primeiros 150 anos de sua existência. Sob reserva de outras medidas, parece possível admitir, pelo menos como hipótese de trabalho, que, após o tempo forte dos anos 1450-1530, que são os do sucesso maciço

---

99 Benoist, op. cit., p.11 e 13.

100 Gaultier, *Suite de onze pièces*, op. cit., n.140.

101 Boase, op. cit., p.121, reprodução do Breviário Grimani, Veneza, Biblioteca Marciana, fº 449 vº.

da *Ars moriendi*, as preparações para a morte ao mesmo tempo diversificam seu discurso e conhecem um recuo no interior da livraria. Outra conclusão provisória é a constatação de que os guias para a boa morte pesam menos na literatura religiosa do tempos dos incunábulos do que na do triunfo da reforma católica.

Contar títulos e edições, no entanto, não basta: é preciso também detectar os gestos que eles recomendam ou estigmatizam. Certamente que a injunção nem sempre acarreta obediência, nem a proibição censura, e seria arriscado pensar que as artes de morrer enunciam sem desvio a maneira pela qual a morte era pensada e vivida por todos. Todavia, por meio das normas e das exigências – por exemplo, a ênfase colocada sobre a ordenação, depois o encargo clerical dos últimos instantes – expressam-se mutações maiores (mas não necessariamente universais) das crenças e condutas, ao mesmo tempo introduzidas e traduzidas pelos textos que pretendem regulá-las.

5
Do livro à leitura.
As práticas urbanas
do impresso (1660-1780)[1]

Uma vez escrito e saído das prensas, o livro, seja ele qual for, está suscetível a uma multiplicidade de usos. Ele é feito para ser lido, claro, mas as modalidades do ler são, elas próprias, múltiplas, diferentes segundo as épocas, os lugares, os ambientes. Durante muito tempo, uma necessária sociologia da desigual distribuição do livro mascarou essa pluralidade de usos e fez esquecer que o impresso, sempre, é tomado dentro de uma rede de práticas culturais e sociais que lhe dá sentido. A leitura não é uma invariante histórica – mesmo nas suas modalidades mais físicas –, mas um gesto, individual ou coletivo, dependente das formas de sociabilidade, das representações do saber ou do lazer, das concepções da individualidade.

É assim que, nas cidades francesas, entre meados do século XVII e o fim do Antigo Regime, se definem vários estilos de leitura, várias práticas do impresso. Para restituí-las, há necessidade de

---

1 O texto deste capítulo foi preparado em colaboração com Daniel Roche.

Roger Chartier

uma precaução e uma intenção diretiva. A precaução primeiro: ela consiste em não esquecer que a produção impressa não se reduz, longe disso, à edição de livros. Esse fato é de importância para os impressores que freqüentemente vivem de trabalhos na cidade, mais do que da impressão de obras. E também para os leitores, sobretudo os mais humildes (mas não apenas eles), para os quais ler não é forçosamente ler um livro, mas decifrar, cada um à sua maneira, todos os materiais impressos, religiosos ou profanos, seja de sua propriedade ou afixados e distribuídos na cidade, circulando em grande número. A intenção diretiva: ela visa caracterizar as práticas de leitura a partir de uma tensão central entre foro privado e espaços coletivos. Durante longo tempo, com efeito, a circulação do impresso foi entendida como sua apropriação privada, identificável pelo estudo das coleções particulares.

Ora, entre os séculos XVII e XVIII, o possível acesso ao livro não se limita à compra e à propriedade individuais, já que nesses dois séculos, justamente, multiplicam-se as instituições que, da biblioteca pública ao gabinete de leitura, permitem um uso coletivo. Daí um necessário díptico que primeiro reconhece a geografia privada do livro, as diferentes tradições de leitura, os gestos da conservação e, em seguida, elabora o inventário das formas da leitura pública do Antigo Regime.

Mas a tensão entre o privado e o público – entendido aqui como o conjunto dos espaços ou das práticas diferentes daquelas da intimidade individual – atravessa também as próprias práticas de leitura. Por meio das representações literárias ou iconográficas, afirma-se a oposição entre dois estilos de leitura, um próprio do foro privado, outro articulado sobre a sociabilidade da família, da companhia letrada ou da rua. É a pertinência desse recorte, que pende implicitamente para a especificidade das leituras urbanas em relação às do campo, que se deve então interrogar, não esquecendo que a cultura do povo, mesmo no que diz respeito à freqüentação do impresso, nem sempre é pública e que, tardiamente, entre os dominantes, a leitura permanece como exercício de sociedade, coletivo e aberto.

A posse privada do livro

Uma primeira apreensão da sociedade dos leitores citadinos de entre 1660 e 1780 tornou-se possível pelo estudo em série dos inventários após falecimento. A fonte, todavia, exige precauções: não sendo absolutamente obrigatório, o inventário após falecimento só é feito por uma parte apenas da população, e a descrição dos livros possuídos é freqüentemente muito incompleta, atendo-se às obras de valor, mas estimando por lotes ou pacotes as de preço ínfimo. Além disso, a significação do livro possuído permanece incerta: será que se trata de leitura pessoal ou herança conservada, instrumento de trabalho ou objeto jamais aberto, companheiro de intimidade ou atributo de aparência social? A secura da escrita notarial não permite precisar. Enfim, parece claro que todos os livros lidos não são livros possuídos: nas cidades do século XVIII, muitos deles são com efeito os locais de uma possível leitura pública, desde o gabinete do livreiro até a biblioteca, e é densa a circulação privada do livro, seja emprestado seja tomado de empréstimo, lido em comum no salão ou na sociedade literária. O inventário após falecimento não pode, portanto, dizer tudo; todavia, por sua massa, ele autoriza um primeiro levantamento e permite esboçar comparações e evoluções.

Primeira ponderação: a presença, dada pela porcentagem de inventários após morte comportando pelo menos um livro. Nas cidades do Oeste (Angers, Brest, Caen, Le Mans, Nantes, Quimper, Rennes, Rouen, Saint-Malo), é de 33,7% no século XIII;[2] em

---

2 Quéniart, J. *Culture et société urbaines dans la France de l'Ouest au XVIIIᵉ siècle*. Paris: Klincksieck, 1978. p.158. O número total de inventários estudados é de 5.150 (divididos entre quatro períodos: 1697-1698, 1727-1728, 1757-1758, 1787-1788); 1.737 mencionam livros.

Paris, de 22,6% para o decênio 1750.[3] A diferença entre a província e Paris é, portanto, nítida, aumentada ainda se compararmos a porcentagem parisiense com a das nove cidades do Oeste em 1757-1758: 36,7%. Como explicar que menos de um quarto dos parisienses seja possuidor de livros no mesmo momento em que mais de um terço dos habitantes das cidades normandas, bretãs e ligerianas o é? Será isso o traço de uma prática notarial mais negligente, ignorando os livros menos importantes, de devoção ou de utilidade, pelo próprio fato de sua abundância sem valor? Devem-se incriminar os hábitos desenvoltos de uma população mais familiar com o livro e que, portanto, não presta nenhuma atenção à sua conservação ou classificação? Ou será que devemos concluir que, para a massa dos parisienses, a cultura do impresso não é a do livro possuído, mas do pasquim ou do panfleto logo jogado fora, do painel ou do cartaz decifrado na rua, do livro que cada um leva consigo? Como se vê, a fraca porcentagem dos proprietários de livros não deve levar a concluir apressadamente pelo atraso parisiense.

A presença do livro progride no curso do século XVIII? Sem contestação, a crer no exemplo das cidades do Oeste. Os inventários após falecimento que mencionam livros constituem 27,5% do total dos inventários em 1697-1698; 34,6% em 1727-1728; 36,7% em 1757-1758; mas somente 34,6% em 1787-1788; ou seja, exatamente a porcentagem alcançada sessenta anos antes.[4] O crescimento não se faz, portanto, sem ruptura, nem é igual em toda parte. Enquanto em determinadas regiões ele prossegue durante todo o século (como em Angers, Rouen ou Saint-Malo), em outras, as últimas décadas do Antigo Regime são marcadas por recuos sensíveis que fazem diminuir a porcentagem de con-

---

3 Marion, M. *Recherches sur les bibliothèques privées à Paris au milieu du XVIIIe siècle (1750-1759)*. Paris: Bibliothèque Nationale, 1978. O número total de inventários estudados é de 3.708; 841 mencionam livros.

4 Segundo Quéniart, *Culture et société urbaines...*, op. cit., p.163-71.

junto: como em Rennes onde a porcentagem dos proprietários de livros recua 10%, e em Caen onde ela perde 9%. Em Nantes e em Brest, é a partir de meados do século que diminui a porcentagem dos detentores de obras. As evoluções demográficas, que transformam a estrutura da população de certas cidades, as conjunturas econômicas locais, os fluxos da alfabetização podem explicar essas variações que atestam globalmente que o século XVIII não é absolutamente marcado por uma difusão contínua da cultura impressa, mas por avanços e recuos, por conquistas seguidas de paralisações, uma vez atingido um primeiro limite social da presença do livro.

Desigual conforme as cidades ou as épocas, a presença do livro também o é conforme as condições. Sejam três exemplos, e primeiro a capital. Entre 1665 e 1702, numa amostra de duzentos inventários, os artesões, negociantes e burgueses contam 16,5%; os oficiais e pessoas togadas 32,5%; e os fidalgos e cortesãos 26% – o que, sem dúvida, é muito diferente de seu peso na cidade.[5] Em meados do século XVIII, a porcentagem de inventários mencionando livros varia grandemente segundo as diferentes categorias sociais. No ponto mais alto, seis grupos em que mais de um inventário entre dois descreve livros: os escritores e bibliotecários (100%), os professores (75%), os advogados (62%), o clero (62%), os oficiais do Parlamento (58%), os nobres da Corte (53%). Na outra ponta da escala, os grupos em que o livro se encontra em menos de 15% dos inventários: os negociantes (15%), os operários e empregados (14%), os mestres artesãos (12%), os homens de pequenos ofícios (10%). Os criados (19%) e os burgueses de Paris (23%) fazem uma figura um pouco melhor.[6] Entre os diversos grupos, as diferenças podem variar. Como prova, o caso dos criados e assalariados. Por volta de 1700, os pri-

---

5 Martin, H.-J. *Livre, pouvoirs et société à Paris au XVIIᵉ siècle (1598-1701)*. Genève: Droz, 1969. t.II, p.927.

6 Marion, *Recherches sur les bibliothèques privées...*, op. cit., p.94.

meiros predominam nitidamente: segundo seus inventários, 30% possuem livros contra apenas 13% dos operários e diaristas. Oitenta anos mais tarde, a diferença diminuiu consideravelmente: 40% dos criados têm livros, mas também 35% dos assalariados.[7] No curso do século, a arraia-miúda parisiense domesticou o livro, que se tornou menos raro e menos estranho.

O caso parisiense permite também estabelecer duas regras, que suportam apenas poucas exceções: quanto mais a fortuna média de uma categoria social é elevada, maior é a porcentagem de seus membros possuidores de livros; dentro de uma mesma categoria, a proporção dos proprietários de livros cresce com a elevação dos níveis de fortuna. Para ilustrar esse último ponto, citemos o caso dos negociantes parisienses em meados do século: abaixo de oito mil libras, somente 5% possuem livros; acima, 28%. Diferença semelhante, em outro nível social e econômico, entre os parlamentares: acima de trinta mil libras de fortuna, 42% possuem uma biblioteca; abaixo, 64%.[8]

A condição e a fortuna determinam também o número de livros possuídos. Na segunda metade do século XVII, na capital, o limiar das cem obras é dificilmente atingido pelos negociantes ou burgueses, ao passo que é ultrapassado uma vez em duas pelas coleções dos fidalgos e constitui a norma das bibliotecas das pessoas togadas.[9] Em 1780, na população parisiense dos assalariados e criados, o número de obras indica seguramente o relativo bem-estar ou a penúria: os mais abastados, isto é, os que têm fortunas superiores à média, possuem entre os criados duas vezes mais livros, em média, que os outros (28 contra doze), entre os assalariados, três vezes mais (24 contra seis).[10]

---

7 Roche, D. *Le peuple de Paris*. Essai sur la culture populaire au XVIIIᵉ siècle. Paris: Aubier-Montaigne, 1981. p.217.

8 Essas porcentagens são calculadas segundo os dados fornecidos por Marion, *Recherches sur les bibliothèques privées...*, op. cit., p.76-9.

9 Martin, *Livre, pouvoirs et société à Paris* ..., op. cit., t.II, p.927.

10 Roche, *Le peuple de Paris*, op. cit., p.218.

Segundo exemplo: Lyon na segunda metade do século XVIII. As cesuras culturais aqui são nítidas, bem traduzidas pela desigual presença do livro: 74% dos inventários após morte dos oficiais ou dos membros de profissões liberais o mencionam, e a porcentagem é de 48% para os burgueses; 44% para os nobres; 42% para os comerciantes e negociantes; mas somente de 21% para os operários e artesãos. O tamanho contrastado das coleções repete essa primeira hierarquia: entre os mais abastados, togados ou profissionais liberais, a média de livros possuídos é de 160 obras, entre os mais desfavorecidos, artesãos e operários, de dezesseis – uma relação de um para dez.[11] Nas classes populares, o livro permanece, portanto, raro, enquanto a própria alfabetização progride: em Lyon, às vésperas da Revolução, 74% dos operários da seda são capazes de assinar seu contrato de casamento, e é o caso de 77% dos marceneiros, de 75% dos padeiros, de 65% dos sapateiros.[12] Numa época em que o comércio, mesmo o pequeno, se faz a crédito e numa cidade em que os operários da seda trabalham por encomenda, a aquisição da leitura e da escrita é necessária, já que só ela permite a manutenção de uma caderneta de contas para mostrar ao cliente, ou de um livro de encomendas comparável ao do comerciante. Mas, evidentemente, ela não implica a posse freqüente do livro, como se esta marcasse um segundo limiar cultural, infinitamente mais restritivo. Para essa afirmação, há uma confirmação dada pelos inventários parisienses de meados do século XVIII: com efeito, 60% dos proprietários de material para escrever (escrínio, tinteiro, canetas) não possuem nenhum livro.[13]

Último exemplo: as cidades do Oeste que permitem seguir as evoluções seculares. A mais espetacular, entre o fim do século

---

11 Garden, M. *Lyon et les lyonnais au XVIIIᵉ siècle*. Paris: Belles-Lettres, 1970. p.459 (a partir de uma sondagem sobre 365 inventários dos anos 1750, 1760, 1770 e 1780).

12 Ibidem, p.311 e 351-2.

13 Marion, *Recherches sur les bibliothèques privées...*, op. cit., p.116.

XVII e os anos 50 do século XVIII, é o crescimento da porcentagem de inventários compreendendo livros, e isso em todos os níveis de fortuna, mas sobretudo nas extremidades do leque econômico. Nos inventários de menos de quinhentos livros, ele passa de 10% para 25%; nos de quinhentos a mil livros, de menos de 30% para mais de 40%; nos de 1.500 a dois mil livros, de 50% para 75%. Os trinta últimos anos do Antigo Regime marcam um ponto de parada nessa conquista do livro possuído como próprio, já que, em todas as faixas de fortuna, a proporção de inventários mencionando obras recua, e às vezes bastante como no caso das fortunas médias, entre mil e 1.500 livros, em que ela cai de 50% para 32%.[14] Como o achatamento é menos marcado na parte baixa da hierarquia, no fim dos anos 80 as diferenças se acham muito reduzidas entre os mais desfavorecidos e aqueles que gozam de um bem-estar médio.

Traduzida socialmente, essa evolução indica duas mutações. Por um lado, a penetração do livro nos meios do artesanato e da mercadoria, seja segundo uma progressão secular (caso dos trabalhadores da madeira) seja segundo um máximo nos anos 50 e uma redução em seguida (caso dos trabalhadores em vestuário ou dos comerciantes). Por outro, o aumento do tamanho das coleções dos dignitários: entre o fim do século XVII e os anos 1780, o módulo das bibliotecas da burguesia passa da faixa de um a vinte volumes para a de vinte a cem volumes; o das bibliotecas eclesiásticas, da faixa de vinte a cinqüenta volumes para a de mais de cem a trezentos volumes; o das bibliotecas de nobres e de grandes oficiais, da faixa de um a vinte volumes para a de mais de trezentos volumes.[15] Resta claro, portanto, que as coleções se ampliam e que o número de textos oferecidos à leitura particular dos possuidores de bibliotecas cresce ao longo do século – o que talvez não deixe de ter efeito sobre a modalidade da própria leitura.

---

14 Quéniart, *Culture et société urbaines...*, op. cit., Fig.26.

15 Ibidem, Fig.38, 29 e 34.

As tradições de leitura

Entre 1660 e 1780, nas cidades francesas aparecem, perduram ou se modificam tradições de leitura que caracterizam os diversos grupos socioculturais. A primeira é a do clero urbano. Entre o da capital e o das províncias, no caso das cidades do Oeste, as diferenças são grandes. Elas dizem respeito ao tamanho das coleções, muito mais fornidas em Paris, e sobretudo à parte que nela ocupa o livro de religião. Na capital, seguindo a lição de quarenta catálogos de vendas de bibliotecas de cônegos, de abades ou de vigários, a teologia conta 38% entre 1706 e 1740; 32,5% entre 1745 e 1760; 29% entre 1765 e 1790.[16] Nas cidades do Oeste, entre 1697-1698 e 1787-1788, o recuo é sensível, mas num nível totalmente diferente, já que o livro religioso passa de 80% para 65%.[17] Lembremos que na produção do livro, tal como revelam as autorizações públicas, a teologia desaba entre 1723-1727 e 1784-1788, recuando de 34% para 8,5%.[18]

Conservadoras, mais ainda na província do que em Paris, as bibliotecas eclesiásticas registram os progressos da reforma católica e se homogeneízam em torno de alguns conjuntos principais. Desde meados do século XVII, a biblioteca do bom vigário aumenta: à Bíblia, ao catecismo do Concílio de Trento de Carlos Borromeu, freqüentemente duplicado por catecismos franceses, juntam-se com efeito a necessária posse de comentários e de homilias dos padres sobre as Escrituras – tendo à frente Santo Tomás e São Bernardo –, obras de teologia moral utilizadas no ministério (instrução aos confessores, casos de consciência, conferências

---

16 Thomassery, C. Livre et culture cléricale à Paris au XVIIIe siècle: quarante bibliothèques d'ecclésiastiques parisiens. *Revue Française d'Histoire du Livre*, n.6, p.281-300, 1973.

17 Quéniart, *Culture et société urbaines...*, op. cit., Fig.33.

18 Furet, F. La librairie du royaume de France au XVIIIe siècle. In: Furest, F. (Dir.) *Livre et société dans la France du XVIIIe siècle*. Paris, La Haye: Mouton, 1965. t.I, p.3-32.

eclesiásticas), enfim livros de espiritualidade (*Imitação de Jesus-Cristo, Guia dos pecadores* de Luís de Granada, *Introdução à vida devota* de São Francisco de Sales).

Essa ampliação e essa uniformização das leituras dos clérigos urbanos resultam claramente de um esforço tenaz das autoridades eclesiásticas: exigidas nos regulamentos dos seminários, fortemente recomendadas pelos estatutos sinodais e as ordenações episcopais, indispensáveis para participar das conferências eclesiásticas, a posse e a leitura de certo número de livros torna-se uma obrigação que se impõe a cada pastor.[19] Progressivamente, as bibliotecas presbiteriais se submetem a essa injunção, adquirindo as obras aconselhadas nos estatutos sinodais ou abastecendo-se nas listas de livros propostas pelo impressor da diocese, em seguida às ordenações episcopais. Como aquele "Sumário de biblioteca para os eclesiásticos, que se encontra em Jacques Seneuze, Impressor de Monsenhor, pelo preço mais justo" anexo aos *Estatutos, Ordenações, Mandamentos, Regulamentos e Cartas Pastorais*, do bispo de Châlons-sur-Marne de 1693.

O impressor propõe aos clérigos da diocese "livros próprios para todos aqueles que aspiram ao estado eclesiástico, ou que estão no seminário maior ou menor e vende também todos os livros próprios para o serviço divino, tanto para o uso romano como da diocese de Châlons". Sua lista detalha 83 títulos, cujos preços se escalonam entre os dez *sous* de um *Curia clericalis* ou os quinze *sous* da *Prática da cerimônia da missa* e as 39 libras pedidas pelos treze volumes do *Missionário apostólico*. Mas 15% dos títulos custam menos de duas libras (e entre eles o *Catecismo do concílio*), e a metade das obras propostas a oito libras ou menos. Recomendações insistentes e preços acessíveis explicam por certo a extensão das bibliotecas clericais. Esta tem um duplo efeito: marca,

---

19 Julia, D., McKee, D. Les confrères de Jean Meslier. Culture et spiritualité du clergé champenois au XVIIe siècle. *Revue d'Histoire de l'Église en France*, t.69, p.61-86, 1983.

por um lado, uma forte diferença entre as gerações clericais, opondo os clérigos formados depois de 1660, na idade dos seminários, e aqueles que os precedem; por outro, ela aproxima clérigos da cidade e clérigos do campo cujas bibliotecas, modeladas sobre as listas tipos dos bispos, apresentam grandes semelhanças.

Subsistem, entretanto, diferenças que distinguem na província as bibliotecas dos cônegos e as dos párocos e que marcam a originalidade do clero parisiense. Elas dizem respeito antes de tudo à parte concedida aos livros que não são de religião. Nas coleções da capital, a história ocupa um lugar igual ao da teologia: 32,5% dos fundos entre 1706 e 1740; 28% entre 1740 e 1760; 31% entre 1765 e 1790. E, sinal de modernidade, a parte do latim recua ao longo do século, passando de 47% para 27% dos títulos, ao mesmo tempo que cresce o número de assinaturas dos diversos periódicos. Nas suas categorias superiores, o clero não constitui, portanto, um isolado cultural fechado a toda inovação, mas participa de uma cultura que é também a das outras elites urbanas.

Identificar as leituras de segunda ordem não é coisa fácil.[20] Com efeito, mais ainda que para os outros grupos sociais, a lição dos inventários após falecimento apresenta incertezas: a divisão da vida nobre entre a residência urbana e a residência rural, o legado da biblioteca por testamento ou sua exclusão da comunidade dos bens, o baixo valor dos livros em relação a outros bens culturais, presentes em grande número, explicam facilmente que a ausência de livros nos inventários nobiliários não significa necessariamente sua ausência real, longe disso. Daí uma necessária prudência diante dos dados que indicam a posse aristocrática do livro. Eles mostram que uma parte, às vezes grande, dos nobres não tem biblioteca. O fato vale para as grandes cidades: em Paris,

---

20 Uma primeira síntese é dada em Roche, D. Noblesse et culture dans la France du XVIIIe siècle: les lectures de la noblesse. In: *Buch und Sammler. Private und öffentliche Bibliotheken im XVIII Jahrhundert*. Heidelberg: Carl Winter Universitätsverlag, 1979. p.9-27.

em meados do século, somente 44% dos inventários nobiliários mencionam livros;[21] em Lyon, na segunda metade do século, 44% igualmente.[22] Ele vale também para as cidades de menor importância: na Bretanha, mais da metade dos nobres parece jamais ter disposto de uma biblioteca digna desse nome;[23] e nas cidades do Oeste, a parcela dos inventários nobiliários com livros, mais elevada por sinal que em qualquer outra parte, é de 78% no fim do século XVII, e de 79% às vésperas da Revolução.[24] Mesmo se a fonte minora a apropriação nobiliária do livro, não deixa de ser verdade que uma parte importante da segunda ordem não é proprietária de livros: a penúria (relativa) das viúvas, dos filhos caçulas, da nobreza "pobre" certamente explica isso, mas também um acesso fácil às coleções dos parentes, dos protetores, das administrações, que pode dispensar a constituição de uma biblioteca pessoal.

Dentro da nobreza, é forte o contraste entre as famílias de toga, proprietários de cartórios de justiça ou de finanças, e as famílias de espada, investidas de cargos militares ou simplesmente credenciadas. Nas cidades do Oeste, a diferença é grande no fim do século XVII: 45% dos inventários de escudeiros e cavaleiros não trazem nenhuma menção de livros contra 5% dos inventários dos grandes oficiais. A distância se reduz ao longo do século XVIII, mas não se anula, deixando sempre um avanço de 5% a 10% para os togados. O tamanho das coleções é outro sinal dessa vantagem dos oficiais: para os nobres titulados, o módulo de livros possuídos permanece estável entre um e vinte títulos para as três sondagens (1697-1698, 1727-1728, 1757-1758), ao passo que evolui da faixa de vinte a cem em 1697-1698 para a de cem a trezentos em 1727-1728 e 1757-1758 para os oficiais. E nas vésperas da Revolução, se a metade das bibliotecas dos togados tem mais

---

21 Marion, *Recherches sur les bibliothèques privées...*, op. cit., p.94.
22 Garden, *Lyon et les lyonnais au XVIIIᵉ siècle*, op. cit., p.459.
23 Meyer, J. *La noblesse bretonne au XVIIIᵉ siècle*. Paris: SEVPEN, 1966. p.1166.
24 Quéniart, *Culture et société urbaines...*, op. cit., p.226.

de trezentos volumes, esse é o caso de apenas um quarto das bibliotecas de nobres titulados.[25]

Tabela 1 – As bibliotecas
da nobreza urbana do Oeste

	1696-1697	1727-1728	1757-1758	1787-1788
Religião	17%	28% (21%)	36% (24%)	11%
Antigüidade	22%	17%	13%	6%
Literatura	15%	17%	24%	44% (30%)
História	19%	18%	21%	22%

N.B.: As porcentagens entre parênteses não levam em conta certas bibliotecas particulares especializadas que deformam a porcentagem de conjunto.

O estudo do conjunto das bibliotecas nobiliárias leva a duas constatações: por um lado, confirma a existência de tradições culturais contrastadas no interior da aristocracia; por outro, manifesta os deslocamentos seculares das leituras da segunda ordem. Tomadas globalmente, as da nobreza das cidades do Oeste marcam três evoluções essenciais (Tabela 1). E primeiramente uma progressão duradoura da parcela do livro religioso, estendida sobre toda a primeira metade do século XVIII, seguida de um forte recuo nos trinta anos que precedem a Revolução. A cultura nobiliária provincial é, portanto, tardiamente receptiva à literatura da reforma católica, depois, brutalmente, se destaca das fidelidades religiosas antigas. O abandono dos livros da tradição (padres da Igreja, direito antigo, história da Antigüidade, literatura grega e romana), por sua vez, é regular e sem remissão, significativo da distância progressivamente tomada em relação à cultura inteiramente clássica do colégio. Enfim, na nobreza, as leituras predominantes não são absolutamente as ciências e as artes – cuja forte progressão caracteriza a produção do livro em seu

---

25 Ibidem, Fig.34.

todo –, mas as belas-letras. Desde a metade do século, estas predominam sobre a história, sinal incontestável do sucesso dos gêneros novos entre as elites de tradição.

Mas estas últimas, como atesta o caso de Paris, não são absolutamente homogêneas (Tabela 2[26]). Um ponto comum, todavia: a parcela da história, sobretudo nacional, nas leituras. A categoria vem em primeiro lugar entre os duques e pares e os parlamentares, em quase igualdade com as belas-letras entre os arrendatários. Existe aqui uma forte originalidade do meio nobiliário, já que nunca a parcela da história ultrapassa 20% da produção do livro tal como registram as permissões públicas para imprimir. Mesmo se a história lida por uns e por outros não é exatamente a mesma, a verdade é que ela dá o fundamento de uma cultura específica, arraigando ambições e justificações aristocráticas na leitura do passado.

Tabela 2 – As bibliotecas
da nobreza parisiense no século XVIII

	Religião	Direito	História	Belas-letras	Ciências e artes
Sondagem geral 1750-1789 (50 bibliotecas)	10%	4%	25%	49%	12%
Duque e pares 1700-1779	20%	3%	49%	19%	9%
Parlamentares 1734-1795 (30 bibliotecas)	12%	18%	31%	24%	15%
Arrendatários 1751-1797 (18 bibliotecas)	6%	7%	30%	32%	25%

---

26 São assim confrontados os dados trazidos por Depraz, D. *Enquête sur les bibliothèques des nobles à Paris après 1750*. Memorial de Mestrado. Paris, 1968;

Para além desse horizonte dividido, aparecem as diferenças. Elas se referem primeiro à atividade social de cada nobreza: daí a parcela do direito entre os juízes do Parlamento e, entre os arrendatários, a das ciências e artes, alimentadas pelas obras consagradas às finanças, às propriedades rurais e ao comércio. Mais abastados, os duques e pares são também os mais devotos – mas suas bibliotecas são também as mais antigas nas sondagens de que dispomos. Na segunda metade do século, a separação religiosa dos magistrados e dos publicanos é forte, mais acentuada ainda que a da nobreza urbana provincial: a parcela da teologia entre os parlamentares recua de 19% entre 1734 e 1765; para 12% entre 1766 e 1780; e 6% entre 1781 e 1795. Enfim, última diferença, o peso da literatura é máximo na elite mais nova, a dos arrendatários, bem-sucedidos pelas finanças, mas deve-se notar que ela aqui permanece menos forte do que no conjunto da nobreza parisiense, confundindo-se todas as condições.

Com essas diferenças e desvios, semelhantes evoluções parecem, entretanto, marcar as leituras da nobreza urbana, seja ela de Paris seja da província, afirmando em toda parte um nítido destaque em relação ao livro de religião, o primado da história e da literatura, a fraca acolhida dada às ciências e artes. Mesmo se subsistem diferenças entre a toga e a espada, a variação, que no século XVII opunha uma cultura togada, apoiada sobre a autoridade, um humanismo de referências, o primado da moral, e a cultura dos fidalgos, aberta às modas literárias, às ciências e ao pensamento moderno,[27] essa variação parece anulada. A partir de um húmus comum, as diferenças reconhecidas parecem mais ligadas a funções distintas do que a escolhas culturais realmente con-

---

Labatut, J.-P. *Les Ducs et Paris au XVIIe siècle*. Paris: Presses Universitaires de France, 1972. p.232; Bluche, F. *Les magistrats du Parlement de Paris au XVIIIe siècle*. Paris: Les Belles-Lettres, 1960. p.291; Durand, Y. *Les fermiers généraux au XVIIIe siècle*. Paris: Presses Universitaires de France, 1971. p.562-3.

27 Martin, *Livre, pouvoirs et société à Paris...*, op. cit., t.I, p.516-51.

trastadas. Desenha-se assim um modelo nobiliário que agrupa numa cultura comum elites aliadas pelas uniões e aproximadas pelo estilo de vida.

As duas burguesias, a do talento e a do negócio, não apresentam uma tão nítida unificação. No fim do século XVII, entre os burgueses de saber (advogados, médicos e cirurgiões, notários, procuradores, meirinhos e escrivães) e os comerciantes, o contraste é grande: nas cidades do Oeste, cerca de dois terços dos primeiros possuem livros, o que é o caso de apenas um quarto dos segundos.[28] Em meados do século, em Paris, a diferença permanece: 58% dos advogados, 44% dos médicos, 34% dos pequenos oficiais de justiça têm livros, mas somente 16% dos principais comerciantes.[29] E em Lyon, na segunda metade do século, 74% dos inventários após falecimento dos membros das profissões liberais e dos titulares de cartórios mencionam uma biblioteca, mas apenas 24% dos inventários dos comerciantes e negociantes. A biblioteca dos primeiros compreende em média 160 títulos; a dos segundos, somente quarenta.[30]

O exemplo do Oeste urbano atesta claramente uma tripla evolução das leituras da burguesia do talento. Primeiro, a posse do livro aqui progride fortemente no segundo quartel do século XVIII: em 1757-1758, 85% dos inventários do grupo mencionam livros. Mais proprietários de livros, portanto, mas também coleções maiores: na primeira metade do século, as bibliotecas, compreendendo entre vinte e cem volumes, tornam-se mais numerosas, constituindo 40% do conjunto; entre 1760 e 1790 são as coleções de mais de cem títulos que se afirmam, dando mais de 30% das bibliotecas.[31] Essa ampliação é acompanhada de uma

---

28 Quéniart, *Culture et société urbaines...*, op. cit., p.266 e 286.

29 Marion, *Recherches sur les bibliothèques privées...*, op. cit., p.94.

30 Garden, *Lyon et les lyonnais au XVIIIe siècle*, op. cit., p.459.

31 Quéniart, *Culture et société urbaines...*, op. cit., Fig.38.

evolução temática bem nítida: os livros profissionais, de direito ou de medicina, úteis ao ofício, permanecem dominantes através de todo o século, mas seu achatamento (de 65% para 50%), acrescentado à queda do repertório da erudição antiga, que passa de 30% para menos de 5% das bibliotecas, dá lugar a novas curiosidades. Estas são de duas ordens: históricas (a categoria conhece um forte impulso no segundo terço do século) e literárias, abrindo as bibliotecas ao livro de entretenimento, teatro e romance em primeiro lugar.[32]

As bibliotecas de negociantes, tanto nas cidades do Oeste como em Lyon, se organizam no século XVIII em torno de dois pólos. O primeiro é de utilidade, juntando para o exercício do negócio livros de comércio, manuais de contabilidade, obras de direito, dicionários e almanaques, descrições e itinerários. O segundo é de evasão: vindos mais tarde para a posse do livro, constituindo suas bibliotecas enquanto os outros grupos já estão solidamente dotados, os comerciantes são também os mais receptivos à inovação. Daí, em suas coleções, o lugar não encontrado em outras categorias dado às narrativas de viagens (que podem também servir à profissão), à história estrangeira, às novidades literárias, francesas ou inglesas. Como os fidalgos do século XVII, tanto mais abertos aos textos modernos quanto eram os mais noviços leitores, os comerciantes do século XVIII constroem bibliotecas que recusam as tradições devotas ou humanistas. À margem das academias mas em pé de igualdade nas lojas maçônicas, eles afirmam, tanto na sua sociabilidade intelectual como nas suas leituras, uma mesma originalidade cultural, não ligada aos valores clássicos das aristocracias da espada, da toga ou da pena.[33]

---

32 Ibidem, Fig.43.

33 Roche, D. Négoce et culture dans la France du XVIIIᵉ siècle. *Revue d'Histoire Moderne et Contemporaine*, 1978, p.375-95.

A julgar pelos inventários de seus bens, artesãos e lojistas são péssimos leitores.[34] Entre eles, são numerosos os que não têm nenhum livro, e numerosos também, entre os possuidores de impresso, os que detêm apenas uma obra. Mais geralmente, esse livro único é livro piedoso: nas cidades do Oeste, é o que ocorre em 1727-1728 onde esses livros solitários são em dez casos uma vida de santo, em nove casos um livro de horas, em seis uma Bíblia, em dois um *Imitação de Jesus Cristo*, e ainda trinta anos mais tarde em doze vezes um livro de horas, doze vezes uma vida de santo, três vezes uma Bíblia, uma vez a *Imitação de Jesus Cristo*, uma *História dos judeus*, uma *Divindade de Jesus Cristo*. Em Lyon, depois de 1750, o livro único é igualmente uma vida de santo, com capa de basana e de baixo custo. Nas bibliotecas um pouco menos fornidas, o primado do religioso permanece forte. Em Caen, em 1757-1758, entre 32 bibliotecas de artesãos compreendendo de dois a cinco títulos, 25 só comportam livros de devoção, e, em Lyon, é o caso de 70% das coleções possuídas pelos mestres de ofícios e os operários da seda.

Mesmo, contudo, se atendo à lição dos inventários certamente mais imperfeitos ainda para as classes populares do que para todas as outras, o religioso não constitui o todo da leitura popular. Com o século, as presenças inesperadas se multiplicam. Seja o exemplo de Rouen e de Caen. Desde 1727-1728, títulos profanos vêm ao lado de bíblias, livros de horas e vidas de santos: como as *Contas feitas* de Barrême e as *Confissões* de Santo Agostinho com um mestre alfaiate de Rouen, um *Cozinheiro burguês* com um hoteleiro de Caen, *Esther* com mestre tanoeiro e o *Telêmaco* e Luciano com um merceeiro da mesma cidade, a *Clélia* e Rabelais respectivamente com um mestre alfaiate e um operário moedeiro de Rouen.

---

34 Confrontamos aqui os dados fornecidos por Quéniart, *Culture et société urbaines...*, op. cit., p.289-90, 295-6 e 301; Garden, *Lyon et les lyonnais au XVIIIe siècle*, op. cit., p.460; e Roche, *Le peuple de Paris...*, op. cit., p.221-2.

Sessenta anos mais tarde, se dois terços das bibliotecas só compreendem livros de devoção, dois fatos devem ser sublinhados. Por um lado, uma vez em duas, o livro único é um livro profano: um livro de Barrême com um antigo chacareiro de Caen, um *Memorial alfabético referente às gabelas*, um *Tarifa sobre os vinhos* ou o *Novo Perfeito Ferreiro*, possuídos respectivamente por um diarista, um mestre vinagreiro e um cocheiro de Rouen. Por outro, aparecem pela primeira vez pequenas bibliotecas majoritariamente compostas de livros profanos: assim, um "comerciante" de Rouen possui o Evangelho, o *Médico do pobre* e um *Dicionário geográfico*; e a esposa separada de um barbeiro possui um livro de devoção, a *Arte de adornar o espírito* e um *Dicionário francês-alemão*. Aparecem aí então os sinais de uma ampliação das leituras populares, que encontrará confirmação fora do tratamento em série dos inventários após falecimento.

Móveis e bibliotecas

Uma vez possuído, o livro deve ser guardado. A julgar pelos inventários após falecimento parisienses, as fórmulas são múltiplas, das mais humildes às mais ostentatórias. Entre os mais modestos dos leitores, o livro não tem lugar marcado: ele pode ser encontrado em qualquer lugar da casa, no cômodo único – que é a regra comum –, na cozinha, quando ela existe, ou nas diversas dependências menores (sótãos, antecâmaras, guarda-roupas). Colocado em qualquer lugar, ele é freqüentemente carregado com a pessoa como atestam as descrições estabelecidas após o acidente que fez 132 mortos, na quarta-feira 30 de maio de 1770, dia da festa pelo casamento do Delfim e de Maria-Antonieta. Esmagados e sufocados nos tumultos da Rua Royale, esses parisienses comuns são identificados por seus parentes e é feito o inventário do que tinham consigo. Entre os objetos familiares, alguns livros: é assim que Anne Julienne, de vinte anos, ajudante de alfaiate, trazia um almanaque, que Jacques Briet, de sessenta anos de idade, reconhecido por seu locatário, tinha um livro de igreja, e que Marie Fournier, de sessenta anos também, mulher de um carregador de água, tinha com ela "um velho livro piedoso".[35]

Quando o número de livros possuídos aumenta um pouco, torna-se necessário um móvel para colocá-los. O mais humilde é a estante de livros, que muitas vezes é um pequeno armário que pode ser fechado a chave e que freqüentemente acolhe outros objetos, ao lado dos livros ou no lugar deles. Ocorre o mesmo com os armários-bibliotecas, às vezes encontrados mesmo quando o possuidor não detém nenhum livro. Quando contêm livros, eles podem encontrar-se em qualquer cômodo da casa: no quarto, mas também no banheiro, numa antecâmara, até mesmo na cozinha ou na escada.[36] É o que ocorre em Besançon no século XVIII, onde se percebe claramente uma hierarquia da arrumação.

No degrau mais baixo, o armário de roupas, o cofre, o cesto (por exemplo, na casa de Jean Mignard, professor de Teologia da Universidade, onde o notário encontra em 1730 "um cesto todo cheio de velhos livros antigos e declarados de pouca importância"). Depois, vem a estante de livros, assim descrita num inventário de 1747, "uma pequena estante de duas portas que fecha à chave". Mas o móvel mais freqüente é a pequena biblioteca, nomeada diversamente pelos notários como "bufê gradeado", "biblioteca de duas portas gradeadas", "bufê em forma de biblioteca", "armário de duas portas" etc. Trata-se em geral de um pequeno móvel em nogueira ou em faia, dotado de duas portas gradeadas ou envidraçadas, dividido por prateleiras colocadas em diferentes alturas, permitindo a colocação dos livros por tamanho – os *in-folio* embaixo, os pequenos no alto. Raros são os mó-

---

35 Farge, A. *Vivre dans la rue du XVIIIe siècle*. Paris: Gallimard-Julliard, 1979. p.80-7 ("Archives"); e *La vie fragile. Violence, pouvoirs et solidarités à Paris au XVIIIe siècle*. Paris: Hachette, 1986. p.239-42.

36 Marion, *Recherches sur les bibliothèques privées...*, op. cit., p.124-6.

Leituras e leitores na França do Antigo Regime

veis de maior importância como aquela "biblioteca de oito portas gradeadas em latão", possuída em 1776 por Charles Le Vacher, cirurgião do hospital militar.[37]

Esses móveis de arrumação traduzem diversas preocupações. A primeira é de conservação: o livro é um objeto precioso que é preciso preservar. Daí o recurso comum ao encadernador (em Paris, nas bibliotecas da década de 1750, somente 5% dos livros são simplesmente brochuras), daí também encerramento dos livros – mesmo os mais modestos, como aqueles 28 *in-12* e *in-16* encapados em velino simples e fechados à chave num cofre pela esposa de um nobre parisiense, antigo capitão dos haras do rei.[38] Uma segunda função da biblioteca é decorativa e distintiva: entre os mais abastados, o móvel de arrumação deve provar o bom gosto, convir ao estado do proprietário dos livros, exibir suas obras, respeitar o estilo em moda.

Após as seduções do estilo Luís XV e suas vitrines em marchetaria, no fim do século o móvel inglês triunfa em toda a Europa, ao mesmo tempo que se diferenciam as bibliotecas, com formas próprias dadas àquelas que se destinam às mulheres.[39] Última preocupação: a comodidade que proporciona, no fim do século, a invenção de móveis com rodinhas, permitindo deslocar de um cômodo para outro os livros necessários.[40]

Nas cidades francesas do século XVIII, raros são, por fim, os proprietários de livros que abrigam suas coleções em uma ou várias salas especialmente destinadas à conservação e à consulta das obras. Esse costume é o caso somente dos mais ricos, proprie-

---

37 Grinewald, J. L'emplacement des livres au XVIIIe siècle dans les bibliothèques privées de Besançon. In: *Les espaces du livre*. Paris: Institut d'Étude du Livre, 1980 (datilografado), v.II: "Les bibliothèques", p.13-30.

38 Ibidem, p.126, n.175.

39 *Lesewuth, Raubdruck und Bücherluxus. Das Buch in der Goethe-Zeit*. Goethes-Museums Düsseldorf, Anton-und-Katharina-Kippenberg-Stiftung, 1977, n.315 e 316.

40 Ibidem, n.317.

tários de um palacete particular, ou dos maiores colecionadores de livros. Em Lyon, é o caso por exemplo da biblioteca de Pianelli de La Valette mencionada nos Almanaques da Cidade e no *Dicionário* de Expilly. Sabe-se, graças ao seu livro de contas, que Laurent Pianelli de La Valette despende quase 6.400 libras para suas compras de livros entre 1734 e 1740 – soma considerável já que, em 1725, a biblioteca inteira de um tesoureiro de France Lyonnais, J.-F. Philibert, é avaliada em 2.300 libras.[41] Às vezes, a biblioteca é um cômodo da casa de campo e não da residência urbana: é assim que um conselheiro da Corte das Moedas de Lyon, Antoine Trollier, mandou preparar no seu castelo de Lissieu-en-Lyonnais uma sala especial, atapetada de cartões e de estampas, para guardar os 915 volumes de sua coleção.[42]

Na capital, três motivos podem levar a conservar os livros em uma ou várias salas destinadas unicamente a essa função. A primeira é a paixão da coleção, levada ao paroxismo por um bibliófilo como o marquês Paulmy d'Argenson que acumula várias dezenas de milhares de livros nas 72 salas de seu palacete – hoje Biblioteca do Arsenal.[43] Segunda motivação: a aparência social que faz da biblioteca o lugar de uma sociabilidade escolhida. No palacete de Aumont, Rua do Cherche-Midi, a biblioteca comunica com o jardim por uma porta-balcão. Nas paredes, tapeçarias e retratos de família; no centro, uma escrivaninha e algumas poltronas. Em outros casos, ela pode ser também sala de música ou gabinete de curiosidades.[44] Enfim, a biblioteca é

---

41 Sobre essa coleção, cf. Chartier, R. L'Académie de Lyon au XVIIIe siècle. Étude de sociologie culturelle. In: *Nouvelles études lyonnaises*. Genève: Droz, 1969. p.206-9 e 212-4; e Garden, *Lyon et les lyonnais au XVIIIe siècle*, op. cit., p.464-5.

42 Garden, *Lyon et les lyonnais au XVIIIe siècle*, op. cit., p.462.

43 Masson, A. *Le décor des bibliothèques du Moyen Age à la Révolution*. Genève: Droz, 1972. p.139.

44 Marion, M. Les livres chez les parisiens dans la seconde moitié du XVIIIe siècle. In: *Les espaces du livre*, op. cit., p.31-7.

freqüentemente gabinete de trabalho, para o advogado ou o homem de letras, o magistrado ou o cientista.[45] Lugar de estudo, ela torna-se também retiro íntimo, espaço por excelência do foro privado, encerrando objetos prediletos.

O *Dicionário* de Furetière diz isso claramente na sua definição do gabinete: "Lugar retirado nas casas comuns, onde se estuda, onde alguém se afasta do resto do mundo e onde se fecha o que se tem de mais precioso. O lugar que contém uma biblioteca chama-se também gabinete".[46] O modelo dado por Montaigne, retirado em sua "livraria" ("Eu tento arrogar-me puro domínio sobre ele e subtrair este único canto à comunidade tanto conjugal como filial e civil", *Ensaios*, Livro III, cap.III), atravessa, portanto, a Idade Moderna, contrariamente àquele que faz da biblioteca um lugar de "exposição" e de sociabilidade.

Entre as bibliotecas de prestígio, algumas, a exemplo dos grandes estabelecimentos religiosos e universitários, se enfeitam de rica decoração: paredes forradas de madeira na biblioteca de Massilon, instalada em 1729 nos apartamentos particulares do bispo de Clermont, no primeiro andar do bispado; bustos de mármore, porcelanas chinesas e tapeçarias parisienses colocadas acima dos bufês de acaju, realçadas de cobres dourados, da biblioteca do cardeal de Rohan em Estrasburgo em 1740; cópias de antigüidades e decoração alegórica em 1776 para a coleção de Louis-Joseph Borely no seu castelo nos arredores de Marselha.[47] Na mesma época, os membros da família real mandam instalar em Versalhes bibliotecas íntimas, lugares de retiro e de meditação: como em 1769 a biblioteca de Madame Sophie, tia de Luís

---

45 Roche, D. L'intellectuel au travail. *Annales ESC*, 1982, p.465-80, em particular, p.474-6.

46 Citado no estudo de Beugnot, B. L'ermitage parmi les livres: images de la bibliothèque classique. *Revue Française d'Histoire du Livre*, n.24, p.687-707, 1979.

47 Masson, *Le décor des bibliothèques...* , op. cit., p.132-42.

XVI, com decoração de arabescos e flores pintados sobre o estuque; em 1772 a de Maria-Antonieta ainda Delfina; em 1775 a biblioteca do Rei, concebida por Gabriel e decorada pelos irmãos Rousseau, dotada de painéis e relevos alegóricos.[48]

Mas, tanto quanto hoje, nos séculos XVII e XVIII, o possível acesso ao livro não pode ser reduzido apenas à posse particular de uma biblioteca. O livro lido nem sempre é um livro possuído, longe disso, e dos anos 1660 aos anos 1780 multiplicam-se no reino as instituições e as práticas que facilitam a leitura de livros não possuídos pessoalmente. Para além das coleções particulares, são estas que precisamos estudar agora.

Livros emprestados e tomados de empréstimo

Um primeiro costume, tão antigo quanto o próprio livro, é o do empréstimo. É praticado entre amigos, como no primeiro terço do século entre Laurent Dugas, presidente da Corte das Moedas, Senescalia e Tribunal de Lyon e preboste dos comerciantes da cidade entre 1724 e 1729, e François Bottu de La Barmondière, senhor de Saint-Fonds, tenente particular da jurisdição do Beaujolais. Ambos são membros da Academia lionesa criada em 1700, ambos são bibliófilos e estão em estreita correspondência de 1711 a 1739 – data da morte de Bottu de Saint-Fonds.[49] Em suas cartas, o comércio do livro, em todos os sentidos da expressão, ocupa um vasto lugar. Eles compram livros raros e novidades, recebem obras de presente e também emprestam e tomam emprestado. Bottu, que reside em Villefranche-sur-Saône, fica muito impaciente pelas remessas de Dugas:

---

48 Ibidem, p.130-1.

49 *Correspondance littéraire et anecdotique entre Monsieur de Saint-Fonds et le Président Dugas*, publicada e anotada por W. Poidebard, Lyon, 1900.

Li todas as peças que o senhor me enviou pelas quais eu lhe agradeço. Eu o exorto a lembrar-se sempre do pobre exilado nas obras novas que lhes forem comunicadas; eu as conservarei por pouco tempo e o senhor ficará sempre encantado da minha exatidão. (carta de 24 de março de 1716)

Ele pressiona seu amigo: "Ou me compre ou me empreste o *Epictête* de Madame Dacier. Faça uma das duas coisas que julgar lhe convir melhor; mas faça imediatamente uma ou outra, porque estou curioso para ler o prefácio" (carta de 8 de março de 1716). Duga, aliás, não é o único que lhe empresta livros e manuscritos: o médico Falconnet é também um de seus fornecedores. Numa carta de 10 de janeiro de 1716, Bottu encarrega Dugas

> de garantir-lhe que seu livro e seu manuscrito não estão perdidos ... Quanto ao manuscrito com certeza eu lhe devolverei, e será o mais breve que eu puder. Quanto ao livro, se ele encontrar outro em Paris, eu lhe devolverei em dinheiro; senão eu enviarei o dele quando ele me pedir mais uma dúzia de vezes. Para um homem que tem quinze mil volumes, um *in-12* é uma bela coisa!

Mas em Lyon também, embora bem-dotado de livrarias, o livro circula entre amigos e relações. Dugas toma emprestado: "O abade Michel me emprestou três outros volumes das *Nouvelles Littéraires*" (8 de janeiro de 1718); "O livro do Sr. abade de La Charmoye merece ser lido. Foi M. de Messimieux quem me emprestou, já há alguns anos; não sei por que não o comprei" (1º de outubro de 1719). Ele empresta também: "Conhece *Pia Hilária* R.P. Angelini Gazoei? São pequenas peças em versos iâmbicos ou scazons. Eu o emprestei a Bois Saint-Just para distraí-lo, comecei a lê-lo e me divertiu" (1º de outubro de 1720). Por vezes, a corrente dos empréstimos tem muitos elos:

> M. Constant, o advogado, que eu não via há mais de um ano, enviou-me recentemente um pequeno livro *in-16*, expressamente para que eu o lesse e que disse ser extremamente raro. Achei-o

muito bom e muito útil e queria encontrar um para o senhor e para mim. O título é *Método para começar as humanidades gregas e latinas* por M. Le Fèvre de Saumur. Como não é certo que se possa encontrá-lo e as opiniões que ele dá serão de premente utilidade para o senhor, farei um resumo daquilo que notei de singular. (carta de Dugas, 20 de fevereiro de 1722)

Em 1734, foi tomando emprestado de sua filha o livro emprestado a esta pelo advogado Brossette que Dugas pôde ler as *Cartas filosóficas* de Voltaire, "antes de devolvê-las a M. Brossette" (cartas de 22 de dezembro de 1734 e de 1º de janeiro de 1735). Toda uma parcela da circulação do livro escapa, portanto, ao mercado e ao seu corolário, a posse particular: como na Idade Média ou no século XVI, os livros são objeto de presentes apreciados, de empréstimos rebuscados.[50] E as redes da amizade intelectual não são as únicas a incluir tais práticas: a presença da mesma obra com uma dezena de exemplares numa biblioteca como a de Geoffroy, primeiro vigário de Saint-Merri, vendida em 1760, parece com efeito indicar um hábito de empréstimo aos paroquianos, talvez aguçado por uma sensibilidade jansenista.[51]

As bibliotecas públicas

No curso do século XVIII, abre-se mais amplamente que antes outra possibilidade para os leitores que pessoalmente não têm muitos livros: as bibliotecas públicas. O *Novo Suplemento da França Literária*, publicado em 1784, permite um primeiro recenseamento no fim do Antigo Regime dessas "bibliotecas públicas de diferentes corpos literários, civis, eclesiásticos, religiosos etc.".[52]

---

50 Davis, N. Z. Beyond the Market: Books as Gifts in Sixteenth Century France. *Transactions of the Royal Historical Society*, 5th séries, v.33, p.69-88, 1983.

51 Thomassery, artigo citado, p.287-8.

52 *Nouveau Supplément à la France Littéraire*, 4e partie, Paris, 1784, p.1-143.

Leituras e leitores na França do Antigo Regime

A capital se mostra mais bem-dotada com dezoito coleções abertas ao público: a Biblioteca do Rei, três bibliotecas reunidas por colecionadores particulares (a Mazarine, a do hotel Soubise, a do marquês de Paulmy no Arsenal), duas bibliotecas de corpos civis (a dos advogados instalada no arcebispado, a da cidade situada na antiga casa professa dos jesuítas à Rua Saint-Antoine), quatro bibliotecas de estabelecimentos de ensino (a da universidade depositada no Colégio Louis-Le-Grand, a da Sorbonne, a da Faculdade de Medicina, a do Colégio de Navarra) e oito bibliotecas religiosas, pertencentes a abadias (Saint-Victor, Saint-Germain, Sainte-Geneviève) ou a congregações (Oratório, Recoletos, Mínimos, Agostinos, Doutrinários). A admissão nessas bibliotecas é às vezes claramente regulamentada (como na Biblioteca do Rei "aberta a todos às terças e sextas-feiras das nove horas da manhã até meio-dia", ou na biblioteca da universidade onde "se entra às segundas, quartas e sextas de nove horas da manhã até meio-dia e desde duas e meia da tarde até cinco horas"); outras vezes deixa-se à livre apreciação do bibliotecário. É o que ocorre na abadia de Saint-Germain-des-Prés onde, "embora a biblioteca não seja destinada ao uso do público, é muito freqüentada por causa do livre acesso que nela encontram as Pessoas de Letras"; na Sainte-Geneviève cuja biblioteca "não é pública de direito", mas onde "os Religiosos têm a honra e o dever de compartilhar as riquezas com os Sábios, que podem ir lá fazer pesquisas às segundas, quartas e sextas, não feriados, das duas até as cinco horas da tarde"; ou no Colégio de Navarra cujas coleções "consistem particularmente de antigos manuscritos. Eles são cedidos de bom grado, assim como os livros, às pessoas conhecidas". E o marquês de Paulmy abre igualmente às pessoas de letras "a soberba e vasta biblioteca que formou no Arsenal".

Na província, a *France Littéraire* enumera dezesseis cidades, grandes ou pequenas, que possuem pelo menos uma biblioteca pública. Nelas, as coleções religiosas são as mais numerosas: bibliotecas de colégio em Lyon, Dijon, Valognes; bibliotecas capitulares em Rouen, Saint-Omer, Sens; bibliotecas conventuais ou de congregações em Nantes, Orléans, Toulouse, Besançon; bibliotecas "do clero" em Vesoul e Toulouse. A biblioteca aberta pode ser também a da academia (Lyon, Nancy, Rouen), a da universidade ou de uma faculdade (Estrasburgo, Orléans), a da cidade (Estrasburgo também). Algumas cidades parecem privilegiadas com diversas coleções públicas: Orléans, que conta com cinco; Lyon e Toulouse que têm três. Segundo os casos, o acesso é mais ou menos parcamente medido: se a biblioteca dos beneditinos de Orléans fica aberta três dias por semana, das oito às onze e das quatorze às dezessete horas, a de Saint-Euverte na mesma cidade só abre quinta-feira das quatorze às dezesseis horas do dia de Saint-Martin até a Páscoa e somente das dezessete às dezoito horas no resto do ano. Mesmo contraste em Rouen entre a biblioteca do capítulo, aberta todos os dias das nove ao meio-dia e das quinze às dezessete horas, e a da Academia, acessível unicamente às quartas e sábados entre quatorze e dezesseis horas.

Esse inventário, certamente parcial, do fim do Antigo Regime, atesta claramente a importância adquirida pela "leitura pública" no século XVIII. Três processos concorrem para a sua extensão. Primeiro, a abertura ao público das grandes coleções religiosas, que pode acompanhar ou seguir uma nova organização. Como na biblioteca da abadia de Sainte-Geneviève, equipada com 45 mil volumes desde o primeiro terço do século XVIII, aumentada e embelezada entre 1720 e 1733. O arquiteto Jean de La Guépière dá à sua galeria, situada no segundo andar da abadia, uma disposição em forma de cruz instalando uma cúpula de vitrais na intersecção dos dois braços; o pintor Jean Restout decora a cúpula com a figura de Santo Agostinho, demolidor dos livros heréticos; os bustos de homens ilustres esculpidos por Coysevox, Girardon e Caffieri adornam as traves da biblioteca.[53]

---

53 Masson, *Le décor des bibliothèques du Moyen Age à la Révolution*, op. cit., p.143-4.

Segunda abertura: a dos estoques dos grandes colecionadores. Mazarino dá aqui o exemplo. Com efeito, desde 1644 a coleção que ele constituiu com a ajuda de seu bibliotecário Gabriel Naudé é acessível ao público um dia por semana, às quintas-feiras. De início instalada no palacete de Clèves, a biblioteca é em seguida transferida para o edifício construído a partir de 1646 por Le Muet na Rua de Richelieu. O essencial das coleções é conservado na grande galeria do primeiro andar onde 54 colunas de madeira canelada e encimada de capitéis coríntios dividem os revestimentos de madeira nos quais estão embutidas estantes com prateleiras múltiplas. Vendida em 1652, reconstruída depois da Fronda pelo sucessor de Naudé, François de la Poterie, a biblioteca é transferida por Mazarino, pelo seu testamento de 7 de março de 1661, para o Colégio das Quatro-Nações, fundado pelo mesmo ato. No novo edifício construído por Le Vau, depois por Orbay, duas galerias perpendiculares, no primeiro andar, são reservadas ao livros: os revestimentos de madeira da Rua de Richelieu são remontados e os livros transferidos em 1668. Todavia, foi só em 1688 que a biblioteca foi aberta ao público, "duas vezes por semana", como estipulava o testamento do cardeal.[54]

Seguindo esse mesmo modelo, o Conselho do Rei decide em 1720 abrir a Biblioteca do Rei "a todos os cientistas de todas as nações nos dias e horas que serão regulamentadas pelo bibliotecário de Sua Majestade e ao público uma vez por semana". Para isso, decide-se transferir as coleções para o palácio Mazarino da Rua de Richelieu. Começados em 1726, os trabalhos de adaptação conduzidos por Robert de Cotte e fiscalizados pelo abade Bignon, o bibliotecário do rei, são muito longos, terminados somente quinze anos mais tarde, depois que desapareceram os outros ocupantes do palácio (a Companhia das Índias, o banco encarre-

---

54 Gasnault, P. La bibliothèque de Mazarin et la bibliothèque Mazarine au XVIIᵉ et au XVIIIᵉ siècles. In: *Les espaces du livre*, op. cit., p.38-56; e Masson, *Le décor des bibliothèques du Moyen Age à la Révolution*, op. cit., p.98-103.

gado da liquidação do sistema de Law e a marquesa de Lambert). De tal modo que em 1734 a biblioteca pode acolher "os cientistas e os curiosos franceses e estrangeiros", mas ainda não é aberta em dias e horas marcados.[55]

Outra incitação para a constituição de bibliotecas públicas é fornecida pelo legado de particulares que cedem suas coleções com a condição de que ela seja aberta aos leitores da cidade. Foi assim em Lyon onde, em 1731, o advogado e antigo almotacé Aubert vende em vitalício sua biblioteca ao corpo da cidade. O presidente Dugas relata assim o caso:

> M. Aubert vendeu sua biblioteca ao consulado mediante duas mil libras de pensão vitalícia para sua pessoa e 1.500 libras para M. Chol, seu sobrinho que já tem sessenta anos. Ele reserva para si o usufruto durante sua vida. Depois de sua morte, ela será levada ao paço municipal e certamente tornada pública alguns dias da semana. (carta de 28 de maio de 1731)

No mesmo ano, o advogado Brossette é nomeado bibliotecário da cidade e, por sua vez, dois anos mais tarde, vende à cidade sua própria biblioteca "por uma pensão vitalícia para si e para seu filho" (carta de Bottu de Saint-Fonds de 26 de dezembro de 1733). No curso do século, o consulado divide a biblioteca assim constituída entre a do Colégio da Trindade e a do Colégio Notre-Dame "para colocá-la mais ao alcance dos leitores das diferentes ordens". A terceira biblioteca pública da cidade, a da academia, também resulta na sua maior parte de um legado, verdadeiro dessa vez. Ele é feito em 1763 por um mestre dos portos, pontes e passagem da cidade de Lyon, Pierre Adamoli, que por

---

55 Bléchet, F. L'abbé Bignon, bibliothécaire du roy, et les milieux savants en France au début du XVIIIe siècle. In: *Buch und Sammler...*, op. cit., p.53-66; e L'installation de la bibliothèque royale au Palais Mazarin 1700-1750. In: *Les espaces du livre*, op. cit., p.57-73; cf. também Masson, *Le décor des bibliothèques du Moyen Age à la Révolution*, op. cit., p.125-30.

testamento lega sua coleção de aproximadamente cinco mil volumes à academia com a obrigação de que ela seja aberta ao público uma vez por semana. Na falta de um local, a academia não pode abrir a biblioteca – o que provoca um processo com os herdeiros de Adamoli. Finalmente, em 1777, a biblioteca é instalada numa das salas do paço municipal cedidas à academia pelo consulado e aberta toda quarta-feira.[56]

Os gabinetes de leitura

A primeira rede de bibliotecas públicas é construída, portanto, no século XVIII. Todavia, como vimos, não faltam dificuldades: entre a decisão de abertura e a acolhida efetiva do público, o tempo às vezes é longo, além disso certas bibliotecas só aceitam "pessoas de letras" ou "cientistas", enfim muitas delas só abrem poucas horas na semana. Outros acessos públicos ao livro são então necessários: o gabinete de leitura é um deles. A bem dizer, essa denominação única recobre uma grande variedade de formas que é preciso tentar classificar. A mais antiga liga o gabinete de leitura à livraria. Como em Caen, em meados do século XVII, onde Moysant de Brieux, um antigo conselheiro no Parlamento de Metz, retirado na cidade normanda, relata assim seu encontro com os futuros fundadores da academia: "Eles e eu, encontramo-nos há alguns anos na loja de um dos nossos livreiros, onde íamos todas as segundas-feiras para ler a gazeta e ver os livros novos, e achamos que poderíamos ter essa mesma diversão com mais comodidade em algumas de nossas casas".[57] A locação do periódico dá assim aos livreiros um primeiro motivo para abrir um

---

56 *Nouveau Supplément à la France Littéraire*, op. cit., p.78-9; e Chartier, L'Académie de Lyon..., op. cit., p.228-9.

57 Citado segundo R. Formigny de La Lande, *Documents inédits pour servir à l'histoire de l'ancienne académie de Caen*, Caen, 1854, p.9.

gabinete de leitura. No curso do século XVIII, a esse se juntam outros, mais poderosos.

A partir dos anos 1770, sobretudo, são inúmeros os livreiros que duplicam seu comércio com um "gabinete literário" onde é possível inscrever-se para vir ler as novidades. Citemos dois exemplos. Em 1750, estabelece-se em Metz um novo comerciante de livros, Nicolas Guerlache, que investe duas mil libras para comprar uma patente de livreiro, montar sua loja e adquirir um material de encadernação. Ele é o correspondente na cidade do editor bruxelense Boubers, especializado no livro proibido. Logo os dois homens entram em conflito e Guerlache, para consolidar seu negócio, abre um "gabinete literário", abastecido por encomendas passadas junto à Sociedade Tipográfica de Sarrebruck e da Sociedade Tipográfica de Neuchâtel. Por três libras por mês, os leitores – na maioria oficiais da guarnição – podem encontrar romances, relatos de viagens, ensaios filosóficos, panfletos políticos e obras eróticas.

Endividado, Guerlache foge de Metz em 1774, mas, na esperança de serem pagos, seus credores lhe perdoam e no ano seguinte ele reinstala seu gabinete literário. Em dezembro de 1775, ele diz ter "cerca de duzentos leitores a dezoito libras por ano e aproximadamente 153 libras por mês", e em 1777 seus assinantes são em número de 379. Seu comércio iniciante é fortemente abalado pela guerra da Independência americana que diminui em grande proporção a guarnição de Metz. Segundo exemplo, dessa vez no Sul: o de Abraham Fontanel que monta uma livraria em Montpellier em 1772. As dificuldades do comércio o incitam, três anos mais tarde, a abrir um "gabinete literário". Como Guerlache, ele oferece para leitura romances, relatos de viagem, ensaios de autores em moda e também livros proibidos, encomendados em Neuchâtel, Lausanne, Genebra e Avignon.[58]

---

58 Darnton, R. *Bohème littéraire et Révolution*. Le monde des livres au XVIIIᵉ siècle. Paris: Gallimard, Seuil, 1983. "Le monde des libraires clandestins sous l'Ancien Regime", p.111-53.

As vantagens desses gabinetes de leitura são recíprocas. Neles, os leitores podem ler sem comprar, e sobretudo encontrar por um preço de assinatura acessível as "obras filosóficas" editadas em quantidade nas fronteiras do reino. Os livreiros, por um lado, podem consolidar seu negócio: em maio de 1777, Guerlache indica que durante os dez meses anteriores as vendas de livros lhe renderam 3.600 libras e as assinaturas 2.564 libras. Por outro, a presença de um gabinete literário atraindo leitores cria compradores potenciais e estimula o negócio: "Todos os meus assinantes me fazem compras", assinala Guerlache numa carta de janeiro de 1776. Confrontados com uma demanda premente, em choque com a hostilidade de seus confrades solidamente estabelecidos, os livreiros mais frágeis porque os mais recentemente instalados multiplicam nos últimos vinte anos do Antigo Regime os gabinetes de leitura, que se tornam entrepostos provinciais para a difusão de jornais, de novidades e de livros proibidos.[59]

Mas há outros gabinetes de leitura não nascidos da iniciativa comercial de um livreiro, como aquele visitado por Arthur Young quando de sua viagem de 1788 que o leva a Nantes:

> Uma iniciativa espalhada pelas cidades comerciais da França, mas particularmente florescente em Nantes, é a *câmara de leitura*, o que chamaríamos de um *book-club* que não distribui os livros entre seus membros, mas em forma de biblioteca. Há três salas: uma para leitura, outra para conversação, uma terceira constitui a biblioteca; no inverno, mantêm-se boas lareiras e há velas.[60]

A instituição assim descrita é a câmara de leitura da Fosse, fundada em 1759. Seu regulamento prevê que os 125 associados

---

59 Podemos mencionar, para os anos 1770-1790, os gabinetes literários ou salas de leitura abertos pelos livreiros Lair, em Blois; Labalte, em Chartres; Beauvert, em Clermond; Bernard, em Lunéville; Buchet, em Nîmes; Élies, em Niort; Despax, em Pau.

60 Young, A. *Voyages en France en 1787, 1788 e 1789*. Trad. H. Sée. Paris: Colin, 1931. t.I, "Journal de voyages", p.245-6.

deverão pagar um direito de entrada de três libras e uma assinatura anual para a leitura de 24 livros. A câmara é administrada por comissários eleitos que deverão cuidar para mandar "vir todas as gazetas e todas as obras periódicas mais úteis para a sociedade e comprar em Nantes ou mandar vir de Paris bons livros bem escolhidos, de preferência *in-folio* e *in-quarto* referentes ao comércio, à marinha, à história, às artes, à literatura, bem como algumas brochuras novas e interessantes".[61] Para os associados, as vantagens de semelhante instituição são múltiplas: por um lado, diferentemente das bibliotecas raramente abertas, mal aquecidas e mal iluminadas,[62] a câmara de leitura é um lugar confortável, claro, aberto todos os dias – mesmo nos dias feriados após os ofícios religiosos. Aí se pode, portanto, ler à vontade, com um acesso direto às estantes, os livros novos caros demais para serem comprados (daí a insistência dos regulamentos sobre os tamanhos grandes). Por outro, diferentemente de uma academia, a câmara de leitura não exige nem solenidade regulamentada nem atividade obrigatória: ela é um lugar de encontros livres e de intercâmbios espontâneos. Daí o sucesso da fórmula, que alia a cooptação acadêmica (sendo limitado o número de lugares) e a prática dos gabinetes literários. Uma câmara de leitura semelhante é aberta em Rennes em 1775: ela tem cem membros "de estado honesto e considerado", escolhidos por eleição; o direito de entrada é de 27 libras, o montante da assinatura é de 24 libras e seu estoque compreende numerosos periódicos e 3.600 volumes.[63] Le Mans em 1778, Brest em 1785 seguem o exemplo, e em Nantes mesmo haverá em 1793 seis câmaras de leitura.

---

61 Quéniart, *Culture et société urbaines...*, op. cit., p.432-3.
62 Na biblioteca mazarina, por exemplo, as contas do século XVIII não mencionam nenhuma despesa para o aquecimento ou a iluminação (cf. Gasnault, artigo citado, p.52).
63 Quéniart, *Culture et société urbaines...*, op. cit., p.433-4.

Leituras e leitores na França do Antigo Regime

A difusão dos gabinetes de leitura, no entanto, não se limita às cidades do Oeste, nem apenas às cidades comerciais. Com efeito, elas se multiplicam em todo o reino, sobretudo nas cidades médias desprovidas de academia, mas também em certas cidades acadêmicas (Lyon, Auxerre, Clermont), tendo por clientela aqueles que não podem ou não querem forçar as portas do cenáculo mais elevado. Daí, muitas vezes, uma fronteira indecisa entre câmara de leitura e sociedades literárias.[64] Em Rennes, por exemplo, vários membros da câmara de leitura fundada em 1775 queriam transformá-la em verdadeira "sociedade literária", já que, por sinal, ela é assim designada: "Nossa sociedade é consagrada à leitura, mas não seria possível justificar, mesmo aos olhos do público, o nome de sociedade literária que ela assumiu?", escreve Le Livec de Lauzay em 1778, e dois anos mais tarde o abade Germé renova a proposta: "Sem desmentir o título modesto sob o qual estamos reunidos ... não seria de desejar que aqueles dentre nós que poderiam fazer algumas pesquisas ou reflexões judiciosas fossem incitados a nos comunicar suas observações e seus pontos de vista?".[65] Mas, se o pedido é rejeitado, ele não deixa de traduzir uma tenaz aspiração a ligar, como em meados do século XVII, freqüência ao livro e trabalhos eruditos.

Inversamente, as sociedades literárias que proliferam a partir de meados do século, e sobretudo depois de 1770, dotam-se de bibliotecas, compram livros novos e jornais franceses e estrangeiros. Em algumas delas, é a própria leitura dos livros colocados à disposição dos associados que alimenta o intercâmbio letrado. Como em Millau, na sociedade literária fundada em 1751 e denominada *Tripot* [Espelunca]:

> Ela promove suas sessões todos os dias, com exceção dos domingos e feriados: os jornais fornecem a matéria. Quando eles se

---

64 Mornet, D. *Les origines intellectuelles de la Révolution Française 1715-1787*. Paris: Colin, 1933. p.305-12.
65 Quéniart, *Culture et société urbaines...*, op. cit., p.434.

esgotam, recorre-se às melhores obras da época. Cada acadêmico, ao entrar na sala, pega o livro que acha apropriado. Se, no decorrer de sua leitura, ele encontra algum assunto que seja digno de ser observado, ele comunica a seus confrades. As leituras particulares se transformam imediatamente em conversação geral. Uma vez discutidas a fundo as reflexões do acadêmico, volta-se a ler, até que outras observações chamem de novo a atenção da assembléia. É assim que se dão conferências e que a noite termina geralmente.[66]

No vocabulário da instituição acadêmica, descreve-se assim uma realidade completamente diversa onde são abolidas as diferenças entre leitura por assinatura, livre conversação e comunicação erudita. Em outros lugares, a sociedade literária pretende assumir o papel de biblioteca pública, abrindo suas coleções, como certas academias, para além do círculo de seus membros. É o caso em Mortain, na diocese de Avranches:

> Formou-se há pouco nesta cidade uma sociedade composta de 25 a trinta dos principais cidadãos. Eles estabeleceram uma biblioteca onde se encontram não apenas as obras mais importantes, tanto antigas como modernas, mas também os jornais, as gazetas etc. Ela é aberta gratuitamente para as pessoas conhecidas.[67]

Entre câmara de leitura e sociedade literária, a diferença é, portanto, tênue: as duas formas cedem um lugar central ao impresso, livro ou jornal, colocados à disposição comum, e participam de uma mesma reação contra o exclusivismo e as coerções acadêmicas.[68]

---

66 *La France littéraire*. Paris, 1769, p.105-6.

67 *Nouveau supplément à la France littéraire*, op. cit., p.91.

68 Roche, D. *Le siècle des Lumières en Province*. Académies et académiciens provinciaux, 1680-1789. Paris-La Haye: Mouton, 1978. t.I, p.63-6, e t.II, mapa 4.

Os locadores de livros

Os gabinetes de leitura, sejam eles ligados a uma livraria sejam a uma sociedade, literária ou não, permanecem como o privilégio de uma clientela escolhida, que pode pagar uma assinatura bem considerável, mensal ou anual. Para os mais desprovidos, existem outras formas de locação do impresso. Desde o reinado de Luís XIV, diversos livreiros parisienses alugam assim, no próprio local, na frente da loja, panfletos e gazetas. François Renaudot, proprietário do monopólio da *Gazette*, queixa-se disso ao Conselho de Estado em 1675:

> Há algum tempo, introduziu-se um abuso, tanto em Paris como em alguns outros lugares do reino, onde certos particulares, notadamente em Paris onde alguns livreiros, situados no cais dos Augustins, resolveram oferecer para leitura toda sorte de escritos, como gazetas, relatos e outras peças que eles compõem indiferentemente ou que dizem vir de países estrangeiros. Essas gazetas e outros escritos, eles não se contentam em apregoar e vender pelas ruas, e levá-los à casa dos particulares: mas ainda oferecem para serem lidos a todos aqueles que se apresentam diante de suas casas e lojas, e em razão do lucro que daí tiram.

Mais adiante, o texto indica outro costume: o da leitura das gazetas em voz alta, provavelmente mediante modesta retribuição: "Também há pouco, vários burgueses foram maltratados por malandros e outros vagabundos, que se acostumaram a reunir ali [cais dos Augustins], sob pretexto de ouvir a leitura das referidas gazetas".[69] O que significava dar forma nova, na entrada da livraria, à prática daqueles "novelistas de boca" representados por Matham no seu quadro *A ponte da Tournelle e a Ilha São Luís* que data de meados do século XVII (Museu Carnavalet, Pa-

---

69 Citado por Feyel, G. *La "Gazette" en province à travers ses réimpressions, 1631-1752*. Amsterdam, La Haye: APA-Holland University Press, 1982. p.97-8.

ris)[70] e por Molière, na primeira cena de *A condessa de Escarbagnas* (1671), onde o visconde explica assim seu atraso:

> Fui parado no caminho por um velho importuno de marca maior que me pediu expressamente notícias da corte, para encontrar um meio de me contar outras, das mais extravagantes que possam ser ditas; e é esse, como se sabe, o flagelo das pequenas cidades, esses grandes novelistas que procuram todos os lugares onde divulgar os contos que eles juntam.

O de Angoulême faz a leitura da *Gazeta da Holanda* e de folhas "que vêm do lugar mais seguro do mundo".

Um século mais tarde, os "locadores de livros", segundo a expressão de Louis-Sébastien Mercier, multiplicaram-se na capital.[71] Eles mantêm pequenos salões ou gabinetes, mas sobretudo alugam livros tomados de empréstimos ou trazidos. A tarifa aqui não é por mês, mas por dia, ou até menos. Mercier nota com efeito que "há obras que excitam uma tal fermentação que o livreiro é obrigado a cortar o volume em três partes. Então você paga não por dia mas por hora". E Mercier cita a *Nova Heloísa* como exemplo desses livros desmembrados para serem alugados a mais leitores ao mesmo tempo. Para ele, essas locações múltiplas e as leituras apressadas tornam-se o sinal indiscutível do sucesso literário. "Grandes autores, vão examinar furtivamente se suas obras ficaram bem sujas pelas mãos ávidas da multidão". As magras coleções dos meios populares, tal como revelam os inventários após morte, não são, portanto, o todo da leitura dos humildes, longe disso. Para os que não têm livros ou têm-nos poucos, por três centavos por dia o livro pode estender o horizonte do sonho ou do prazer.

---

70 *Le fait divers*. Musée National des Arts et Traditions Populaires. Paris: Ed. de la Réunion des Musées Nationaux, 1982, n.154.

71 Mercier, L.-S. *Tableau de Paris*. Amsterdam, 1782-1788. t.V, p.61-4

Do auto-de-fé à sacralidade

Nos vinte últimos anos do Antigo Regime, a reflexão sobre a leitura pública torna-se central no pensamento reformista. Encontram-se aqui duas exigências contraditórias que ilustram os sonhos opostos de Mercier e de Boullée. Na sua utopia (ou antes ucronia) de 1771, *O ano de 2440*, Mercier visita a Biblioteca do Rei e vê nela uma aparência muito singular: "Em lugar daquelas quatro salas de uma extensão imensa e que encerravam milhares de volumes, só descobri um pequeno gabinete onde estavam vários livros que me pareceram nada menos que volumosos".[72] No século XXV, com efeito, os homens se libertaram da tirania dos maus livros e dos saberes inúteis por um imenso auto-de-fé:

> Por consentimento unânime, reunimos numa vasta planície todos os livros que julgamos frívolos, ou inúteis ou perigosos; formamos com eles uma pirâmide que em altura e largura parecia uma torre enorme: era certamente uma nova torre de Babel. Os jornais coroavam esse bizarro edifício, que era revestido de todos os lados por mandamentos de bispos, discursos de parlamentos, requisitórios e orações fúnebres. Ele era composto de quinhentos a seiscentos dicionários, cem mil volumes de jurisprudência, cem mil poemas, mil e seiscentas viagens e um bilhão de romances. Ateamos fogo a essa massa espantosa, como um sacrifício expiatório oferecido à verdade, ao bom senso, ao verdadeiro gosto.

O que tinha que ser salvo o foi: "Fizemos resumos do que havia de mais importante; reimprimimos o melhor: o todo foi corrigido segundo os verdadeiros princípios da moral".

Para além do jogo literário, freqüentemente encenado, que consiste em imaginar a triagem operada pela posteridade entre os autores do passado, submetendo assim os contemporâneos a

---

72 Mercier, L.-S. *L'an 2440. Rêve s'il en fut jamais*, 1771. Ed. por T. Trousson. Bordeaux: Ducros, 1971. cap.XXVIII, p.247-71.

uma crítica severa,[73] L.-S. Mercier diz outras coisas, menos familiares ao seu século: que o livro pode ser tanto obstáculo quanto apoio na busca da verdade, que o entendimento humano só necessita de poucos guias, que as bibliotecas imensas não servem para nada. Menos radical que o sábio velhote da *Basiliade* de Morelly (1735) que pleiteia pela existência de um único livro, condensando todos os saberes úteis e possuído por cada cidadão, Mercier denuncia, entretanto, os perigos de uma leitura prolífera, insaciável consumidora de frivolidades e superstições, que deve ceder diante de outra atitude, a de "homens que, amantes de idéias fortes, dão-se ao trabalho de ler e sabem em seguida meditar sobre sua leitura".

Opostos do sonho depurante de Mercier são os projetos acumulativos de Étienne-Louis Boullée nos anos 1784 e 1785.[74] O primeiro lhe é encomendado pela direção dos edifícios em vista da construção de uma biblioteca pública no terreno do convento dos capuchinhos. Atrás de um pórtico colossal, encimado por um ático decorado com uma frisa, Boullée faz suceder um pátio em hemiciclo, chamado templo de Apolo, ladeado de gabinetes de estampas e medalhas, depois um vasto edifício quadrado cujos quatro cantos, ocupados por livros, são ligados por dois vestíbulos em forma de cruz que servem de sala de leitura. No quadrado são assim delimitados quatro pátios interiores cercados pelos depósitos de manuscritos. Uma vez abandonado o primeiro projeto, encontra-se a mesma monumentalidade no plano proposto para a reconstrução da Biblioteca Real na Rua de Richelieu. A idéia central de Boullée consiste em cobrir com uma gigantesca abóbada em arco o longo pátio retangular (100 m x 30 m) em torno do qual estavam dispostos os edifícios existentes e fazer

---

73 Trousson, R. Les bibliothèques de l'utopie au XVIIIe siècle. In: *Buch und Sammler...*, op. cit., p.99-107.

74 Pérouse de Montclos, J.-M. *Étienne-Louis Boullée (1728-1799), De l'architecture classique à l'architecture révolutionnaire.* Paris: Arts et Métiers Graphiques, 1969. p.165-7 e pl. 93-102.

dele a sala de leitura, que seria assim a mais considerável de toda a Europa. Sobre os lados dessa "imensa basílica", iluminada unicamente do alto, quatro níveis de degraus, da altura de um homem, que constituem a base de uma colunata contínua cujas curvas nas extremidades da sala formam com a cabeça do arco "espécies de arcos de triunfo sob os quais poderiam estar duas estátuas alegóricas". Os livros, dispostos na parede dos degraus e atrás da colunata, ficam ao alcance dos leitores que passam diante deles e facilmente acessíveis "por pessoas colocadas em diversos níveis e distribuídas de maneira a passar os livros de mão em mão".

Sobre a vista perspectiva que acompanha o *Memorial* descrevendo o projeto e a maquete que o apresenta, Boullée imaginou minúsculos leitores, vestidos de togas romanas, que perambulam entre os livros acumulados, para ler de pé uma dentre as milhares de obras ao alcance da mão ou se reúnem em torno das raras mesas dispostas na vasta sala. A lição é clara: o espaço da leitura recupera a sacralidade perdida pelo espaço da religião, e o estudo é como uma viagem através dos livros, ritmada pelas marchas e pelos altos. A biblioteca deve reunir todos os saberes acumulados, ser uma suma dos conhecimentos humanos, colocar à disposição de cada um as milhares de obras escritas ao longo dos séculos. Como indica o modelo admitido por Boullée, a saber, a *Escola de Atenas* de Rafael, é a partir desse saber acumulado que poderão nascer os pensamentos novos. A Antigüidade é aqui referência e repertório, mas, mais ainda, memória para o progresso.

O inventário das formas de acesso ao livro é uma condição necessária para uma história da leitura. Mas ele diz pouco sobre as práticas do livro, suas modalidades contrastadas e seus deslocamentos entre meados do século XVII e o fim do Antigo Regime. Para restituí-las, é necessário mais atenção às representações que os homens da antiga sociedade deram de suas leituras (ou a dos outros), mais atenção também aos usos que nos revelam os próprios objetos impressos.

A leitura do foro privado

Uma primeira representação, predominante, é aquela que mostra a leitura como ato por excelência do foro privado, da intimidade subtraída ao público, do isolamento intenso, afetivo, intelectual ou espiritual. Os pintores franceses do século XVIII multiplicaram assim as cenas de leitura feminina em que a heroína, no segredo da solidão, deixa apreender uma emoção discreta ou desordenada. A *Moça lendo* de Fragonard (National Gallery, Washington), confortavelmente instalada, lê com uma atenção comportada e aplicada um livro elegantemente seguro na mão direita. Por trás da imobilidade perfeita da leitora, como que retirada fora do mundo, adivinha-se uma animação totalmente interior, uma tensão calma.[75] Um pouco antes nesse século, e de uma maneira menos límpida, dois outros quadros, um de Jeaurat, *Cena de interior* (coleção particular), outro de Baudoin, *A leitura* (Museu das Artes Decorativas, Paris), inscrevem o ato de leitura no mesmo horizonte. Nas duas representações, um interior rico, mais frio em Jeaurat, mais suave em Baudoin, onde se acham acumulados os signos da intimidade feminina: o cãozinho familiar, os móveis da comodidade cotidiana, a poltrona confortável onde o corpo se enlanguesce, a desordem discreta em Jeaurat, invasiva em Baudoin. Nos dois quadros, a leitora é uma mulher jovem, em trajes do lar, surpreendida no instante em que seus pensamentos se evadem do livro lido, pousado, a página marcada com o dedo, sobre os joelhos ou sobre a casinha do cão adormecido. Perturbada pela sua leitura, a leitora se abandona, a cabeça inclinada sobre uma almofada, o olhar perdido, o corpo lânguido. Com certeza, seu livro era um daqueles que comovem os sentidos e excitam a imaginação: pelo seu quadro, o pintor invade o íntimo feminino, com reserva em Jeaurat, com sensualidade complacente em Baudoin.

---

75 Cf. Starobinski, J. *L'invention de la liberté 1700-1789*. Genève: Skira, 1964. p.125 [ed. bras.: *A invenção da liberdade*. São Paulo: Editora UNESP, 1994].

Mesmo quando não é nem feminina nem romanesca, a leitura posta em representação no século XVIII é leitura íntima. O papel do livro no retrato masculino se acha deslocado: de atributo estatutário, índice de uma condição ou de uma função, ele se torna companheiro de solidão. Na tradição, o livro é adorno, e a biblioteca signo de um saber ou de um poder: como no retrato de Pierre Palliot, genealogista dos Estados da Borgonha, atribuído a Gabriel Revel em 1696 (Museu das Belas Artes, Dijon), ou naquele outro, glorioso, do marquês de Mirabeau, pintado por Aved e exposto no Salão de 1743 (Museu do Louvre, Paris). A essa iconografia clássica, o retrato do século XVIII acrescenta outra: a do próprio ato de leitura, que supõe uma relação íntima entre um leitor e um livro. Novelas encenadas são então figuradas: a leitura ao ar livre no jardim, sob as folhagens (Carmontelle, *O conde de Genlis*, coleção da rainha da Inglaterra), a leitura de pé, acompanhando a caminhada, como naquela silhueta recortada de Goethe dos anos 1780.

No *Camille Desmoulins na prisão* de Hubert Robert (Wadsworth Atheneum, Hartford, Connecticut), a representação da leitura solitária atinge um ponto limite: num isolamento forçado e absoluto, o livro torna-se companheiro de infortúnio, exatamente como os poucos objetos familiares ou o retrato da mulher amada. Lido enquanto se caminha, ele introduz na clausura carcerária a memória do mundo exterior e fortifica a alma numa sorte contrária e injusta. Desse modo, numa modalidade laicizada, essa representação do fim do século reencontra a iconografia da leitura espiritual em que um leitor (geralmente São Jerônimo ou São Paulo), num retiro voluntário, isola todo o seu ser no texto decifrado com uma atenção reverencial.[76]

---

76 As obras de Baudoin, Aved, Carmontelle e Hubert Robert estão reproduzidas no catálogo *France in the Eighteenth Century* (Royal Academy of Arts, Winter Exhibition, 1968, n.14, 10, 112, 594 [Fig.312, 168, 307, 335]); o quadro de Fragonard na *European Paintings: an Illustrated Summary Catalogue* (Washington:

Para essa leitura íntima, o mobiliário do século XVIII dá suportes adequados. A poltrona, dotada de braços e guarnecida de almofadas, a cadeira de preguiça ou marquesa, a marquesa separada com seu tamborete à parte são outros assentos novos onde o leitor, freqüentemente a leitora, pode instalar-se à vontade e entregar-se ao prazer do livro. Como mostram as gravuras (por exemplo, a *Leitora* de Jacques André Portail, coleção Forsyth Wickes, Newport[77]), a esses móveis do luxo interior corresponde um traje de mulher, chamado justamente *liseuse*, que é uma jaqueta ou penhoar caseiro, quente e leve ao mesmo tempo, conveniente para ler na intimidade do quarto ou da sala. Outros móveis indicam uma leitura menos relaxada, como as mesas com carteira móvel onde se pode pousar o livro como a página em que se escreve,[78] como as secretárias cuja carteira pode ser encimada de uma pequena biblioteca.

No curso do século, esboça-se uma reação contra esse mobiliário considerado demasiado frívolo e tenta impor móveis mais funcionais que concebem a leitura mais como um trabalho do que como um abandono. Alguns, na tradição da Renascença, visam tornar mais fácil a consulta das obras. É o caso da roda de livros desenhada e gravada por Daudet, que adapta a invenção proposta pelo engenheiro italiano Ramelli em 1588: sobre uma roda de madeira, movida à mão, uma série de carteiras acolhe os livros consultados. Sem vaivéns inúteis, sem o incômodo de livros empilhados, o leitor sentado pode comodamente confron-

---

National Galery of Art, 1975, n.1653); o de Jeaurat em R. Huyghe, *L'Art et l'Homme* (Paris: Larousse, 1961, Fig.642); o de Revel em *Catalogue des peintures françaises* (Musée des Beaux-Arts de Dijon, 1968, n.104); e a silhueta de Goethe em *Lesewuth, Raubdruck und Bücherluxus...* (op. cit., n.335).

77 Reproduzido em Starobinski, *L'invention de la liberté*, op. cit., p.123.

78 *Louis XV. Un moment de perfection de l'art français*. Paris: Hôtel de la Monnaie, 1974, n.423.

Leituras e leitores na França do Antigo Regime

tar os textos e cruzar as referências.[79] No fim do século XVIII, o gosto inglês propõe a toda a Europa um mobiliário utilitário menos utópico, mesas circulares e mesinhas destacáveis que permitem a leitura sobre as carteiras de prolongamento e a consulta de guias e mapas sobre um estrado central, ou então espreguiçadeiras com carteiras corrediças cujo austero rigor geométrico rompe com a maciez das poltronas e de suas grossas almofadas.[80]

Será que essa reação do fim do século indicaria a tomada de consciência de uma evolução do estilo de leitura que teria feito as elites ocidentais passarem de uma leitura intensiva, reverencial, a uma leitura extensiva, desenvolta, contra a qual se deveria reagir? Essas duas maneiras de ler, cujo contraste pode ser detectado na Alemanha e na Nova Inglaterra, se opõem. A primeira se caracteriza por quatro elementos:

1. Os leitores são confrontados com livros pouco numerosos perpetuando textos que têm uma forte longevidade; 2. A leitura não é separada de outros gestos culturais como a audiência de livros lidos e relidos em voz alta, no seio da família, a memorização daqueles textos ouvidos, decifráveis porque já conhecidos, ou a recitação daqueles que foram aprendidos de cor; 3. A relação com o livro é marcada por uma seriedade respeitosa diante da letra impressa, investida de uma forte carga de sacralidade; a freqüentação intensa dos mesmos textos lidos e relidos molda os espíritos, habituados às mesmas referências, habitados pelas mesmas citações. É na segunda metade do século XVIII na Alemanha, no início do século XIX na Nova Inglaterra, que esse estilo de leitura cederia lugar a outro, baseado na multiplicação dos livros acessíveis, a individualização do ato de leitura, separado

---

79 Sobre a máquina de Ramelli, cf. Masson, op. cit., p.110-1, Fig.46; sobre a gravada por Daudet, cf. *Leser und Lesen im XVIII Jahrhundert*, Colloquium der Arbeitsstelle XVIII Jahrhundert Gesamthoschule Wuppertal, 1975, Heidelberg, Carl Winter Universitätverlag, 1977, p.178-9.

80 *Lesewuth. Raubdruck und Bücherluxus...*, op. cit., n.314 e 318.

dos outros gestos culturais, a dessacralização da atitude em face do livro e uma prática mais livre, indo de um texto a outro, mais negligente em relação ao impresso, menos centralizada sobre alguns livros privilegiados.[81]

Será que semelhante deslocamento é detectável nas sociedades urbanas francesas do século XVIII? Parece claro, inicialmente, que no reino a leitura intensiva carece do suporte essencial que a sustenta em país protestante, a saber, a freqüentação cotidiana da Bíblia, ouvida, lida, relida, recitada. Em terra católica, semelhante familiaridade, longe de ser recomendada, é tida como suspeita, já que ela dispensa o clero, mediador obrigatório entre a Palavra divina e a comunidade dos fiéis. Apesar dessa diferença importante, já que a leitura da Bíblia dá o modelo de toda leitura nas regiões reformadas, vários traços podem fazer considerar como intensiva a leitura tradicional das cidades francesas: por um lado, para muitos e por longo tempo, como vimos, o número de livros possuídos permanece baixo, e é um *corpus* limitado de textos que constitui a herança referencial; por outro, outros livros além da Bíblia podem ser objeto de apropriações intensas e modelar profundamente os espíritos. O almanaque que muitas vezes dá a organização aos livros de razão, os avulsos cujas narrativas servem de arquétipos àquelas em primeira pessoa dos jornais e das memórias privadas, os livros de devoção possuídos por todos e cuja leitura é recomendada pelos clérigos, são com efeito outros tantos livros conhecidos e reconhecidos, manuseados e incorporados.

No curso do século XVIII, o aumento do tamanho das bibliotecas, perceptível em toda parte, o acesso mais fácil às coleções públicas, o uso do livro alugado modificam certamente esse es-

---

81 Cf. Engelsing, R. *Der Bürger als Leser. Lesergeschichte in Deutschland, 1500-1800*, Stuttgart, 1974; e Hall, D. Introduction: the Uses of Literacy in New England, 1600-1850. In: Joyce, W. et al. (Ed.) *Printing and Society in Early Modern America*. Worcester: American Antiquarian Society, 1983. p.1-47.

Leituras e leitores na França do Antigo Regime

tilo antigo de ler. E a imagem das leitoras representadas pelos pintores, mesmo se ela indica a eficácia mantida do livro, capaz de perturbar os sentidos, atesta uma leitura que devora as novidades, que é ato de prazer íntimo, que se inscreve num conforto totalmente mundano. É contra essa maneira de ler, frívola e gratuita, que tomam partido Rousseau na França ou os pré-românticos na Alemanha.[82] Para eles, a leitura deve ser coisa séria, implicar a participação ativa do leitor, modificar seus pensamentos e sua existência. A emoção, que integra o leitor ao texto e inscreve o texto no leitor, torna-se assim mestra da vida com a condição de que as obras sejam lidas com atenção, tomadas e retomadas, meditadas e discutidas – o que implica, como enuncia L.-S. Mercier, poucas leituras mas racionais, e não a multiplicação de livros lidos mal e apressadamente. Alguns dos leitores do século XVIII tomaram as instruções ao pé da letra e se tornaram, de fato, o leitor implícito e ideal desenhado pelo autor. Como aquele Jean Ranson, negociante em La Rochelle, ávido por obter da Sociedade Tipográfica de Neuchâtel os livros de Jean-Jacques que são para ele guias para a existência, lidos com paixão, ouvidos com constância.

As falas mediadoras

A essa representação da leitura da individualidade, os homens do século XVIII opuseram outra: aquela em que uma fala mediadora se torna leitora para os iletrados ou os semiletrados. Rétif de la Bretonne dá o seu arquetipo em *A vida de meu pai* em 1778:

---

82 Cf. Darnton, R. *Le grand massacre des chats. Attitudes et croyances dans l'ancienne France*. Paris: Laffont, 1985 [ed. bras.: *O grande massacre dos gatos*. 2.ed. São Paulo: Graal, 1988], "Le courrier des lecteurs de Rousseau: la construction de la sensibilité romantique" (p.201-38); e Montadon, A. Le lecteur sentimental de Jean-Paul. In: *Le lecteur et la lecture dans l'oeuvre*. Association des Publications de la Faculté des Lettres e Sciences Humaines de Clermond-Ferrand, 1982, p.25-33.

Era então depois do jantar que o pai de família fazia uma leitura da Santa Escritura: ele começava pelo Gênese e lia com unção três ou quatro capítulos, conforme sua extensão, acompanhando-os de algumas observações curtas e pouco freqüentes, mas que julgava absolutamente necessárias. Não posso me lembrar sem enternecimento com que atenção aquela leitura era ouvida, como ela transmitia a toda a numerosa família um tom de bonomia e de fraternidade (na família, incluo os criados). Meu pai começava sempre com estas palavras: "Concentremo-nos, meus filhos, é o Espírito santíssimo que vai falar". No dia seguinte, durante o trabalho, a leitura da noite anterior constituía o assunto das conversas, sobretudo entre os rapazes do arado.[83]

A cena, gravada como frontispício do segundo volume da primeira edição do texto, é o equivalente literário de um quadro exposto por Greuze no Salão de 1755. Diderot, que o designa sob diversos títulos (*Pai que lê a Santa Escritura a seus filhos, Camponês que lê a Santa Escritura à sua família, Camponês que lê para seus filhos*), atesta sua ampla circulação sob forma de gravura: "M. de la Live que é o primeiro a fazer conhecer o talento de Greuze consentiu de bom coração que se gravasse seu quadro do *Camponês que lê para seus filhos*, e não existe nenhum homem de bom gosto que não possua essa estampa".[84]

Um mesmo motivo se constrói, pois, de Greuze a Rétif: numa sociedade rural patriarcal e homogênea, a leitura em voz alta, feita na vigília pelo chefe da casa ou pelo filho, ensina a todos os mandamentos da religião e as leis da moral. Longe do mundo urbano, desmembrado e depravado, a leitura camponesa, que é palavra dita e ouvida, cimenta a comunidade familial, ampliada para todos

---

83 De la Bretonne, R. *La vie de mon père*. Paris: Garnier, 1970. p.131-2.

84 Diderot, D. *Salons de 1759, 1761, 1763*. Texto estabelecido por Jean Seznec. Paris: Arts et Métiers Graphiques-Flammarion, 1967. p.164. O quadro de Greuze é analisado por Fried, M. *Absorption and Theatricality*. Painting and Beholder in the Age of Diderot. University of California Press, 1980, p.8-11.

Leituras e leitores na França do Antigo Regime

aqueles que trabalham na propriedade, ao mesmo tempo que institui o reino da virtude e da piedade. Parece não haver dúvida de que a representação está bem afastada da realidade: na sociedade antiga, a vigília camponesa, quando existe, é antes de tudo o lugar do trabalho em comum, do conto e do canto, da dança e dos amores. Apesar dos esforços dos clérigos da reforma católica, o livro aqui não penetra e a leitura coletiva parece rara. Por certo o impresso circula amplamente nas campanhas francesas do século XVIII, mas isso não significa que ele seja maciçamente difundido por uma fala mediadora e noturna.

Mais que de práticas rurais efetivas, a imagem fala certamente de outra coisa, a saber, a nostalgia de leitores urbanos por uma leitura perdida. Na representação da vida camponesa ideal e mítica que circula amplamente na elite letrada, a leitura comunitária significa um mundo onde nada é escondido, onde o saber é fraternalmente compartilhado, onde o livro é reverenciado. Existe aqui uma espécie de figura invertida da leitura urbana, secreta, individual, desenvolta. Construindo implicitamente uma oposição entre a leitura silenciosa, urbana e notável, e a leitura em voz alta (para outros, mas também para si mesmo), popular e camponesa, as imagens e os textos da segunda metade do século XVIII indicam o sonho de uma leitura da transparência, reunindo idades e condições em torno do livro decifrado.

No cotidiano urbano, certas experiências do impresso, bem diferentes da vigília bucólica, supõem a mediação de uma fala que diz o escrito. O vendedor de canções é um desses intermediários do escrito. Três representações datadas das últimas décadas do Antigo Regime figuram esse comércio: *O cantor de feira*, um quadro de J.-C. Seckaz gravado em estampa por Romanet; *O violinista*, quadro de Louis Watteau de 1785 (Museu de Belas-Artes, Lille); e uma gravura de Moreau, o Jovem, *A feira de Gonesse*, que mostra um vendedor e seus clientes. Nos três casos, os mesmos motivos são dados a ver: o cantor que se acompanha ao violino, a tela pintada sobre a qual ele mostra, com a ponta do arco, as imagens correspondentes às suas canções, os livretos com os textos das cantigas, carregados numa bolsa presa à cintura e vendidos ao auditório reunido em torno do cantor.[85] Ouvido, visualizado, o texto, uma vez comprado, pode ser facilmente reconhecido, trazido pela melodia memorizada. Percorrendo a campanha ou indo de feira em feira, o vendedor de canções é também uma figura urbana, instalada sobre as pontes, as praças e os bulevares, como atesta o parisiense L.-S. Mercier:

> Alguns lamuriam os Santos Cânticos, outros recitam canções jocosas; muitas vezes estão a apenas quarenta passos um do outro ... A canção jocosa faz desaparecer o auditório do vendedor de escapulários, que fica sozinho sobre seu banco mostrando em vão com sua varinha os chifres do demônio tentador, inimigo do gênero humano. Cada um esquece a salvação que ele promete, para ir atrás da canção condenável. O cantor dos renegados anuncia o vinho, a boa mesa e o amor, celebra os atrativos de Margot, enquanto a moeda de dois centavos que oscilava entre o cântico e o *vaudeville*, infelizmente vai cair no bolso do cantor mundano.[86]

Precioso testemunho sobre a pedagogia da imagem herdada da reforma católica, o texto de Mercier indica a venda de canções no meio de quinquilharias (escapulários aqui, bugigangas no quadro de Watteau), e também a compra e, portanto, a leitura, após a audição sedutora e explicativa.

Outro material impresso, muito presente na cidade, pode implicar a mediação de um leitor em voz alta para aqueles que sabem ler pouco ou mal: o cartaz. Este tem usos múltiplos. Administrativos, em primeiro lugar, com a afixação sistemática dos editos e ordenamentos, regulamentos e convocações, cotações

---

85 Essas três obras são mencionadas em *Le fait divers*, op. cit., n.166 e 167 (*Le chanteur de foire* e *Le Violoneux*, reproduzidos à p.124), e em Roche, *Le peuple de Paris...*, op. cit., il.32.

86 Mercier, *Tableau de Paris...*, op. cit., t.VI, p.40-3.

de mercadorias e avisos de recrutamento. Emanados das autoridades monárquicas, militares, municipais, esses cartazes oficiais são primeiro publicados ao som de trombeta e tambor – o que permite ouvir uma primeira leitura – e depois colados nos muros da cidade, onde a leitura é muitas vezes coletiva. Ocorre o mesmo, certamente, com os cartazes publicitários que anunciam espetáculos e festas, torneios e loterias, bufões e charlatões. Pierre Ignace Chavatte, operário de Lille, copia assim no seu diário de 1684 um desses avisos impressos distribuídos e afixados na cidade:

> Chegou a esta cidade de Lille um rapaz de doze anos de idade que promete mostrar maravilhas que você jamais viu, ele pegará uma barra de ferro de três pés de comprimento, quatro dedos de largura e uma polegada de espessura, tirará do fogo em brasa, dançará e andará sobre ela de pés descalços, coisa considerável já que o fogo é mais ardente que o fogo natural.[87]

Enfim, todo um material religioso é afixado pela cidade: mandamentos episcopais, bulas de perdão e de indulgências, cartazes de confrarias, anúncios de enterro. No curso do século XVIII, esses cartazes se transformam, com o recuo da imagem em benefício do texto impresso, com a substituição dos textos antes impressos em maiúsculas por textos em caixa baixa ou em caracteres de civilidade.[88] Essas evoluções, paralelas às das tabuletas que cedem melhor lugar ao escrito, atestam certamente os progressos da alfabetização urbana, mas não suprimem, ao contrário, a prática de uma leitura comunitária que reúne os espectadores-ouvintes em torno de quem decifra o texto.

Em tempos de crise, o cartaz pode assumir outra feição, sediciosa e manuscrita. O anúncio nesse caso não está mais a ser-

---

87 Citado por Lottin, A. *Chavatte, ouvrier lillois. Un contemporain de Louis XIV.* Paris: Flammarion, 1979. p.325.

88 Perrot, J.-C. *Genèse d'une ville moderne.* Caen au XVIIIe siècle. Paris-La Haye: Mouton, 1975. t.I, p.307.

viço da administração ou do comércio, mas exprime o protesto. Duas circunstâncias sobretudo favorecem essa apropriação popular do cartaz e esse desvio da leitura ao ar livre. Por um lado, a cada escassez de alimentos, florescem os cartazes contra os governantes, acusados de especular sobre os víveres e provocar a fome do povo: como em 1725 e em 1768. Alguns, com escrita rabiscada e grafados foneticamente, traduzem uma expressão rudimentar; outros, escritos com mão segura, apelam para a ação violenta, ou desenvolvem uma ironia mordaz.[89] Por outro, os conflitos religiosos são uma segunda ocasião para os anúncios ferozes. Foi o caso durante a crise jansenista, e o advogado Barbier anota no seu diário de fevereiro de 1732: "Dizem que encontraram um cartaz na porta de Saint-Médard, onde estava escrito: Por ordem do Rei, é proibido fazer milagres neste lugar".[90] Esses cartazes manuscritos, multiplicados em períodos de tensão, atestam à sua maneira os progressos da circulação do impresso, cujas formas eles retomam, querendo captar seu impacto. Para isso, mobilizam os recursos de uma leitura em público, feita pelos mais aptos aos menos hábeis, ou por cada um deles ao mesmo tempo.[91]

Do lado das elites: ler em sociedade

A oposição entre a leitura elitista do foro privado e a leitura coletiva da maioria não deve anular as práticas que invertem os termos. Com efeito, ainda no século XVIII, a leitura erudita pode ser conjunta ou em voz alta. A correspondência entre o presi-

---

89 Kaplan, S.-L. *Le complot de la famine*: histoire d'une rumeur au XVIIIᵉ siècle. Paris: Colin, 1982. p.15 e 40. ("Cahiers des Annales").

90 Barbier, E.-J.-F. *Journal d'un bourgeois de Paris sous le règne de Louis XV*. Paris: UGE, 1963. p.119. "10/18".

91 Sobre essas leituras ao ar livre na capital, cf. Roche, *Le peuple de Paris...*, op. cit., p.229-37.

dente Dugas e Bottu de Saint-Fonds nos dá diversos exemplos disso. É freqüente ler a dois, ao mesmo tempo, o mesmo texto. Dugas faz isso com seu filho para ensiná-lo a refletir sobre suas leituras: "Passei um tempo considerável com meu filho, lendo grego e algumas odes de Horácio. Fiz o mesmo hoje" (carta de 28 de julho de 1728), ou: "É à noite que eu jogo xadrez com meu filho. Nós começamos lendo um bom livro, isto é, um livro piedoso, durante uma meia hora" (carta de 19 de dezembro de 1732). Mas a leitura conjunta é também um passatempo entre cônjuges camponeses: "Ontem passamos o dia passeando ... Sentamo-nos à beira de um córrego onde lemos o Teólogo nas conversações. Ficamos contentes com o que lemos" (carta de 14 de outubro de 1733).

Entre amigos, igualmente, as leituras paralelas são um prazer, já que em seguida elas alimentam o intercâmbio erudito:

> Cheinet passou por aqui ontem depois do jantar e ceou comigo. Lemos algumas cartas de Cícero e lamentamos a ignorância pública, quero dizer o pouco gosto de nossos jovens que se divertem lendo livros novos, freqüentemente frívolos e superficiais, e desprezam os grandes modelos onde aprenderiam a bem pensar. (carta de 27 de março de 1731)

Na sociedade lionesa do início do século XVIII, a prática da leitura em voz alta, para uma sociedade de escol, não se perdeu. Dugas atesta isso em 1733 a propósito de uma novidade, *O templo do gosto* de Voltaire, do qual M. de La Font, fidalgo da rainha, recebeu um exemplar com dedicatória do autor. Uma primeira leitura do livro ocorreu na intimidade familiar dos Dugas:

> M. de La Font chegou e me disse que julgou que eu apreciaria muito ouvir a leitura de um livro novo de M. de Voltaire, intitulado *O templo do gosto*; mas que se eu achasse bom, esperaríamos meu filho que tinha ido de manhã a Brignais para voltar à noite. Ele chegou uma meia hora depois e foi ele o leitor; a leitura durou

bem uma hora e meia, minha mulher que chegou pelas sete horas ouviu uns três quartos.

Segunda leitura em voz alta, inscrita na sociabilidade letrada, na academia: "Eu ouvi uma segunda vez a leitura dessa obra na academia e a ouvi com prazer ... O abade Tricaut que devia falar não se alongou muito e tivemos tempo de ler *O templo do gosto*, mas não lemos as notas que o autor colocou no rodapé, algumas das quais são muito curiosas". Terceira leitura, em projeto: a que Dugas queria fazer com seu amigo Bottu de Saint-Fonds. Para isso, ele pediu a M. de La Font que lhe emprestasse o livro quando Bottu viesse a Lyon: "Sinto que ficaria encantado em relê-lo com o senhor" (carta de 23 de março de 1733).

Aqui, a novidade da obra certamente excita a curiosidade, e as leituras em família ou em público têm por fim aplacar os entusiasmos. Entretanto, outros testemunhos confirmam a prática perpetuada da leitura de sociedade. Como prova, o quadro de Jean-François de Troy, datado de 1728, intitulado *A leitura de Molière* (coleção da marquesa de Cholmondeley). Num salão opulento, de estilo barroco, um grupo aristocrático que reúne dois homens e cinco mulheres ouve Molière, lido por um dos homens. As mulheres, em trajes domésticos, estão confortavelmente instaladas em assentos do tipo marquesas e uma delas se debruça em direção do leitor para ver o texto lido. No fundo da sala, uma biblioteca baixa, de portas envidraçadas, encimada por um relógio marcando três horas e meia. O leitor interrompeu-se, os olhares se cruzam ou se evitam, como se o prazer de sociedade que reúne em torno do livro remetesse cada um aos seus próprios pensamentos e desejos.[92]

---

92 Esse quadro está reproduzido no catálogo *France in the Eighteenth Century...*, op. cit., n.668 (Fig.108).

O impresso na intimidade popular

Nos ateliês e nos estúdios, nos portos e nas ruas, o povo urbano acede coletivamente ao escrito, decifrado em comum. Mas essa relação com o impresso não é a única: na intimidade da maioria, com efeito, o impresso penetra, mobilizando as afetividades, fixando a memória, guiando as práticas. Mais geralmente, esses impressos do foro privado popular não são livros, mas materiais mais humildes e efêmeros. Entre eles, os volantes e os pasquins ocupam um lugar importante. Depois de meados do século XVII, como antes, eles mobilizam o mesmo imaginário coletivo, fascinado pelas catástrofes naturais, as maravilhas e os monstros, os prodígios celestes, os fatos milagrosos, os crimes abomináveis. A temática colocada no século XVI não se modifica em nada,[93] entretanto, no fim do século XVII, as formas dos mais humildes dentre os avulsos evoluem um pouco.

Seus textos tornam-se próximos da linguagem oral, desajeitados e confusos, como se seus autores pertencessem ao meio popular, como se os ambulantes que difundem os livretos empunhassem eles próprios a pena. Por outro lado, as moralidades em prosa que freqüentemente concluíam as narrativas cedem lugar a estrofes que podem ser cantadas.[94] O pasquim assume assim, progressivamente, a estrutura plural que será a sua no século XIX, reunindo uma imagem ou uma série de imagens que formam uma narrativa, uma narração e uma estrofe ou canção. Dessa maneira, ele pode jogar com várias modalidades de recepção, permitir di-

---

93 Cf. o Capítulo 3, "Estratégias editoriais e leituras populares (1530-1660)".

94 Seguin, J.-P. Les occasionnels au XVIIe siècle et en particulier après l'apparition de la *Gazette*. Une source d'information pour l'histoire des mentalités et de la littérature "populaire". *L'Informazione in Francia nel Seicento, Quaderni del Seicento Francese*, n.5, Bari, Adriatica, e Paris, Nizet, 1983, p.33-59. Um exemplo de pasquim com narrativa iconográfica e lamentação moral em *Le fait divers*, op. cit., n.46.

versas leituras, das mais aptas às mais rústicas, ser prolongado de diferentes maneiras, pela canção, pela explicação ou pelo comentário.

Mas como atesta o exemplo de Chavatte, o pasquim pode também suscitar toda uma gama de gestos do foro privado. Depois de lido, ele é às vezes recortado e a imagem que acompanha é colada na crônica pessoal: como aquela representando um transbordamento de água e a emergência de monstros marinhos em Flandres e na Holanda em 1682, ou aquela do mesmo ano mostrando o suplício de "dois mágicos que tinham lançado veneno em vários locais na Alemanha". Depois do recorte, a cópia: Chavatte, com efeito, não insere em sua crônica os textos dos pasquins na sua forma impressa, mas os copia, como se o gesto da escrita fosse a condição da apropriação pessoal, como se a transcrição manuscrita desse à coisa lida o mesmo estatuto de autenticidade da coisa vista. E de fato, leitor assíduo de pasquins, Chavatte imita o seu estilo e a sua estrutura para fazer o relato de acontecimentos de Lille dos quais foi testemunha ou que lhe contaram. Sua própria escrita é modelada sobre as fórmulas do impresso dos quais imita os motivos e os enunciados, e a narrativa de ficção torna-se por sua vez a garantia da veracidade dos fatos extraordinários espalhados pela cidade.[95] Os pasquins, vendidos em Lille pelo livreiro Prévost, instalado no recinto da Bolsa, habitam, portanto, o cotidiano de Chavatte: ele os adquire, recorta, transcreve, mas em compensação eles moldam suas maneiras de pensar e de dizer, ditam-lhe seu estilo, impondo-lhe sua definição do verdadeiro.

Outros impressos, que não são nem livros nem livretos, mas simples folhas, encontram-se também nos meios populares. Como as imagens volantes. Em Paris, em 1700, enquanto apenas 13% dos assalariados possuem um ou vários livros, 56% detêm

---

95 Lottin, *Chavatte, ouvrier lillois...*, op. cit., p.265-6 e 329-30.

imagens, e em 1780 as porcentagens são respectivamente de 30% e 61%. Mesma diferença inicial, mas anulada no fim do Antigo Regime, entre os criados: em 1700, 35% têm livros, 56% têm imagens; em 1780 a porcentagem, aumentada ou reduzida a 40%, é idêntica.[96] Entre os assalariados, sobretudo, essas imagens são religiosas, já que dois terços delas oferecem para ver ou ler devoções do cristianismo. Entre elas, as imagens das confrarias ocupam a maior parte. Até o fim do século XVIII, elas são impressas em quantidades enormes como atesta J.-M. Papillon:

> Em 1756, fazia mais ou menos noventa anos que meu falecido avô Jean Papillon tinha gravado, em madeira de pereira, a grande prancha representando a Virgem Santíssima numa Glória, tendo ao seu redor os Santos Mistérios de sua vida, para os administradores da Confraria Real da Caridade de Nossa Senhora do Bom Parto, fundada na igreja de Saint-Étienne-des-Grès em Paris. Essa prancha ainda servia naquele ano, tendo tirado ainda cinco ou seis mil exemplares para serem distribuídos aos membros dessa confraria, o que dá no total mais de quinhentos mil exemplares.[97]

Querendo provar os méritos da gravura em madeira, Papillon indica ao mesmo tempo a longevidade das mesmas pranchas (portanto, das mesmas estampas) e a importância de sua difusão.

Com efeito, a cada ano todos os membros de uma confraria recebem uma imagem do santo ou do mistério que reverenciam. É assim que os estatutos da confraria da Imaculada Conceição da Santíssima Virgem, instalada na igreja Saint-Paul em Paris, prevêem que a contribuição anual dá direito a "uma vela, uma imagem e uma porção de pão bento".[98] Na segunda metade do

---

96 Roche, *Le peuple de Paris...*, op. cit., p.226.

97 Papillon, J.-M. *Traité historique et pratique de la gravure sur bois*. Paris, 1766, t.I, p.423-4.

98 Citado pelo abade J. Gaston, *Les images des confréries parisiennes avant la Révolution* (Paris: Société d'Iconographie, 2e année, 1909), 1910. Uma "vela de dezesseis" quer dizer uma vela daquelas de dezesseis velas por uma libra.

século XVIII, essa confraria manda imprimir cada ano trezentas imagens e cem bulas de indulgências, mencionando as que lhe foram concedidas. Em Lille, Chavatte é membro fundador e zelador da Confraria de São Paulino, fundada em 1670 e aberta aos operários do ramo têxtil, assim como aos jardineiros da paróquia do Santo Salvador, onde ela está instalada.

As representações do santo venerado por seus fiéis são múltiplas: uma relíquia trazida de Roma para Lille em 1685, uma estátua de prata fundida após uma coleta em 1669, enfim as imagens gravadas como aquela que Chavatte insere na sua crônica e que, diferentemente de outras mais tagarelas, só traz um mínimo de texto (impresso em maiúsculas), a saber: "São Paulino patrono dos jardineiros" e "A Confraria de S. Paulino está erigida na igreja paroquial do Santo Salvador em Lille, P. A. Cappon fec.". Distribuída anualmente aos membros, colada nas paredes da casa ou do ateliê, semelhante imagem serve certamente de suporte sensível às devoções exigidas pelos estatutos da confraria: "Os confrades e confreiras recitarão todos os dias três vezes a oração dominical e a saudação angélica em honra de Deus, da Santíssima Virgem Maria e São Paulino para obter o amor de Deus e do próximo e a preservação e alívio das cólicas e outros males espirituais e corporais".[99] Invocando São Paulino, Chavatte invoca também a Virgem e esta está presente em efígie no seu diário. A imagem que ele escolheu representa Nossa Senhora de Loreto, adorada entre os dominicamos de Lille e cuja confraria está erigida na igreja do hospital do Santo Salvador, situado bem perto de sua casa.[100]

Materiais de usos múltiplos, oferecendo para ver e venerar o santo padroeiro, fornecendo o texto das orações, lembrando as obrigações e os serviços, as imagens de confraria são colocadas

---

99 Lottin, *Chavatte, ouvrier lillois*..., op. cit., p.253-7, imagem reproduzida à p.256 *bis*.

100 Ibidem, p.239, imagem reproduzida à p.241 *bis*.

no centro da intimidade popular, coladas à parede, olhadas, consultadas. Mas, certamente, elas não constituem o único dos impressos religiosos preciosamente conservados: os adornos de lareira ou de cama, seqüência de madeira gravada em forma de frisa, que recapitulam os evangelistas, os apóstolos e os doutores da igreja,[101] as imagens de peregrinação, que atestam para si e para os outros a viagem devota; em certas dioceses (em particular na de Lyon no século XVII), os proclamas de casamento que trazem o texto do ritual e dão, pela imagem, todo um ensinamento religioso,[102] são outros exemplos. Em todos esses casos, ou quase todos, o impresso da intimidade popular fixa a lembrança de um momento importante da vida, joga com o duplo registro da imagem e do texto – o que permite as interpretações plurais –, articula utilidade prática com finalidade cristianizadora.

Os cartazes religiosos, no entanto, não são as únicas folhas impressas de grande tiragem. Desde o fim do século XVII, alguns imagineiros da Rua Saint-Jacques vendem "almanaques de gabinete" ou grandes quadros murais recapitulando, em torno de um assunto central, os acontecimentos do ano anterior.[103] Sua difusão permanece certamente restrita e sem comparação com as das imagens piedosas. Todavia, no curso do século XVIII, o repertório da imagética encontrada nos inventários após morte dos humildes diversifica-se. O número médio das imagens possuídas aumenta: entre os criados cuja fortuna é superior à média, ele passa de oito para 22, entre 1700 e 1780 (enquanto, como já

---

101 Um exemplo no catálogo *Religion et traditions populaires* (Musée National des Arts e Traditions Populaires. Paris: Ed. de la Réunion des Musées Nationaux, 1979. n.127).

102 Berlioz, P.-B. *Les chartes de mariage en pays lyonnais*. Lyon: Audin, 1941.

103 Adhémar, J. Information gravée en France au XVIIe siècle: images sur cuivre destinées à un public bourgeois et élégant. *L'Informazione in Francia nel Seicento...*, op. cit., p.11-32, em particular p.27.

assinalamos, a porcentagem dos possuidores de imagens decresce de 16%[104]). Ao lado da imagem de devoção, uma iconografia profana feita de vistas e de paisagens, de retratos, de cenas mitológicas encontra seu lugar. Toda uma panóplia de folhas de formato grande, impressas de um lado só e trazendo texto e imagem, povoa então os lares populares. Suas mensagens variam como seus usos, mas todas atestam uma freqüentação íntima, que é leitura, mas não somente leitura, de objetos impressos aos milhares (e hoje quase desaparecidos) pelos impressores e os negociantes de imagens.

Difusão do impresso, diferenciação das leituras

O século extensamente cortado que separa os anos 1660 dos anos 1780 assiste sem dúvida nenhuma a uma ampliação dos públicos do livro. Na cidade, apesar das estagnações e dos recuos, das diferenças conforme os locais e os ambientes, são mais numerosos aqueles que possuem livros e mais numerosos os livros que eles possuem. A progressão é particularmente sensível no mais baixo escalão da hierarquia dos leitores, atestando que, no curso do século, negociantes e comerciantes, artesãos e assalariados progressivamente familiarizam-se com o livro. Por outro lado, a proliferação das instituições que alugam os livros multiplica as possibilidades de leitura, mesmo para os mais humildes, e ao mesmo tempo aguça e aplaca o apetite pelo impresso. Paralelamente, o contraste entre cidade e campo atenua-se. As cidades, que durante muito tempo representaram o papel de baluartes do escrito, manuscrito ou impresso, perdem um pouco de seu privilégio.

---

104 Roche, *Le peuple de Paris*..., op. cit., p.227, quadro 34.

Na zona rural, o livro também circula, e alguns editores até se especializam no mercado campesino, conquistado pelos vendedores ambulantes, transformado pelo progresso da alfabetização.

Como a Igreja da reforma católica, como a escola levada pelos clérigos e pelas comunidades, o livro, depois de 1660, parte para a conquista dos povos e torna-se um dos suportes principais de uma aculturação que remodela crenças e comportamentos. Sua circulação numa nova escala tem efeitos possivelmente contraditórios: por um lado, ela permite inculcar as novas disciplinas, sejam elas da fé, da civilidade ou das técnicas; por outro, ela permite uma libertação dos espíritos que, pela informação apreendida ou pela ficção investida, podem escapar das repetições obrigatórias de um cotidiano estreito.

Esse processo de difusão do impresso não ocorre sem perturbar as diferenças antigas. Ele não é mais um bem escasso, portanto ele perde algo de seu valor simbólico, e a leitura que o consome se torna para todos mais desenvolta. Daí, certamente, por meio de representações e práticas, a busca de novas distinções. Algumas visam diferenciar os leitores no próprio ato de sua leitura, reformulando as oposições tradicionais, por exemplo entre leitores solitários das cidades e ouvintes das vigílias camponesas, ou então, na cidade, entre leitores de gabinete e leitores da rua. Outras pretendem impor uma maneira de ler que rompe com a leviandade da época e reencontra, de maneira laicizada, um estilo antigo de leitura, sério e intenso. A uniformização relativa trazida por uma circulação mais densa do livro não anula, muito pelo contrário, a multiplicidade das "figuras da leitura",[105] reivindicadas ou praticadas, aconselhadas ou desejadas. Se os dados numéricos mostram claramente que entre 1660 e 1700 atenuam-

---

105 Certeau, M. de. La lecture absolue (Théorie et pratique des mystiques chrétiens: XVIe-XVIIe siècles). In: Dällenbach, L., Ricardou, J. (Dir.) *Problèmes actuels de a lecture*. Centre Culturel de Cerisy-la-Salle. Paris: Clancier-Guénard, 1983. p.65-80

se as diferenças na distribuição do livro, o estudo dos usos do impresso indica em contrapartida uma diferenciação aumentada nos modos de apropriação dos materiais tipográficos, como se a distinção das práticas fosse gerada pela própria divulgação dos objetos de que elas se apossam.

6
Representações e práticas: leituras camponesas no século XVIII

Para os letrados do Iluminismo, a leitura camponesa é como a figura de uma leitura perdida, eliminada na cidade pelos desvelos desenvoltos de leitores demasiado ávidos. Por trás da imagem, pintada na tela ou posta em literatura, será que é possível descobrir os hábitos e as práticas dos habitantes do campo, não aqueles das nostalgias urbanas, mas aqueles de carne e osso que povoam a campanha? É bem verdade que alguns tomaram da pena para contar a história de sua vida, e, desse modo, lembrar seus primeiros encontros com os livros. Foi assim com Louis Simon, tecelão do Maine, que em 1809, cinco anos após a morte de sua amada esposa, começa a escrever "os principais acontecimentos ocorridos no curso de minha vida". Lembrando-se de sua juventude, ele anota o seu gosto pela leitura, alimentado pela biblioteca do vigário da paróquia que lhe empresta livros, graças também, certamente, a um vendedor ambulante que volta à região:

> Eu passava então meu tempo no prazer de tocar instrumentos musicais e de Ler todos livros que podia arranjar sobre todas as histórias Antigas, as guerras, a Geografia, as vidas de santos, o

Antigo e o Novo testamento e outros Livros santos e profanos eu gostava também Muito das canções e dos cânticos.[1]

Testemunhos como esses, no entanto, são raros e lacônicos. Alguns mais eloqüentes, como Jamerey-Duval, estão muito longe de sua infância camponesa quando escrevem, e, na narrativa da conquista da cultura, é o homem do Iluminismo quem fala, julga e pensa, e não o pastor de antanho. O testemunho deve então ser decifrado, primeiro, como uma apresentação de si mesmo, moldada na maior distância social e cultural, ligada a uma trajetória excepcional.[2] Mesmo que seja possível reconhecer aí traços que valem certamente para todas as educações autodidatas, em compensação ele pode indicar usos comuns do impresso e maneiras comuns de ler. Bastante raras, pouco loquazes, produtos de circunstâncias particulares, as histórias de vida não bastam, portanto, para restituir as leituras camponesas do século XVIII. Daí a importância de um conjunto documental diferente: os textos dirigidos ao abade Grégoire em resposta às suas perguntas "relativas aos *patois* e aos costumes das pessoas do campo". Enviado em 13 de agosto de 1790, o questionário do vigário de Emberménil, deputado da Assembléia Nacional, comporta com efeito três perguntas promissoras para uma história da leitura popular: "35. Têm eles [os párocos e vigários] um sortimento de livros para emprestar aos paroquianos? 36. As pessoas do campo têm gosto pela leitura? 37. Que espécies de livros são mais comumente encontradas em suas casas?". Portanto, três perguntas precisas sobre a presença do livro no campo e sobre as leituras preferidas de seus habitantes.

---

1 Fillon, A. *Louis Simon, étaminier 1741-1820 dans son village du Haut-Maine.* Université du Maine, 1982 (tese de 3º ciclo).

2 Jamerey-Duval, V. *Mémoires. Enfance et éducation d'un paysan au XVIIIe siècle.* Introd. J.-M. Goulemot. Paris: Le Sycomore; e Hébrard, J. Comment Valentin Jamerey-Duval aprit-il à lire? L'autodidaxie exemplaire. In: Chartier, R. (Dir.) *Pratiques de la lecture.* Marseille: Rivages, 1985. p.23-60.

Os livros de que se trata aqui são obras em francês, já que aquelas escritas em *patois* devem ser mencionadas nas respostas às questões 21 a 25 – em particular à vigésima terceira: "Têm os senhores obras em *patois*, impressas ou manuscritas, antigas ou modernas, como direito costumeiro, atas públicas, crônicas, orações, sermões, livros ascéticos, cânticos, canções, almanaques, poesias, traduções etc?". O empreendimento de Grégoire figura, portanto, como a mais antiga pesquisa sobre as práticas culturais (ou pelo menos as leituras) dos franceses e como um inventário inesperado da biblioteca rural do século XVIII, nos próprios inícios da Revolução. Todavia, o exame das respostas deve matizar o entusiasmo. Seu número é afinal restrito, já que há apenas 43, conservadas na biblioteca da Sociedade de Port-Royal e na Bibliothèque Nationale.[3] Além disso, com freqüência, elas não retomam o conjunto das 43 perguntas feitas por Grégoire, ignorando algumas (para onze delas, em particular, as perguntas que nos interessam), dando uma única resposta a várias delas ou compondo um texto bastante independente da ordem do questionário.

Por fim, e sobretudo, os que respondem não são os próprios leitores rurais, mas homens situados a distância da cultura camponesa. Sua posição social os distingue fortemente do povo rural. Para obter respostas à sua pesquisa, Grégoire apoiou-se em diversas redes de correspondentes: homens com os quais ele mantinha uma amizade instruída, alguns de seus colegas da As-

---

3 Vinte e nove respostas foram publicadas por A. Gazier (*Lettres à Grégoire sur les patois de France*. Paris, 1880); três por M. de Certeau, D. Julia e J. Revel (*Une politique de la langue. La Révolution française et les patois*. Paris: Gallimard, 1975); onze estão inéditas, dez delas conservadas na coletânea da Bibliothèque Nationale, Ms. Novas Aquisições francesas 2798, e a última na coletânea da Sociedade de Port-Royal, Ms. Revolução 222. Agradeço a Dominique Julia que me comunicou o texto dessas cartas inéditas. As respostas às questões 35, 36 e 37 da pesquisa de Grégoire são utilizadas rapidamente no artigo de Richter, N. Prélude à la bibliothèque populaire. La lecture du peuple au siècle des Lumières. *Bulletin des Bibliothèques de France*, t.24, n.6, p.285-97, 1979.

sembléia Nacional, finalmente as Sociedades dos Amigos da Constituição filiados ao Clube dos Jacobinos. Mas todos os que lhe escrevem, e cujas respostas se escalonam entre agosto de 1790 e janeiro de 1792 (com uma grande maioria entre novembro de 1790 e fevereiro de 1791), têm muitos pontos comuns: são urbanos, são "intelectuais" que pertencem à Igreja, à administração ou à justiça, às profissões liberais – isto é, a todas as togas da antiga sociedade –, são burgueses esclarecidos engajados no mundo da República das Letras.

Essa primeira distância, objetiva, em relação ao campo e seus habitantes, é duplicada por outra, voluntária, que é o próprio fundamento da descrição. A cesura afirmada com o povo camponês, esse outro a descobrir do questionário, é a condição para que estejam claramente separados dentro da comunidade provinciana os dignitários urbanos, em posição de observadores, e o campo, objeto selvagem de sua observação. Aquilo que os correspondentes de Grégoire relatam, portanto, não é o resultado de pesquisas de campo, baseadas numa intenção etnográfica, mas uma mistura complexa de saber e de familiaridade, de estereótipos antigos e de imagens em moda, de coisas vistas e de textos lidos. É preciso lembrar-se disso ao ouvir suas respostas.

"As pessoas do campo têm gosto pela leitura?" A pergunta, formulada no novo vocabulário do século, suscita respostas contraditórias. Para alguns, semelhante aspiração é impossível para quem não sabe ler: "Eles ainda estão, a maioria, entregues à mais crassa ignorância: não sabendo ler, não podem ter o gosto pela leitura" (Amigos da Constituição de Agen, 27 de fevereiro de 1791). "As pessoas do campo não têm nenhum gosto pela leitura porque mal sabem ler" (resposta anônima, região do Mâconnais e da Bresse). "Como três quartos das pessoas do campo não sabem ler, seria inútil ter livros para emprestar-lhes" (Jean-Baptiste de Cherval, 22 de setembro de 1790). Para alguns, a própria pergunta parece desprovida de sentido. Lequinio diz isso mobilizando a sabedoria latina: "As pessoas do campo não têm gosto pela leitura, *ignoti nulla cupido*"; outros, mais bruscamente, como os Amigos da Constituição de Mont-de-Marsan, respondem simplesmente à pergunta: "Eh! Como poderiam eles ter".

De modo contrário, várias respostas insistem no apetite camponês de leitura, achincalhado durante muito tempo, mas subitamente revelado pela Revolução. É o caso do abade Rochejean que responde por Salins e sua região:

> Por toda a parte o povo começa a ler; trata-se de manter o impulso dado. Nas classes mais ignorantes da sociedade, encontram-se homens dignos de instrução, que só pedem para instruir-se. Eu sei que o povo é muito apático, mas sei que é o menos a cada dia, e que há muitos homens ávidos de instrução para devolver mais ou menos lentamente ao povo esse gosto universal. (15 de março de 1791)

É o caso do cônego Hennebert em Artois: "Noto que, desde a Revolução, eles tomam certo gosto pelos escritos relativos a eles" (26 de novembro de 1790). O acontecimento, aliás, leva alguns a modificar completamente seu julgamento. O abade Andriès, professor no Colégio de Bergues, tinha respondido com ironia à questão 36, zombando da "estúpida vaidade" dos camponeses flamengos, vangloriando-se de saber tudo sem jamais ter lido nada: eles "não encontram em casa livros bem escritos, que possam induzi-los ou fazê-los apreciar a leitura: então eles nunca abrem nenhum". Mas, em nota, ele acrescenta à sua resposta: "A nota seguinte, embora cômica, não era menos verdadeira há seis meses: agora os camponeses são apaixonados pela leitura, conhecem melhor a Constituição que as pessoas de nossas cidades que desprezam os decretos". A Revolução inverte, portanto, as situações antigas e revela, em toda a sua força, aspirações que de maneira apressada eram julgadas estranhas ao povo camponês.

Infelizmente, essa nova expectativa se choca contra dois obstáculos ainda inevitáveis. Primeiro, a medíocre circulação de livros nos campos: "O povo certamente teria gosto pela leitura e, se tivesse livros, dedicaria a eles muitos dos momentos que não pode dedicar a seus preciosos trabalhos", escreve o abade Fonvielhe, vigário constitucional de Dordogne (20 de janeiro de 1791). E uma prova *a contrario* é trazida por Bernadau, advogado bordalês: "Notei que, quando um camponês tem um livro à sua disposição num dia feriado, ele prefere a sua leitura ao cabaré, embora esse costume lhe seja muito familiar nos dias de descanso" (21 de janeiro de 1791).

Segundo entrave à leitura desejada: a impossibilidade de instruir-se, por falta de professores: "As pessoas do campo apreciam muito a leitura, e, se não cuidam da instrução dos filhos, é porque não possuem mestres-escolas" (Bernardet, vigário de Mazille na diocese de Mâcon, 28 de dezembro de 1790). E Jean-Baptiste de Cherval acrescenta: "A facilidade com a qual se pode ler, o desejo de adquirir alguns conhecimentos, o proveito que se tira da leitura é geralmente o que lhe dá o gosto e quando os camponeses forem postos em condições de experimentar essas vantagens, não duvido de que apreciarão a leitura tanto quanto os homens refinados". O que Lorain, prefeito de Saint-Claude, resume numa fórmula soberba: "A instrução é necessária para ter sede de instrução" (14 de novembro de 1790).

É como se o povo representado pelos correspondentes de Grégoire fosse, portanto, despertado para si mesmo pelo novo curso político. O amor da leitura e a avidez de instrução pertencem realmente à sua natureza, mas foram sufocados pela sujeição cultural em que foram mantidos. Os Amigos da Constituição de Auch proclamam isso: "Afirma-se com segurança que as pessoas do campo têm na alma o gosto da leitura, e não há nada que desejem tanto como instruir-se". O primeiro dever da Revolução, portanto, é torná-los conscientes dessas aspirações que estão neles próprios. Será que, nessa tarefa, poderá ela apoiar-se na Igreja cujos membros são muitos daqueles que respondem ao questionário? Nesse ponto também o diagnóstico é contraditório. Para alguns, os párocos são adversários decididos da leitura camponesa.

Por um lado, eles pretendem preservar assim sua mediação obrigatória entre os fiéis e a Bíblia, como escreve o abade Aubry, ele próprio vigário, a propósito das Ardenas: "Os párocos e os vigários ... não emprestam nenhum livro a seus paroquianos, aos quais é proibido ler a Escritura santa. Assim, há poucos camponeses que têm o gosto da leitura". Por outro, eles temem que a difusão da leitura perturbe a escala das condições sociais ou subverta a ordem entre os sexos. O advogado Bernadau diz ter ele próprio encontrado essa hostilidade quando quis introduzir na escola da aldeia a leitura e a distribuição aos melhores alunos de obras úteis ao "governo das famílias": "O vigário pretendia que inspirar nos alunos o gosto da leitura era procurar dar sobre seus compatriotas uma superioridade contrária à modéstia cristã e que as moças leitoras eram más esposas". Imagens clássicas do século, portanto, figurando a luta entre o clérigo, apegado às idéias da tradição, adversário da educação do povo, fonte de desordens, e o homem do Iluminismo, preocupado com o progresso doméstico e público.

Mas se os clérigos repudiam a educação do povo, a Igreja, como instituição, não deixa de ser a única incitadora da leitura. O ex-capuchinho François Chabot, de Saint-Geniès, nota isso de maneira negativa: "A preguiça dos párocos e dos vigários se estende a todos os paroquianos: eles só lêem enquanto estão nos bancos, ou seja, até a primeira comunhão" (4-8 de setembro de 1790). Da mesma maneira, Lorain, em Saint-Claud: "A minoria lê nas suas horas e só. As exceções são infinitamente dispersas". Essa contradição remete à posição ambígua que é a dos vigários de paróquia no discurso dos correspondentes de Grégoire. Por um lado, em várias ocasiões, é sublinhada sua própria privação: eles mesmos são péssimos leitores. Amigos da Constituição de Perpignan: "Poucos, bem poucos deles, têm livros"; abade Fonvielhe: "O povo, portanto, lê muito pouco e os vigários (exceto que agora eles lêem as notícias) em geral também lêem tão pouco quanto ele". O responsável por semelhante situação é claramente o sistema beneficial que obriga os vigários a uma vida muito mesquinha, que os prende à sua condição sem esperança de mudá-la. Morel, procurador em Lyon: "Como seria possível aos Vigários de parcos rendimentos conseguir um sortimento de livros para emprestá-los aos paroquianos?" (2 de novembro de 1790). Amigos da Constituição de Auch: "Mesmo que eles tivessem dentro da cabeça a ciência de toda a Sorbonne, isso não os levaria nem a uma abadia, nem a uma dignidade dentro do seu capítulo, nem a uma paróquia melhor. Além disso, o título de vigário era uma exclusão a toda espécie de grau, sobretudo por parte da corte".

Aos vigários, entretanto, é atribuído um papel essencial na necessária aculturação do povo. A própria formulação da trigésima quinta pergunta sugere isso, em sua referência explícita à biblioteca de empréstimo estabelecida por Grégoire na sua paróquia de Embermésnil antes da Revolução – o que significava talvez retomar para uso do campo uma prática dos vigários jansenistas parisienses. Alguns dos correspondentes percebem a referência: "Um sortimento de livros que os Vigários deveriam ter para emprestar a seus paroquianos é uma idéia digna de ser concebida e executada pelo autor dessas perguntas" (abade Rochejean); "Essa pergunta só pode provir de um filósofo bastante amigo da humanidade, por já ter ele mesmo colocado em prática um costume ou uma moda que gostaria de ver estabelecida em todo o Império" (Amigos da Constituição de Auch).

Nos inícios da Revolução, o clero, reformado e regenerado, é, portanto, o educador patriota que se encarrega de transmitir a instrução, difundir o Iluminismo, revelar o povo a si mesmo. Com as novas autoridades civis, ele deve fazer vir à luz o desejo de leitura oculto na própria alma do povo. Em maio de 1794, quando Grégoire anuncia diante da Convenção o relatório de sua pesquisa "sobre a necessidade e os meios de eliminar os *patois* e universalizar o uso da língua francesa", os tempos tinham mudado, e nenhum lugar então era concedido aos vigários emprestadores de livros.[4]

---

4 O texto desse relatório foi publicado por Certeau, Julia e Revel, op. cit., p.300-17.

A BIBLIOTECA RURAL SEGUNDO OS CORRESPONDENTES DE GRÉGOIRE

1. Retivemos aqui apenas as respostas que mencionavam pelo menos uma "espécie de livro", considerando a pergunta 37 do questionário. Elas estão numeradas conforme a lista dada em Certeau, Julia & Revel, *Une politique de la langue. La Révolution Française et le patois: l'enquête de Grégoire* (Paris: Gallimard, 1975, p.175-8).

2. As obras mencionadas, por seus gêneros ou títulos, foram agrupadas nas seguintes categorias:

1 Bíblias, resumos e histórias da Bíblia.

2 Livros de horas.

3 Catecismos.

4 Coletâneas de cânticos.

5 Coletâneas de Natal.

6 Salmos.

7 Livros de orações, breviários, paroquianos.

8 Vidas de santos.

9 Obras de devoção e piedosas.

10 Biblioteca Azul.

11 Contos.

12 Almanaques

13 Livros de bruxaria.

Correspondente	Região coberta pela resposta	1	2	3	4	5	6	7	8	9	10	11	12	13
1 Bernadau	Distrito de Bordeaux	*	*		*	*		*	*	*	*		*	
4 Abade Fonvielhe	Província do Périgord			*									*	
5 Amigos da Constituição de Mont-de-Marsan	Gasconha										*	*		*
6 Amigos da Constituição de Auch	Departamento do Gers	*	*	*										
8 Abade Barère	Departamento dos Hautes-Pyrénées							*		*				
9 Amigos da Constituição de Agen	Departamento do Lot-et-Garonne	*	*							*				
12 Chabot	Departamento do Aveyron									*				
13 Amigos da Const. de Perpignan	Distrito de Perpignan												*	
14 Amigos da Const. de Carcassonne	Distrito de Carcassonne		*	*						*	*		*	
16 Abade Rollland	Provença							*		*			*	
17 Colaud de la Salcette	Departamento da Drôme	*												
18 Morel Aîné	Província do Lionês		*							*				
19 Amigos da Const. de Ambérieu	Departamento do Ain									*				
20 Anônimo	Mâconnais, Dombes e Bresse					*		*						
21 Abade Bouillotte	Borgonha	*							*					
23 Cherval	Bresse					*				*				

Leituras e leitores na França do Antigo Regime

Correspondente	Região coberta pela resposta	1	2	3	4	5	6	7	8	9	10	11	12	13
24 Lorain Filho	Distrito de Saint-Claude		*											
25 Joly	Bailiado de Saint-Claude									*				
28 De Mirbeck	Província de Lorraine								*			*		*
29 Amigos da Const. de Commercy	Lorraine							*						
30 Grünwald et Frères Lefebvre	Ducado de Bouiloon							*						
31 Abade Aubry	Ducado de Bouillon							*	*		*			
32 Abade Andriès	Distritos de Bergues e Hazebrouck							*	*					*
34 Cônego Hennebert	Artois										*	*		
35 Abade Asselin	Distritos de Château-Thierry e Soissons									*				
36 Riou	Bispados de Léon e Tréguier				*			*						
37 Lequinio	Morbihan, Finistère, Côtes-du-Nord				*				*					
40 Abade Perreau	Bas-Poitou						*							
43 Abade Poupard	Província do Berry	*								*				

"Que espécies de livros se encontram mais comumente entre eles?" A trigésima sétima pergunta do questionário de Grégoire incita seus correspondentes a desenharem os contornos da biblioteca de seus compatriotas camponeses. Eles respondem, mas não como poderia desejar o historiador em busca de dados precisos e objetivos. Com efeito, muitas vezes eles se contentam com alguns títulos ou indicações muito globais, e, sobretudo, fica bem claro que suas escolhas têm de fato a função de ilustrar e validar sua própria representação das disposições culturais ou das propriedades psicológicas que eles atribuem ao povo camponês. Certamente que estes observadores prevenidos não inventam, e os livros que mencionam se encontram provavelmente nas casas camponesas, mas eles fazem uma triagem, generalizam e, de maneira a tornar sensível pelo *corpus* dos títulos mencionados, talvez omitam o que é o ruralismo – pelo menos o ruralismo da sua cabeça. O levantamento sistemático das "espécies de livros" citadas, resposta após resposta, agrupadas em treze categorias, nove religiosas, quatro laicas, não constitui, pois, um inventário à maneira notarial, mas um "tipo ideal" da biblioteca camponesa, construído no cruzamento da experiência e da imagética, índice ao mesmo tempo de um conhecimento do campo, visitado, percorrido, e arquétipos compartilhados da rusticidade.

Nessa representação, o livro do povo agrícola é antes de tudo religioso. Todas as respostas que mencionam livros, com exceção de três apenas (dos Amigos da Constituição de Mont-de-Marsan e de Perpignan e a do cônego Hennebert), indicam a presença de obras piedosas ou de livros de igreja. A Bíblia é citada, mas muitas vezes sob a forma de sumários ou de adaptações: "Entretanto, na casa de alguns, encontram-se o sumário do Antigo Testamento de Royaumont, o Evangelho e a *Imitação de J.-C.*; mas isso é muito raro" (Amigos da Constituição de Agen); "Eles apreciam muito as histórias das Vidas de Santos e da Bíblia" (abade Bouillotte, Borgonha). Desse ponto de vista, o contraste entre protestantes e católicos é claramente sublinhado por alguns, como Colaud de

La Salcette no Departamento da Drôme: "Os vigários têm poucos livros, e os camponeses amam pouco a leitura: os calvinistas que são numerosos são pontuais em conseguir a Bíblia" (18 de fevereiro de 1792). Mais freqüentemente citados que as bíblias em francês ou seus sucedâneos são os livros de horas: "As pessoas do campo que sabem ler só lêem seus livros de horas" (Morel l'Aîné, Lyon).

No fim do século XVIII, os correspondentes de Grégoire conservam, portanto, a familiaridade perpetuada com o livro de horas que, dois séculos antes, era o mais difundido de todos os livros.[5] A nova literatura da reforma católica minorou sua importância entre as pessoas letradas ou entre os mais devotos, mas ele permanece como uma obra popular, de múltipla utilidade, propondo ao mesmo tempo texto dos ofícios e fragmentos da Bíblia. Mas, para os patriotas esclarecidos que escrevem a Grégoire, as horas não são de fato um livro, e lê-lo não é realmente ler. Os Amigos da Constituição de Auch dizem isso à sua maneira num pequeno apólogo do camponês que lê mas não é leitor:

> O rapaz indo à escola do vigário, que o fazia ler uma vez por mês ou mais, embora os pobres pais se privassem diariamente dos pequenos serviços que seu filho poderia prestar-lhes; esse rapaz, dizíamos, tão logo entrava na posse das *Horas* da diocese, carregava-o constantemente no bolso durante o trabalho, e nas mãos nos momentos do repouso. Ele lia a vida inteira e morria sem jamais ter sabido ler.

Saber ler é outra coisa, não somente poder decifrar um livro único, mas mobilizar, para a utilidade ou o prazer, as múltiplas riquezas da cultura escrita.

Se no repertório do livro de devoção estabelecido pelos interlocutores de Grégoire figuram textos antigos como a *Imitação de Jesus Cristo* (citado pelos Amigos da Constituição de Agen e de

---

5 Cf. Labarre, A. *Le livre dans la vie amiénoise du XVIe siècle*. L'enseignement des inventaires après décès 1503-1576. Paris-Louvain: Nauwelaerts, 1971. p.164-77.

Carcassonne), aparecem também títulos mais novos produzidos pela reforma católica e que entraram no catálogo dos impressores de obras de larga difusão, em particular aqueles instalados em Troyes. Bernadau menciona assim "*As sete tempestades*, obra ascética de um gênero lamentável" que é, de fato, *As sete trombetas espirituais para despertar os pecadores* do recoleto Solutive, e François Chabot, o *Caminho do céu ou a via que as crianças devem manter para chegar ao céu* e o *Pense bem ou Reflexão sobre os quatro fins últimos do Homem* – os dois primeiros títulos foram reeditados várias vezes no curso do século pelos impressores de Troyes.

Sua presença no campo, como a daquelas obras litúrgicas que são os breviários, os paroquianos, as coletâneas de cânticos e de orações, resulta de um duplo fato. Primeiro, ela é o efeito de uma política diocesana do livro, feita, em certos lugares pelo menos, de distribuições às escolas e às famílias. Como na diocese de Saint-Claude, no dizer do advogado Joly: "O falecido senhor bispo mandou distribuir nas paróquias muitos livros". Por outro lado, nos últimos vinte anos da antiga monarquia, o novo regime das autorizações simples instituído em 1777, que permite reeditar livremente todos os títulos cujo privilégio expirou, multiplicou de maneira considerável o número dos livros de religião em circulação. O total de seus exemplares eleva-se a 1.363.700 entre 1778 e 1789 (ou 63% do conjunto de todos os publicados sob cobertura da nova permissão). Três categorias dominam essa produção religiosa de fim de século: as obras de liturgia e de prática (45% dos exemplares), as horas (20% dos exemplares), os livros piedosos da reforma católica – e entre eles o *Caminho do céu* ou o *Pense bem*.[6] É preciso, portanto, dar crédito às anotações dos correspondentes de Grégoire que registram com fidelidade o novo dado do mercado do livro às vésperas da Revolução.

---

6 Brancolini, J., Bouissy, M.-T. La vie provinciale du livre à la fin de l'Ancien Regime. In: Furet, F. (Dir.) *Livre et société dans la France du XVIIIe siècle*. Paris-La Haye: Mouton, 1970. t.II, p.3-37

Ao lado dos livros piedosos, figuram os da Biblioteca Azul. Esta, todavia, só aparece em cinco respostas, seja no singular – Bernadau menciona a presença de "algumas obras da Biblioteca Azul" – seja no plural – o abade Aubry, vigário de Bellevaux nas Ardenas, indica por sua vez: "Os livros comumente encontrados em suas casas são Vidas de Santos, orações e Bibliotecas Azuis", fazendo alusão talvez às diferentes cidades que imprimem essas obras. A coleta dos títulos individualmente citados é magra: a *História dos quatro filhos Aymon* pelos Amigos da Constituição de Mont-de-Marsan e de Carcassonne, a *História da vida, grandes ladroeiras e sutilezas de Guilleri* por estes últimos, a *História da vida e do processo do famoso Dominique Cartouche* e a *História de Louis Mandrin* pelo cônego Hennebert. Portanto, um romance de cavalaria, clássico da Biblioteca Azul, e os títulos que no século XVIII asseguram o sucesso popular da figura nova e ambígua do "bandido de grande coração".[7]

Para os correspondentes de Grégoire, os contos pertencem ao mesmo horizonte. Eles os denominam de diversas maneiras: "contos de fadas, necromancias, *Barba-Azul*" para os Montois, "os antigos *Contos da Mamãe Gansa*", para Hennebert, "contos azuis" para o Lorrain de Mirbeck. Em todos os casos, trata-se realmente de referências a escritos, a livros aparentados com os do repertório azul, e não de alusões às tradições orais do povo do campo, aparentemente mal conhecidas por nossos observadores urbanos. Seu testemunho traz duas informações preciosas: por um lado, atesta que a denominação Biblioteca Azul não cobre os livros religiosos impressos nas mesmas formas e pelos mesmos editores – o que é confirmado pelos catálogos de Troyes que a reservam para os "livros recreativos –, comumente chamados Biblioteca

---

7 Cf. o Capítulo 8, "Figuras literárias e experiências sociais: a literatura da malandragem na Biblioteca Azul", e *Histoires curieuses et véritables de Cartouche et de Mandrin*, textos apresentados por H.-J. Lüsebrink (Paris: Montalba, 1984, p.21-45).

Azul"; por outro, manifesta a difusão generalizada para todo o reino, incluindo as províncias meridionais, dessas histórias que não sãos mais publicadas apenas pelos editores de Champagne ou de Rouen.[8]

Oito respostas fazem referência a almanaques entre os livros dos camponeses. Três se contentam com essa expressão genérica, salvo precisão "algum desses maus almanaques", como o abade Fonvielhe; cinco outros designam com mais precisão os almanaques de que falam: Bernadau cita o *Almanaque dos deuses* (talvez o *Deus seja bendito ou Almanaque fiel*); os Amigos da Constituição de Perpignan enumeram os de Liège, de Larrivay (na verdade, Delarivey, de Troyes) e o *Mensageiro manco*; Frédéric-Ignace de Mirbeck menciona para a Lorraine o *Almanaque de Basiléia*, ou seja, aquele mesmo *Mensageiro manco*; e o abade Andriès, para os distritos de Bergues e de Hazebrouck, menciona os almanaques flamengos "que vendemos aqui, mas que vêm do estrangeiro a dois centavos cada um ... Os camponeses são excessivamente ávidos por ele, por causa de um prognóstico do tempo, que sempre se encontra lá". Duas constatações, portanto: a predominância dos almanaques impressos no estrangeiro sobre aqueles do velho estoque de Troyes, a circulação dos mesmos títulos de norte a sul do reino, mesmo que venham da Suíça ou dos Países Baixos austríacos.

Sobre a biblioteca rural assim constituída, o diagnóstico é dos mais negativos. O universo que seus títulos desenham é o das crenças supersticiosas, das fábulas inúteis, dos preconceitos antigos. É exatamente essa impressão que deve dar sua enumeração seguida, em resposta à trigésima sétima pergunta. Retomemos a dos Amigos da Constituição de Perpignan, cujos elementos isolamos até agora: "*Os quatro filhos Aymon*, livros de bruxaria, opinião muito acreditada em nossa região entre o povo da cidade e do campo, o que atesta sua profunda ignorância; contos de fadas,

---

8 Cf. o Capítulo 7, "Os livros azuis"

necromancias, *Barba-Azul* etc.". O romance "azul", o conto, o livro de magia: é essa mesma série que Grégoire denuncia no seu relatório à Convenção quando estigmatiza "os contos pueris da Biblioteca Azul, das comadres e do sabá" que constituem o todo das conversações camponesas. Contra esses livros "que podem embrutecer", segundo Lorain, os homens esclarecidos devem impor aqueles que ensinam e educam.

O mesmo Lorain declara: "Eu propus a nova obra de Berquin (*Biblioteca das aldeias*) a alguns prefeitos do campo que não se interessaram", e lembramos os esforços de Bernadau para fazer adotar como livro de escola *A ciência do velho Richard* e distribuir aos meninos merecedores um *Aviso ao povo sobre sua saúde* e um *Manual do cultivador*, e às meninas comportadas, além de um Novo Testamento, o *Aviso às boas donas de casa*. Em 1794, Grégoire retoma, em escala nacional, uma política semelhante, propondo a redação e a difusão "de opúsculos patrióticos que conterão noções simples e luminosas, que possam captar o homem de concepção lenta e cujas idéias são obtusas" – por exemplo, sobre a meteorologia, a física elementar, a política ou as artes –, e também "bons jornais" para os quais indica a leitura pública. "Vemos com interesse as vendedoras no mercado, os operários nas oficinas se cotizarem para comprá-los, e de comum acordo fazer o trabalho daquele que os lê".[9]

As leituras comuns das pessoas do campo são, portanto, desqualificadas por aqueles que as relatam a Grégoire, porque, longe de instruir e ajudar, de informar e despertar, elas mantêm preconceitos e superstições ainda vivos. Entretanto, alguns percebem diferenças entre os leitores provincianos: os camponeses e os dignitários não lêem os mesmos livros. Mas essas diferenças reconhecidas podem trazer valores contraditórios. Para alguns, as lei-

---

9 Cf. Parent, F. Des nouvelles pratiques de lecture. In: Martin, H.-J., Chartier, R. (Dir.) *Histoire de l'édition française*. Paris: Promodis, 1984. t.II: "Le livre triomphant 1660-1830", p.606-12.

turas perigosas das elites rurais são capazes de corromper o povo cultivador. Como para Joly de Saint-Claude que recorre à sua experiência pessoal:

> O ofício de juiz, que exerci durante muito tempo, proporcionou-me temporadas no campo [trata-se certamente de um cargo de juiz senhorial]. Eu via seus livros nos momentos que interrompiam minhas ocupações; vi freqüentemente obras piedosas. A proximidade de certos autores célebres, que mancharam e aviltaram sua pena no fim da carreira [certamente Voltaire e Rousseau], espalhou por ali algumas brochuras perigosas para os costumes e a religião, que introduziram e alimentaram a agitação e a anarquia em Genebra. Encontrei essas obras com um comerciante que estava seduzido.

A essa primeira imagem do povo virtuoso e religioso ameaçado pelos escritos libertinos, o cônego Hennebert contrapõe outra, inversa, que reconhece a presença da literatura legítima entre os mais afortunados somente ("Os honestos fazendeiros lêem relatos de viagem, os romances do Abade Prévost e outros desse gênero"), enquanto os mais desfavorecidos permanecem dedicados a "grosseiras rapsódias, livros obscenos, antigas lendas fabulosas, os antigos *Contos da Mamãe Gansa*, as vidas de Cartouche, de Mandrin etc.". Encontra-se então formulada uma dupla pergunta: como evitar que a corrupção pelo saber não substitua aquela trazida pela ignorância? Como fazer para que o livro seja fonte de exemplos imitáveis, e não de depravações novas? A triagem entre as obras úteis e patrióticas e aquelas que não o são, o encargo de sua distribuição por parte dos homens esclarecidos ou pelo próprio Estado são as respostas sugeridas que o relatório de Grégoire irá ampliar.

Alguns dos que respondem à pesquisa não se limitam a assinalar secamente a presença de tais ou tais "espécies de livros" nas casas camponesas: falam mais sobre sua circulação, leitura, uso. Eles atestam, primeiro, a existência da venda ambulante de

Leituras e leitores na França do Antigo Regime

livraria: "Aquelas pessoas do campo deste distrito que sabem ler apreciam muito a leitura e, na falta de outra coisa, lêem o *Almanaque dos deuses*, A Biblioteca Azul e outras frivolidades que os ambulantes levam anualmente para o campo" (Bernadau). A realidade designada é, portanto, a do vendedor ambulante ou feirante, de charrete atrelada, com circuitos bastante amplos e estoque bem fornido".[10] Em contrapartida, nenhum correspondente de Grégoire menciona um comércio mais modesto, o dos vendedores ambulantes que carregam os livros nas costas ou a tiracolo, gênero mais urbano do que rural. Mas os ambulantes não são os únicos a introduzir livros no meio camponês; outros também o fazem, mas por outras mercadorias:

> Até uma certa idade, só se encontram nas mãos deles os livros de que falamos acima [livros de devoção emprestados ou dados pelos padres]. Mais avançados, eles se limitam a algumas folhas ou brochuras, que os viajantes ou comerciantes introduzem nas suas aldeias e que muitas vezes são perigosos aos costumes e mais ainda ao repouso público. (Amigos da Constituição de Ambérieu, 16 de dezembro de 1790)

Reencontramos aí a oposição já traçada pelo advogado Joly entre o camponês e o comerciante, o nativo e o forasteiro, a piedade e a virtude naturais do campo e a corrupção vinda de fora, da cidade. É difícil dizer em que literatura exatamente pensam os patriotas de Bresse, talvez nos romances pornográficos impressos fora das fronteiras pelas sociedades tipográficas estrangeiras, talvez nos panfletos obscenos citados por Morel em sua resposta – as *Cartas escancaradamente patrióticas do verdadeiro velho du Chêne, o Buraco do cu do velho du Chêne. O Lenço dos aristocratas*. Em todo caso, a sua notação matiza um pouco o quadro estabelecido de leituras camponesas totalmente ocupadas pelos livros de

---

10 Sauvy, A. Noël Gille dit la Pistole "marchant forain libraire roulant par la France". *Bulletin des Bibliothèques de France*, 12 année, n.5, p.177-90, 1967.

horas, pelo almanaque ou pelo livro azul. Em certos lugares, pelo menos, os campos são também irrigados pelos livros da época, proibidos ou polêmicos – "aquelas brochuras conspurcadas de lubricidade ou de imprecações convulsivas que exaltam as paixões em vez de iluminar a razão", condenadas por Grégoire quatro anos mais tarde.

Sobre as práticas de leitura propriamente, os amigos de Grégoire são pouco eloqüentes. Dois traços, entretanto, retêm a atenção de alguns. Por um lado, uma maneira camponesa de ler que não é a deles: "Eles têm a fúria de voltar vinte vezes para essas misérias, e, quando falam delas (o que fazem de muito bom grado), recitam por assim dizer palavra por palavra seus livretos". Para Bernadau, o advogado erudito e polígrafo, semelhante leitura, que é releitura repetida do mesmo almanaque ou do mesmo livro azul, que faz saber de cor, ou quase, que se transforma facilmente numa recitação, pertence ao estranhamento camponês, ao mesmo título que as crenças supersticiosas ou a ignorância da moral. Por outro, a leitura camponesa se caracteriza como comunitária ou familial, como escuta de uma fala leitora. Duas testemunhas nesse caso: Bernadau, sempre ("Os livros dos camponeses estão sempre em mau estado, embora exatamente fechados. Eles são transmitidos por herança. Nas longas noites de inverno, eles lerão durante uma meia hora, para toda a casa reunida, alguma vida de santo ou um capítulo da Bíblia") e Joly ("As pessoas do campo não deixam de ter gosto pela leitura, mas dão uma justa preferência às obras de sua condição. No inverno principalmente, eles lêem ou mandam seus filhos lerem, em família, livros ascéticos").

As duas descrições desenham, portanto, uma mesma cena, a da vigília, quando, na estação de inverno, em torno do livro religioso lido em voz alta pelo filho ou pelo pai, a família inteira acha-se reunida. Assim, as respostas de Grégoire parecem vir apoiar duas das características pelas quais os historiadores pensaram poder definir as leituras camponesas antigas: o hábito da leitura em voz alta por ocasião das vigílias, considerada como a forma principal de difusão do escrito impresso nas sociedades em que os analfabetos, numerosos, devem ouvir o livro;[11] e a prática de uma leitura dita "intensiva", distinguida pelas freqüentes releituras de um número muito pequeno de livros, pela memorização de seus textos, facilmente mobilizáveis, pelo respeito atribuído ao livro, raro, precioso, sempre mais ou menos carregado de sacralidade.[12]

Há, contudo, uma dúvida. São pouco numerosas as testemunhas que descrevem esses costumes camponeses, e, de fato, precisamos confiar na única que afina o traço, Pierre Bernadau, o advogado de Bordeaux. Ora, o último parágrafo de sua última carta a Grégoire, datada de 21 de janeiro de 1791, introduz a suspeita:

> Os livros que mais freqüentemente encontrei entre os camponeses são os das *Horas*, um Cântico, uma Vida dos Santos, entre os grandes fazendeiros que lêem algumas páginas deles para seus trabalhadores depois do jantar. Lembro-me a esse respeito de alguns versos de uma obra sobre a vida campestre que concorreu, há sete anos, com a égloga de *Ruth* de M. Florian. As leituras da noite entre os camponeses são aqui bem descritas; não o são com menos energia na *Vida de meu pai* de M. Rétif.

A leitura após o jantar, em voz alta e em família, pertence, portanto, a um repertório de representações que é comum à poesia bucólica, à fábula autobiográfica[13] e também à pintura ou à estampa, desde o *Camponês que lê para seus filhos*, exposto por Greuze no Salão de 1755, até o frontispício do segundo tomo da pri-

---

11 Mandrou, R. *De la culture populaire aux XVIIe e XVIIIe siècle.* La Bibliothèque Bleue de Troyes. Paris: Stock, 1975. p.20-2.

12 Engelsing, R. Die Perioden der Leserforschung in der Neuzeit. Das statistische Ausmass und die soziokulturelle Bedeutung der Lektüre. *Archiv für Geschichte des Buchwessens*, v.X, p.945-1002, 1969.

13 Benrékssa, G. Le typique et le fabuleux: histoire et roman dans *La vie de mon père. Revue des Sciences Humaines*, n.172, p.31-56, 1978.

meira edição do texto de Rétif publicado em 1778. A função dessa imagética é dupla: apresentar a sociedade rural como patriarcal, fraternal, comunitária, em contraste com aquela outra, corrompida e desunida, das grandes cidades; pintar nessa decifração aplicada e nessa escuta vigilante ("Não posso me lembrar sem comoção com que atenção essa leitura era ouvida", escreve Rétif) a concentração completa dos indivíduos naquilo que estão fazendo, aquela absorção colocada como o oposto exato da frivolidade da época.[14]

Para Bernadau e Joly, o motivo da vigília de leitura constitui, portanto, um componente obrigatório da representação do mundo camponês – ou pelo menos de uma de suas representações. Com efeito, essa imagem, toda feita de simplicidade natural, que exprime à sua maneira a transparência perdida que se deveria reencontrar em toda parte, cruza contraditoriamente com aquela outra que faz dos campos o baluarte temível dos preconceitos e das ignorâncias, e uma terra de missão para os homens esclarecidos e os filósofos educadores. Na resposta de Bernadau, as duas visões se encontram justapostas, como se pertencessem a registros diferentes, como se o autor reunisse, sem embaraço, os estereótipos maiores que, para as elites urbanas, encerram a verdade incerta da sociedade rural, modelo ou escândalo. A descrição da leitura piedosa, em família, ao cair da noite, não tem, portanto, estatuto de observação etnográfica, mas permite uma encenação conforme a um dos *topói* dominantes sobre a cultura camponesa.

Bernadau talvez tenha visto quais livros estavam "devidamente fechados" nas casas camponesas, mas seu testemunho sobre as vigílias (tanto quanto o do advogado Joly que pleiteia pela inocência dos costumes camponeses) não permite admitir a freqüência das leituras no seu interior, já que tal prática não é claramente atestada nem nas condenações eclesiásticas dos séculos XVII e

---

14 Fried, M. *Absorption and Theatricality. Painting and Beholder in the Age of Diderot*. University of California Press, 1980.

XVIII, nem nas pesquisas folclóricas do século XIX. Quando a vigília é mencionada, é sempre como lugar do trabalho em comum, do jogo e da dança, dos contos e das canções, da confidência e da tagarelice, e praticamente nunca como espaço da leitura comunitária em voz alta.[15] Construído em referência à leitura familial da Bíblia entre os reformados (enquanto a própria Bíblia é muito raramente mencionada entre os livros citados), o motivo, portanto, informa mais sobre as nostalgias ou as expectativas dos letrados do fim do século XVIII do que sobre os gestos camponeses.

Será que ocorre o mesmo com o conjunto das notações contidas nas respostas a Grégoire, que seriam então sem valor "objetivo" para uma história das leituras camponesas? Talvez não. Com efeito, se todos os correspondentes ordenam suas observações de maneira a pôr em relevo uma figura ideal ou renegada da personalidade camponesa, e, sem mesmo calcular conscientemente, propõem, em todos os domínios, os índices adequados ao retrato que pretendem traçar, sua demonstração deve necessariamente confrontar as realidades, nem familiares, nem estranhas, desse ruralismo selvagem, mas próximo. O que eles dizem é, portanto, uma mescla compósita, de proporções variáveis e desiguais conforme os casos, de coisas vistas, de observações feitas no próprio local, como juiz, como vigário, como viajante, e de coisas lidas, de reminiscências literárias, de clichês em moda.

Não se trata tanto de fazer a triagem de umas e de outras, já que elas formam um sistema de percepção coerente, dando força de realidade ao campo assim apreendido, mas trata-se sobretudo de compreender cada indicação factual no porquê de seu enunciado e de remetê-la ao que se pode saber, de outro modo, da circulação e do uso do impresso no mundo rural do século XVIII. Com essa condição, os testemunhos reunidos por Grégoire demonstram como os letrados de província representavam, para si ou

---

15 Cf., em anexo a este capítulo, nosso dossiê "A leitura na vigília. Realidade ou mito?".

para os outros, os leitores camponeses, mas também, nessa mesma representação, que tem suas leis e motivos próprios e que traduz, trunca e transforma, quais eram algumas das práticas populares do impresso.

O mais penetrante dessa descrição é certamente a consciência, ainda confusa, de que a Revolução está alterando os hábitos culturais mais arraigados. O evento desencadeou um desejo de leitura, de informação pelo impresso, que torna obsoleta a antiga biblioteca rural. Alguns pensam a mudança como simples transferência, com as antigas práticas se apossando de textos novos: "Depois da Revolução, os camponeses substituíram essas leituras pelas dos impressos da época, que eles compram quando já muito usados e vendidos barato. A juventude também substituiu os cânticos pelas canções patrióticas" (Bernadau, dezembro de 1790 ou janeiro de 1791). Mas, de fato, com a irrupção de uma literatura efêmera, e panfletária, que só tem valor na sua relação com a atualidade política, móvel, nervosa, é toda uma antiga maneira de ler, ligada à repetição das mesmas fórmulas em livros sempre idênticos a si mesmos – horas, almanaques, histórias azuis – que aparece já moribunda. Daí a indecisão temporal de muitas respostas a Grégoire que descrevem no presente uma cultura camponesa fatiada, superpondo, sobre a trama empalidecida das leituras antigas, os novos entusiasmos de leitores camponeses que já não são mais aqueles das imagens do Iluminismo.

Anexo

A leitura na vigília.
Realidade ou mito?

Será que a vigília camponesa constituiu, no século XVIII, um lugar privilegiado da leitura em voz alta de livretos populares, em particular os da Biblioteca Azul? Contrariamente à opinião clássica, nós não pensamos assim, ao mesmo tempo porque os índices invocados não convencem e porque outras atestações, totalmente contrárias, podem ser produzidas.

1 É claro, de início, que os estatutos sinodais e ordenações episcopais que condenam as vigílias não mencionam a leitura entre seus perigos ou hábitos, seja ela em voz alta ou silenciosa, coletiva ou solitária. Como as ordenações episcopais para a diocese de Châlons-sur-Marne de 1693, citadas por Robert Mandrou (*De la culture populaire...*, op. cit., p.2), que denunciam a entrada de rapazes nas vigílias em que mulheres e moças trabalham juntas para "jogar e dançar" – mas não para ler.

2 Quando o escrito se introduz nas vigílias femininas, no início do século XVIII, é por iniciativa de alguns padres, geralmente favoráveis ao jansenismo, que pretendem assim transformar práticas antigas, estranhas à leitura, e conquistar os fiéis. Por ocasião de seu processo diante da oficialidade de Vence em 1709, Jean-Baptiste Deguigues, vigário de Tourrettes, é assim duplamente acusado: pelas testemunhas por sua participação em assembléias onde "se canta, se ri, se diverte como fazem habitualmente as pessoas que fazem amor", pelo seu bispo por ter distribuído nas vigílias "orações e ofícios" que ele não tinha autorizado. E, de fato, os depoimentos assinalam que ele se dirigia às assembléias "com um livro debaixo do braço" e aí fazia "a leitura de alguns livros" (cf. M.-H. Froeschlé-Chopard e M. Bernos, "Deguigues, prêtre janséniste du diocèse de Vence en 1709 ou l'échec de l'intermédiaire", *Les intermédiaires culturels*. Publicações da Universidade

de Provence, 1981, p.59-70 e "Entre peuple et hiérarchie: échec d'une pastorale", *Dix-Huitième Siècle*, n.12, p.271-92, 1980).

3 O memorial de 1744 dedicado às "Écreignes" camponesas ("casas cavadas debaixo da terra e cobertas de esterco onde as moças vão fazer vigília"), citado por R. Mandrou (op. cit. p.21-2), e cujo estatuto etnográfico seria de verificar, não menciona absolutamente a leitura entre as atividades das mulheres reunidas. Estas estão inteiramente ocupadas pelo trabalho em comum, pelas conversas e confidências, por histórias contadas, por canções – portanto, por uma cultura da oralidade que não se baseia na presença do escrito, impresso ou manuscrito, lida por uma para as outras.

4 No século XIX, na diocese de Annecy, quando a vigília é descrita pelos vigários da paróquia em resposta ao questionário que lhes enviou em 1845 o bispo, monsenhor Rendu (o que é o caso em 31 paróquias entre 122, ou seja, uma em cada quatro), suas atividades são exatamente aquelas mencionadas e, para algumas, condenadas, nos séculos XVII e XVIII: o trabalho em comum (fiar, cortar cânhamo, quebrar nozes, rachar lenha), as conversas qualificadas na época como "sujas e maledicentes", os jogos de cartas, a dança. Apenas três vigários fazem alusão à leitura, um para dizer que a leitura de "maus livros" não se encontra nas vigílias de sua paróquia (Châtel), os dois outros para indicar que "às vezes" ou "raramente" é feita a leitura do catecismo nas reuniões noturnas de seus paroquianos (Duingt e Saint-Nicolas-la-Chapelle) (cf. *Modos e costumes de Savóia do Norte no século XIX. A pesquisa do Monsenhor Rendu*, apresentado e publicado por R. Devos e C. Joisten, Annecy, Academie Salésienne e Grenoble, Centre Alpin et Rhodanien d'Ethnologie, 1978, p.181, 261 e 293). Se é certo, portanto, que a vigília é realmente uma prática da sociabilidade camponesa (mas talvez menos universal do que se pensava na França), em contrapartida, parece muito duvidoso que ela tenha sido um lugar-comum da leitura.

7
Os livros azuis

Entre as leituras camponesas, tais como as descrevem os correspondentes do abade Grégoire, os títulos da Biblioteca Azul encontram também seu lugar. Após ter detalhado mais atrás quais foram os inícios dessa fórmula editorial, inventada pelos Oudot em Troyes no século XVII, fazendo circular no reino livros baratos, impressos em grande quantidade e vendidos por ambulantes, devemos agora nos deter sobre seu apogeu, entre a época de Luís XIV e aquela em que os amigos de Grégoire constatam seu sucesso. Nesse período, aumenta o número de editores de Troyes especializados no gênero, cresce consideravelmente o repertório de textos colocados assim em livros, e a difusão dos livretos atinge um público que vai se ampliando.

O fenômeno, aliás, não é exclusivamente francês: na Inglaterra ou na Espanha, é também nos séculos XVII e XVIII que se multiplicam os livretos de ampla circulação, destinados a um público que na maior parte é popular. Na Inglaterra, os *chapbooks* (ou livros de ambulantes) são vendidos a um preço derrisório (entre dois e quatro *pence*) e impressos às centenas de milhares:

em 1664, por exemplo, um livreiro londrino, Charles Tias, tem em estoque perto de cem mil exemplares, o que representa um exemplar para uma entre quinze famílias inglesas. Ora, Tias não é o único editor especializado nesse comércio que, na década de 1680, se encontrará dividido entre uma quinzena de livreiros.[1] Na Espanha, é no século XVIII que os *pliegos de cordel* encontram sua forma clássica, aquela de pequenos livretos de uma ou duas folhas, e uma difusão maciça, garantida em parte pelos ambulantes cegos que cantam seus textos versificados antes de vendê-los.[2] A Biblioteca Azul, portanto, não é em nada uma originalidade francesa: ela se inscreve, com suas formas e conteúdos próprios, entre os impressos que os editores europeus, em diferentes locais, destinam à maioria.

Durante muito tempo considerado (erradamente) como específico, o *corpus* de Troyes, na primeira geração de estudos que lhe foram dedicados, foi duplamente situado: pela identificação de seu público, tido como popular e rural, e pelo inventário dos textos que o compõem, divididos entre ficção divertida, conhecimentos úteis e exercícios devotos. Essa descrição pioneira, que fundamenta ainda nosso saber, suscita agora diversas interrogações que encontrarão eco aqui e que objetivam revisar a assimilação demasiado apressada entre biblioteca de ambulantes e cultura popular do Antigo Regime.[3]

O *corpus* azul

Primeira constatação: os textos editados a preços baixos e com capa azul pelos impressores de Troyes não foram absoluta-

---

1 Spufford, M. *Small Books and Pleasant Histories*. Popular Fiction and its Readership in Seventeenth-Century England. London: Methuen, 1981.

2 Marco, J. *Literatura popular en España en los siglos XVIII y XIX*. Una aproximación a los pliegos de cordel. Madrid: Taurus, 1977.

3 Cf. o Capítulo 3, "Estratégias editoriais e leituras populares (1530-1660)".

mente escritos para esse fim editorial. A prática dos Oudot, assim como de seus rivais Garnier, é de ir buscar em textos já editados aqueles que lhes parecem convir ao amplo público a que eles visam, que lhes parecem compatíveis com as expectativas ou capacidade da clientela que eles atingem. Daí, também, a diferença entre a escritura do texto e sua forma editorial: não pensado na perspectiva de uma edição barata e de circulação popular, cada texto da Biblioteca Azul visa a um leitor implícito que não é forçosamente conforme ao comprador imaginado pelos impressores de Troyes, longe disso. É claro, portanto, que o repertório dos livretos de Troyes não é em si mesmo "popular", já que composto de textos de origens diversas e que cada um visa a uma eficácia, a uma leitura, a um público particular.

É desse repertório que dá testemunho o inventário do estoque de Étienne Garnier estabelecido em janeiro e fevereiro de 1789 a pedido da viúva Marie-Louise Barry e do curador de seus filhos menores.[4] O total dos exemplares em estoque, montados ou em ramas, é de 443.069: os livros de religião constituem quase a metade deles (42,7%), ultrapassando amplamente os textos de ficção (28,8%) e as obras de aprendizagem e de práticas (26,8%). Uma classificação mais apurada desenha a hierarquia dos gêneros mais vendidos: no topo, as obras de instrução e de edificação religiosa, que são guias para a conduta e a devoção (12,7% dos exemplares), seguidos pela Santa Escritura, no texto dos evangelhos, mas mais ainda nos fragmentos de salmos ou nas narrativas bíblicas (12,5%); depois vêm os cânticos e cantigas de Natal (9,2%), a literatura romanesca e cômica (8,8%), as vidas de santos (8,3%), os romances de cavalaria (8%), os contos de fadas

---

4 A. D. Aube, 2E, minutas Robbin, Inventário da tipografia, da fundição e das mercadorias impressas de Étienne Garnier, 28 de janeiro a 21 de fevereiro de 1789, analisado por Martin, H.-J. Culture écrite et culture orale, culture savante et culture populaire dans la France d'Ancien Regime. *Journal des Savants*, juil.-déc. 1975, p.246-7.

(6,5%), os relatos de fatos corriqueiros e as peças satíricas sobre as condições e profissões (5,8%). Nenhuma das outras rubricas atinge 5% dos exemplares, salvo se forem reunidos todos aqueles livros de aprendizagem que são abecedários e silabários, civilidades e aritmética, tratados de ortografia e modelos de letras que constituem 9% dos estoques.

Semelhante distribuição, estabelecida a partir dos exemplares realmente presentes, num momento dado, numa das impressoras de Troyes, é bem diferente daquela traçada a partir das edições conservadas e descobertas por A. Morin. Os textos de ficção ocupam o primeiro lugar, com 41,4% das edições, bem à frente das obras de instrução (28,3%) e dos livros religiosos (28,1%). Segundo esse *corpus*, os *best-sellers* são laicos, já que a literatura romanesca e cômica (13,2% das edições) e os romances de cavalaria (12,7%) vêm na frente, antes mesmo dos cânticos e cantigas de Natal (11,6%). É certo, portanto, que as contagens operadas sobre as edições conservadas diminuem a importância dos livretos de amplo uso, em particular as impressões religiosas, que tinham as tiragens maiores e que talvez desapareceram em maior número – o que pode fazer ignorar totalmente edições inteiras.

Os inventários dos estoques de livraria corrigem essa deformação e lembram claramente que a Biblioteca Azul foi um auxiliar poderoso da reforma católica, e com toda constância ao longo de todo o século XVIII, já que o estoque de Étienne Garnier às vésperas da Revolução é inteiramente comparável ao de Jacques Oudot e sua viúva, inventariado em junho e julho de 1722.[5] Os livros religiosos encadernados atingem aqui 33.421 exemplares (aos quais se acrescentam milhares de obras ainda em folhas, mas que não são isoláveis dos títulos profanos do catálogo azul), e no sortimento são as vidas de santos (1.087 dúzias) e os livros de horas e salmos (557 dúzias) que pesam mais. Os editores de

---

5 A. D. Aube, 2E, minutas Jolly, Inventário das mercadorias de Jacques Oudot, 18 juin a 17 juillet 1722.

Troyes, portanto, imprimiram em massa, e talvez a melhor preço do que seus concorrentes, todo um material devoto que em nada lhes é especifico, mas que alimenta a piedade da maioria numa França que a reforma católica transformou em estado de cristandade.

Textos eruditos

A apreensão dos grandes equilíbrios do *corpus* de Troyes deve necessariamente, porém, ser acompanhada de uma genealogia dos textos que o compõem. Ora, esta, na maioria das vezes, remonta a um texto de tradição erudita, e isso seja qual for a categoria de obras considerada. É o que ocorre com toda uma parte da literatura de devoção e de exercício impressa em Troyes que retoma os títulos de sucesso da reforma católica: entre outros *As sete trombetas espirituais para despertar os pecadores e para induzi-los a fazer penitência*, do recoleto Solutive; *A guerra espiritual entre a alma racional e os três inimigos dela, o diabo, o mundo e a carne*, de Louis Richeome; e os textos jesuítas, a *Acusação correta do verdadeiro penitente onde se ensina a maneira que se deve evitar e a que se deve seguir declarando seus pecados no sacramento da confissão*, do padre Chaurend, ou a *Preparação para a morte* do padre Crasset.

Mesma lição para os textos de ficção. Citemos dois exemplos, e em primeiro lugar os romances azuis. Seguindo a história textual de cinco dentre eles, escolhidos ao mesmo tempo por causa de suas numerosas reedições e porque pertencem a diferentes épocas e formas, fica bem claro que os editores de Troyes dos séculos XVII e XVIII sempre publicam um texto já impresso e que circula (às vezes durante muito tempo) em edições que no mais das vezes não têm nada de popular.[6] *A História de Pierre de Provença*

---

6 Andriès, L. L'imaginaire et le temps dans la Bibliothèque Bleue. In: *Les contes bleus*. Présenté par G. Bollème et L. Andriès. Paris: Montalba, 1983. p.48-62.

e da bela Maguelonne, editada em Troyes no início do século XVII por Nicolas I Oudot, é um romance anônimo da primeira metade do século XV, impresso pela primeira vez em Lyon em 1490 e freqüentemente editado no século XVI. A *História das aventuras felizes e infelizes de Fortunatus*, entrada no catálogo azul no fim do século XVII, tem certamente por origem um *exemplum* alemão do fim da Idade Média, inserido numa coletânea de narrativas edificantes destinadas à predicação; o texto é conhecido na França a partir de uma tradução do espanhol, devida a Vion d'Alibray e publicada em Lyon em 1615, mas as edições de Troyes retomam não essa tradução, mas uma adaptação, publicada em Rouen em 1626.

No fim do século XVII, igualmente, os Oudot publicam as *Crônicas do rei Gargantua primo do muito temível Galimassue*, diretamente inspiradas num livreto anônimo impresso em Lyon em 1532, dois anos antes da edição do texto de Rabelais, e que parodia os romances de cavalaria. Nesses três casos, se a origem e a circulação erudita dos textos não deixa dúvidas, uma primeira difusão nas edições que prefiguram as de Troyes (em Lyon a Viúva Chaussard edita o *Gargantua*, e em Paris a Viúva Trepperel apresenta uma edição da *História de Pierre de Provença*) garantiu-lhes uma primeira popularização no século XVI.

Não ocorre o mesmo com os dois outros romances que, graças aos impressores de Troyes, conhecem sua primeira edição barata. O primeiro, a *Inocência reconhecida*, é um romance edificante escrito por um jesuíta, o padre René de Ceriziers, publicado em Paris em 1634, introduzido no catálogo de Troyes por Nicolas II Oudot em 1655, freqüentemente reeditado no século XVIII. O segundo, a *História de Jean de Calais*, é uma novela de Mme. de Gomez, primeiro publicada em Paris em 1723 no segundo tomo de suas *Jornadas divertidas dedicadas ao rei*. Após várias reimpressões parisienses, o texto entra no catálogo azul numa edição de Jean Garnier, publicada com uma aprovação e uma permissão de 1758. Cinco romances, portanto, e a cada vez uma origem erudita, próxima ou distante, moralizante ou divertida. Para certos textos, as impressões de Troyes dão seqüência a edições antigas já de ampla circulação; para outros, elas asseguram, vinte ou trinta anos depois da primeira edição, uma difusão em maior escala.

Segundo exemplo: os contos de fadas. Aqui também os editores de Troyes servem-se amplamente dos livros em circulação, sejam as coletâneas de contos dos anos 1690-1715, das edições isoladas que são feitas dos contos de fadas depois de 1730 ou das grandes coleções do fim do século como a *Biblioteca Universal dos Romances* do marquês de Paulmy, começada em 1775, ou o *Gabinete das fadas* (41 volumes, 1785-1788).[7] Antes da Revolução, os impressores de Troyes encontram seu maná em três autores. Em primeiro lugar, Mme. d'Aulnoy que publica em Paris em 1697 os três primeiros tomos dos seus *Contos de fadas*, e em 1698 o quarto tomo, bem como os quatro tomos dos *Contos novos ou as Fadas em moda*. Dessas coletâneas, reeditadas separadamente em 1710 e 1725 para a primeira, em 1711 e 1725 para a segunda, e juntas em 1742, Jean-Antoine Garnier extrai *Gata Branca seguida de Branca Bella* (permissão de 1758); a viúva de Jean IV Oudot, *O pássaro azul, O príncipe Marcassin, O príncipe Lutin e Fortunata* (permissão de 1758); outro Garnier, *A princesa Bela Estrela e o Príncipe Querido*. Publicado igualmente em Paris em 1697, reeditado em 1707 e 1724, a coletânea de Perrault, *Histórias ou Contos dos tempos passados com moralidades*, alimenta também, quarenta ou cinqüenta anos mais tarde, o catálogo de Troyes. A obra *Os contos de fadas, por Monsieur Perrault. Com moralidades*, que retoma em conjunto os contos do volume de Perrault, é editada com efeito em 1734 por Jean Oudot (permissão de 13 de março de 1723), em 1737 por Pierre Garnier (permissão de 23 de julho de 1723), em 1756 pela

---

7   Robert, R. *Les contes de fées littéraires en France de la fin du XVIIe siècle à la fin du XVIIIe siècle*. Nancy: Presses Universitaires de Nancy, 1982. p.22-30 e 291-325.

viúva de Jean Oudot e por Garnier, o Jovem, sob proteção de uma permissão de maio de 1735. Terceira fonte explorável para os impressores de Troyes: os *Contos de fadas* e os *Novos contos de fadas* da condessa de Murat publicados em 1698 por Barbin, o editor de Perrault, e reeditados em 1710 e 1724. Jean Garnier em meados do século XVIII retoma daí três contos, publicados em Troyes em edições separadas: *Jovem e bela, O perfeito amor, O palácio da vingança.*

Essa estratégia de empréstimos cotinuará durante a Revolução e no início do século XIX, fazendo entrar nas edições de Troyes, graças sobretudo a "madame Garnier", esposa separada do segundo Jean-Antoine Garnier, e a Baudot, os contos antes deixados de lado. Como é o caso de Mme. D'Aulnoy, *A bela de cabelos de ouro* ou *Bela Bela e o Cavaleiro Fortunato*; da condessa de Murat, *A Fada Anguillette*; ou da coletânea do Chevalier de Mailly, *As ilustres fadas*, publicada em 1698, e *O rei mágico.* Os contos de fadas publicados pelos impressores de Troyes são, portanto, textos eruditos, emanados dos meios aristocráticos e preciosos no momento de maior entusiasmo pelo gênero.[8] Mesmo se suas intrigas e seus motivos demarcam ou cruzam aqueles dos contos camponeses,[9] eles não deixam de propor aos leitores populares textos letrados, trazidos de início pela cultura feminina dos salões e da Corte.

Os livros de prática da Biblioteca Azul, eles também, são edições, numa nova forma e para um público amplo, de textos primeiramente editados classicamente para a clientela comum dos livreiros parisienses ou provincianos. É o que ocorre, por exemplo, com o *Cozinheiro francês, ensinando a maneira de preparar e tempe-*

---

8 Thelander, D. T. The France of Louis XIV as Seen through the Fairy Tale. *Journal of Modern History*, n.54, p.467-96, 1982.

9 Sobre esse problema, cf. Soriano, M. *Les contes de Perrault. Culture savante et traditions populaires*. Paris: Gallimard, 1968. p.73-213; Darnton, R. *Le grand massacre des chats*. Attitudes et croyances dans l'ancienne France. Paris: Laffont, 1985 [ed. bras. citada] , "Contes paysans: les significations de *Ma mère l'Oye*", p.14-72.

rar toda espécie de carne gorda e magra, legumes e pastelarias com perfei-ção etc. de La Varenne. Nicolas II Oudot se apossa do título em 1661, na expiração do privilégio obtido por dez anos em 1651 por seu primeiro editor, o livreiro parisiense Pierre David. Nessa data, oito edições parisienses do livro já tinham sido publicadas.

Graças aos impressores de Troyes, a obra inicia uma segunda e duradoura carreira, no próprio momento de seu abandono pelos parisienses, com quatro edições no século XVII e cinco no XVIII – a última por Jean Garnier em meados do século. O título tor-nou-se assim uma especialidade provinciana cujas edições são compartilhadas entre Troyes (nove edições), Lyon (cinco edições) e Rouen (dez edições).[10] Uma mesma política editorial, visando imprimir em Troyes livros de prática na expiração de seu privilé-gio, faz entrar no *corpus* azul *O pasteleiro francês* em 1662 (a primei-ra edição parisiense data de 1653), *O confeiteiro francês* em 1664 (primeira edição em Paris pelo mesmo editor, Jean Gaillard, em 1650) ou *O jardineiro francês* em 1723, enquanto a primeira edi-ção parisiense é de 1651, e foi seguida de uma dúzia de edições na segunda metade do século XVII.[11]

Para todas as rubricas de seu catálogo, os impressores de Troyes se abastecem, portanto, no repertório dos textos dispo-níveis. Às vezes, é grande a diferença entre a primeira publicação do texto e sua entrada na Biblioteca Azul, mas não existe nenhu-ma regra geral e nada seria mais falso do que interpretar o repertó-rio da livraria de ambulantes como inteiramente voltado para os antigos textos, oferecidos ao povo porque eram rejeitados pelos dignitários. Os impressores de Troyes são ávidos de novidades e se apoderam de bom grado dos títulos em moda, uma vez expi-rado o privilégio do seu primeiro editor. Sua política editorial,

---

10 Flandrin, J.-L., Hyman, P. et M. La cuisine dans la littérature de colportage. In: *Le cuisinier françois*. Texts présentés par J.-L. Flandrin, P. et M. Hyman. Paris: Montalba, 1983. p.62-95, e Inventário, p.100-7.

11 *Le livre dans la vie quotidienne*. Paris: Bibliothèque Nationale, 1975. n.129-31.

portanto, não pode absolutamente ser definida pela qualificação social dos textos que editam (estes não são "populares" nem em sua escrita nem na sua primeira destinação), tampouco pelo gênero ou pela intenção destes, já que, como vimos, eles pertencem a todos os registros da elaboração erudita. Seria então possível dizer que a edição troyense é semelhante às outras edições provincianas e que os impressores champanheses se contentam em reproduzir tal qual os textos caídos no domínio público?

A marca dos editores

Não totalmente, é claro. Em primeiro lugar, embora pareça heteróclito, o catálogo dos textos transformados em livros azuis não é deixado ao acaso. Todos eles são escolhidos porque parecem poder ser comprados por um vasto público e, portanto, suscetível de responder a uma expectativa compartilhada, seja ela da ordem da devoção, da utilidade ou do imaginário. Daí a escolha de textos que alimentam as piedades mais comuns ou guiam as artes do fazer cotidiano. Daí, em matéria de ficção, a preferência dada às histórias, romances ou contos, que obedeçam a certas estruturas narrativas, ao mesmo tempo descontínuas e repetitivas, que justapõem os fragmentos, usam várias vezes os mesmos motivos, ignoram as intrigas prolixas que exijam uma memorização exata dos acontecimentos e dos personagens. Mais do que os próprios assuntos, bastante variados, é certamente o parentesco das estruturas textuais que explica as escolhas dos impressores troyenses onde está implicitamente contida a idéia que eles fazem das competências culturais de seu público.

E é com base nessas semelhanças formais que se constituem a unidade da biblioteca de ambulantes e as relações dos textos entre si. Com efeito, os editores troyenses propõem ao seu público textos que formam uma série, seja pela identidade de gênero (vidas de santos, contos de fadas, romances de cavalaria etc.) seja pela unidade do campo de práticas em que são utilizáveis (exercícios de devoção, coletâneas de receitas, livros de aprendizagem etc.) seja ainda por sua temática encontrada em formas diferentes (literatura da malandragem, discurso sobre as mulheres, paródias dos gêneros e das linguagens etc.). São criadas assim redes de textos, que às vezes remetem explicitamente de uns para outros, que trabalham sobre os mesmos motivos, reproduzidos, deslocados ou invertidos, e cujas relações não são fundamentalmente diferentes daquelas que existem, dentro de determinado texto, entre seus diferentes fragmentos. Para além desses *corpus* espontânea e progressivamente compostos, se cada um dos escritos da Biblioteca Azul pode ser reconhecido como pertencendo a um conjunto que tem sua unidade, é certamente por causa das semelhanças encontradas na própria estrutura dos textos, seja qual for seu gênero.

O trabalho operado sobre os textos pelos impressores champanheses visa, por sinal, reforçar tudo o que possa aparentá-los. Certamente que isso não ocorre em todos os casos, e certos textos não são em nada modificados ao entrar na fórmula azul: como o *Cozinheiro francês*, semelhante nas edições troyenses e parisienses, como também, na maioria das edições, *Jean de Calais*. Entretanto, em geral, os editores troyenses remanejam os textos que escolheram para imprimir, e isso em razão dos leitores que desejam ou pensam atingir. Sua intervenção é de três ordens. Ela visa primeiramente remodelar a própria apresentação do texto, multiplicando os capítulos, mesmo que essa divisão não tenha nenhuma necessidade narrativa ou lógica, e aumentado o número de parágrafos – o que torna menos densa a distribuição do texto sobre a página.

Nos séculos XVII e XVIII, os livros azuis não são certamente os únicos a dividir o texto em unidades menores, mas a prática nesse caso é mais acentuada, como atesta a comparação, para um mesmo texto, entre as edições azuis e aquelas que elas demarcaram ou que lhes são contemporâneas. Esse recorte, que escande o texto por títulos de capítulos ou mudanças de linha, é como a inscrição no livro daquilo que os editores pensam ser sua leitura – uma leitura que não é exímia nem contínua, mas que pega e larga o livro, só decifra com facilidade seqüências breves e fechadas, exigindo marcações explícitas. Daí, também, a multiplicação nos textos do *corpus* troyense das retomadas e resumos que permitem ligar os fios de uma leitura interrompida.[12]

Segunda intervenção editorial sobre os textos: uma estratégia da redução e da simplificação. Na sua maioria, com efeito, as edições troyenses encurtam o texto que reproduzem, e isso de duas maneiras. A primeira consiste em desbastar o texto, abreviar certos episódios, operar cortes por vezes severos. Nos romances transformados em livro azul, tais reduções amputam os textos de narrativas consideradas supérfluas, sobretudo descrições das propriedades sociais ou estados psicológicos de personagens, tidos como inúteis para o desenvolvimento da ação.[13]

Um segundo conjunto de transformações redutoras situa-se na escala da própria frase, com a modernização de fórmulas envelhecidas ou difíceis, a compactação das frases, depuradas de suas orações relativas ou incisas, a supressão de numerosos adjetivos ou advérbios. A leitura implícita postulada por meio de semelhante trabalho é uma leitura capaz de apreender somente enunciados simples, lineares, concentrados. Os desvios, aparentemente insignificantes entre os textos das edições azuis e os das edições "eruditas" que eles retomam, traduzem de fato a maneira como os impressores troyenses (ou aqueles que trabalham para eles) representam para si mesmos as capacidades léxicas, limitadas e particulares, da massa de seus leitores potenciais.

---

12 Bollème, G. Des romans égarés. In: *Les contes bleus*, op. cit., p.11-44.
13 Andriès, artigo citado, p.62-5; e Chassagne-Jabiol, A. *Évolution d'un roman médiéval à travers la littérature de colportage*: "la belle Hélène de Constantinople", XVIᵉ- XIXᵉ siècles. Paris: École des Chartes, 1974 (tese).

A reescritura redutora dos textos, no entanto, obedece freqüentemente também a outras exigências. Citemos o exemplo do *Buscón*. Entre as edições parisienses da tradução do texto e as versões troyenses, os cortes são sérios mas não feitos ao acaso. Eles obedecem a duas lógicas. Trata-se, primeiramente, de retirar do texto todos os traços da cultura da baixeza material e corporal, para retomar a expressão de Bakhtin, a saber: o vocabulário escatológico, as alusões às funções naturais, as evocações das atividades sexuais. Trata-se, em seguida, de censurar rigorosamente todas as referências, paródicas ou não, à religião e de depurar a narrativa de tudo aquilo que aparece como blasfematório.

Semelhante trabalho traz com clareza a marca de uma censura religiosa, certamente interiorizada em autocensura, que pretende livrar os textos de suas inconveniências. Pelo próprio fato de sua violência escatológica e blasfematória, o romance de Quevedo constitui por certo um exemplo limite da censura troyense.[14] Todavia, uma mesma intenção moralizadora guia o trabalho de adaptação dos outros textos, em particular os romances dos quais são proscritas as alusões ao corpo e ao sexo, assim como as descrições demasiado sensuais. Os impressores troyenses participam, portanto, da reforma católica não somente editando manuais de devoção e exercícios de piedade, mas, ainda, depurando os textos de ficção dos sacrilégios e imoralidades.

Saber quais são os artesãos exatos desse trabalho de adaptação e de revisão não é tarefa fácil. Os impressores e seus colegas estão presentes aqui, como atesta o exemplo dos almanaques, mas certamente também clérigos, letrados e dignitários champanheses. O objetivo deles é duplo: moralizar os textos que necessitam disso, criar para todos os livros azuis as condições de uma nova legibilidade, simplificando e cortando o texto original. Mas, feito rapidamente e com pouco cuidado, esse trabalho parece

---

14 Cf. o Capítulo 8, "Figuras literárias e experiências sociais: a literatura da malandragem na Biblioteca Azul".

muitas vezes desembocar num resultado inverso: os cortes operados nas narrativas as tornam freqüentemente mais difíceis de compreender, a constituição dos parágrafos é feita às vezes à custa do sentido, cortando em duas uma mesma frase, e as negligências de cópia ou de composição multiplicam as incoerências. A opacidade dos textos é, portanto, introduzida pelo próprio processo que pretende tornar mais fácil sua leitura. Para explicar essa contradição, podemos certamente invocar as necessidades comerciais da edição barata que supõe baixos preços de retorno e, portanto, poucas exigências quanto à preparação da cópia ou à correção das impressões.

Mas há certamente também outra coisa. A relação entre o texto azul e seu comprador talvez não seja, com efeito, a mesma que liga os leitores tradicionais e seus livros. O livro azul não é forçosamente comprado para ser lido, ou pelo menos para ser lido numa leitura minuciosa, precisa, atenta à letra do texto. Mesmo fora do *corpus* literário, as obras de aritmética do catálogo troyense deixam supor isso, já que, feitas as verificações, os exemplos de cálculo que elas dão são geralmente viciados por gralhas tipográficas, e mais ainda por erros de raciocínio, e totalmente incapazes de auxiliar nos cálculos reais da vida cotidiana. Essa inutilidade, entretanto, não prejudica a sua venda, como se a posse e o manuseio de um livro considerado como contendo um saber sobre os números tivessem mais importância do que sua eficácia prática. No caso dos romances ou dos contos, uma leitura aproximativa, que associa unidades elementares, pode contentar-se com uma coesão mínima do texto e não atribuir demasiada importância às suas incoerências, percebidas certamente como simples rupturas entre outras, detendo apenas por um instante uma decifração linear e absolutamente não-global.

Uma fórmula editorial

A Biblioteca Azul, portanto, é primeiramente um repertório de textos dos quais é preciso traçar a genealogia, classificar os conteúdos, perscrutar as transformações. Ela é também uma fórmula editorial que dá ao objeto formas próprias, que organiza os textos segundo dispositivos tipográficos específicos. Para compreender as significações dos livretos de grande circulação, é necessário evidentemente voltar ao próprio impresso, na sua própria materialidade. Por um lado, como foi dito, no caso do repertório azul, aquilo que é contemporâneo do leitor, de seu horizonte de expectativa, não é o texto, mais ou menos antigo, mas a forma impressa na qual ele se oferece para ser lido. Por outro, o que é "popular" nesse catálogo também não são os textos, que pertencem a todos os gêneros da literatura erudita, mas os objetos tipográficos que os apresentam, usados na dupla exigência do menor preço e de uma leitura que não é forçosamente exímia.

Dessas características formais dos livros azuis, a extensão não é a mais homogênea. Não se podem identificar, com efeito, livros de ambulantes e textos curtos. Citemos, a título de exemplo, o caso dos romances. Se a *História de Pierre de Provença* ou a *História de Jean de Calais* são geralmente editadas no século XVIII em *in-octavo* de 48 páginas (ou seja, três folhas de impressão), a *Inocência reconhecida*, também em formato *in-octavo*, é editada ora em oitenta ora em 112 páginas, e a *História das aventuras felizes e infelizes de Fortunatus* atinge 176 páginas *in-octavo*, ou seja, onze folhas – o que aproxima o livro daqueles outros livros grossos do *corpus* azul que são a *História dos quatro filhos Aymon* ou a *História de Huon de Bordeaux*, que têm respectivamente 156 e 144 páginas nas edições *in-quarto* da viúva de Jacques Oudot e de seu filho Jean. Diferentemente dos *pliegos de cordel* espanhóis, impressos mais freqüentemente em uma ou duas folhas (ou seja, oito ou dezesseis páginas no formato *in-quarto* que lhes é comum), os livros da Biblioteca Azul, de um título para outro, variam muito na sua extensão, que pode ser bastante respeitável.

Variável também é a parte da imagem.[15] Numerosos, todavia, são os livretos que têm uma imagem na página de título, que substitui assim as marcas dos impressores encontradas ordinariamente nas outras edições. Semelhante ilustração pode ter uma dupla significação: ela diminui a parte da página de título dedicada à identidade editorial, como se os impressos azuis não valessem a pena; ela explicita o próprio título, duplicando-o com uma imagem-símbolo, codificada e fixada. Como o presépio da *Grande Bíblia dos Natais tanto velhos como novos* em suas diferentes e numerosas edições, a crucificação ou a flagelação do *Discurso trágico em versos heróicos sobre a Paixão de Nosso Senhor Jesus Cristo segundo o Evangelista São João*, editado por Pierre, depois por Jean-Antoine Garnier, ou ainda os quatro mortos musicistas da *Grande dança macabra dos homens e das mulheres*, publicada pelos Oudot e por Jean-Antoine Garnier. Se pusermos à parte essas ilustrações de página de título, bastante freqüentes, o número de livretos com imagens não é muito elevado: entre 32 títulos diferentes do catálogo azul datáveis dos séculos XVII e XVIII, somente 38% têm pelo menos uma ilustração, enquanto a metade tem apenas uma.

Quando a imagem é única, ela se encontra mais freqüentemente ou nas primeiras páginas do livro ou na última. Instaura-se assim uma relação entre a ilustração e o texto em seu todo, e não entre a imagem e esta ou aquela passagem particular. Colocada no começo, a ilustração induz a leitura, fornecendo uma chave que diz através de que figura o texto deve ser entendido, seja porque a imagem leva a compreender o todo do texto pela ilustração de uma de suas partes, seja porque propõe uma analogia que guiará a decifração. Como nas edições do século XVII do

---

15 Sobre esse assunto mal conhecido, seguimos aqui as sugestões de Blondel, F. *Les lieux de l'image dans la Bibliothèque Bleue de Troyes aux XVIIe et XVIIIe siècles*. Université Paris-I, 1983 (memorial de DEA). Cf. também, sobre os modelos eruditos das pranchas troyenses, Le Men, S. *Les abécédaires français illustrés du XIXe siècle*. Paris: Promodis, 1984.

livreto *O jargão ou linguagem do Argot reformado* onde a imagem do início isola um personagem, o Grande Coesre ou rei dos malandros, seja como senhor ricaço seja como guerreiro antigo. Colocada na última página, a imagem tem outra função, já que permite fixar e cristalizar, em torno de uma representação única, aquilo que foi uma leitura entrecortada e quebrada. Ela fornece, assim, a memória e a moral do texto. Mesmo que sejam de segunda mão, mesmo que a escolha tenha sido aleatória, tributária da gama de pranchas gravadas de propriedade do impressor, as imagens únicas dos livros azuis, no começo ou *in fine*, importam grandemente para a leitura dos textos dos quais elas indicam uma possível compreensão.

Quando formam uma série, as ilustrações dos livros troyenses se ligam mais estreitamente às diferentes seqüências do texto e encontram seu lugar no próprio corpo do livro. Em certos casos, como indicam os títulos, a série de imagens é primordial e o texto impresso é apenas um comentário: assim ocorre com a *Grande dança macabra dos homens e das mulheres historiada e renovada do velho gaulês em linguagem mais polida de nosso tempo*, editada com sessenta pranchas gravadas por Jacques Oudot e 59 por Jean-Antoine Garnier; assim também com as *Figuras da Santa Bíblia com uma explicação muito útil sob cada figura*, impressas com 82 pranchas por Jean-Antoine Garnier. Em outros casos, as imagens vêm ilustrar um texto já estabelecido e impresso, o que aumenta sua sedução e torna também mais explícita e decifrável sua divisão, como no caso das edições da *História dos quatro filhos Aymon, muito nobres e valentes cavalheiros onde são acrescentadas as figuras sobre cada capítulo*.

Em outros livros, por fim, a série de imagens pode emancipar-se do texto e trazer práticas diferentes daquela da leitura. Pode-se pensar, com efeito, que os 35 quadros contidos no *Exercício de devoção contendo as orações da manhã e da noite, as palavras durante a missa, e as orações para a confissão e a santa comunhão. Com os quadros da Paixão de N. S. Jesus Cristo segundo as ações do padre celebrando a santa missa* (publicado por Pierre, depois por Jean Garnier com uma aprovação de 1716 e uma permissão de 1738, e pela viúva de Jean IV Oudot com uma aprovação de 1706 e uma permissão de 1750) puderam acompanhar pensamentos e exercícios espirituais, seja por ocasião do ritual da missa seja na intimidade da devoção doméstica. A imagem aqui, como a dos cartazes de confraria ou dos bilhetes de peregrinação, torna-se o suporte sensível de uma familiaridade devota com os ensinamentos da Igreja.

O que finalmente unifica melhor o conjunto das impressões troyenses é sua aparência e seu preço. Citemos, a título de exemplo, o estoque de Jacques Oudot e de sua viúva, inventariado em 1722. Os livros "encadernados em papel azul" ou "encapados de papel azul" são os mais numerosos – o que dá assim uma unidade imediatamente visível aos títulos do catálogo troyense. Entretanto, deve-se notar que a capa azul não é a única: certo número de edições, tanto *Espelhos da confissão, Aritmética,* quanto *Contos de fadas,* é encadernado "em papel marmóreo", quarenta dúzias de *abc* são "encapados de papel vermelho", e os livros de horas, mais freqüentemente, são encadernados em couro. Em 1789, o inventário da oficina de encadernação de Étienne Garnier e sua viúva menciona "três ramas seis mãos de papel colorido para encapar" sem precisar a referida cor. O livro da Biblioteca Azul se distingue, portanto, dos outros primeiramente pelo seu aspecto físico: geralmente é um livro em brochura, normalmente encapado de papel, e de um papel que é mais freqüentemente (mas nem sempre) azul.

Ele se distingue também por seu preço. Em 1789, na "loja de livros em brochura" da Viúva Garnier, o inventário enumera 199 títulos estimados por dúzia: 66 deles, ou um terço, valem menos de cinco centavos a dúzia, e 46, ou quase um quarto, entre cinco e seis centavos. A grande maioria dos impressos troyenses, portanto, vale menos de um centavo o exemplar, e um grande número, menos de seis denários. Mesmo se o preço de venda real, pelo ambulante ou pelo livreiro, é ligeiramente mais elevado que esse preço de inventário, o livro azul não deixa de ser um objeto barato, ao alcance de todos, bem menos custoso em todo caso do que os menos caros dos livros comuns que, como atesta o inventário dos livros da loja da Viúva Garnier, valem geralmente entre dez e vinte centavos o exemplar.

Será que, entre meados do século XVII e o fim do Antigo Regime, os impressores troyenses controlavam sozinhos a produção desses livros baratos e de grande difusão? Certamente que eles têm a seu favor a antigüidade na prática de semelhante forma de edição, começada nos primeiros anos do século XVII, assim como o número. Com efeito, da morte de Nicolas II Oudot em 1679 até a da viúva de Étienne Garnier em 1790, são duas gerações de Oudot (primeiro Jean III e Jacques, filho de Nicolas II, depois Nicolas III e Jean IV, filho de Jacques) e três gerações de Garnier (primeiro Pierre, depois Jean, depois seus filhos Jean-Antoine e Étienne) que se sucedem. A notar também o papel das viúvas que continuam a atividade editorial após a morte do marido: como Anne Havard, viúva de Jacques Oudot, geralmente associada a seu filho Jean IV, ou Jeanne Royer, viúva de Jean IV, ou ainda Élisabeth Guilleminot, viúva de Pierre Garnier.

Dominantes, os editores troyenses não têm, entretanto, o monopólio dos livros azuis. Em muitas cidades do reino, outros impressores imitam a fórmula e lhes fazem concorrência: em Rouen, os Oursel e os Behourt, depois Pierre Seyer que retoma em 1763 o estoque Behourt;[16] em Caen, a partir de meados do século, os Chalopin;[17] em Limoges, os Chapoulaud;[18] e fora do reino, em Avignon, na primeira metade do século, Paul Offray,

---

16 Quéniart, J. *L'imprimerie et la librairie à Rouen au XVIIIe siècle*. Paris: Klincksieck, 1969. p.136-8.

17 Sauvy, A. La librairie Chalopin. Livres et livrets de colportage à Caen au début du XIXe siècle. *Bulletin d'Histoire Moderne et Contemporaine*, n.11, *Orientations de recherche pour l'histoire du livre* (Paris: Bibliothèque Nationale, 1978, p.95-141).

18 Ducourtieux, P. *Les almanachs populaires et les livres de colportage à Limoges*. Limoges, 1921.

ou Fortunat Labaye.[19] Esboça-se assim uma partilha das áreas a abastecer, atribuindo de fato uma clientela regional a cada região tipográfica produtora de livros baratos. Como prova, a localização dos correspondentes vendedores da viúva de Jacques Oudot em 1722[20] e da viúva de Étienne Garnier em 1789, centralizada na Champagne e estendida a oeste até a Picardia, a Paris e ao vale do Loire, a leste até a Lorraine, a Borgonha e ao Franche-Comté – o que deixa todo o oeste do reino aos editores de Rouen e de Caen.

Leitores e leituras

Será que, no curso do século XVIII, a clientela da Biblioteca Azul se modifica? Em seus inícios, com os dois primeiros Oudot, seu público parece sobretudo urbano (e em primeiro lugar parisiense) e não de imediato caracterizável como exclusivamente popular. Entre 1660 e 1780, essa sociologia evolui, levando a uma popularização e a uma ruralização da leitura dos livros baratos. As atestações de semelhante deslocamento são bem nítidas.[21] Vejamos duas delas, nas duas extremidades do século XVIII. A primeira é dada pelas *Memórias* de Valentin Jamerey-Duval. Nascido em 1695 em Arthonnay na circunscrição de Tonnerre, filho de um carpinteiro, Jamerey-Duval, depois de uma infância dispersiva e errante, torna-se pastor de ovelhas num vilarejo da Lorraine, Clézantaine, perto de Épinal. Tem então quase quinze anos e pede a seus companheiros que o ensinem a ler:

---

19 Moulinas, R. *L'imprimerie, la librairie et la presse à Avignon au XVIIIe siècle*. Presses Universitaires de Grenoble, 1974. p.165-6.

20 Mandrou, R. *De la culture populaire aux XVIIe et XVIIIe siècles*. La Bibliothèque bleue de Troyes. Paris: Stock, 1975. p.41.

21 Marais, J.-L. Littérature et culture "populaire" aux XVIIe e XVIIIe siècle. Réponses et questions". *Annales de Bretagne et des Pays de l'Ouest*, 1980, p. 65-105.

Eu pedi a meus colegas de vida bucólica que me ensinassem a ler, o que eles fizeram de bom grado mediante algumas refeições campestres que lhes prometi. O acaso proporcionou esta empresa pela inspeção de um livro de fábulas, onde os animais, que Esopo introduz para instruir aqueles que crêem ter razão numa partilha, eram representados em belas gravuras. O despeito de não poder compreender os diálogos sem o auxílio de um intérprete me irritou contra a ignorância em que eu mofava, de modo que resolvi lançar mão de tudo para dissipar essas trevas. Meus progressos na leitura foram tão rápidos que em poucos meses os atores do apólogo não apresentavam mais nada de novo para mim. Percorri com extrema avidez todas as bibliotecas do povoado. Folheei todos os autores e logo, graças à minha memória e a meu pouco discernimento, vi-me em condições de contar as maravilhosas proezas de Ricardo Sem Medo, de Roberto Diabo, de Valentin e Orson e dos quatro filhos Aimon.[22]

No início do século XVIII, as edições troyenses tinham então conquistado as aldeias da Lorraine: elas oferecem materiais para a aprendizagem da leitura e servem de suporte a práticas culturais múltiplas, desde a decifração coletiva e pedagógica até a leitura individual, desde a memorização até a recitação:[23]

Quando, por um exercício assíduo, ornei minha memória com todas as ficções gaulesas que infectam o espírito do povo, considerei-me no mínimo tão sábio quanto o vigário da paróquia. Eu convidava os jovens dos quais tinha sido discípulo a receber o troco de suas instruções e, subindo numa tribuna de grama, eu lhes decla-

---

22 Jamerey-Duval, V. *Mémoires. Enfance et éducation d'un paysan au XVIIIe siècle.* Avant propos, introductions, notes et annexes por J.-M. Goulemot. Paris: Le Sycomore, 1981. p.191-3. Todos os títulos citados por Jamerey-Duval são identificáveis no repertório de Morin, A. *Catalogue descriptif de la Bibliothèque Bleue de Troyes (Almanachs exclus).* Genève: Droz, 1974.

23 Hébrard, J. Comment Valentin Jamerey-Duval apprit-il à lire? L'autodidaxie exemplaire. In: Chartier, R. (Dir.) *Pratiques de la lecture.* Marseille: Rivages, 1985. p.23-60.

mava, com aquela ênfase que caracteriza tão bem a ignorância, os mais belos trechos de Jean de Paris, de Pierre de Provence e da maravilhosa Melusine.

Mais adiante no seu texto, Jamerey-Duval precisa o uso camponês dos livros azuis por ocasião de um retorno crítico a uma de suas leituras da adolescência:

> Era um daqueles livros que formam o que se chama na França biblioteca azul e que tinha por título a *Vida de Jesus Cristo com a de Judas Iscariotes*, impressa em Troyes na Champagne, pela viúva de Jacques Oudot. Aqueles que, como eu, sabem que este pernicioso romance estava espalhado pela maioria das províncias da França, que os habitantes do campo o sabiam de cor e o punham nas mãos de seus filhos para aprender a ler, perguntarão talvez que idéia o alto clero deste reino tinha do cristianismo e se, nessa época, ele tinha deixado de ser pago para impedir o povo de confundir as verdades sagradas do Evangelho com as ficções igualmente triviais e profanas.[24]

Com a dupla distância do tempo (Jamerey-Duval começa suas *Memórias* nos anos 1730) e da posição sociocultural (ele se tornou professor e bibliotecário), o ex-pastor fornece, portanto, um testemunho sobre a circulação rural, pelo menos ao leste do reino, em regiões de antiga e forte alfabetização, dos livros impressos em quantidade pelos editores troyenses.

No início da Revolução, os correspondentes do abade Grégoire dão testemunho sobre dois fatos:[25] primeiro, a difusão no conjunto da França, incluindo as províncias meridionais, dos livros baratos; segundo, uma designação restritiva da Biblioteca Azul assimilada apenas às narrativas de ficção, romances, contos

---

24 Jamerey-Duval, *Mémoires. Enfance et éducation d'un paysan...*, op. cit., p.195.

25 Cf. o Capítulo 6, "Representações e práticas: leituras camponesas no século XVIII".

e histórias. Isso significa reencontrar uma definição que parece ter sido a dos próprios editores troyenses, pelo menos a partir do século XVIII, como indica o "Catálogo dos livros que se vendem na loja da viúva de Nicolas Oudot livreiro" que distingue os "livros recreativos – chamados comumente Biblioteca Azul" de todos os outros, pequenos livros de horas chamados *longuettes*, civilidades, alfabetos e pequenos livros de devoção para uso das escolas, livros piedosos, cânticos e cantigas de Natal, livros de serviços etc. No fim do catálogo, a identidade entre Biblioteca Azul e narrativas de ficção é até mesmo reforçada pela menção: "Aumenta-se também a Biblioteca Azul tanto pela busca das antigas Histórias quanto pelas Historietas novas".[26] Mesmo se a gama dos títulos transformados em livros azuis seja, como vimos, bastante extensa, a expressão Biblioteca Azul no século XVIII tende, portanto, a designar sobretudo os contos e romances que chegam aos campos.

Como chegam lá? Alguns dos ambulantes se abastecem em Troyes mesmo, diretamente com os Oudot e os Garnier, como indica um memorial dos almotacés da cidade, redigido em 1760 em favor da viúva de Jean IV Oudot então às voltas com o Parlamento de Paris:

> A maior parte do comércio de armarinhos da cidade de Troyes é feita com os ambulantes que vêm abastecer-se da Biblioteca Azul. Se a tipografia da Viúva Oudot fosse suprimida, esse ramo de comércio da cidade de Troyes estaria logo seco e esgotado, a tipografia do senhor Garnier que trabalha em concorrência com a da Viúva Oudot nesse gênero de obras não poderia jamais abastecer o comércio considerável que delas se faz todos os anos; os ambulantes, então, não podendo mais abastecer-se da Biblioteca Azul como antes, não se desviariam especialmente de sua rota como fazem

---

26 Sobre esse catálogo, cf. Martin, H.-J. *Livre, pouvoirs et société à Paris au XVIIe siècle (1598-1701)*. Genève: Droz, 1969. t.II, p.956-8; e Marais, artigo citado, p.69.

para vir apenas comprar em Troyes mercadorias de armarinhos, que encontram igualmente em toda a parte.[27]

Mas nem todos os revendedores de livros azuis se abastecem em Troyes, e nem todos são ambulantes. A venda sedentária dos livretos baratos nas cidades e nos burgos permanece importante: ela é obra dos livreiros, mencionados como vendedores dos impressores troyenses nos inventários; ela é obra igualmente de comerciantes menos consolidados, como aquele Jacques Considérant, ao mesmo tempo dono de bilhar, comerciante encadernador e antiquário em Salins, que vende também livros. Em 1759, o inventário de sua loja, feito a pedido de seus credores, menciona, ao lado de catecismos ou de ofícios da Virgem, a presença de "quinze dúzias de brochuras da biblioteca azul, a dois centavos a dúzia", que dão uma libra e dez centavos no total.[28]

E pode-se pensar que, nessa região jurássica, os numerosos vendedores de armarinhos e vendedores ambulantes de livros oferecem a Biblioteca Azul ao lado dos livros de devoção que constituem o essencial de seu comércio. Alguns se abastecem junto aos impressores de Besançon ou de Dole – em particular os Tonnet que editam em Dole livros piedosos e títulos do repertório azul –, outros junto a atacadistas, mais ou menos especializados no comércio do livro, correspondentes dos editores parisienses troyenses ou helvéticos – o que desagrada muito os impressores locais.[29] Como mostra esse exemplo, a difusão dos livros azuis é feita por numerosos revendedores, sedentários ou itinerantes, que afinal atingem todas as clientelas possíveis.

---

27 Citado por Mandrou, op. cit., p.41-2.

28 Vernus, M. Un libraire jurassien à la fin de l'Ancien Régime: Jacques Considérant marchand libraire à Salins (1782). *Société d'Émulation du Jura*. Lons-le-Saunier, 1981, p.133-67, em particular p.149-50.

29 Vernus, M. Colporteurs et marchands merciers dans le Jura au XVIIIe siècle. *La Nouvelle Revue Franc-Comtoise*, n.72, p.210-21, 1980, e n.73, p.25-33, 1980.

É certo, portanto, que, entre 1660 e 1780, os textos da Biblioteca Azul tornam-se progressivamente um elemento daquela cultura camponesa totalmente supersticiosa e rotineira que as elites revolucionárias denunciarão. Leituras dos rústicos, os livros azuis são assim desqualificados junto das elites que condenam seus textos desclassificados e desprezam sua forma negligente. O contraste, entretanto, não deve ser forçado. Por um lado, o repertório azul não é constituído apenas de antigos romances fora de moda e desacreditados, mas também de numerosos textos que, para passar das edições comuns às edições azuis, só esperam o fim do privilégio de seu primeiro editor. Por outro, no século XVIII, os livros troyenses ou seus equivalentes não são, ou não são ainda, uma leitura exclusivamente camponesa. Sua circulação na cidade, embora difícil de documentar, certamente permanece forte, e se os mais notáveis dignitários se afastam deles (salvo como colecionadores), certamente não é o caso de todo um mundo mediano das sociedades urbanas. Mais do que na estrita sociologia de seu público, é, portanto, no modo de sua apropriação que reside a especificidade dos livros azuis: a leitura que eles supõem ou favorecem não é a das edições eruditas, enquanto na sua aquisição ou posse ocultam-se ligações que sua letra decifrada não esgota.

8
Figuras literárias e experiências sociais: a literatura da malandragem na Biblioteca Azul

Ao longo de sua história, dos anos 1630 até meados do século XIX, a Biblioteca Azul propôs aos leitores da cidade e do campo imagens de homens marginais, falsos mendigos e verdadeiros ladrões, vendedores andarilhos e malandros trapaceiros, pedintes vagabundos e bandidos honrados.* Desse *corpus*, que pertence ao gênero da literatura da malandragem, queríamos apresentar uma análise minuciosa, não só porque é um dos que fascinaram a imaginação dos leitores populares, mas, ao mesmo tempo, porque, nos seus modos de composição, ele pode dar testemunho do conjunto do catálogo azul. Portanto, com base nesse conjunto bem definido de textos, trata-se de tentar compreender melhor tanto as decisões editoriais dos impressores troyenses (ou de seus êmulos) como as leituras daqueles que compravam seus livros baratos.

---

* O original francês apresenta termos específicos do jargão da "literatura da malandragem", como *cagoux, mercelots, merciers, mattois, blesche, colporteurs, contreporteurs*. Pela impossibilidade de tradução exata, os termos foram adaptados ao vocabulário disponível em língua portuguesa. (N. E.)

Nossa série começa com dois textos impressos por Nicolas I Oudot, o primeiro dos Oudot a utilizar uma fórmula de edição de baixo custo e de boa saída, até então apanágio de impressores lioneses. Esses dois livretos são *A vida generosa dos andarilhos, mendigos e boêmios*, que conhece em Troyes em 1627 a última etapa de sua curta vida editorial, e o *Jargão ou linguagem do Argot* reformado* que, ao contrário, começa aí dois anos mais tarde uma carreira plurissecular, terminada em meados do século XIX no estoque dos grandes editores de livros vendidos por ambulantes.

A esses "clássicos" da literatura da malandragem, que se tornaram leitura privilegiada de todos aqueles que se interessaram, seriamente ou não, pela história da linguagem argótica, acrescenta-se *O aventureiro Buscón*, tradução do romance de Quevedo publicado em Saragoça em 1626, traduzido em francês em 1633, publicado pelo filho de Nicolas I Oudot e reeditado várias vezes até o século XIX. Trata-se nesse caso do único romance picaresco espanhol admitido no estoque troyense que, a despeito do sucesso junto aos livreiros parisienses, não acolheu nem o *Lazarillo de Tormes*, nem o *Guzmán de Alfarache*, nem *Rinconete y Cortadillo*, a mais "malandra" das *Novelas exemplares* de Cervantes.

No último quartel do século XVII, a associação entre o livreiro parisiense Antoine Raffle e os impressores troyenses, Oudot e Febvre, acrescenta dois títulos ao nosso pequeno *corpus*. Por um lado, é dada uma edição barata de um texto já traduzido e publicado em Paris em meados do século: *O vagabundo ou a história e o caráter da malícia e da trapaça daqueles que correm o mundo às expensas dos outros*. Os editores troyenses fazem eco assim ao sucesso de um livro constantemente reeditado em italiano entre 1621 e o início do século XVIII sob o título *Il vagabondo* e que é de fato a tradução adaptada de um manuscrito latino do século XV, o

---

* O termo Argot originalmente referea-se a uma "corporação de vagabundos". Com o tempo, passou a designar linguagens específicas, como a gíria e os jargões. (N. E.)

Speculum de cerretanis seu de ceretanorum origine eorumque fallaciis. O outro texto vendido por Raffle, muito ao contrário, é uma novidade literária, uma comédia burlesca devida a Claude de L'Estoile, a *Intriga dos trapaceiros*. Enfim, transbordando um pouco sobre os inícios do século XVIII, a série se fecha com um pequeno livreto, vendido em Paris pela viúva do filho de Nicolas II Oudot, a *História da vida de ladrões*, primeiro avatar de um dos títulos de sucesso da edição troyense do século, a *História da vida, grandes roubos e sutilezas de Guilleri e seus companheiros*.

Diferentes por sua data, origem, gênero, estilo, esses textos repousam, entretanto, sobre uma mesma solicitação do imaginário dos leitores, introduzidos no mundo inquietante e atraente, secreto e aberto, dos trapaceiros de toda espécie. Quer a ficção seja dada como verdade quer o discurso realista contenha intenções divertidas, picarescas ou burlescas, o objetivo é o mesmo: descrever a sociedade dos malandros, oferecer como leitura a perambulação vagabunda para aqueles que permanecem no lugar, a trapaça para os honestos, a aventura para quem só conhece a repetição familiar dos trabalhos cotidianos.

Por quais processos os livretos escolhidos tendem a criar efeitos de realidade e leitura divertida? E como podiam eles ser decifrados nos diferentes momentos de sua trajetória editorial? São essas duas questões que guiarão nossa análise.

A *Vida generosa*: historietas e picaresco

O primeiro texto é um pequeno livreto publicado originalmente pelo impressor lionês Jean Jullieron em 1596: *A vida generosa dos ambulantes, mendigos e boêmios, contendo sua maneira de viver, sutilezas e jargão. Trazido à luz por Monsieur Pechon de Ruby, fidalgo Bretão, tendo estado com eles em sua juventude quando exerceu esse belo ofício. Depois foi acrescentado um dicionário em linguagem blesquiana com sua explicação em vulgar.* Esse mesmo texto, com algumas variantes, é reeditado em Paris em 1603 e 1612 apenas com a indicação "Conforme a cópia impressa em Lyon"; depois em 1618 e 1622, ainda em Paris, por P. Mesnier; finalmente, em 1627 ele entra no catálogo de Nicolas Oudot, ocupando assim um lugar entre os primeiros livretos azuis impressos em Troyes, ao lado dos romances de cavalaria e das vidas de santos que constituem o essencial da produção do inventor da Biblioteca Azul. O título dado ao livreto, ligeiramente modificado de uma edição para outra, revela de imediato seu conteúdo – ou mais precisamente aquilo que o público de compradores potenciais devia acreditar qual é –, a saber, a descrição de três estados, dos *andarilhos, dos mendigos e dos boêmios*. Essa trilogia indica a ordem de uma narrativa que introduz sucessivamente o leitor nessas três companhias, mas ela se modifica um pouco na página de título das edições seguintes.

As parisienses prometem um retrato da vida dos *malandros, mendigos, boêmios e cagoux*, e a troyense retoma a tripartição original, mas, entre *andarilhos* e *boêmios*, substitui *mendigos* por *bons companheiros*. Num caso, trata-se de tornar o título mais rico e mais estranho, mesmo que isso possa romper a relação instaurada entre sua ordem e o fio do texto, já que os *cagoux* são os oficiais da categoria de mendigos e não uma quarta sociedade; no outro caso, trata-se de marcar, por antífrase, o estatuto recreativo do texto, o que vem duplicar o adjetivo *generosa*, tomado ao léxico cavalheiresco e entendido em sentido contrário.

Desses andarilhos, mendigos e boêmios, o livreto promete revelar a *maneira de viver*, as *sutilezas* e o *jargão*, e isso de duas formas distintas. A primeira é a da narrativa de vida, da experiência pessoal, do olhar direto do suposto autor, Pechon de Ruby, um assim chamado fidalgo bretão, que volta à sua juventude de boêmio. A segunda consiste num "dicionário da linguagem secreta dos andarilhos e dos mendigos, a *blesche*". Em 1596, ele reúne, sem ordem aparente e começando pelo *argot*, 146 palavras ou expressões; depois, a partir da edição parisiense de 1603 e até a edição troyense, o dicionário toma forma alfabética, fornecendo o equivalente "blesquiano" de 125 palavras francesas, de *bouche à yeux* [de boca a olhos], o que permite anunciá-lo no título como "melhor do que nas edições anteriores". De passagem, esse léxico desmente a autenticidade autobiográfica sob cuja cobertura o texto se apresenta, já que *Pechon de Ruby* aparece aqui como um substantivo comum significando em jargão *garoto esperto*.

Essa reunião de uma narrativa na primeira pessoa e um dicionário da língua secreta dos andarilhos e mendigos inscreve claramente esse primeiro texto numa pluralidade de inspirações. A primeira, mais recente, é a do romance "picaresco" espanhol, conhecido na França desde as traduções de *La vida de Lazarillo de Tormes y sus fortunas y adversidades*, publicadas em Lyon em 1560 e em Paris no ano seguinte, ou seja, uns quinze anos depois das três primeiras edições espanholas conhecidas (Burgos, Alcalá e Anvers, 1554). Decalcando o início do título castelhano, dando à narrativa uma mesma aparência de confissão autobiográfica, levando seu herói de companhia a companhia exatamente como Lázaro vai de patrão a patrão, o autor da *Vida generosa* esforça-se para calcar seu texto sobre as formas novas do romance autobiográfico espanhol, que dá individualidade e existência ao personagem, instalando-o em espaços reais e enraizando suas aventuras num terreno bem definido.[1]

É assim que a *Vida generosa*, pelo menos suas duas primeiras partes, se desenvolve no Bosque da Vendéia e em Poitou, num espaço estritamente limitado, várias vezes percorrido por Pechon de Ruby, uma vez que ele atravessou aquela porta do desconhecido que é o Loire, e ao mesmo tempo marcado em pontos particulares: a feira da Castanheira perto de Fontenay-le-Comte, a taberna do Loraux Botereau, a feira de Niort, o moinho perto de Mortagne, o subúrbio de Nantes. Apegada assim a lugares concretos, conhecidos e conhecíveis, a narrativa ganha uma força de autenticidade que contribui para dar a ela aparência de verdadeira.

---

1 *La vida de Lazarillo de Tormes/La vie de Lazarillo de Tormès*. Paris: Aubier-Flammarion, 1968 (introdução de M. Bataillon, p.9-69).

Esse texto, contudo, que pretende persuadir de sua verdade pelo recurso ao "eu", confessa-se também como uma narração divertida, mais próxima então de *Till Eulenspiegel* e da tradição de *Schwankbiographie* do que na inovação autobiográfica do *Lazarillo de Tormes*. Com efeito, ele incrusta na trama da narrativa de vida historietas que são outros tantos episódios independentes, extraídos de um repertório tradicional. Como a história do moleiro avarento, logrado e roubado, ou aquela, escatológica, do fidalgo ferido num lugar muito sensível e enganado por um falso doente, fingindo sofrer do mesmo mal, e um falso cirurgião, pretendendo curá-lo. Encerrada com uma última historieta, a do disfarce do capitão Charles, a narrativa perde ao longo do texto sua coerência biográfica para tornar-se um conjunto de histórias divertidas cujo herói nada mais é do que um ator anônimo ou uma pálida testemunha. A biografia acaba de repente, e o modelo castelhano que sustenta o início da narrativa não passa finalmente de um cômodo artifício de construção que permite costurar juntos fragmentos que pertencem a gêneros e inspiração bem diferentes.

É assim que a *Vida generosa*, pela primeira vez num livreto francês, demarca os textos germânicos que visavam prevenir contra as trapaças dos falsos mendigos, em particular o *Liber vagatorum*, que circulava em manuscrito no fim do século XV e que foi impresso em Pforzheim em 1509 ou 1510.[2] Desse texto, freqüentemente reeditado por impressores alemães no curso do século XVI, a *Vida generosa* retoma a intenção e algumas das formas. As últimas linhas do texto dizem: "Se eu tivesse tido tempo de escrever os bons golpes que eu vi esses três tipos de pessoas aplicarem, não haveria um volume mais grosso. Estas loucuras misturadas com cautelas são a fim de que cada um tome cuidado". Essa afirmação, duplicada nas edições de 1596 e 1627 por um

---

2 *Liber vagatorum. Le Livre des Gueux*. Strasbourg, 1862 (introdução de P. Ristelhuber, p.I-LXII). O texto alemão se encontra em Avé-Lallemant, F. C. B. *Das Deutsche Gaunerthum*. Leipzig, 1858. t.I, p.165-206.

aviso "aos leitores" que justifica a revelação da linguagem secreta dos malandros pela necessidade de não "gratificar esses vermes", estabelece um contraste evidente com a epístola paródica colocada no início, a qual, por sua vez, situa o texto na linhagem das narrativas jocosas e recreativas.

Com efeito, o autor aqui dirige seu livro a um personagem imaginário, dado como tal, o senhor das *Atrimes Governadas* (o dicionário indica que em blesche *atrimeur* quer dizer larápio e *atrimois ambiant*, ladrão e bandido) que poderá tirar proveito das artimanhas que lhe serão demonstradas. A *Vida generosa* apresenta-se, portanto, ao mesmo tempo, como um repertório divertido e como uma prevenção, sinal de que nela se inscrevem, sem grande coerência, a tradição dos "projetos jocosos", para retomar o título da coletânea atribuída a Bonaventure Des Périers publicada em 1558, e a dos léxicos da malandragem.

Desses últimos, ela toma de empréstimo diferentes elementos, e primeiramente a própria existência, na seqüência do texto, de um dicionário da língua secreta. É assim que no final do *Liber vagatorum*, um vocabulário *rotwelsch* enumera 207 termos que os mendigos usariam para chamar "certas coisas por meio de palavras encobertas". O dicionário da *Vida generosa*, nas suas edições parisienses ou troyense, mostra que essas "palavras encobertas" constituem uma linguagem do cotidiano, do familiar, do próximo. No léxico, com efeito, os termos mais numerosos são os que designam as partes do corpo (22 palavras), os diferentes estados dos andarilhos e dos mendigos (dezesseis), as condições sociais (treze), os animais domésticos (onze), as peças de vestuário (dez), os objetos usuais (oito). Ele concede assim a parte principal ao vocabulário da "baixeza" corporal (segundo a expressão de Bakhtin[3]), prova suplementar da inscrição do texto na tradição da literatura jocosa, grotescamente realista e facilmente escatológica.

---

3 Bakhtin, M. *L'oeuvre de François Rabelais et la culture populaire au Moyen Age et sous la Renaissance*. Paris: Gallimard, s. d. p.366-432.

Apresentando esse vocabulário do jargão, a *Vida generosa* não é uma exceção. Naqueles mesmos anos, é grande o interesse pela gíria dos malandros, o jargão, considerado ao mesmo tempo pelo seu perigo, já que protege o secreto da existência criminal, e pelo seu pitoresco que lhe dá estatuto de curiosidade divertida. É assim que no *Segundo livro dos serões* publicado em 1597, Guillaume Bouchet põe na boca de um dos participantes do XV desses serões ou vigílias as seguintes palavras:

> Alguém do serão, acordando, começa a dizer: gosto desses malandros que não prejudicam ninguém e que aplicam golpes de brincadeira, apenas para rir e não para enganar. Mas para evitar ser enganado (eles dizem logrado) por burladores que burlam, eu queria entender seu jargão, e conhecer sua linguagem, pois entenderia o que dizem os *Mattois*, os *Bresches*, os *Contreporteurs* e os *Gueux* da hospedeira, que se ajudam, usando entre eles uma mesma linguagem. E para mostrar que essa língua não é nada pobre e que todas as palavras são significativas e que ela pode comparar-se à hebraica, à grega e latina, direi algumas palavras.[4]

Segue-se um léxico de 54 palavras e dezoito expressões, das quais só se encontram umas quinze no dicionário da *Vida generosa*, seja porque o jargão se modificou (por exemplo, para a designação das diferentes moedas), seja porque difere a lista das palavras das quais é dada tradução em jargão.

A inovação maior do livreto lionês não está, entretanto, nesse enriquecimento do vocabulário decriptado, mas na tentativa feita para utilizá-lo na própria escrita da narrativa, o que cria, ou visa criar, um efeito de realidade suplementar, ao mesmo tempo que é proposto ao leitor um jogo de decifração. Esse processo é particularmente nítido na primeira seqüência da vida de Pechon de Ruby, quando participa da companhia dos andarilhos. O jargão aqui é amplamente empregado e sua tradução é oferecida de di-

---

4 Bouchet, G. *Second livre des serées*. Lyon, 1618. p.109-11.

versas maneiras: por equivalências dadas em dobrão no próprio texto (exemplo: "*Les courbes m'aquigeaient fermy*, isto é, os ombros me doíam"), ou por remessa implícita ao dicionário blesquiano que fecha o livro. Todavia, esses procedimentos que dão ao profano a satisfação de uma decifração progressiva deixam um resíduo de sentido nunca traduzido, por exemplo no caso da arenga atribuída ao mais velho dos andarilhos, o que preserva o segredo do jargão revelado em outras partes.

A *Vida generosa* é herdeira do *Liber vagatorum* também porque, assim como o texto alemão revela "as astúcias empregadas pelos mendigos e vagabundos, em número de vinte", ela traz à luz as "sutilezas" enganadoras dos andarilhos, mendigos e boêmios. Mas, enquanto no *Liber vagatorum* e nos textos germânicos que o precedem (por exemplo, um documento da Basiléia do segundo quartel do século XV, *Die Basler Betrügnisse der Gyler*, ou a descrição contida na crônica de Mathias von Kemnatt que data de 1475) esse desvendamento toma a forma de uma estrita nomenclatura em que cada categoria de falsos mendigos é nomeada, caracterizada por seu discurso ou seus atributos e moralmente qualificada,[5] a ficção autobiográfica leva a *Vida generosa* a outra fórmula que insere de maneira apenas rudimentar o enunciado taxionômico.

O livreto francês organiza-se, com efeito, em torno de iniciações sucessivas, que fazem o herói passar de um estado a outro e levam o leitor através dos diferentes meios criminais. Enquanto a última dessas iniciações, aquela que faz Pechon de Ruby entrar no bando dos Egípcios, é marcada por um único sinal – o herói, desbatizado, recebe um nome novo: "ele me nomeou Fourette" –, as duas primeiras, entre os andarilhos e mendigos, agenciam os mesmos traços, tomados aos rituais corporativos e associativos. O livreto joga então aqui com uma dupla imitação:

---

5 Geremek, B. *Inutiles au monde*. Truands et misérables dans l'Europe moderne (1350-1600). Paris: Gallimard-Juliard, 1980. p.187-97. ("Archives")

Roger Chartier

uma, paródica, que constrói as iniciações textuais e cômicas sobre o modelo reais do mundo das profissões; outra, narrativa, que inscreve duas vezes no texto uma figura semelhante.

Para se tornar mestre andarilho ou mendigo por completo, Pechon de Ruby é obrigado aos mesmos três atos: despender (o preço de um jantar, de um lado, três centavos, de outro), provar sua capacidade (manejando o bastão ou respondendo ao interrogatório do primeiro dos mendigos, o *Grande Coesre*), fazer o juramento de cabeça descoberta e mão erguida, de nunca revelar os segredos da companhia. Essa simetria das duas descrições é marcada pela similitude da fórmula pela qual Pechon de Ruby presta juramento: entre os andarilhos *"j'atrime au passeligourt du tout*, isto é, eu esconderei bem" e entre os mendigos *"j'atrime au triplegourt*, eu esconderei três vezes bem".

Compostos de maneira idêntica, esses dois episódios demarcam, conjugando-os, de um lado, os ritos corporativos de admissão ao mestrado, que compreendem a obra-prima ou um exame, a refeição paga para aqueles que já são mestres e o juramento à comunidade ou ao rei;[6] de outro, aqueles ritos, aliás muito próximos, das cerimônias de recepção das confrarias, marcados pelo interrogatório do aspirante, o juramento inviolável que obriga ao segredo sobre os mistérios da sociedade, por fim as libações coletivas às expensas do recipiendário.[7] A arenga do mais velho dos andarilhos e o discurso do Grande Coesre têm na narrativa uma mesma função: por um lado, eles sancionam a admissão de Pechon de Ruby em seu novo estado; por outro, eles iniciam a sua instrução revelando-lhe os truques do ofício, exatamente como fazem os antigos mestres para os novos, ou os "padrinhos" para os colegas recentemente recebidos.

---

6 Coornaert, E. *Les corporations en France avant 1789*. Paris: Éditions Ouvrières, 1968. p.29.

7 Coornaert, E. *Les compagnonnages en France du Moyen Age à nos jours*. Paris: Éditions Ouvrières, 1970. p.147-73.

Com a descrição da comunidade dos mendigos, peça central do livreto, a *Vida generosa* joga com dois motivos. O primeiro, tradicional, é um repertório das espertezas dos falsos mendigos. No discurso do Grande Coesre, ele assume a forma de uma nomenclatura das diferentes especializações entre as quais os novos iniciados devem escolher. O modelo, aqui, é claramente dado pelas listas que detalham as classes de falsos mendigos e que, no curso do século XVI, passaram do estatuto de documentos judiciários, construídos e utilizados pelos magistrados para descobrir, designar e desmascarar os ladrões e os usurpadores da caridade pública, para o estatuto de descrições "literárias", oferecendo às imaginações um pitoresco atraente porque inquietante.

O *Liber vagatorum* faz cruzamento com essa trajetória, com seus 28 capítulos que fazem um inventário sobre "a ordem dos mendigos", *Der Bettler Orden* segundo o subtítulo das edições alemãs do século XVI, antes que o motivo passasse para a literatura da vagabundagem, na Inglaterra *(The Fraternitye of Vacabonds*, de John Awdeley, publicado em 1561, distingue dezenove categorias de vagabundos e *25 Orders of Knaves*, 25 categorias de trapaceiros; *A Caveat or Warening for Common Cursetors Vulgarely Called Vagabones*, de Thomas Harman, cuja primeira edição data de 1566 ou 1567, enumera 23[8]) e na França com a *Vida generosa*. As seis maneiras de *bier* (ir) encontram aqui, aliás, traços presentes no *Liber vagatorum*: a mendicância sem artifício *(bier sur le minsu* na *Vida Generosa*, capítulo I do *Liber*), o incêndio fictício *(bier sur le ruffe*, capítulo XXI), a falsa ruína comercial por causa da guerra *(bier sur la foigne*, capítulo XXII), as falsas doenças *(bier sur le franc*

---

8 Esses dois textos estão publicados em *Awdeley's Fraternitye of Vacabondes, Harman's Caveat, Haben's Sermon, etc.* Ed. E. Viles e F. J. Furnival. London, *Early English Text Society*, Extra Series n.IX, 1869, p.1-16 e 17-91, e em Judges, A. V. *The Elizabethan Underworld*, London, 1930, p.51-118. Cf. também Clark, S. *The Elizabethan Pamphleteers*. Popular Moralistic Pamphlets 1580-1640. East Brunswick: Rutgers University Press, 1983. p.40-85.

mitou, detalhadas nos capítulos VIII, XIX, XXV, XXVI, XXVII do *Liber*). A esse repertório ordenado, enunciado pelo Grande Coesre, o livreto acrescenta, ao longo da narrativa, a menção de outras artimanhas, os falsos aleijados pretendendo excitar a compaixão – que se encontram nos capítulos IV e XXVII do texto germânico – ou a exibição de falsos órfãos.

Enumerando as maneiras de enganar, a *Vida generosa* retoma um tema que habita os homens do século XVI, e que fornece uma das molas da literatura jocosa, e é assim que Noël du Fail o utiliza num dos capítulos, o oitavo, de seus *Discursos rústicos*, publicados em 1548, e cinco vezes reeditado antes de 1580. Tailleboudin [Talhachouriço], "bom e sábio mendigo", revela aqui a Anselme, um dos narradores rústicos supostos, os truques dos mendigos, mobilizando o repertório clássico das doenças simuladas, das crianças dissimuladas, das falsas relíquias ou dos discursos mentirosos: "Pego meus dois meninos pequenos, com a minha vagabunda, e os monto em meu jumento (quero dizer os meninos), e simulo o Burguês, espoliado de meus bens pela guerra".[9] Mas o motivo atravessa também o discurso médico.

Ambroise Paré, por exemplo, consagra cinco capítulos (XX a XXIV) do seu *Livro dos monstros e prodígios* de 1573 ao "artifício dos malvados mendigos da hospedaria". Começando com a simulação de uma gangrena pela utilização do braço de um enforcado "ainda fétido e infecto", que se encontra na *Vida generosa*, o inventário prossegue com "a impostura de uma vagabunda fingindo ter um câncer na mama", "a impostura de um maroto que simula o leproso", a descrição "de uma vagabunda fingindo estar doente com o mal de Saint-Fiacre e tirando do ânus uma tripa longa e grossa feita artificialmente" e o retrato "de uma vagabunda gorda

---

9 Du Fail, N. *Propos rustiques de maistre Léon Ladulfi*. Champenois, 1548. In: *Conteurs français du XVIe siècle*. Paris: Gallimard, 1965, p.635 (Bibl. de la Pléiade).

Leituras e leitores na França do Antigo Regime

da Normandia, que fingia ter uma cobra na barriga".[10] A cada vez, a ciência do médico (Paré ou seu irmão) revela a trapaça e desmascara o impostor entregue à justiça. O discurso aqui é grave e sério, visando desmascarar os blasfemadores que, atribuindo-se falsas enfermidades, parodiam odiosamente a obra do único Criador, e fazendo a separação entre os bons pobres, aos quais a caridade é devida, e os falsos mendigos que abusam da generosidade pública:

> Eu o escrevi [o tratado do artifício dos mendigos] para conhecer suas imposturas que, uma vez conhecidas, poderão ser declaradas aos Juízes. A fim de que, sob o véu da pobreza, eles não furtassem o pão dos pobres envergonhados, e que, como vagabundos, fossem banidos para fora do país, ou obrigados a algum trabalho necessário para o público.[11]

É por isso que Paré, para além mesmo da descrição dos casos que viu ou que seu irmão lhe contou, acumula, à maneira das nomenclaturas germânicas, mas sem seu ordenamento sistemático, as trapaças dos "larápios impostores". Deve-se, aliás, notar que, para constituir esse catálogo, ele se abastece em todo tipo de fontes livrescas não citadas – incluindo os *Discursos rústicos* demarcados de muito perto –, o que significa atribuir força de verdade objetiva à zombaria literária. Menos detalhado, o repertório da *Vida generosa* tem uma dupla função narrativa. Por um lado, colocado no discurso do Grande Coesre, ele encontra, por um processo diferente do empregado por Paré, um tom de verdade (pelo menos para quem toma a autobiografia ao pé da letra), e essa aparência de verdade dá, em troca, credibilidade a toda a narrativa. Por outro, essas artimanhas, em particular as falsas

---

10 Paré, A. *Oeuvres*. 4.ed. Paris, 1585. p.MLI-MLVI; e *Des monstres et des prodiges*. Ed. crítica e comentada por J. Céard. Genève: Droz, 1971. p.69-79.

11 Memória de A. Paré, 1575, publicado em Dr. Le Paulmier, *Ambroise Paré d'après de nouveaux documents* (Paris, 1889, p.245).

299

enfermidades, são encenadas, servindo de suporte às historietas incluídas no texto; por exemplo, o episódio do falso cirurgião, intitulado "Outro bom golpe".

A *Vida generosa* traz, portanto, no seu texto a ambigüidade que, durante todo o século XVI, marcou as descrições dos artifícios dos mendigos, já que suas formulações literárias aparecem como extraídas de testemunhos verdadeiros, e, inversamente, as figuras de ficção tornavam-se provas de uma realidade incontestável e inquietante.

O segundo motivo que organiza a parte central do livreto é o da monarquia mendiga "De manhã, nós fomos a Clisson, e lá encontramos um bando que nos superava em felicidade, em pompa, sutileza e organização, mais do que qualquer outro existente no Estado veneziano como verão em seguida". De fato, enquanto uma referência implícita às regras corporativas e associativas modela a narrativa dos cerimoniais de admissão dos recém-chegados, é uma série de comparações explicitas com as instituições do Estado monárquico que orienta a descrição da companhia dos mendigos. Sua assembléia é identificada à dos Estados gerais; seu chefe, o Grande Coesre, qualificado como "bravo príncipe" "com a majestade de um grande Monarca"; seus tenentes, os *cagoux*, são governadores de província; o *Brissart*, recebedor das rendas ordinárias e extraordinárias; e aqueles que desobedecem são chamados "rebeldes ao Estado", ou criminosos de lesa-majestade. No próprio detalhe dos enunciados, no emprego sistemático do vocabulário estatal (o Grande Coesre e seus *cagoux* são "como uma corte de Parlamento, de pequena instância", o *cagou* da Bretanha é chamado *General* etc.), sublinha aquela figura pela qual a sociedade dos mendigos é representada como um duplo do Estado monárquico, dotado de uma hierarquia paralela à da Monarquia.

Semelhante representação que dá aos mendigos um monarca não é absolutamente uma novidade no fim do século XVI. Ela está ancorada desde o século anterior no imaginário dos dominantes, como figura complementar das nomenclaturas que detalham as especializações dos falsos mendigos e dos verdadeiros ladrões. É assim que na instrução empreendida em 1445 por Jean Rabustel, "oficial procurador da cidade e comuna de Dijon" contra o bando dos Coquillards que grassava na cidade e arredores, os dois motivos se mesclam:

> De dois anos para cá acoitaram-se e ainda se acoitam nesta cidade de Dijon vários camaradas, ociosos e vagabundos, que, desde quando chegaram e durante o tempo em que permanecem nesta cidade, não fazem nada, a não ser beber, comer e fazer grande despesa, jogar dados, cartas, amarelinha e outros jogos; mais comumente e em especial à noite, permanecem continuamente nos bordéis onde mantêm tumultuada, infame e dissoluta vida de rufiões e carvoeiros ... E é verdade que os referidos camaradas têm entre eles certa linguagem de jargão e outros sinais pelos quais se reconhecem; e esses espertalhões se chamam os Coquillards, que se deve entender como os companheiros da Coquille, os quais, como se diz, têm um Rei, que se chama o Rei da Coquille.

E mais adiante, um dos membros do bando, o barbeiro Perrenet le Fournier, nomeia na linguagem secreta e caracteriza nas suas especialidades dezesseis categorias de ladrões, antes de revelar o sentido de sessenta palavras ou expressões de sua "linguagem estranha que outras pessoas não podem entender".[12] Pode-se notar que nesse léxico "um bretão é um ladrão", o que esclarece talvez as supostas origens de Pechon de Ruby, "fidalgo bretão". A informação de Dijon não é o único texto a sugerir a existência de monarcas criminosos. O *Diário de um burguês de Paris sob Carlos VII* conta assim o castigo de uma quadrilha de *bandidos, ladrões e assassinos* que raptaram crianças e as mutilaram de propósito para torná-las aleijadas e, portanto, mendigos mais dignos de piedade:

---

12 Sainéan, L. *Les sources de l'argot ancien*. Paris, 1912; o texto das peças do processo dos Coquillards, p.87-110.

Desses bandidos foram enforcados um homem e uma mulher, na quarta-feira, vigésimo terceiro dia de abril perto do moinho verde ou caminho de Saint-Denis na França, em mil e quatrocentos e quarenta e nove. Nenhum dos referidos bandidos que eram do bando daqueles antes mencionados foi para a prisão; porque diziam que eles tinham feito um rei e uma rainha por derrisão.[13]

Como o procurador de Dijon, o burguês de Paris deixa pairar uma dúvida sobre a realidade desses soberanos cuja existência é relatada pelo boato público ("dizia-se", "como se diz"), e ele acrescenta uma palavra que certamente permite compreender a reutilização do motivo: esse rei e essa rainha são monarcas "por derrisão".

Essa derrisão, com efeito, no século XVI, torna-se a base de uma figura paródica que alimenta a literatura divertida. É assim que Noël du Fail faz uso dela nos *Discursos rústicos*. Aqui, Tailleboudin declara a Anselme:

> Tem apenas bom bico e eu te farei rico, se quiseres me seguir. Precisas entender que entre nós (que somos em número quase inestimável) há tráficos, capítulos, monopólios, taxas, bancos, parlamentos, jurisdições, festins, palavras de ordem e ofício para governar, uns em uma Província e outros em outra. Ora! Nós nos conhecemos entre nós, até mesmo sem jamais nos termos visto, temos nossas cerimônias próprias do nosso ofício, admirações, juramentos para guardar inviolavelmente nossos estatutos, que nosso antecessor, o falecido Ragot de boa memória, extraiu de muitos bons costumes, e acrescentou algo do seu espírito. Aos quais obedecemos como vós a vossas leis e costumes, embora os nossos não sejam escritos. Mas há mais ainda: é que não é lícito a alguém imiscuir-se em nossos assuntos, antes de prestar o juramento de não revelar os segredos do Conselho e de bem e fielmente trazer à noite o lucro ao lugar designado. Lugar (possível) em que o grão-senhor não tem mesa mais bem fornida, nem tão variada; e

---

13 *Journal d'un bourgeois de Paris sous Charles VII*. Paris, 1827. t.XV, p.547 (Collection des Chroniques Nationales).

não bebe nada de mais fresco. Tudo isso à meia-noite já que o escândalo é um dos principais pontos de nossa Religião.[14]

Pela pena de Noël du Fail, já estão colocados os elementos que constituem a trama e os ornamentos (o juramento, a prestação de contas, a boa mesa) da narrativa da assembléia dos Mendigos tal como a "viu" Pechon de Ruby. O autor do livreto abebera-se, portanto, amplamente nessa literatura de grande circulação que é a dos discursos divertidos, elo essencial entre os testemunhos ao vivo, mas concisos e dubitativos, do século XV e a literatura da malandragem que alimenta o estoque troyense.

Mas ao mesmo tempo que toma de empréstimo tema e fórmulas de Noël du Fail, a *Vida generosa* os colore de maneira inédita. O Estado dos mendigos aparece aqui sobretudo como uma companhia burlesca na qual a trivialidade das maneiras forma um contraste cômico com a nobreza das titularidades. Nada ilustra melhor isso do que a descrição da ordem dos Estados ou a ceia do príncipe. Nos dois casos, uma forma clássica do cerimonial monárquico, conhecida pelas imagens soltas ou pelas narrativas, encontra-se carregada com uma descrição que se apóia em motivos tradicionais da cultura da baixeza material e corporal: a grosseria dos costumes, o grotesco dos corpos, a abundância da mesa. Da existência problemática de reis dos mendigos, a *Vida generosa* tira um efeito "literário", destinado a divertir o leitor pelo contraste sublinhado entre a referência que serve de matriz à descrição (a Monarquia, suas instituições, seus dignitários, seu vocabulário) e a trivialidade das notações acumuladas. Há aqui um processo que está na própria base da literatura burlesca, e que faz do livreto, pelo menos na sua parte central, uma das primeiras peças francesas desse gênero do qual se apropriam os impressores da Biblioteca Azul, muito particularmente Nicolas II Oudot, filho do editor da *Vida generosa*.

---

14 Du Fail, *Propos rustiques de maistre Léon Ladulfi*, op. cit., p.633.

Com o último encontro efetuado por Pechon de Ruby, com os Egípcios, o tom do texto muda mais uma vez. A narrativa se acelera e esquece um pouco a ficção autobiográfica para inserir uma historieta, a das bodas perto de Moulins, e uma série de traços que mostram as maneiras e sutilezas dos boêmios. A *Vida generosa* responde aqui ao interesse crescente por esse povo estranho, surgido em Paris em 1427, e o autor reúne da melhor maneira possível as notações que construíram progressivamente o retrato temível e a negra lenda dos boêmios. Não lembrando mais a narrativa das origens, que justificava sua perpétua perambulação como uma peregrinação expiatória, uma penitência recomeçada a cada sete anos para obter o perdão de uma antiga abjuração ao cristianismo, o texto só retém os delitos que lhes são imputados – o roubo, a moeda falsa, a *buena-dicha* – que servem de justificação às decisões reais impondo sua expulsão, seja o édito de 1539 ou a ordenação de 1561.

Temidos, os Egípcios são também fascinantes: eles têm o apoio dos fidalgos (a *Vida generosa* sugere isso três vezes e é a piedade dos nobres armados que dá conclusão à história do capitão Charles), eles são mestres na arte de enganar, dominando astúcias e disfarces, e podem prever o futuro, capacidade que o livreto evoca numa única linha, mas à qual o autor, no endereço terminal da edição lionesa, promete dedicar um livro inteiro: "Espero, com a ajuda de Deus, mostrar-lhes dentro de pouco tempo uma obra mais útil, que será uma coletânea de quiromancia com diversas e belas práticas e retratos do bastão dos Boêmios: pelos quais alguém poderá tornar-se capaz de ser perito Engenheiro". No seu final, a *Vida generosa* tenta então satisfazer a curiosidade do público aguçada pela estranheza desses "miseráveis viajantes, sem garantia de fogo e de lugar [que] fazem profissão perpétua de mendicidade, de furto e de ociosidade", como escreve Étienne Pasquier.[15]

---

15 Pasquier, E. *Les recherches de la France, augmentées en cette dernière édition de trois livres entiers*. Paris, 1643. p.392-4. Sobre os ciganos, cf. sobretudo Asséo, H.

O primeiro dos textos de nossa série é, portanto, obra compósita em que a fórmula autobiográfica, sem dúvida alguma imitada do *Lazarillo de Tormes*, serve para costurar juntas peças que pertencem a gêneros diversos, mais ou menos antigos: as historietas divertidas, as descrições curiosas, as narrativas paródicas, as nomenclaturas mendicantes, os léxicos do jargão. Daí o caráter inacabado e disparatado desse texto, que certamente não é uma autobiografia verídica – como se acreditou e se repetiu –, mas que também não é uma criação literária comparável, mesmo em pequena escala, ao seu modelo espanhol. E isso, não somente porque o livreto se desfaz um pouco ao longo das páginas, esquecendo os processos que fundamentavam seu começo, mas também porque inscreve em sua própria trama os modos de sua suposta leitura.

É assim que o texto se fragmenta em capítulos mínimos e numerosos (dezoito no total para um texto bastante breve, que são várias unidades, dotadas cada uma de um título, proposta para uma leitura lenta e fragmentada), que se organiza a partir de motivos repetidos (por exemplo, as duas iniciações), que retoma em sua própria letra fórmulas idênticas. A necessidade desse recorte cerrado e sinalizado pode levar a dividir sem razão imperativa uma mesma seqüência (como a interrogação de Pechon de Ruby pelo Grande Coesre), ou, inversamente, a dar ao capítulo um conteúdo mais amplo que o indicado por seu título (por exemplo, no caso daqueles intitulados "Bela sutileza para fazer calar os cães" ou "Forma de alojamento"). Por essa própria apresentação do texto, o autor do livreto supõe uma leitura, que não é absolutamente aquela, cursiva e fácil, dos familiares do livro, mas outra, mais trabalhosa, demandando pausas e marcas.

Marginalité et exclusion. Le traitement administratif des Bohémiens dans la société française du XVIIe siècle. In: *Problèmes socio-culturels en France au XVIIe siècle*. Paris: Klincksieck, 1974. p.9-87.

O jargão ou linguagem do Argot reformado: carnavalesco e burlesco

Enquanto a *Vida generosa* teve uma única edição troyense (talvez duas), o segundo livreto cujo estudo propomos, *O jargão ou a linguagem do Argot reformado como está em uso atualmente entre os bons pobres, extraído e recolhido dos mais famosos argotistas desta época*, constituiu um dos *best-sellers* da literatura dos vendedores ambulantes entre o segundo terço do século XVII e meados do XIX: umas trinta edições pelo menos podem ser arroladas, a metade das quais devida a impressores troyenses. Aí está, portanto, uma peça menor mas capital para indagar sobre as razões do sucesso e os modos de decifração dessa literatura da malandragem à francesa, contemporânea da picaresca espanhola. Os inícios de *O jargão ou linguagem do Argot reformado* permanecem meio obscuros pelo fato de que sua primeira edição desapareceu, mas a leitura em paralelo das que se seguem autoriza, entretanto, algumas constatações. Antes de tudo, é claro que este segundo livreto é como uma ramificação da *Vida generosa,* da qual ele reutiliza uma parte do texto e algumas das fórmulas, assinalando de passagem, de maneira velada, esses empréstimos: "E depois, eles [os *cagoux*] os ensinam a fazer dez mil truques. Como relata o Doutor Fourette no seu livro sobre a vida dos Mendigos, onde conta várias histórias entre as quais esta", o que significa lembrar o nome dado a Pechon de Ruby pelo Capitão dos Egípcios.

Composto para prolongar o sucesso da *Vida generosa* dando aos leitores um texto que, ao mesmo tempo, retoma e renova seus motivos, a primeira edição do *Jargão* data certamente de 1629. Com efeito, desde 1630 ele suscita imitações e respostas: nessa data, uma edição lionesa do texto indica como endereço "Conforme a cópia impressa em Troyes, por Nicolas Oudot" e o livreiro parisiense Jean Martin, instalado na ponte Saint-Michel e especializado na edição de peças burlescas e de avulsos, dá a público uma *Resposta e cantilena ao Grande Coesre sobre o jargão do*

O jargão ou linguagem do Argot reformado. Chereau (Ollivier), Troyes, 1656. (Coleção particular)

O jargão ou linguagem do Argot reformado. Chereau (Ollivier), Troyes, 1660. (Paris, Bibliothèque Nationale)

Argot reformado. Uma alusão histórica contida no texto permite dar um *terminus a quo* a essa edição (perdida) de Nicolas Oudot: um poema de trinta versos declara aqui o *Contentamento dos argotistas pela tomada de La Rochelle*, celebração em jargão, paródica na língua, mas reverente na intenção, da submissão da cidade, da derrota dos ingleses e da glória do rei (o *dasbuche* Luís ao qual se deseja *"beaux petits mions"*). Como a rendição de La Rochelle data de 29 de outubro de 1628, o *Jargão* deve ter sido impresso em 1629 ou, a rigor, bem no fim de 1628. Pode-se supor que Nicolas Oudot, três anos depois da publicação da *Vida generosa*, quis de novo explorar a curiosidade manifestada pela linguagem secreta e pela suposta organização, monárquica e corporativa, dos falaciosos mendigos.

A idéia era boa, sem dúvida alguma, já que rapidamente outros impressores se apropriam do texto. Em Paris, a Viúva Du Carroy, da Rua des Carmes, oferece uma edição sem data, que traz na página de rosto a menção *O jargão ou linguagem do Argot reformado ... revisto, corrigido e aumentado novamente pelo autor. Segunda edição*, e que foi talvez impresso antes da *Resposta* de Jean Martin, portanto em 1629 ou 1630. Em Lyon, três edições se sucedem, em 1630, 1632 e 1634, as quais na página de rosto fazem referência à "cópia impressa em Troyes por Nicolas Oudot" e indicam *Aumentado novamente no dicionário das palavras mais substantivas do Argot, além das impressões precedentes, pelo autor*. Em Troyes mesmo, o filho de Nicolas Oudot, Nicolas II, retoma o título em 1656, depois Yves Girardon em 1660 e, no fim do século, certamente Jacques Febvre, já que uma edição traz como endereço "Em Troyes e é vendido em Paris na loja de Jean Musier" (que era o correspondente de Febvre desde 1696), e dois dos filhos de Nicolas II Oudot, Jean (1683) e Jacques.

As duas edições, de 1656 e 1660, inovam colocando no verso da página de rosto uma prancha e um quarteto. O poema é idêntico, mas as pranchas diferem. Nicolas II Oudot reutiliza uma xilografia que apresenta um personagem solitário, com a adaga na cintura e a mão esquerda erguida, supondo-se que seja, como indica o título, "o Grande Coesre dirigindo-se aos argotistas". Girardon, por sua vez, faz uso de uma outra prancha que representa um homem e uma mulher, vestidos também de maneira rica e antiga, o que o obriga a modificar assim o título: "O Grande Coesre com sua marquesa. Aos argotistas". Último avatar dessa ilustração do livreto, em seguida abandonada: a prancha da edição vendida por Jean Musier que figura o Grande Coesre como guerreiro coroado, revestido de armadura e apoiada num imenso gládio.

A cada vez é reutilizada uma prancha antiga, que data do século anterior e pertence ao estoque do impressor. A relação da imagem com o texto é, portanto, totalmente arbitrária e não visa absolutamente duplicar os efeitos "realistas" buscados pela escrita. Ao contrário das estampas satíricas, por exemplo, a coletânea de Lagniet, a *Vida dos mendigos atenuada em provérbio*,[16] onde a representação do Grande Coesre, sentado nas costas de um cortador de bolsas, tende a pôr em imagem a descrição da *Vida generosa* mostrando a barba grande, o manto remendado, a perna "bem podre" ou o bastão de macieira, as imagens dos livretos troyenses deixam livre a imaginação de quem os contempla. Em desacordo com o texto, extraídas do estoque de pranchas disponíveis sem preocupação de verossimilhança, elas inscrevem no livreto atemporalidade e irrealidade já que mobilizam não um pitoresco "picaresco", mas alguns signos elementares, mundanos ou míticos, que simbolicamente indicam o poder.

Diferentemente da *Vida generosa*, o *Jargão* tem um autor identificável. A página de rosto o apresenta como "*un pillier de Boutanche qui maquille en molanche en la Vergne de Tours*", ou seja, como um dono de oficina que trabalha a lã na cidade de Tours. Mais adiante, um soneto acróstico, apresentado como tal e intitulado

---

16 Lagniet, *Recueil des plus illustres proverbes divisés en trois livres*. Paris, 1657-1660.

"Em louvor do *Argot*", revela seu nome: Ollivier Chereau. De fato, existe mesmo um autor com esse nome: mestre de lanifício e autodidata, ele publicará duas obras com o impressor de Tours Jacques Poinsot, uma *História dos ilustríssimos arcebispos de Tours* (em verso), em 1654, e *A ordem e as preces da muito nobre e muito antiga confraria do Santo Sacramento, sob o nome dos Apóstolos, erigida na capela chamada vulgarmente o pequeno são Martin de Tours*, em 1656.[17] O personagem aparece então como um literato provinciano e devoto, capaz de manejar diversos gêneros de escrita, da história eclesiástica à literatura piedosa.

Essa pertença cultural permite compreender melhor o *Jargão*, que deve certamente ser tomado como uma diversão literária baseada nos efeitos cômicos produzidos pelo manejo de uma linguagem de gíria. Essa intenção aparece sob a ironia bem erudita do prefácio que, começado como um hino à bondade de Deus, protetor de todas as criaturas, dos reis aos mendigos, deriva para uma louvação, paródica e versificada, do Argot (isto é, a sociedade dos mendigos), "compêndio de todas as outras ciências e virtudes". Certamente também por ser um católico zeloso que Chereau termina seu livreto com uma celebração em jargão e rimas da tomada de La Rochelle, considerada uma vitória brilhante pelo partido devoto. Outra alusão "devota": ao governador do Languedoc, Montmorency (falsamente chamado de Anne no texto quando se trata de Henri, decapitado em 1632, após revoltar-se contra o rei), que distribui víveres a todos os miseráveis que se confessam e comungam na quinta-feira santa.

---

17 Sobre Ollivier Chereau, cf. Chalmel, J.-F. *Histoire de Touraine*. Paris e Tours, 1828, t.IV, p.109-10; Bellanger, S. *La Touraine*, 1845, p.577; Prévot, M., D'Amat, R. *Dictionnaire de biographie française*. Paris, 1959, t.VIII, p.1007. Para a atribuição do *Jargão* a Chereau, cf. Estevanne, A. Quelques recherches sur le livre d'Argot. *bulletin du Bouquiniste*, 1861, p.246-50. *L'histoire des illustrissimes archevêques de Tours* atesta, várias vezes, o gosto de Chereau pelos poemas acrósticos.

Mais ainda do que a *Vida generosa*, o *Jargão* é feito de pedaços e fragmentos. Assim é a edição lionesa de 1630, que podemos supor que reproduz a edição *princeps* e troyense de Nicolas Oudot. Ela reúne os textos seguintes: o *Prefácio*, o soneto acróstico *Em louvor do Argot*, *A origem dos Argotistas*, *Ordem ou Hierarquia do Argot*, *O Dicionário de Argot organizado por ordem alfabética*, *Estados Gerais*, capítulo central que caracteriza dezoito "vacâncias" dos mendigos, um *Diálogo de dois Argotistas*, que inclui três canções, o *Processo entre Mathelin o Rabugento e Collas o Sofredor*, seguido da *Sentença dada pelo Sr. Cagou*, a descrição do *Pátio dos Milagres ou Piolle franca onde os Argotistas e os Mendigos fazem seu esconderijo*, o *Contentamento dos Argotistas sobre a tomada de la Rochelle*, o *Lucque* – ou falsa permissão.

Dois motivos e um processo de escrita permitem reunir essas peças disjuntas. Primeira figura: a da monarquia argótica. O autor retoma aqui, não se incomodando mais com a ficção autobiográfica, as descrições da *Vida generosa*, que lhe serve igualmente para fundamentar seu texto, já que o encontro entre andarilhos e mendigos torna-se narrativa das origens da ordem do Argot. O *Jargão* reutiliza, portanto, o material trazido por Pechon de Ruby: o retrato do Grande Coesre (com seu manto remendado e seus membros ficticiamente apodrecidos), a prestação de contas pelos *cagoux*, a punição dos rebeldes, o juramento dos recém-chegados, com a mão esquerda levantada, por fim a ceia. Essa reutilização é ajustada por meio de uma transformação da enunciação: as descrições não são mais supostas como o testemunho de um participante, mas dadas na forma impessoal de uma narrativa objetiva.

No meio da descrição, tomada de empréstimo dos Estados gerais, Chereau insere outro motivo tradicional, o das classes dos falsos mendigos: "Cada um, de qualquer condição que seja, vem prestar contas de sua vacância". Segue-se uma hierarquia de dezoito Estados, cada um caracterizado por um nome argótico, um tipo de atividade e o montante do tributo que ele deve pagar ao Grande Coesre. Em relação à *Vida generosa*, a nomenclatura enriqueceu-se amplamente, alimentando-se no repertório clássico das denúncias dos falsos mendigos. Em particular, e embora não haja tradução francesa conhecida no século XVI, o *Liber vagatorum* parece servir de matriz, tanto mais que ele é muito reeditado nos cinqüenta anos que precedem o *Jargão*: conhecemos três edições em Frankfurt, sob o título *Die rotwelsch Grammatik* em 1583, 1601 e 1620 e, por outro lado, a versão que comporta um prefácio de Lutero, impressa em 1528 e reeditada em 1580, 1626, 1627, depois 1634.[18] A metade das classes de falsos mendigos do *Jargão* reproduz ou demarca os capítulos do *Liber vagatorum*:

Orphelins [Órfãos] = Von den Bregern (I): mendigos sem artifício;

Mercandiers [Mercadores] = Von den Bandierern (XXII): falsos mercadores dizendo terem sido roubados;

Millars [Vagabundos] = Von Stabülern (II): mendigos com sacolas;

Malingreux [Macilentos] = Von den Seffern (XXV): falsas chagas;

Piètres [Miseráveis] = Von der Klenckern (IV): falsos aleijados;

Sabouleux [Tremulantes] = Von den Grantnern (VIII): falsos epilépticos;

Coquillards [Romeiros] = Von Düczern (IX): falsos peregrinos;

Polissons [Vagabundos] = Von den Schwanfeldern (XII): mendigos quase nus;

Convertis [Convertidos] = Von Veranerin (XXIII): falsos convertidos.

Além disso, a descrição dos *ruffés* ou *rifordés*, que mendigam com um certificado atestando que sua casa pegou fogo, retoma

---

18 Sobre as edições do *Liber vagatorum*, Wagner, J. M. *"Liber vagatorum"*, *Serapeum*, n.8, p.113-7, 1862; e *The Book of Vagabonds and Beggars with a Vocabulary of their Language*, 1ª trad. em inglês por J. C. Hotten, e nova ed. por D. B. Thomas (Londres, 1932).

um motivo presente no capítulo XXI do *Liber*, e as outras categorias de falsos doentes (*callots, hubins ou francs mittoux*) são apenas variações sobre uma temática que é a do livreto germânico. Em contrapartida, Chereau inova contando entre os súditos do Grande Coesre "os da Dublagem", ou seja, os larápios ladrões. A essa associação entre andarilhos e mendigos, colocada na origem do Argot, acrescenta-se então a do mendigos e ladrões: "Para ser perfeito Argotista, é preciso saber o jargão dos Blesches ou Andarilhos, a língua como os mendigos, e a sutileza dos cortadores de bolsas".

Em relação à *Vida generosa* (e a toda a literatura da malandragem européia), a inovação fundamental do livreto de Ollivier Chereau reside no uso sistemático do jargão. O dicionário colocado no início da obra foi consideravelmente enriquecido (ele comporta 251 termos ou expressões na edição troyense de Girardon de 1660), mas sobretudo as diferentes peças são escritas na língua argótica, sem que os equivalentes "em vulgar" sejam dados no texto ou em notas. É certamente esse recurso a uma língua secreta, e no entanto decifrável graças ao dicionário, que constitui a mola essencial (e as razões do sucesso) do *Jargão*. Com efeito, ele permite parodiar vários tipos de textos e, portanto, criar efeitos burlescos desnaturando os escritos mais oficiais (como as ordenações reais, os processos judiciais, as permissões para imprimir), os diversos gêneros literários (o diálogo, a canção, o poema), até mesmo as fórmulas religiosas no caso da oração do Malingreux [Macilentos]. O processo autoriza também retomar as descrições e historietas da *Vida generosa*, que encontram uma feição inédita na sua "tradução" em jargão: assim, como vimos, a narrativa dos Estados gerais, e do mesmo modo o golpe pregado pelos mendigos no moleiro ou, muito resumidamente, o golpe no fidalgo que sentia dores num lugar muito sensível.

Esse jogo, baseado nos disfarces da linguagem, inscreve-se evidentemente na tradição da literatura carnavalesca que acompanha os rituais festivos, parodia os discursos médicos ou jurídicos e emprega linguagens macarrônicas. Essa filiação é, aliás, indicada, rapidamente, no *Jargão*: com efeito, a falsa permissão que o fecha é datada da "oitava calenda de fevereiro e *luisans* (= dia) de Terça-Feira Gorda". O argot mascara a linguagem exatamente como as máscaras fazem com os corpos, e essa dissimulação cômica permite parodiar desrespeitosamente os discursos legítimos. Enraizado sem dúvida alguma no húmus de uma cultura carnavalesca, pública e tradicional, esse recurso ao jargão que produz efeitos de derrisão torcendo as linguagens autorizadas deve também ser entendido como um divertimento literário, como uma forma do burlesco.

Com efeito, o livreto aparece no exato momento em que outros textos são escritos em léxicos até então excluídos da literatura lícita, tirando desses usos insólitos uma subversão das regras, uma deformação dos gêneros, uma desnaturalização da língua.[19] Ao lado dos vocabulários familiares, "baixos", técnicos ou arcaicos, ao lado dos empréstimos tomados às línguas estrangeiras e os neologismos pitorescos, o argot é um dos repertórios que abastecem os autores burlescos, como o poeta Saint-Amant cujas *Obras* são editadas pela primeira vez em 1629. Por outro lado, a paródia dos gêneros nobres, baseada no emprego de palavras e no desenvolvimento de assuntos que normalmente lhes são estranhos, está na própria origem do burlesco, por exemplo com o livreto intitulado *As Fantasias de Bruscambille contendo diversos discursos, paradoxos, arengas e prólogos divertidos feitos pelo senhor Des Lauriers, ator*, que é uma coletânea de textos recitados no Hotel de Bourgogne, impresso em Paris em 1612 por Jean de Bordeaux e que entrou, certamente pouco depois, no catálogo de Nicolas I Oudot. Pondo em contraste a baixeza dos assuntos e o exagero das figuras de retórica, as *Fantasias de Bruscambille* dão o modelo para um jogo letrado que verte numa forma reconhecida (neste

---

19 Bar, F. *Le genre burlesque en France au XVIIe siècle*. Étude de style. Paris: Éd. d'Artrey, 1960, em particular p.74-85.

caso, a eloqüência nobre) um texto cujo tema é incongruente e cuja língua é inadequada em relação aos requisitos canônicos do gênero.

Ora, é exatamente a um "trabalho" como esse que Ollivier Chereau se dedica no seu livreto, já que recorre a formas consagradas, literárias ou jurídicas, para contar em linguagem argótica as intrigas derrisórias da vida dos malandros. É claro, portanto, que o *Jargão* se situa no cruzamento de duas familiaridades culturais. A primeira é aquela, ainda não desaparecida nesse início do século XVII, que faz os cidadãos participarem de uma cultura da praça pública cujo tempo forte é a alegria carnavalesca, produtora de rituais e de textos paródicos. É ela que serve de referência a Chereau, permitindo-lhe inserir seu livreto numa tradição cultural cujo lembrete *in fine* deve evitar que o leitor tome o texto por aquilo que ele não é, mesmo se até aí ele pode acreditar, mais ou menos, naquilo que lhe era dado para ler. Mas para o letrado provinciano que é o autor do *Jargão*, o jogo da paródia tem certamente mais graça se ele retomar fórmulas e processos então em voga entre seus pares literatos, isto é, a mobilização de vocabulários banidos e o tratamento nobre de assuntos baixos.[20]

Desse duplo ponto de vista, a monarquia do Argot é um argumento bem-vindo, já que justifica o emprego de todo um léxico estranho e divertido e fornece um repertório de situações grotescas ou grosseiras. O *Jargão*, portanto, deve certamente ser considerado um rebento provinciano do primeiro burlesco, como uma peça daquela literatura que diverte negando ou subvertendo as regras da escrita legítima. Essa aglomeração de uma referência carnavalesca, de um tema que é popular desde a *Vida generosa* e de um jogo literário ao gosto do dia, inscreve no livreto uma pluralidade de leituras possíveis, mais ou menos "eruditas", mais ou menos separadas da letra pitoresca, mais ou menos sensíveis

---

20 Soriano, M. Burlesque et langage populaire de 1647 à 1653. Sur deux poèmes de jeunesse des frères Perrault. *Annales ESC*, 1969, p.949-75.

à subversão dos códigos. É certamente essa possibilidade de decifrações plurais que assegura ao livreto um sucesso editorial, que hoje surpreende e que faz dele um dos textos mais difundidos da literatura de baixo custo.

Nas suas primeiras edições (as lionesas de 1630 e 1632, as troyenses de 1656 e 1660), mas não naquela publicada em Paris pela Viúva Du Carroy, o autor do *Jargão* inclui uma peça que contrasta com o resto do livreto: a descrição do "Pátio dos Milagres ou Piolle aberta onde os Argotistas e os Mendigos fazem seu esconderijo". Contraste porque aqui Ollivier Chereau renuncia a escrever em jargão, contraste também porque o texto retoma o tom pessoal, meio-sério meio-brincalhão, do prefácio. O motivo que serve de suporte ao desenvolvimento, ausente da *Vida generosa*, é aquele famoso esconderijo onde "milagrosamente" falsos doentes e falsos aleijados recobram a saúde e fazem muitas libações. O tema não é novo e pertence à literatura cômica. Noël du Fail o introduz nos seus *Discursos rústicos*. Retomemos o discurso de Tailleboudin a Anselme:

> Depois me dizia – Não vê esses cegos, esses que não têm cara nem forma de rosto? Outros de braços pendentes, feridos por um raio, mas que são de um enforcado, enquanto os deles estão amarrados junto ao corpo? Outros com as mãos recurvadas, que as têm agora à mesa tão direitas como as outras? Outros com uma perna pendurada na cintura? Um fingindo de leproso, com uma rede amarrada ao pescoço? Outro, que queimou sua casa, portando um longo documento em pergaminho que nós outros fizemos e tornamos bem autêntico? Outro, caindo do mal de São João, com a cabeça tão boa quanto a sua? Outro, fingindo de mudo, recuando sutilmente a língua? Não viu aquele que afirmava que sua barriga e seus intestinos caíam, mostrando uma barriga de carneiro? E que trapaça é essa? E aquele que anda sobre duas pranchinhas, mas que no consistório dá uma cambalhota ou um rodopio melhor do que um saltimbanco na cidade? Por essa razão a rua em que nos reunimos em Bourges se chama Rua dos Milagres, porque

aqueles que na cidade são todos tortos e disformes aqui são eretos, alegres e dispostos.[21]

No início do século XVII, o motivo do Pátio dos Milagres tornou-se bastante presente para ser tratado, por exemplo, num texto burlesco publicado em 1616, *Carabinage et Matoiserie soldatesque* de Richard de Romany, ou num *Memorial* sério de 1617 que tenta analisar o fracasso do confinamento dos mendigos parisienses e faz alusão ao "lugar vulgarmente chamado Pátio dos Milagres, atrás das Filles-Dieu, embaixo de uma muralha entre a porta Saint-Denis e Montmartre onde eram vistos geralmente [os mestres mendigos] à noite, durante todo o verão, dançando, jogando ou rindo, e passando bons momentos".[22] O *Jargão* utiliza, portanto, um tema já popular, em todo caso suficientemente popular para entrar no léxico usual da topografia parisiense.

Mas, em discordância com o resto do texto, a evocação do Pátio dos Milagres não é tratada à maneira burlesca, mas introduz a um propósito sério quanto às intenções do autor que quer prevenir o risco de ver seu texto mal-entendido. Retomando a distinção clássica entre os verdadeiros pobres, "aos quais Nosso Senhor faz menção no seu Evangelho", e os mendigos ociosos, trapaceiros, gozadores, vagabundos, Chereau coloca seu texto numa tradição, aquela que visa proteger a caridade legítima contra os usurpadores (ver o prefácio de Lutero ao *Liber vagatorum* em 1528 ou as justificações de Paré). Ao mesmo tempo, ele indica que a ficção cômica não é absolutamente incompatível com uma reflexão séria e toma posição no debate sobre a caridade que marca o começo do século XVII.

---

21 Du Fail, *Propos rustiques de maistre Léon Ladulfi*, op. cit., p.633-4.
22 Mémoire concernant les pauvres qu'on appelle enfermés (In: Cimber, L., Danjou, F. *Archives curieuses de l'histoire de France*. 1ʳᵉ série. Paris, 1837. t.XV, p.243-70).

Talvez se pudesse ler a alusão aos espíritos levianos que têm "o julgamento atravessado" e que compreenderiam o texto como um convite a "extinguir a caridade das pessoas de bem para com os pobres" como um eco dos confrontos que opõem nos anos 1610 e 1620 os partidários do confinamento hospitalar de todos os miseráveis e aqueles que permanecem apegados ao gesto caridoso antigo, à esmola querida por Deus para a salvação de quem dá e de quem recebe. O pouco que se sabe, ou se adivinha, da tendência devota do autor do *Jargão* está aliás totalmente em conformidade com uma atitude que implicitamente reprova o confinamento fora do mundo dos deserdados urbanos (tal como é praticado, por exemplo, na Caridade de Lyon desde 1622) e afirma a dignidade dos pobres de Cristo, e portanto a legitimidade da caridade das "pessoas de bem".[23]

Ao longo do século XVIII, o sucesso do livreto de Chereau não é desmentido: ele é constantemente reeditado e faz parte do catálogo de quase todos os impressores troyenses. Sob a cobertura de uma aprovação e de uma permissão de 1728, ele é editado pela viúva de Jacques Oudot e seu filho Jean em 1737, depois apenas por Jean em 1741, em seguida pela viúva de Pierre Garnier e por Jean-Antoine Garnier. Uma aprovação de 1740, que como a de 1728 assinala "o grande número de vezes" em que o livreto foi impresso, autoriza uma outra edição devida a Jean Oudot. Enfim, em 1822, a Viúva André "Impressor-Livreiro e Fabricante de Papéis, Grande Rua" dá uma última edição troyense do *Jargão* sob a forma e o título antigos. Além dessas impressões troyenses, pode-se localizar uma em Lyon, de Antoine Molin (permissão de 1728), e duas ou três em Rouen.

Todas essas edições são semelhantes e marcadas por duas características. Por um lado, o texto é desbastado. Diversas peças que estavam presentes nas edições do século XVII desaparecem:

---

23 Chartier, R. Le retranchement de la sauvagerie. In: *Histoire de la France urbaine*. Paris: Seuil, 1981. t.III, "La ville classique", p.223-43.

o quarteto do Grande Coesre aos Argotistas, o processo entre Mathelin e Colas, a descrição do Pátio dos Milagres, o poema sobre a tomada de La Rochelle, o *lucque* ou permissão paródica. A edição de Jacques Oudot, filho de Nicolas II Oudot, que exerce entre 1679 e 1711, inaugura esse processo de cortes, já que estão ausentes o processo, o Pátio dos Milagres, e o *lucque*, depois, da edição de sua viúva até a da Viúva André, a fórmula permanece a mesma, compreendendo apenas a *Origem dos Argotistas*, a *Ordem ou hierarquia do Argot*, o *Dicionário* (muito resumido) e a *Canção do Argot*, "própria para dançar com o canto *Dai-vos, dai-vos*".

A lógica desse encurtamento do texto parece dupla. Trata-se, primeiro, de reduzi-lo a uma dimensão menor, já que as edições do século XVIII comportam dezesseis folhas duplas contra as trinta do século XVII: daí a omissão do processo, a redução do diálogo, a supressão de duas das três canções, ou seja, ganhos à custa de peças que podiam parecer redundantes ou extensas. Mas são igualmente retirados do livreto os textos que se afastavam do propósito burlesco baseado na utilização do argot (o prefácio ou o Pátio dos Milagres) ou que se ligavam a uma atualidade precisa (o poema final). O texto é assim "destemporalizado" e reduzido a uma única intenção: a produção de efeitos cômicos por meio de uma escrita argótica. A qual, e é esta a segunda característica dessas edições do século XVIII, permanece inalterada. Não apenas o texto conservado não é modificado em nada, mas também o dicionário argótico permanece estritamente idêntico ao das primeiras edições, à parte as gralhas tipográficas.

Somente com as edições do segundo terço do século XIX, esse léxico se transforma e se enriquece. Nos anos 1830 e 1840, com efeito, o *Jargão* torna-se um dos títulos clássicos dos editores da literatura de ambulantes. Troyes perde então seu monopólio, porque, se o livreto é reeditado por Baudot, o é também por Pellerin em Épinal, Charles Placé em Tours, Lecrêne-Labbey em Rouen, Thiery em Pont-à-Mousson e pelos irmãos Deckherr em Montbéliard. Três modificações marcam essas edições. Primeiro, a página de rosto muda; em toda parte ela se torna: *O jargão ou linguagem do Argot reformada para uso dos andarilhos, ambulantes e outros. Extraído e recolhido dos mais famosos Argotistas desta época, por M.B.H.D.S. Arquipreposto do Argot. Nova edição corrigida e aumentada com todas as palavras que não estavam nas precedentes edições.* Os "bons pobres" são substituídos pelos "andarilhos", um suposto arquipreposto do Argot substitui o "pilar de *Boutanche*", e o anúncio do aumento do dicionário, mais simples, é sublinhado pela menção "nova edição", em letras maiúsculas. A página de rosto torna-se assim mais diretamente legível, livre das referências antigas ("os bons pobres") ou das expressões de jargão que se tornaram indecifráveis.

Segunda transformação: o aumento do dicionário que nas edições de Baudot ou de Pellerin compreende 670 palavras ou expressões, ou seja, quase triplicado em relação às edições do século XVII. Esse acréscimo não se faz sem negligências (transcrições erradas, inversão do sentido das palavras, gralhas universalmente reproduzidas), nem sem a fabricação de um léxico, estranho aos outros documentos referentes ao argot do início do século XIX, construído a partir de empréstimos dos *patois* regionais ou de equivalentes bizarros. Enfim, as edições do século XIX reencontram uma permissão final e paródica, o *condé*, diferente do *lucque* das primeiras impressões, sem referência carnavalesca, mas com um lembrete da origem do livreto (Turcan, em Tours).

Um pouco reduzido e ao mesmo tempo aumentado no dicionário, o livreto de Chereau, entretanto, não é em nada modificado nas partes de seu texto reeditadas no século XIX. Semelhante longevidade, que propõe aos leitores de 1830 um livreto cujos motivos organizadores (a monarquia dos mendigos, as classes de falsos mendigos) datam do século XV ou XVI e a escrita de jargão do século XVII, leva a interrogar sobre a recepção possível desse texto dois séculos depois de sua publicação. Como seus leitores de ontem não fizeram confidências de sua leitura, o de hoje fica reduzido a algumas conjeturas. É claro que no século

XIX o livreto não pode ser entendido como a descrição de uma realidade que lhe seria exterior. A ambigüidade mantida no século XVII entre os efeitos "realistas" e a admissão, discreta, da paródia não pode mais ser aceita, e o leitor sabe de imediato que está diante de uma fábula cômica, uma ficção feita para divertir.

Por que, então, esse sucesso eternizado? A lista dos livros que "se encontram também na Livraria de Baudot", impressa na última página de sua edição do *Jargão*, atesta o gosto eternizado pelos livretos que parodiam os gêneros e as linguagens: com efeito, ao lado do *Jargão* encontram-se aí sermões cômicos (o *Sermão de Baco*, o *Sermão e consolação dos cornos*), um catecismo paródico, o *Catecismo para uso das moças para casar*, um *Contrato de casamento* burlesco, peças em linguagem chula. Baseado num semelhante travestimento das formas da língua, o livreto de Chereau podia então ser considerado outro exemplo daqueles textos que jogam com as regras da escrita legítima. Daí sua manutenção na literatura dos ambulantes no século XIX, tanto mais que ele permitia com pequeno custo acolher um novo dicionário argótico, fino demais para ser normalmente editado sozinho (só se conhece uma edição de um *Suplemento ao dicionário argótico*, certamente devida ao livreiro-impressor de Caen, Chalopin, e publicada sob um endereço paródico: "A la Vergne, chez Mesière, Babillandier du Grand Coesre. Avec Condé di Cagou de Turcan", compreendendo seis folhetos e 349 termos novos).

A clientela dos livretos de ambulantes, que se tornou amplamente rural no curso do século XVIII, podia encontrar nesse repertório de palavras argóticas, ao mesmo tempo, a satisfação do segredo revelado e a diversão diante de um vocabulário pitoresco, metafórico, regional e divertido. O *Jargão* pareceu certamente o receptáculo mais cômodo aos impressores de livretos de ambulantes para inserir esse léxico renovado, juntando assim um dicionário modificado e um texto reduzido mas inalterado. O que também levou talvez a uma dupla leitura, uma que tomava o léxico argótico como a decifração de uma língua inquietante, contemporânea, viva na França de Luís Filipe, outra que se divertia com a narrativa dos Estados gerais dos mendigos, agora considerado tão distante e irreal quanto os romances e os contos.

A tradução do *Buscón*: razões de uma escolha, motivos de uma censura

O terceiro dos textos que compõem nosso *corpus* de malandragem é, evidentemente, de um estatuto diferente da *Vida generosa* ou do *Jargão*. Trata-se, com efeito, de uma "tradução" de um dos grandes romances picarescos espanhóis: a *Historia de la vida del Buscón llamado don Pablos*, de Francisco de Quevedo. É nos meados do século XVII que o texto entra no catálogo de Nicolas II Oudot que publica uma edição em 1657 sob o título *O aventureiro Buscón. História divertida. Composta em espanhol por Dom Francisco de Quevedo, cavaleiro espanhol. Conjunto de cartas do Cavaleiro da Espanha*. Sob um título quase idêntico, com uma aprovação de 2 de novembro de 1795 e um privilégio de 18 de novembro de 1728 concedido a Jean Oudot, o *Aventureiro* é reeditado em 1730 (por Jean IV Oudot, o beneficiário do privilégio), depois por Jean-Antoine Garnier que publica livros azuis entre 1765 e 1780. No século XIX, Baudot retoma o texto e o dota de uma nova capa, substituindo as antigas páginas de rosto, mencionando *O aventureiro Buscón. História cômica*.[24] Incontestavelmente, e no longo prazo, o livro pertence, portanto, ao repertório da literatura de baixo custo, em Troyes e em toda parte, já que figura no *Catálogo da Biblioteca Azul* proposto pelo impressor-livreiro de Rouen, Lecrêne-Labbey, no fim do século XVIII.[25]

---

24 Morin, A. *Catalogue descriptif de la Bibliothèque bleue de Troyes (Almanachs exclus)*. Genève: Droz, 1974. n.39-40.
25 Catálogo reproduzido em Hélot, R. *La Bibliothèque Bleue en Normandie*. Rouen, 1928.

Essa longevidade azul do grande clássico espanhol suscita várias perguntas que põem em jogo os modos de recepção da literatura picaresca na França do século XVII. Se tomarmos a edição de Nicolas II Oudot como a primeira edição troyense do *Aventureiro*, apenas 25 anos depois de sua primeira tradução francesa o romance de Quevedo encontraria lugar na Biblioteca Azul. Nessa data, o sucesso do livro já está bem assegurado. Suas primeiras edições em espanhol são de 1626, publicadas em Saragoça, em Barcelona e, sob um falso endereço de Saragoça, certamente em Madri. Nos anos seguintes as reedições são numerosas: duas em 1627, uma em 1628, uma em 1629, em Rouen por Charles Osmont, uma em 1631, uma em 1632 em Lisboa.[26] O texto é traduzido em francês em 1633 e publicado, sob o título que retomará palavra por palavra Nicolas Oudot, pelo livreiro parisiense Pierre Billaine. Num aviso aos leitores, o editor dá o nome do tradutor, o senhor De La Geneste, o mesmo que já traduziu as *Agradáveis visões*, de Quevedo. A nova peça espanhola, diz o prefácio, "foi adaptada à maneira francesa, por uma mão que a embelezou maravilhosamente". Essa tradução do senhor De La Geneste é republicada pelo menos dez vezes antes da edição troyense: em Bruxelas (1634), em Lyon (1634 e 1644), em Paris (1635, 1639, 1645), em Rouen (1641 e 1645), e faz parte da edição das *Obras* de Quevedo publicadas em Rouen em 1647 e 1655.[27] Seu sucesso não é desmentido até 1698, data em que é proposta uma nova tradução, devida ao "senhor Raclots, Parisiense".

Esse entusiasmo francês pelo *Buscón* na primeira metade do século XVII ilustra bem a boa acolhida dada ao picaresco espanhol. Com efeito, com a edição troyense do *Aventureiro*, o *Lazarillo de*

---

26 Quevedo, F. de. *La vida del Buscón llamado don Pablos*. Ed. crítica e estudo preliminar de Fernado Lázaro Carreter. Salamanca, 1980. p.XIII-XVI.
27 Segundo Greifelt, R. Die Übersetzungen des spanischen Schmelromans in Frankreich im XVII Jahrhunderts. *Romanische Forschungen*, 1939, Band 50, Heft 1, p.51-84.

Tormes, nas suas traduções sucessivas, teve pelo menos nove edições francesas desde 1600; *Guzmán de Alfarache*, dezesseis (uma em 1600, na tradução de Gabriel Chappuys, e quinze na de Jean Chapelain), *La vida de Marcos de Obrégon*, três, assim como *A antigüidade dos ladrões*, tradução de *La desordenada codicia de los bienes ajenos*. Por fim, as *Novelas exemplares* de Cervantes, uma das quais *Rinconete e Cortadillo* introduz à sociedade dos malandros regida por Manipodio, conheceram oito edições parisienses. A entrada do livro de Quevedo no repertório troyense inscreve-se, portanto, sobre o fundo de um sucesso não desmentido dos romances espanhóis, traduzidos e retraduzidos, publicados em Paris, mas também reeditados em Rouen ou Lyon.[28]

Por isso, é muito surpreendente constatar que o *Aventureiro Buscón* seja o único texto picaresco espanhol publicado na Biblioteca Azul. Nem o *Lazarillo*, nem *Guzmán de Alfarache*, nem a novela de Cervantes pertencem ao *corpus* azul, quando seus motivos (a itinerância criminosa, a descrição das artimanhas e hierarquias dos malandros, o uso do jargão no caso de *Rinconete y Cortadillo*) aproximavam esses textos, além do gênio, da V*ida generosa* e do *Jargão ou linguagem do Argot reformado*. Por que, então, essa escolha singular do *Buscón*? Uma primeira razão é de ordem editorial. Nicolas II Oudot tinha, com efeito, publicado em 1649 uma edição das *Visões* de Quevedo, na tradução do senhor De La Geneste.[29] O suposto sucesso desse texto (que será retomado em seguida por Jean Oudot e que figura no catálogo de Lecrêne-Labbey de Rouen) pode tê-lo estimulado a propor ao público, na fórmula de edição própria de seu pai e dele, a segunda das traduções do

---

28 Segundo Greifelt, artigo citado. Para *Guzmán de Alfarache*: Cros, E. *Protée et le Gueux. Recherches sur les origines et la nature du récit picaresque dans "Guzmán de Alfarache" de Mateo Alemán*. Paris: Didier, 1967. Para as *Nouvelles exemplaires*: Hainsworth, G. *Les "Novelas Exemplares" de Cervantes en France au XVIIe siècle. Contribution à l'étude de la nouvelle en France*. Paris: Champion, 1933. p.253-7.
29 Morin, *Catalogue descriptif...*, op. cit., n.1221-3.

senhor De La Geneste. Mas certamente há algo mais. O romance de Quevedo, pelo menos sua tradução francesa, jogava, com efeito, como veremos, com dois registros já presentes no *Jargão*: de um lado, a tradução escatológica da cultura carnavalesca; de outro, as formas paródicas e grotescas da literatura burlesca.

As diversas edições troyenses do *Aventureiro Buscón* retomam todas o texto da tradução de 1633, e isso durante todo o século XVIII, ignorando as novas traduções, tanto a de Raclots de 1698 como a de Rétif de La Bretonne e de Hermilly em 1776. Até a edição Baudot do anos 1830 ou 1840, o texto de Quevedo que é oferecido aos compradores de livros azuis é, portanto, o de uma tradução que data de dois séculos antes. Daí uma dupla pergunta: por um lado, o que fez o senhor De La Geneste do romance que ele propunha ao público francês?; por outro, os livreiros troyenses que reeditam sua tradução por acaso a retomam sem censuras nem alterações? A resposta à primeira dessas interrogações ultrapassa nosso propósito. É preciso, entretanto, lembrar os traços principais do "trabalho" do senhor De La Geneste, que afastam o texto francês do original espanhol.[30]

Primeiramente, o tradutor, buscando às vezes equivalentes franceses adequados para os nomes próprios (Roquille, Ragot, le Grimpant), os lugares ou as instituições, sublinha o caráter "espanhol" da narrativa, criando assim distância pitoresca e cor local. Para isso, diferentes processos são manejados: a mobilização dos estereótipos já fixados quanto às características e costumes espanhóis, a explicação dos idiotismos (*dom, morisco, corregidor*), a citação de provérbios espanhóis na própria língua, alusões ao *Quixote* nem sempre presentes no texto de Quevedo (o cavalo de Pablos

---

30 Sobre a tradução de 1633, o estudo fundamental é o de Stoll, A. *Scarron als Übersetzer Quevedo. Studien zur Rezeption des pikaresken Romans "El Buscón" in Frankreich (L'aventurier Buscon, 1633)*. Köln: Philosophische Fakultät, 1970. (Inaugural Dissertation). Cf. também Reichardt, D. *Von Quevedos "Buscón" zum Deutschen Avanturier*. Bonn: H. Bouvier und C. O. Verlag, 1970.

é um "Rocinante de Dom Quixote"; no caminho de volta a Madri, Buscón declara "eu perseguia a barba de Sancho Pança, o Escudeiro de Dom Quixote"), a manutenção de diversos nomes de lugar e de pessoas não necessariamente conhecidos do leitor francês. Esse espanholismo, importado no texto pelo tradutor, é claramente indicado desde a página de rosto dessa história "composta em espanhol por Dom Francisco Quevedo, cavaleiro espanhol".

Também no título é dada outra leitura do romance espanhol, designado como uma *história divertida*. E de fato, ao longo de sua tradução de 1633, o senhor De La Geneste usa de figuras próprias do burlesco francês dos inícios do século XVII. O vocabulário a que ele recorre mistura palavras "baixas" e grosseiras, jargão do mercado, termos tirados da linguagem do argot, e seu estilo maneja os processos da retórica burlesca: a repetição, a enumeração, a perífrase, a comparação. Diante da complexidade da escrita de Quevedo, que faz malabarismos com as metáforas e os jogos de palavras (os *concetti* caros à época), que transmuda os homens em animais ou em coisas, que cria um universo povoado de seres fantásticos, à maneira de um Bosch citado no próprio texto, e sobretudo desorientado por uma narrativa cuja significação social, voltada contra aqueles que derrisoriamente pretendem sair de sua condição, lhe escapa, o tradutor de 1633 compreendeu o livro como uma história cômica e o traduziu apoiando-se no léxico e nas formas literárias do burlesco. Daí, com outros índices, a possível atribuição dessa tradução a Scarron, que publicará em 1651 a primeira parte de seu *Romance cômico*.

Das modificações introduzidas no texto de Quevedo, a mais importante é certamente aquela que transforma por completo o fim do romance. No original espanhol, Pablos, reconhecido por seu antigo companheiro Dom Diego Coronel, vê arruinar-se seu casamento com Doña Ana e, depois de tornar-se mendigo, ator, poeta e "galã de freira", retorna a Sevilha. Lá ele freqüenta os mendigos, trucida com eles dois arqueiros, refugia-se numa igreja onde uma prostituta, a Grapal, enamora-se dele, depois, finalmente, embarca para a América:

> Eu decidi – não por arrependimento (porque me faltava juízo) mas por desgosto (de pecador impenitente) –, depois de debater com a Grapal, partir com ela para as Índias, para ver se minha sorte melhorava mudando de gente e de país. Não foi nada disso, muito ao contrário, como verão na segunda parte, porque o homem que muda só de lugar, e não de vida e de costumes, jamais melhora a sua condição.

Não há nada disso na tradução de 1633, retomada nas edições troyenses. Após suas perambulações como mendigo, ator e poeta, Pablos, de retorno a Sevilha, apaixona-se pela filha única de um rico negociante, chamada Rozelle. Introduzindo-se em sua casa como criado, ele se faz passar por diversos estratagemas como um "cavaleiro de Espanha". A intriga termina: Pablos desposa Rozelle, revela-lhe o golpe que ela aprova, embolsa dote e herança, e resolve "fazer doravante profissão de homem honesto". As últimas palavras tiram a feliz moral da história

> Tudo está sob a Providência do Céu, não se pode prever o futuro; mas agora posso dizer que há poucas pessoas no Universo, de qualquer condição que possam ser e qualquer prosperidade que possam ter, cuja felicidade seja comparável à minha. Queira o Céu me conservá-la longamente na companhia de minha querida Rozelle.

Semelhante conclusão, que desnatura totalmente a escrita por Quevedo, parece corresponder a uma dupla exigência literária: de um lado, dar um fim ao romance que possa selar a sorte de seu herói principal e constituir um desenlace feliz; de outro, atribuir-lhe um sentido moral, já que o retorno de Pablos à honestidade demonstra que o homem é suscetível de emendar-se e pode reencontrar sua identidade perdida por um momento. A vida aventurosa do herói foi afinal apenas um desvio temporário (para ele) e agradável (para o leitor), antes que uma vida regrada e honesta cumpra as promessas do seu caráter, já que no primeiro capítulo Pablos se pinta assim: "Eu que desde a minha infância tinha sempre sentimentos generosos e de Cavalheiro". Alterando o fim do romance, La Geneste-Scarron quer torná-lo conforme às convenções que dominam então o gênero na França e pedem um final feliz, um herói amável ou malvado apenas a contragosto, uma moralidade exemplar.

Será que as edições troyenses acrescentam outras deformações no texto espanhol pela tradução francesa? Uma comparação minuciosa entre a edição devida a J. A. Garnier no século XVIII e a de 1633 dá a resposta. À primeira vista, a fidelidade é total, já que o texto troyense retoma palavra por palavra o título do livro de 1633 (aliás, até o absurdo, já que são anunciadas aqui as *As cartas do Cavaleiro da Espanha*, texto que não se encontra em nenhuma das edições troyenses do século XVIII) e respeita, com pequena diferença, o recorte e os títulos dos capítulos tais como os tinha fixado o tradutor La Geneste-Scarron, que havia redistribuído em 22 os 23 capítulos originais e anulado seu agrupamento em dois livros que se encontra na primeira edição espanhola de 1626.

O texto publicado pelos Oudot e os Garnier, contudo, difere do texto da tradução de 1633, e isso de três maneiras. Primeiro, ele sofreu amputações que o reduzem a uma dimensão mais aceitável para os impressores troyenses. Nas suas edições azuis do século XVIII, ele conta 160 páginas, o que é muito se comparado ao *Jargão ou linguagem do Argot reformado* (que passa de sessenta para 48 páginas, depois de 48 para 36 entre 1630 e o fim do século XVIII), mas não muito diferente da extensão de outros "clássicos" da Biblioteca Azul, freqüentemente reeditados nos séculos XVII e XVIII: a *História dos quatro filhos Aymon* (156 páginas numa edição *in-quarto* da viúva de Jacques Oudot e seu filho Jean), a *História de Huon de Bordeaux* (144 páginas numa edição dos mesmos editores) ou a *História das aventuras felizes e infelizes de Fortunatus* (176 páginas em edições *in-octavo* de Pierre Garnier e sua viúva). O que prova, de passagem, que não se podem identificar livros azuis e textos curtos.

Comprimido – veremos como –, o texto é proposto à leitura em seqüências mais breves. Enquanto na edição parisiense de 1633 os parágrafos são raros, nos livros troyenses eles são multiplicados. Citemos, a título de exemplo, dois capítulos: aquele que se intitula "Buscón começando a praticar a vida de seus confrades de Indústria, pega uma boca-livre e explora uma cortesã" é dividido em nove parágrafos no texto parisiense, em trinta na edição de Garnier; e naquele que tem por título "Do tratamento que Buscón ressente na sua prisão, os delitos, a miséria e a doença dos prisioneiros, a tirania e a comilança dos carcereiros e outros oficiais, enfim a libertação de Buscón", há apenas oito mudanças de parágrafo na edição de 1633, mas 38 na troyense. Esse desejo de facilitar a leitura economizando pausas e retomadas pode chegar até a cortes absurdos: como à página 120 do texto troyense onde a separação entre o segundo e o terceiro parágrafos é feita cortando-se em duas uma frase cujo primeiro membro perde assim todo sentido e toda correção gramatical. Cortando em unidades menores o texto que reproduzem, os editores troyenses certamente se conformam a uma tendência que é a de toda a produção impressa entre o século XVII e o XVIII, mas que eles acentuam, certamente para ajudar a leitura daqueles que compram suas edições e que não são absolutamente *virtuoses* do livro.

O encurtamento da tradução de La Geneste-Scarron, que às vezes o amputa seriamente, não foi feito ao acaso. O exame atento dos cortes, grandes ou pequenos, revela sua lógica. Esta aparece claramente desde o primeiro capítulo, "Da extração de Buscón e das qualidades de seu pai e sua mãe". Já alterado e edulcorado na tradução de 1633, o texto de Quevedo torna-se assim sem relação com seu objetivo original. Os cortes mais importantes referem-se ao retrato da mãe de Pablos, censurado ao mesmo tempo naquilo que a apresenta como prostituta e como feiticeira. Para isso, são omitidas ou transformadas todas as alusões à sua atividade venal: a fórmula "a maioria dos Versificadores e Poetas de Espanha, fizeram várias obras divertidas sobre ela" sofre uma outra queda com "em seu louvor", e sua recriminação "fui eu que forneci pão às expensas de minha carne" se encontra amputada de suas cinco últimas palavras. Por um lado, a feitiçaria é evocada no texto apenas ligeiramente: "ela enfeitiçava todos os que a freqüentavam", sem que seja retomada a descrição que segue no texto de 1633 e que é bastante próxima do original espanhol,

> saber bem habilmente cerzir uma defloração rasgada, repor o seio no seu primeiro estado e disfarçar a velhice; alguns a chamavam reparadora de afecções deslocadas, e outros mais rústicos a chamavam muito ingenuamente cafetina e saqueadora de dez, pelo dinheiro de todos os que tinham negócios com ela, mas ela apenas ria, a fim de melhor pilhá-los quando fosse o caso. Eu não terei dificuldade em dizer-lhes a penitência que ela fazia: ela tinha um quarto onde não entrava ninguém a não ser ela, que parecia um cemitério, porque era todo cheio de ossadas de falecidos, que ela dizia guardar para memória da morte, e para desprezar a vida: seu assoalho era todo enfeitado de figuras de cera, de verbena, de filifolhas e outras ervas da noite de São João, com as quais ela fazia estranhas composições.

O mesmo registro eufemístico sobre a atividade do pai de Pablos que só aparece como barbeiro: 1633, "Meu filho, me dizia meu pai, o ofício de ladrão é uma arte liberal"; edição Garnier, "o ofício de barbeiro". E o texto troyense corta na frase seguinte:

> Por que você acha que os Soldados nos perseguem tanto? É porque um oleiro odeia outro oleiro; *por que é que eles nos expulsam, nos chicoteiam e nos enforcam?* quase não posso dizer isto sem lágrimas nos olhos, porque o bom velhote chorava como uma criança, *lembrando-se de quantas vezes lhe haviam açoitado as costas,* é porque eles não queriam que houvesse outros *ladrões* além deles, no lugar em que residem. (as partes omitidas do texto são dadas em itálicos)

Nesse primeiro capítulo, o "autor" troyense exclui igualmente certas palavras triviais, por exemplo a expressão "ele escamava e limpava a fuça de seus pacientes" torna-se "ele limpava seus pacientes", e sobretudo todas as alusões, paródicas ou não, à religião: "como, pelo amor de Deus, você diz que..." se transforma em "como, pelo amor da minha vida, você diz que...", e no fim do capítulo a cólera da mãe se acha amputada da menção ao seu rosário partido: "Ela diria mais, porque estava muito irritada, se na violência de sua ação ela não tivesse *quebrado seu rosário feito de grandes dentes de vários mortos dos quais ela tinha abreviado a vida, que ela precisou catar*" (a passagem cortada é substituída por "tivesse interrompido"). A última frase ilustra bem esse trabalho de cortes: 1633, "Minha mãe começou a fungar seu rosário de tiradentes, e meu Pai foi aliviar um fulano, não sei se de sua barba ou de sua bolsa"; edição Garnier, "Minha mãe começou a chorar, e meu pai foi barbear um fulano".

Como atesta esse primeiro exemplo, a reescrita troyense do texto de La Geneste-Scarron visa antes de tudo preservar o herói de muita sujeira, censurar qualquer alusão blasfematória, excluir qualquer crueza sexual ou macabra. E é esse propósito, seguido de ponta a ponta, que designa as passagens a suprimir ou as fórmulas a remanejar. O adaptador troyense do *Buscón* limpa com efeito o texto de todo o vocabulário da "baixeza" material e corporal que tinha sido utilizado pelo tradutor de 1633: desaparecem assim as palavras e expressões "todo cagado", "merda", mudados para "sujeira", "mostrar o cocô" que se torna "mostrar o recheio", "um certo rolo de papel tão engordurado como as partes de um Cozinheiro", edulcorado em "tão engordurado como um Cozinheiro", "mijar" mudado para "respirar", "cu" suprimido na expressão "os calções lhe caíram sobre os joelhos e lhe deixaram [o cu] todo no ar" ou substituído por "traseiro".

Essa distância em relação ao vocabulário escatológico leva à supressão de duas cenas de sujeira, preservadas na tradução de 1633: aquela em que o estudante defeca na caixa do negociante encontrado no albergue, o que evita a alusão coprofágica que segue, e aquela outra, contada no capítulo retirado da edição troyense, "A acolhida cortês que Buscón recebeu de seu tio; a boa refeição que lhe serviu em sua casa, e como após ter recolhido sua sucessão, ele deixou sua companhia", em que a bebedeira termina em vômitos.

A censura na edição troyense refere-se também às alusões sexuais: "puta", "virgindade", "cafetinagem", "concubinagem", são aqui palavras proibidas (por exemplo na expressão: "eu creio que a consciência entre negociantes, *é como uma virgindade que uma cafetina negocia*, é aquilo que se vende sem se entregar"). Daí cortes drásticos em diversas partes do texto, por exemplo o retrato da velha na casa da qual "Buscón se faz medicamentar":

> Ela metia-se em vários ofícios, ora fazia casamentos ora cafetinagem, emprestava a juros e com boas garantias, sua casa jamais estava vazia de pessoas, ela era muito hábil em ensinar as meninas que pretendiam a profissão de cortesã ... Além disso, ela ensinava como se devia surrupiar a jóia do galã, as mocinhas por galanteria e à maneira de uma brincadeira, às mais avançadas em idade, por favor, e às velhas por recompensa

ou a resposta do ator, marido demasiado complacente de uma mulher um tanto venal:

> Você saberia, disse-lhe eu, como se poderia fazer para negociar com aquela mercadora, e colocar uns vinte escudos na transação já que ela me parece muito bonita? Não ficaria bem para mim, respondeu-me ele, ensinar-lhe esses meios porque eu sou seu marido, mas eu lhe direi, esse dinheiro seria muito bem empregado na sua mercadoria porque, para falar sem paixão, posso garantir-lhe que não há no mundo uma carne mais delicada nem mais bela, que seja de humor mais alegre do que ela. Dizendo isso, ele sai daquela carroça, e vai colocar-se em outra, talvez para me favorecer os meios de falar com ela. Eu achei esse procedimento bem divertido e reconheci, como ele dizia, que ele não tinha nenhuma paixão.

Por sua vez, mais acima no texto, o retrato do sodomita preso com Buscón e seus companheiros é apenas esboçado no texto troyense e amputado de tudo o que o texto espanhol traduz mais exatamente:

> Eu soube que ele tinha feito amor no gênero masculino. *Ele era tão orgulhoso e tão temível que era preciso que o Carcereiro, prudente e bem avisado, desse calções armados com partes de ferro, como as coleiras dos cães de parque, a todos os que ele alojava com aquele diabo, e se ele não estivesse acorrentado ninguém ousaria peidar nem soltar gases silenciosos perto dele de medo que ele se lembrasse onde era a região das nádegas.*

Mas talvez mais que a censura, é de espantar que o adaptador troyense tenha deixado no texto a alusão crua à pederastia do gigante aprisionado.

Em contrapartida, sua vigilância jamais foi apanhada em falta no que concerne ao registro religioso. Os cortes ou as transformações aqui são sistemáticos em relação à tradução de 1633 que já laicizava certo número de fórmulas cristãs. Elas amputam primeiramente comparações e invocações: "não somos mais do que almas no *Purgtório*", "rogo que tome cuidado com o que fará *porque eu não sou um Ecce Homo*", "O rosto triste e pálido *com um grande signum Cruciis de inimicis suis*", substituído por "com um grande nariz de grua", "eles permaneceram nus como duas figuras da *Ressurreição*", substituído por "fantasmas", "ele passa por nós, *depois faz um sinal da cruz. Jesus* diz ele", mudado para "Disse ele", ou "mais uma vez Deus quis por mim" substituído por "mais uma vez a sorte quis por mim". Uma mesma censura depura as ordenações paródicas contra os poetas e suas alusões religiosas: "como sendo cristãos e de nossos próximos" torna-se "nessa consideração"; "algumas relíquias", "algumas coisas"; "terra santa", "terras estrangeiras"; "Anjos", "Águias"; "divindades", "luz"; e o último item se vê amputado de sua conclusão: "sob pena de serem exilados *para as trevas eternas e abandonados aos espíritos malignos e às forças infernais na hora da morte*".

Essa mesma preocupação de retirar do texto tudo o que pode parecer como derrisão blasfematória leva a mutilar ou suprimir as fórmulas colocadas na boca dos falsos mendigos. Assim ocorre com o "cavaleiro da indústria" falso curandeiro: "seu passaporte para entrar em tudo era um *Deo Gratias, o Espírito Santo esteja convosco*", mudado para "um bom dia". "Quando mencionava o demônio ele dizia *Jesus nos livre dele*, beijava o chão *quando estava nas Igrejas*". Do mesmo modo, Buscón:

> Eu me exercitava em usar palavras extraordinárias para mendigar: *Fiéis Cristãos, dizia eu, servidores de Deus, tende piedade deste pobre corpo coberto de chagas e de enfermidades, e que suporta pacientemente a sua dor*. Era assim que eu falava nos dias úteis; mas nos feriados eu mudava de linguagem: *A fé sem caridade é inútil, dizia eu. Almas devotas para com Deus, que é a própria Caridade, e pelo mérito de Maria, a grande Princesa e Rainha dos Anjos, daí o amor a este pobre mutilado e aflito pela mão do Senhor.*

Na edição troyense, Buscón anuncia, portanto, "palavras extraordinárias" pelas quais o leitor fica frustrado.

A censura religiosa se exerce ainda em outras partes, em particular anulando ou suprimindo todos os personagens eclesiásticos com os quais Buscón cruza ao longo de suas peregrinações. É assim que desaparece, no quarto capítulo, o "pároco de aldeia" encontrado na hospedaria do Vivarois, assim como o eremita, encontrado na saída de Madri, que depena Buscón e o soldado no jogo de dados, no texto troyense, que nada mais é que um simples "homem", o que desnatura o episódio e acarreta um longo corte que anula a sátira da hipocrisia religiosa:

> Começamos o jogo, que foi de dados e ao acaso e não foi nada engraçado, como quando ele disse que não sabia jogar e nos pediu para mostrar como fazíamos. No início, aquele bom Beato nos deixou tirar alguns dos seus reais, mas no fim, ele nos aplicou reveses tão rudes que nos deixou sem nada e em pouquíssimo tempo tornou-se nosso herdeiro antes da morte. A cada lance que

o soldado perdia, ele invocava cem vezes o diabo, com uma infinidade de blasfêmias, e eu roía as unhas enquanto o eremita usava as suas para tirar nosso dinheiro, à medida que falávamos do diabo, que detestávamos e praguejávamos contra nosso infortúnio, ele invocava e chamava os santos e os anjos. Depois que ele nos logrou dessa maneira, e o soldado perdeu uns cem reais e eu uns seiscentos, nós perguntamos se ele queria jogar sob garantia: ele nos respondeu que não queria jogar dessa maneira conosco e que éramos cristãos e próximos, mas uma outra vez, quando jogarem, não blasfemem mais, eu que tive paciência perdendo, que me recomendei a Deus e aos santos, estão vendo como a fortuna me foi favorável. E como nós não tínhamos a agilidade do pulso nem a inteligência dos dados como ele, acreditamos no que ele dizia, e então o soldado jurou, não que não juraria mais, mas que jamais jogaria, e eu também. Maldição, dizia ele, já estive muitas vezes entre os luteranos e os mouros mas eles jamais me trataram com tanto rigor nem tão pouca caridade como esse diabo de eremita. Entretanto, o hipócrita zombava de nós no seu hábito de monge e já retomava seu rosário.

Intoleráveis igualmente para os editores troyenses são as duas cenas em que um moribundo recebe os últimos sacramentos. A segunda é fingida e derrisória, permitindo a Pablos fugir da perseguição do corregidor e do reitor do colégio: "Coloquei-me incontinenti na cama com um gorro de dormir na cabeça, uma vela numa mão e um crucifixo na outra, e um jovem padre perto de mim me ajudava a morrer, enquanto todos os outros companheiros diziam as litanias". Em Troyes, a vela se torna um copo, o crucifixo uma garrafa, o jovem padre um jovem cadete, as litanias um "Vamos todos beber". A outra agonia, a de um pensionista de Ragot, não é para rir, mas o adaptador troyense corta o cerimonial cristão, considerado incongruente numa narrativa burlesca:

> Ao mesmo tempo, ele se confessou, e quando lhe trouxeram o santo Sacramento, o pobre doente que quase não tinha tido força para falar em sua confissão, exclamou em alta voz: "Oh, meu Se-

nhor Jesus Cristo, era necessário que vos visse entrar nesta casa para não crer que eu estava no inferno".

Essas mutilações do texto de La Geneste-Scarron não ocorrem sem criar algumas incoerências. Algumas tornam dificilmente inteligíveis certos episódios do romance: amputado de sua queda, onde Buscón substitui "Pôncio Pilatos" por "Ponce d'Aguire" na recitação do Credo, a narrativa do golpe aplicado por Pablos e Diego já não tem muito sal, ou, mais adiante, a omissão da carta pela qual o tio conta a Buscón os suplícios de seu pai "enforcado" e de sua mãe, prisioneira da Inquisição, embora esteja na mesma linha dos remanejamentos do primeiro capítulo, torna totalmente obscuras as alusões que seguem: "se, até este momento, eu estive com um pé na escada, como todos sabem, vocês precisam saber que meu pai subiu nela até o fim" ou "aproximando-me da cidade, avistei meu pai na estrada esperando companhia".

Outros cortes enfraquecem uma das intenções do tradutor e do editor troyense, que é propor um texto cômico manejando estereótipos espanhóis. Entre estes, a beatice era certamente um dos mais fixados, mas a versão azul retira de todas as passagens em que eram mencionados terços, rosários e sinais da cruz: por exemplo, "o eremita dizia seus padres-nossos com um rosário de madeira cujas contas eram tão grandes que serviriam muito bem como bolas de malho" torna-se "o homem cantava canções", ou "nós saímos da casa com um passo grave segurando nossos rosários na mão à moda da nação espanhola" se transforma na absurda fórmula "segurando uma tigela na mão, à moda da nação espanhola". Daí a supressão de um dos retratos em que se exprimia melhor na tradução de 1633 um estereótipo hispânico bem fixado, o da devoção exagerada e hipócrita de uma beata que é ao mesmo tempo cafetina (pensamos na Celestina). Em Troyes, Dona Cypriane, a mulher do anfitrião de Pablos e Diego, em Alcalá, é apenas trapaceira, mas não falsa devota, já que seu retrato se acha amputado das linhas seguintes:

Ela trazia sempre um rosário no pescoço, onde havia tanta madeira que qualquer outro menos devoto do que ela teria preferido carregar um feixe de lenha nas costas: havia várias medalhas diferentes, imagens, cruzes, e contas de indulgências com as quais ela rezava (segundo dizia) pelos seus benfeitores. Contava mais de cem santos, que eram todos seus advogados. E, com efeito, ela precisava muito de tantos intercessores para perdoar os pecados que cometia. Ela dormia num quarto que ficava sobre o do meu patrão e rezava mais Orações do que o mais sábio cego dos Quinze-Vintes* de Paris poderia saber, e compunha palavras latinas que Cícero jamais conheceu, que nos faziam morrer de rir. Além dessas virtudes, ela tinha mil outras habilidades; era conciliadora de vontades diversas, e mediadora de volúpias, que é o mesmo que o ofício de cafetina, mas quando eu a atacava por isso, ela se desculpava dizendo que cão de caça puxa a raça.

O trabalho de amputação e de revisão feito sobre a tradução do *Buscón* pelo editores troyenses pode ser compreendido de diversas maneiras. Por um lado, traz a marca evidente de uma censura religiosa, talvez interiorizada em autocensura, a qual pretende livrar o texto de todas as suas imoralidades e blasfêmias. As liberdades permitidas ao tradutor parisiense de 1633, que se dirige antes de tudo ao público restrito das novidades literárias, não são mais admissíveis num texto que visa a uma circulação mais ampla e a leitores menos prevenidos. Retirando do romance tudo o que parece atentar contra a dignidade dos padres ou ridicularizar as crenças religiosas, os editores troyenses tornam-se os auxiliares vigilantes da reforma católica que não autoriza mais a brincadeira paródica e burlesca com os mistérios cristãos. A depuração troyense do *Buscón*, que retira dele um componente essencial, salvaguardado pela primeira tradução – isto é, a referência religiosa travestida e irônica –, responde a uma inspiração

---

* Referência ao hospital fundado por São Luís, para acolher 300 cegos (300 = 15 x 20). (N. E.)

idêntica àquela que faz censurar as festas, sobretudo as que profanavam os espaços consagrados e parodiavam as liturgias, controlar as representações teatrais (basta lembrar as proibições de *Tartufo* e de *Dom Juan*), e perseguir os blasfemadores. A França do auge da reforma católica não é a Espanha do Século de Ouro, e a Igreja não suporta mais uma referência ao sagrado considerada como sacrílega.

Por outro, a adaptação troyense do texto suprime as marcas de um estilo tido certamente como envelhecido. Daí a caça ao vocabulário da "baixeza" material e corporal, considerado contrário às conveniências da escrita, mesmo e sobretudo quando ela é destinada a um público numeroso. Daí também o abandono de certas fórmulas características da retórica burlesca, por exemplo as enumerações pitorescas reduzidas a apenas um de seus termos: assim, da trilogia: "É preciso que seja algum *bardache*, algum *bourgeron*, algum Judeu", na edição Garnier só subsiste "algum Judeu"; e da litania em assonância "eles os põem atrás [os *Dom*], como Coridon, Bourdon, Gaillardon, Gueridon, Randon, Brandon e vários outros de semelhante terminação" permanece apenas simplesmente "como Brandon". O editor troyense desvencilha, portanto, a tradução das figuras que se tornaram arcaicas, assim como de todo o vocabulário inconveniente que o escritor de 1633 utilizava por brincadeira.

Da maneira como ficou, com grandes deformações em relação ao texto espanhol, severamente censurado em relação à tradução de 1633, o *Buscón* da Biblioteca Azul desloca os motivos fundamentais que organizavam sua construção na escrita de Quevedo. Para o leitor do livreto de Oudot e de Garnier, a narrativa se apresenta primeiro como a sucessão de uma série de encontros e historietas. Mais ainda que no texto original, a personalidade do herói se apaga e sua presença contínua tem sobretudo a função de costurar uma série de retratos ou de cenas de gêneros independentes uns dos outros, sem o retorno de nenhum dos personagens encontrados.

Semelhante estrutura narrativa, frouxa e acumulativa, não solicita ao leitor nem memorização dos personagens e de suas relações nem atenção a uma intriga desenvolvida ao longo do romance: portanto, ela convinha perfeitamente a uma leitura fragmentada, peça após peça, que parece ser a do público das edições troyenses. O leitor é, assim, levado de sociedade a sociedade (a escola, depois a pensão de Ragot em Segóvia, a casa dos colegiais de Alcalá, a companhia dos "cavaleiros da indústria" em Madri, a *troupe* de atores em Toledo, a família de Rozelle em Sevilha). De um lugar para outro, a viagem permite os encontros fantasistas: por exemplo, entre Alcalá e Segóvia, aquelas, encadeadas, do distribuidor de avisos, do esgrimista, do poeta, do soldado, do homem montado num jumento (eremita em Quevedo e em La Geneste), e do mercador genovês. De um lugar para outro, de uma companhia para outra, de um personagem para outro, não há nenhuma necessidade narrativa, e a narrativa pode ser tomada, deixada, retomada ao sabor de uma leitura descontínua, avançando por curtas seqüências. Daí, certamente, uma das razões que fizeram o *Buscón* ser escolhido pelos editores troyenses.

Outra razão diz respeito aos próprios motivos do livro. Mesmo edulcorada no vocabulário, a escatologia conserva, com efeito, um bom lugar na versão troyense do romance de Quevedo, sobretudo em seu início. Os clisteres dispensados, os escarros expectorados, a cama manchada pertencem ao repertório tradicional do divertimento carnavalesco, aquele cômico corporal e excrementício que caracteriza a cultura da praça pública. Ele permanece presente no texto azul, que faz numerosas alusões às funções naturais, põe em contraste a refeição magra da pensão Ragot e as comilanças dos hotéis, mantém a referência inicial à festa carnavalesca: "Era então o tempo dos Reis e o professor, querendo dar alguma recreação a seus alunos, deliberou fazer um sorteio do rei: partiu-se o bolo e, sem trapaça, o Reino da fava caiu para mim". Essa notação, retomada de Quevedo, certamente tem a mesma função e o mesmo efeito que a datação da falsa permissão no *Jargão*: situar o texto, de imediato ou *in fine*, numa tradição cômica e festiva baseada num realismo grotesco e escatológico. Do texto quevediano para a tradução francesa, a significação da referência carnavalesca certamente perdeu seu valor matricial e crítico,[31] mas ela permanece para consignar ao livro uma leitura que, como na festa, se regozija com a encenação e as evocações repetidas do corpo ingerindo e expulsando.

Depois da edição da *Vida generosa* e do *Jargão*, uma das seduções do *Buscón* devia-se ao fato de que, ele também, mostrava uma sociedade da malandragem: a companhia dos "cavaleiros da indústria", como escreve o tradutor de 1633. Estendida por cinco capítulos e trinta páginas, a descrição da comunidade dos fidalgos mendigos e ladrões constitui um dos episódios fundamentais do livro. Essa sociedade, de início apresentada no discurso do fidalgo encontrado por Pablos na estrada de Madri, depois pelo próprio Buscón após sua filiação na companhia, repousa com efeito sobre os mesmos princípios que regiam a monarquia argótica: a autoridade de um chefe, aqui Dom Torrivio (o Dom Toribio de Quevedo), dono do lugar onde se reúnem os cavaleiros, o exercício de especialidades diversas ("uns se chamam Galhofeiros, outros Matreiros, outros Gatunos, filhos da Astúcia, os Muralhas, os Rapinas e vários outros nomes que denotam sua profissão", o que traduz mais ou menos a nomenclatura espanhola *"caballeros hebenes, guëros, chanflones, chirles, traspillados y caninos"*), o respeito às regras comuns, a invenção inesgotável de mentiras e estratagemas enganadores.

Em relação à taxinomia "objetiva" e anônima do *Jargão*, o *Buscón* introduz duas diferenças que renovam o gênero. Por um lado, a figura da malandragem se inverte, já que os ladrões não se atribuem falsas misérias, mas uma falsa abastança, e sua pobre-

---

31 Cf. a brilhante demontração de Cros, E. *L'aristocrate et le Carnaval des Gueux*. Étude sur le "Buscón" de Quevedo. Montpellier: Études Socio-Critiques, 1975.

za real se dissimula por trás da aparência de pessoas de condição. Por outro, o romance encarna em silhuetas particulares aquilo que até aqui eram apenas nomenclaturas coletivas "das diversas maneiras de roubar": como o "governador" dado a Pablos, que é o próprio fidalgo encontrado no caminho, ou o hipócrita fingindo curar eczemas e cancros, ou ainda o "outro confrade" chamado Polanque "que mendiga e rouba à noite clamando: "Lembrem-se da morte e façam o bem às fiéis almas falecidas". Desse modo, o *Aventureiro Buscón* dá carne e vida a um motivo que se tornou clássico no repertório troyense.

Em vez do *Lazarillo* já antigo, ou do *Guzmán de Alfarache* de arquitetura e intenções complexas, a escolha dos editores troyenses dos séculos XVII e XVIII recaiu então sobre o romance de Quevedo que conheciam pela tradução de La Geneste. As razões dessa preferência são claras: havia aqui um texto bem escatológico, cuja composição alternava livremente figuras pitorescas e historietas cômicas, que usava a derrisão e a paródia (pensemos nas "Ordenações contra Os Poetas de Malas, Musas vítreas, mecânicas e de aluguel como os cavalos" que ocupam todo um capítulo) e que encontrava sob uma forma nova um dos temas de sucesso do catálogo azul a descrição da sociedade dos malandros. Mas, no contexto da reforma católica triunfante e do controle exercido sobre o livro de grande difusão, os motivos que tinham feito escolher o *Buscón* eram os mesmos que faziam censurar seu texto. Daí essa versão troyense na qual o burlesco escatológico não é mais expresso no léxico que era seu, no qual as pilhérias escabrosas não são mais admissíveis e a derrisão deve absolutamente poupar a religião e os clérigos.

O *vagabundo*: nomenclatura e divertimento

Enquanto as versões azuis do *Buscón*, de Nicolas II Oudot em Badot, constituem apenas um momento no ciclo de vida do romance, a edição troyense do *Vagabond* é a última desse texto na

França. O título entra no catálogo troyense no fim do século XVII: seu endereço, "Em Troyes, e é vendido em Paris, por Antoine de Raffle", indica que se trata de uma daquelas edições impressas antes pelos troyenses para o mercado parisiense. O livreiro Antoine Raffle, cujo inventário após falecimento data de 15 de abril de 1696, imprimia ele próprio certas obras de larga difusão, mas sobretudo tinha sido o correspondente dos Oudot e dos Febvre.[32] Encomendando-lhes uma reimpressão do *Vagabond* no último quartel do século, ele acrescentava ao repertório troyense um título que já tinha sido editado duas vezes em Paris em 1644 por Jacques Villery e por Gervais Alliot. Trata-se de uma tradução, devida a Des Fontaines, de um texto italiano publicado em 1621 em Viterbo, depois reeditado pelo menos cinco vezes antes de sua edição francesa (em 1627 em Veneza e Milão, 1628 em Pávia, 1637 e 1640).

Da mesma maneira que a página de rosto francesa oculta o fato de que a obra é uma tradução, o título italiano mascara a origem do texto. Por um lado, o autor – um dominicano do convento de Santa Maria in Gradi em Viterbo, chamado Giacinto de Nobili – se esconde por trás do pseudônimo de Rafaele Frianoro; por outro, nada indica que o livro é uma tradução e adaptação de um manuscrito latino, o *Speculum de cerretanis seu de cerretanorum origine eorumque fallaciis*, composto certamente nos anos 1480 por um clérigo, Teseo Pini, *"decretorum doctor"* e vigário episcopal em Urbino depois Fossombre, junto ao destinatário da dedicatória do texto.[33]

Mais ainda que para o *Buscón*, a edição troyense encontra-se aqui no fim de uma cadeia de traduções e adaptações. A primeira,

---

32 Sobre o livreiro Raffle, cf. Martin, H.-J. *Livre, pouvoirs et société à Paris au XVIIe siècle (1598-1701)*. Genève: Droz, 1969. t.II, p.956-7.
33 O estudo essencial é o de Camporesi, P. *Il Libro dei Vagabondi. Lo "Speculum cerretanorum" di Teseo Pini, "Il Vagabondo" di Rafaele Frianoro e altri testi di "furfanteria"*. Turin: Einaudi, 1973. *Il Vagabondo*, p.79-165.

no início do século XVII, transfere do latim para o italiano um texto de uns 150 anos de idade. O tradutor, Frianoro-Nobili, que provavelmente descobriu o manuscrito de Teseo Pini numa biblioteca eclesiástica, modifica o texto, amputando e acrescentando, dá-lhe um título novo, *Il Vagabondo*, e esforça-se para ocultar sua fonte modificando os nomes dos personagens, apagando as referências concretas, transpondo para a terceira pessoa as narrativas feitas na primeira pelo autor original. Segunda etapa: as edições parisienses de 1644. Embora não se apresente como tal – o que faz omitir o nome do tradutor –, a tradução francesa respeita de perto o texto italiano, conserva sua advertência aos leitores, mantém sua construção em capítulos dedicados às diferentes classes de trapaceiros, *"bianti e vagabondi"* no texto italiano. Des Fontaines, contudo, reorganiza o texto que traduz. Primeiramente, ele modifica sua ordem: enquanto a nomenclatura dos vagabundos é dada na mesma ordem em francês e em italiano (capítulo primeiro); no livro mesmo os capítulos que lhes são dedicados são redistribuídos e se sucedem diferentemente, sem que a razão dessa modificação esteja bem clara. O tradutor, entretanto, é discretamente levado a situar a italianidade de seu texto, justificando assim a localização das anedotas que são contadas e criando um efeito de pitoresco suscetível de aguçar a curiosidade: daí a manutenção no texto de designações italianas, em seguida à sua tradução ("os Beatos são certos malandros, que os italianos chamam *Bianti*"; "os Trapaceiros de que quero falar aqui são chamados *Felsi* pelos italianos" etc.).

Des Fontaines modifica sobretudo o título e a conclusão do livro, dando-lhe assim um sentido que ele não tinha, ou nem tanto, na escrita de Nobili. É certo que o início do título francês retoma bem exatamente o das edições italianas tal como se fixa a partir de 1627: *Il Vagabondo, overo sferza de bianti e vagabondi. Opera nuova, nella quale si scoprono le fraudi, malitie e inganni di coloro che vanno girando il mondo alle spese altrui.* Mas o que segue, *Et vi si raccontano molti casi in diversi luoghi, e tempi sucessi,* toma outra figura em francês: *Com muitas narrativas divertidas sobre esse assunto para alertar os simples*. O texto assim designado como uma seqüência de "narrativas engraçadas" acha-se, portanto, inscrito numa tradição de literatura cômica e divertida, que não pretende que se tomem como reais suas invenções, mas divertir descrevendo estratagemas maliciosos e credulidades enganadas. Falsamente dirigido aos "simples", o livro é de fato destinado aos que se divertirão com os embustes e suas vítimas. Essa "desrealização" do texto, proposto como uma seqüência de historietas, é ainda mais bem marcada pelo capítulo que o tradutor lhe acrescenta *in fine*: "Capítulo XXXVIII, Dos contadores de histórias". Esse capítulo que, aparentemente, fecha o *Vagabond*, constitui de fato o anúncio de uma nova seqüência, dedicada aos que enganam não pela sua aparência ou sua astúcia, mas por suas belas palavras e suas histórias.

De fato, na edição de Villery de 1644, o *Vagabond* é seguido de outro texto, devido a Des Fontaines, *Conversação das boas companhias*, composto e paginado separadamente, que encadeia historietas bem curtas e discursos divertidos. Os sainetes assim justapostos só raramente cedem o primeiro lugar aos mendigos e vagabundos, e os dois textos agrupados (o *Vagabundo* e a *Conversação*) têm apenas uma relação muito frouxa quanto aos temas e aos motivos. O capítulo "Dos contadores de histórias", que termina um e anuncia o outro, aparece então como um artifício destinado a justificar sua proximidade. Entretanto, na sua última frase, ele sugere aquilo que os aproxima e define ao mesmo tempo como deve ser sua leitura: "Contentar-me-ei em notar alguns de seus traços mais divertidos já que o ridículo é o objeto deste livro mais do que o razoável". O *Vagabond* e a *Conversação* são, portanto, suscetíveis a uma mesma decifração, que tem prazer pelas historietas, que não se preocupa com a veracidade ou a falsidade dos fatos relatados, que se diverte com bons truques e belas palavras.

O editor troyense retoma estritamente a fórmula de Villery e Alliot, reimprime a tradução do *Vagabond* sem mudar nada e lhe dá por seqüência a *Conversação das boas companhias,* que tem sua paginação própria, mas cujos cadernos se acham assinados em continuidade com os do *Vagabond,* prova de que os dois textos foram compostos para constituir um só e mesmo livro. Mas essa aliança não dura muito: o *Vagabond* não conhece nenhuma outra edição no século XVIII, enquanto a *Conversação* é várias vezes reeditada pelos Oudot (pela viúva de Nicolas II em 1716 ou pela de Jacques e seu filho Jean) e por Pierre Garnier antes de ser reposto ao gosto do dia, sob outro título, por Baudot que publica *Sem-tristeza ou o Contador divertido. Coletânea de contos recreativos.* Essa vida separada da *Conversação* e o abandono do *Vagabond* no século XVIII atestam que a reunião dos dois textos sob o manto da facécia não pareceu longamente renovável, certamente porque o texto traduzido (sem dizer) do italiano, e que carreava motivos velhos de dois séculos, resistia à leitura recreativa e risonha que o tradutor e os editores franceses do século XVII queriam atribuir-lhe.

Sua entrada na Biblioteca Azul, entretanto, explica-se facilmente: sua construção, que apresenta em seqüência 34 classes de mendigos e vagabundos, é na verdade a mesma, amplificada, do *Jargão ou linguagem do Argot reformado.* Mais nitidamente que no original italiano, o motivo é anunciado desde o primeiro capítulo: "Mas nós veremos melhor as astúcias e as vantagens de nossos vagabundos descrevendo suas espécies. Há diversos graus de malandragem assim como de grandeza". Esse lembrete implícito do *Jargão,* que apresenta o *Vagabond* como um texto de tema idêntico mas diferentemente modulado, se encontra na página seguinte. Para traduzir a expressão *"il loro gran padre sacerdote di Cerete",* Des Fontaines faz referência à monarquia dos mendigos e não ao sacerdote de Cères: "Seu grande mestre (temo que eles se ofendam por eu não lhes dar o augusto título de monarca)". O parentesco entre o *Jargão* e o *Vagabond,* aliás, vai além do princípio de construção, já que algumas "seitas" dos vagabundos são semelhantes às "vacâncias" dos mendigos: como os Malingreux e Ulcérés *(Accaponi),* os Sabouleux e Épileptiques *(Acccadenti)* ou

Tremedores (*Attremanti*), os Hubins e os Mordus (*Attarantati*), os Coquillards e os Faux Bourdons, os Convertis e os Rebaptisés *Ribattezzati*), os Polissons e os Coquins (*Cocchini*). Mantendo uma diferença de léxico, o tradutor do *Il Vagabondo*, assim como os editores, certamente quiseram explorar as homologias existentes entre este texto e aquele livreto de sucesso que era o *Jargão*.

Para cada uma das categorias dos vagabundos, exceto a última, os contadores de histórias, que só existem por artifício, a exposição é a mesma: uma designação em francês e em italiano, às vezes justificada etimologicamente, uma caracterização pela atividade e pelos atributos, uma ou várias histórias pondo em cena um ou vários dos impostores considerados. Essa estrutura é semelhante àquela do *Liber vagatorum*, que joga da mesma maneira com as definições e os *exempla*, acrescentando-lhes conclusões que devem orientar as atitudes caridosas. Citemos, a título de exemplo, o capítulo VI do *Vagabond* "Os encapuzados, ou falsos frades". Sua construção é exemplar, mesmo se não se encontram todos os elementos para cada uma das categorias. De início, uma designação e uma etimologia: "Qualifico esses vagabundos como *Encapuzados* porque eles correm o mundo sob a forma de religiosos, e julgam tornar real sua ociosidade, escondendo-a sob seus capuchos, imitando tantos grandes servidores de Deus". Em seguida, vem o toque de italianidade, que justifica a localização das anedotas e cria uma distância pitoresca: "Os toscanos os chamam *Affrati*, como quem dissesse falsos frades, ou frades Golpistas". Depois de nomeados, os Encapuzados são em seguida caracterizados pelas suas "indignidades": a celebração indevida da missa, o exercício ilegítimo da confissão, a coleta de esmolas sob pretextos falaciosos, os falsos milagres.

Por fim, vêm quatro historietas: a primeira, dedicada à multiplicação dos ovos, não é localizada precisamente, mas autenticada pelo autor que diz tê-la ouvido contar por "pessoas dignas de fé"; a segunda, centrada num falso anúncio do fim do mundo, é situada em Urbino; a terceira, relatada em discurso direto, apresenta-se como uma confissão de um dos Encapuzados, Tomaso de Valle ("Saibam que nós enganamos mais facilmente aqueles que fazem profissão de saber as intrigas da nossa seita etc."); por fim, a última história foi ouvida pelo autor "de uma testemunha ocular" e conta a derrota de um falso eremita da diocese de Voltera desmascarado por "vários doutores eclesiásticos". *Il Vagabondo* utilizava, portanto, uma fórmula antiga, a da nomenclatura classificatória, como quadro de um repertório de historietas tratadas bem mais como fábulas divertidas do que como exemplos demonstrativos. É certamente essa associação, que punha em conjunto a taxinomia do *Jargão* e as narrativas do *Buscón*, que valeu à tradução de Des Fontaines a entrada no catálogo troyense.

Ao contrário da *Conversação das boas companhias*, por que ela não se manteve? Em primeiro lugar, é evidente que o texto pertence a uma literatura erudita, que multiplica as referências sapientes, as etimologias e as alusões culturais. Esse traço, já presente no original italiano, é mais acentuado ainda na tradução. Citemos o primeiro capítulo "Da origem dos mendigos vagabundos". Des Fontaines o aumenta muito em relação às edições italianas contemporâneas. Ora, todos os acréscimos pertencem à cultura mais letrada: como o desenvolvimento sobre a filosofia pirrônica, a alusão a Homero, os discursos relatados de Santo Agostinho ou do filósofo mendigo dirigindo-se a Alexandre. Daí um texto que joga com referências e procedimentos (por exemplo, na pesquisa da origem da palavra *Cerretani*) certamente estranhos a uma boa parte dos leitores comuns de livros azuis. Esse discurso erudito criava uma espécie de barreira entre as historietas encadeadas e o leitor, tornando difícil o divertimento. Compreende-se que tenha sido dada preferência às *Conversações* que, sem mediação justificadora ou erudita, justapõe uma série de ditos espirituosos e de réplicas divertidas.

Por outro lado, o *Vagabond*, que fazia uma recensão de inúmeras imposturas religiosas, conseguiu inquietar censores e editores nos tempos triunfantes da reforma católica. Com efeito, é claro que Teseo Pini, depois Frianoro de Nobili arraigaram as artimanhas de seus vagabundos com a utilização indevida das instituições religiosas e a solicitação imprópria de uma piedade crédula. Ao contrário do *Jargão*, que dá amplo espaço às enfermidades fingidas, a nomenclatura do *Vagabond* é majoritariamente um repertório de falsidades religiosas. Por isso mesmo, o texto podia levar ao contra-senso todos aqueles que não eram capazes de identificar claramente a fronteira entre o lícito e a supersticioso, a falsidade e a verdade, a crença justa e a credulidade.

O tradutor francês sentiu isso e, bem mais que o autor italiano, multiplica precauções e distinções destinadas a separar sem ambigüidade possível os "bons religiosos" dos falsos, a fé da superstição. Isso o leva a acrescentar numerosos comentários ao texto original. Como no segundo capítulo, uma justificação da mendicância "para honra de Deus" e da esmola feita aos necessitados, ou ainda, no capítulo VI, um parágrafo inicial que sublinha a absoluta diferença entre os verdadeiros religiosos e os impostores encapuzados que, todavia, usam o mesmo hábito. Esse cuidado minucioso para evitar qualquer confusão entre a religião legítima e os embustes que ela pode suscitar não bastou, entretanto, para salvar o texto.

Pode-se pensar que ele foi vítima das mesmas razões que fizeram censurar a versão azul do *Buscón*. Com efeito, o *Vagabond* acumula paródias dos gestos religiosos mais essenciais: pensemos apenas no sexto capítulo com suas falsas absolvições, a água transformada em vinho, os ovos multiplicados. É certo que o texto os condenava e os denunciava como outras imposturas das quais as pessoas honestas deviam preservar-se, mas, ao mesmo tempo, ele os punha em cena em historietas destinadas a fazer rir. Essa ambigüidade, que marca a advertência ao leitor onde são dadas duas legitimações do texto – o cuidado contra os embustes, mas também o divertimento de "algum pós-jantar de inverno" –, pode ter parecido intolerável, já que transformava a blasfêmia e o sacrilégio em discursos divertidos. A zombaria com o religioso, aceita no início do século, já não o é mais quando a reforma católica pretende impor um respeito sem reserva às suas sacralidades.

Retorno ao burlesco

Depois de uma edição de 1661, devida a Nicolas II Oudot, sempre à espreita de novidades burlescas, a *Intriga dos trapaceiros*, exatamente como o *Vagabond*, é impressa em Troyes para Antoine Raffle, talvez por Jacques Oudot.[34] Trata-se da reedição de uma comédia devida a Claude de L'Estoile que tinha sido impressa em Lyon em 1644 e em Paris em 1648, antes de entrar no catálogo troyense. Se ela pertence, em certa medida, à "literatura da malandragem", é porque vários personagens que põe em cena são reles patifes: três trapaceiros, um receptador, uma revendedora, um moedeiro falso, tido por algum tempo como homem de bem. Pondo em cena essas figuras de malandragem, o autor, Claude de L'Estoile, que era o filho mais jovem do cronista Pierre de L'Estoile, não inovava nada.

Desde o início do século, com efeito, os autores de balés ou de comédias serviam-se amplamente desse repertório criminal: em 1606, uma mascarada da feira de Saint-Germain tinha posto em cena o parto bufo de um boneco que gerava quatro astrólogos, quatro pintores, mas também quatro cortadores de bolsas; e em 1653, dez anos depois da comédia de L'Estoile, a XIV[a] Entrada do *Balé da noite* de Benserade põe à mostra "o Pátio dos Milagres para onde se dirigem à noite todos os tipos de Mendigos e Estropiados, que saem de lá sãos e alegres para dançar sua Entrada, depois da qual fazem uma serenata ridícula para o chefe do lu-

---

34 Morin, *Catalogue descriptif...*, op. cit., n.650-1.

gar".³⁵ As mascaradas do teatro da feira, exatamente como os balés da Corte, dançados pelo rei e os grandes, exploravam então as figuras criminais, ao mesmo tempo temíveis e atraentes, fascinantes e aterrorizantes.

A comédia de L'Estoile pertence incontestavelmente ao teatro de Corte, já que sua representação tem lugar em Fontainebleau diante da rainha mãe. Seu prefácio, dedicado ao capitão da guarda de Paris, joga com a distância entre aqueles trapaceiros de teatro, recomendados à sua proteção, e os verdadeiros, que devem temer a justiça. A ficção se apresenta, portanto, como um alerta: "São inimigos às claras que, usando de seu requinte à vista do Povo e da Corte, ensinam a Corte e o Povo a evitar que sejam enganados", mas sobretudo como divertimento: "Os termos com os quais exprimem seus pensamentos são grotescos, a maneira como fisgam os mais espertos o é ainda mais, e o receptador de que se servem não é louco, mas não é menos engraçado do que se fosse". A comédia ou o balé de Corte transmuda então em bufonarias inofensivas as figuras perigosas do real, criminosos ou insensatos (Claude de L'Estoile aliás é autor de um *Balé dos loucos*, hoje perdido).

O sucesso pode ser entendido duplamente. Por um lado, ele permitia desarmar os temores sociais transformando-os em riso ao mostrá-los sob uma forma grotesca. Por outro, pôr em cena os malandros ou os ladrões numa diversão de Corte era explorar uma das formas preferidas do burlesco, aquela que traveste em gêneros nobres – neste caso, o balé de Corte ou a comédia em versos – assuntos triviais e personagens vulgares. A crer no diz um dos amigos de L'Estoile, que lhe escreve depois da representação de 1647, a recepção da comédia foi realmente conforme a essa dupla intenção psicológica e literária:

---

35 Silin, J. *Benserade and his Ballet de Cour*. Baltimore: The Johns Hopkins University Press, 1940. p.214-28.

Você deve ser bem inimigo de sua glória já que não veio a Fontainebleau na última quinta-feira. Teve medo de ser incomodado por aquelas salvas de palmas cujo ruído, por maior que seja, sempre encanta o coração. Os ditos espirituosos que você pôs na boca dos seus trapaceiros, revelando-nos seus artifícios, nos ensinaram a defender-nos, e num país de florestas e de rochedos, nós os vimos de perto e sem perigo. Eles não nos fizeram nenhuma violência a não ser nos obrigar a amar nossos inimigos, à força de nos dar prazer.[36]

A entrada do texto no repertório troyense amplia sua audiência e propõe a comédia ao público comum, primeiro parisiense, dos livros azuis. O pitoresco da malandragem insere-se aqui numa intriga clássica baseada num amor contrariado – o de Forinda por Lucidor –, marcada por uma seqüência de qüiproquós ligados à perda do retrato de Florinda por Clarisse, sua confidente, e com final feliz, depois que o rival de Lucidor foi reconhecido como moedeiro falso. A originalidade do texto, que lhe vale ser reimpresso em Troyes, não está nessa história, mas no papel que desempenham nela três malandros, Balafré [Cicatriz], Borgne [Caolho] e Bras-de-Fer [Braço-de-Ferro]. A presença deles, aliás descontínua (não aparecem no ato II, e só intervêm numa cena, a última, no ato III) um pouco sobreposta à intriga principal, permite uma dupla série de efeitos cômicos. Os primeiros estão ligados ao manejo de uma língua engraçada que se serve de diversos léxicos do burlesco. As expressões "argóticas" ou dadas como tais ocupam a maior parte: como "tocar harpa", "manejar as facas", "fiar a lã", "sujar o capacete", ser "redondo como uma bola", "bater os campos", "impulso de saída", "forma na lapela", "xinga-garrafa" etc. Deve-se notar que esse argot não é nada semelhante ao do *Jargão* e que ele mobiliza sobretudo uma língua familiar, pitoresca e imagética, solta e proverbial, conside-

---

[36] Citado segundo Fournier, E. *Le Théâtre français au XVIe et au XVIIe siècles*. Paris, s. d., p.524.

rada, por isso mesmo, capaz de caracterizar a linguagem dos malandros fora das regras.

Segundos efeitos cômicos: aqueles ligados à encenação da vida dos ladrões. Como a primeira cena do ato I na qual se exprimem as queixas dos três ladrões contra o receptador: "A fé jamais habita entre os receptadores / eles são trapaceiros, malvados e roubam os ladrões". Como as cenas IV e V do ato IV em que Cicatriz, Braço-de-Ferro e Caolho, de tocaia na esquina de uma rua "fiam a lã" ("entregue a vida, ou a bolsa"), reconhecem como sua vítima o receptador Beronte, e, a conselho deste, decidem assaltar a casa de Olímpia, mãe de Clorinda e viúva de um homem de finanças. Daí, as artimanhas dos ladrões (amolecer os cães com uma droga admirável), de suas "máquinas" e "instrumentos" ("Nós os traremos para limar as ferragens / E nos servir de chave a todas as fechaduras"), de sua estratégia ("E depois na ponta dos pés voltaremos à espreita / Para ver quem vem, quem vai, os dois de tocaia").

O clímax dessa encenação da atividade criminosa é constituído pelas duas primeiras cenas do último ato. Como escreve L'Estoile no seu prefácio: "Em Esparta, permitia-se roubar em segredo, mas aqui se permite roubar em público". A comédia joga aqui com dois motivos: o primeiro, imediato, visível "real", é o da preparação do roubo ("Nossos instrumentos estão prontos? Aqui está tudo de que precisamos, / Ganchos, gazua, lima surda, tenaz, / E tantos outros instrumentos com que nossa mão trabalha"); o segundo, enunciado como lembrança (por Beronte) e como destino (pelo Caolho), acumula as imagens dos suplícios dos ladrões, o pelourinho ("Eu não tinha quinze anos quando o roubo de um casaco / Fez que me amarrassem as costas contra um poste, / Com o pescoço no ferro e os pés na lama, / Por muito tempo para os transeuntes sem querer fiz caretas"), a marca do ferro em brasa ("a marca do Rei"), a forca, a tortura e a roda ("Recebido este golpe, nossos membros todos quebrados / Em algum caminho se acham expostos, / São o horror dos transeuntes, o alvo das tempestades, / Servem de exemplo ao povo, e de repasto às feras"). Graças à coragem de Lucidor, o roubo fracassa, e Olímpia, esclarecida, entrega-lhe a filha.

A comédia de L'Estoile, recebida antes de tudo como uma encenação de malandros, ao passo que estes só intervêm no final da intriga, trazia uma inovação na medida em que oferecia para ver e ler não mais os golpes dos falsos mendigos, como o *Jargão* ou o *Vagabond*, mas os estratagemas dos verdadeiros ladrões, batedores de carteira de transeuntes ou assaltantes de residências.[37] Tratada em tom de zombaria, a atividade dos batedores de carteira, que acaba em derrota total após a intervenção de Lucidor, não deixa de ser apresentada como perigosa para os bens, mas também para as pessoas, a ouvir o que diz Balafré/Cicatriz ("E qualquer um que venha me pegar pelo colarinho / Será saudado com um tiro de revolver") e Borgne/Caolho ("A piedade do barbeiro é cruel ao ferido / E a do ladrão é cruel a si mesmo, / E o mergulha muitas vezes numa desgraça extrema / Jamais de nossos crimes deixemos testemunhas, / Depois nos procuram com extremo cuidado").

É por isso que o florescimento dos malandros e dos ladrões nas cenas do balé ou da comédia deve ser entendido como o disfarce "grotesco" – a palavra aparece freqüentemente na escrita de L'Estoile – de temores bem arraigados e não separados das medidas tomadas para limpar a cidade de suas "classes perigosas". As representações que organizam o discurso policial são, aliás, análogas às que fundamentam as figuras cômicas da malandragem: como provam as deliberações do Conselho de reforma da polícia, reunido a pedido de Colbert em 1666 e 1667, quando o chanceler Séguier explica que "os cortadores de bolsa formam uma corporação em Paris, eles têm agentes e mantêm entre eles

---

[37] A título comparativo, Alonso Hernandez, J. L. Le monde des voleurs dans la littérature espagnole des XVIe et XVIIe siècles. In: *Culture et marginalité au XVIe siècle*. Paris: Klincksieck, 1973. p.11-40.

certa disciplina", enquanto o tenente, criminalista do Châtelet, acrescenta "que eles mantêm entre si grande correspondência".[38]

De outro modo, colocar em cena o roubo e os ladrões era um bom meio de renovar as fórmulas satíricas, às expensas de quem anda por perto ("Mas que se cuide o Preboste. Nós corremos poucos riscos / Esse homem, rodeado de cavaleiros errantes, / Prende os pequenos ladrões e deixa passar os grandes") ou de quem os supera, por exemplo os sequazes ou coletores dos impostos reais: "Havia uma mulher, viúva de um sequaz, / Que roubava num dia mais que você num ano / E que, por um imposto que ele colocou sobre a colheita, / Fez de sua casa um segundo Palácio Real / Onde podem amontoar mais bens um sobre o outro / Tudo lá é de prata até mesmo os urinóis". Nesse texto, que pertence inteiramente ao repertório burlesco, permanecem motivos que o editor troyense da tradução do *Buscón* julgou que deveria cortar: por um lado, as fortes evocações dos castigos, dos corpos expostos e despedaçados; por outro, a figura da cafetina que, ao mesmo tempo, revende os objetos roubados, arranja os encontros e mantém uma "casa de prazer".

Se o personagem de Ragonde, e portanto a comédia, pode entrar no catálogo azul, no mesmo momento em que o romance de Quevedo é severamente mutilado, é certamente por duas razões. Primeiro, o texto se mantém prudente, e Ragonde não é realmente cafetina, mas apenas na imaginação de Béronte que julga erradamente "que ela vende menos roupas do que moças". Por outro lado, a própria forma da comédia em versos, assim como seu vocabulário que evita qualquer crueza sexual, suavizam com eufemismos um motivo que de outro modo parece intolerável nas edições destinadas a uma ampla circulação. Todavia, apesar disso, a comédia não segue longa carreira no catálogo azul e sua edição impressa por Raffle é a última publicada pelos troyenses.

---

38 Bibliothèque Nationale, Ms fr. 8118, f° 114-115.

Rumo a uma nova figura:
"o bandido de grande coração"

O sucesso do último dos textos que compõem nosso *corpus* é muito mais estrondoso. A *História da vida, dos grandes ladrões e sutilezas de Guilleri e seus companheiros e de seu fim lamentável e infeliz* é com efeito reeditada muitas vezes no século XVIII, e sob duas permissões diferentes. A primeira é parisiense, em data de 1º de julho de 1718 e cobre uma edição da viúva de Jean Oudot, com aprovação de 26 de junho de 1716, e uma da viúva de Nicolas Oudot, com aprovação de 22 de junho de 1718, que comporta uma variante no título – ele não menciona Guilleri, mas apenas *A vida dos ladrões*. A segunda permissão é troyense, datada de 12 de agosto de 1728, com aprovação de 7 de agosto: ela se encontra nas diferentes edições publicadas pelos Garnier, Étienne e Jean-Antoine.[39] O livreto continua popular no início do século XIX, reeditado em Caen pelos Chalopin sob um endereço fantasia: "em Lelis com Goderfe, Rua de Nemenya", utilizado também por Deforges, um livreiro de Sillé-le-Guillaume que dava trabalho aos impressores de Mans,[40] e em Troyes por Baudot, que dá uma nova capa, cor-de-rosa, à edição de Jean-Antoine Garnier.

No momento de sua entrada no *corpus* azul, a história de Guilleri já tem uma existência textual longa e multiforme. Na sua origem, um fato histórico bem atestado: a atividade criminal de um bando de ladrões que assolava o Poitou entre 1602 e 1608 sob o comando dos irmãos Guilleri. O documento mais claro sobre suas aventuras é incontestavelmente um memorial redigido pelo preboste do Poitu, André Le Geai, senhor de La Gestière, a fim de reclamar o reembolso das despesas que ele tinha

---

39 Morin, *Catalogue descriptif...*, op. cit., n.516-20.
40 Sauvy, A. La librairie Chalopin. Livres et livrets de colportage à Caen au début du XIXe siècle. *Bulletin d'Histoire Moderne et Contemporaine*, n.11, Paris, Bibliothèque Nationale, 1978, p.95-140.

empenhado para a perseguição e a captura dos Guilleri e seus sequazes.[41] O texto caracteriza as atividades do bando:

> Os referidos ladrões forçavam as casas dos fidalgos e outros, roubavam nas principais estradas das feiras reais de Fontenay e Niort, extorquiam os negociantes e camponeses ricos, impunham-lhes taxas de altas somas de dinheiro, obrigando-os a pagar por medo de serem mortos.

Ele detalha os diferentes confrontos entre os bandidos e as tropas reais comandadas pelo senhor de La Gestière e pelo tenente geral do Haut-Poitou, o conde de Parabère, e enumera os bandidos enforcados, assim como os arqueiros feridos ou mortos. Em 1606, um irmão mais novo de Guilleri, Mathurin, o Jovem, é feito prisioneiro e submetido ao suplício da roda em Nantes; dois anos depois, Philippe Guilleri, que se tinha retirado para a Gasconha para entrar no comércio de vinhos, é denunciado por "um tal Crongné", capturado perto de Bazas e posto também na roda em La Rochelle "pelos mencionados assassinatos, roubos e extorsão". Ao termo de seu memorial, o preboste do Poitou recapitula as despesas feitas para "as incursões, viagens, capturas e julgamentos dos referidos ladrões", ou seja, entre sete mil e oito mil libras para suas despesas, doze mil a quinze mil para os cavalos, três mil ou quatro mil para a manutenção dos arqueiros entre julho de 1604 e março de 1606 e a recompensa paga ao delator.

A partir desse dado histórico, os textos vão encadear-se pondo em cena os Guilleri e seus companheiros. Na origem dessa tradição, há dois panfletos, pequenos livretos de dezesseis páginas, que tentam explorar a atualidade do castigo do mais velho dos Guilleri em 1608. Seus títulos diferem e parecem remeter a dois eventos distintos. O primeiro texto, impresso por Jean de Marnef

---

41 Barthélémy, A. de. Les Guillery, 1604-1608. *Revue de Bretagne et de Vendée*, 2ᵉ sem. 1862, p.126-33; cf. também Vicomte X. De Bellevue, *Les Guillery, célèbres brigands bretons (1601-1608)*. Vannes, 1891.

em Poitiers, intitula-se *A prisão e lamentável derrota do jovem Guilleri o qual foi preso com oitenta companheiros perto de Talmon e posto na roda em Nantes em 13 de março de 1608. Com a cantilena que ele fez antes de morrer.* O segundo, impresso duas vezes em Paris em 1609 (uma vez por Abraham de Meaux) "junto com a cópia impressa em La Rochelle pelos herdeiros de Jérôme Hautain", tem por título *A prisão e a derrota do capitão Guilleri que foi preso com sessenta e dois de seus companheiros ladrões que foram postos na roda na cidade de La Rochelle em 25 de novembro de 1608. Com a cantilena que ele fez antes de morrer.*[42]

Na verdade, excetuando-se ligeiros cortes nas edições parisienses, o texto é o mesmo, contando três ou quatro "sutis invenções" de Guilleri, depois sua captura, seu castigo e o discurso que ele fez antes de morrer. Em relação ao testemunho do senhor de La Gestière, os panfletos de 1609 manifestam duas diferenças: por um lado, Guilleri é chamado "filho mais novo de uma grande família da Bretanha (cujo nome calarei, com receio de ofender alguém)" e não filho de pedreiro; por outro, o destino dos dois irmãos é inextricavelmente confundido, já que, no panfleto de Poitou e no outro impresso por Abraham de Meaux, é "o mais jovem dos Guillery" que é preso e castigado na roda – para Marnef, em Nantes, para De Meaux em Saintes – enquanto na outra edição parisiense de 1609 é o próprio capitão Guilleri em La Rochelle, o que significava dar maior eco à atualidade, já que o suplício de La Rochelle em 1608 era mesmo o de Philippe, o mais velho dos irmãos.

O eco desses panfletos é certo. Pierre de L'Estoile, que relata em seu diário o castigo de Guilleri, segue bem de perto os panfletos parisienses, recopiando-os livremente. Dos livretos a L'Estoile encontram-se assim os cartazes que os Guilleri semeavam "pelos caminhos" onde "descobrem que eles queriam a vida dos Senho-

---

42 Esses avulsos se encontram na Bibliothèque Nationale sob as cotas Rés. G 2873 (Marnef), Ln [27] 9354 A e Ln [27] 9354 B (Abraham de Meaux).

res da Justiça, o dinheiro, o saque e o resgate dos Fidalgos" (*A prisão e a derrota*, edição de Meaux, p.10), a ordem do rei para prendê-los, o assédio à fortaleza dos bandidos, a captura de Guilleri e de oitenta bandidos, seu castigo em Saintes e o de seus companheiros "em diversos prebostados".[43] Outro sinal do sucesso da história de Guilleri: um pequeno panfleto impresso por Antoine du Breuil em 1615 e dirigido contra os príncipes revoltados, sob instigação de Condé, contra a autoridade real. Sob o título *Acusações do capitão Guilleri feita aos carabineiros, larápios e saqueadores do exército dos Senhores Príncipes*, o panfleto, que quer estigmatizar as exações das tropas recrutadas pelos príncipes, utiliza o herói e o próprio texto dos avulsos dedicados a Guilleri.[44] O arranjo polêmico do libelo é simples: a cada um dos dez episódios tirados da vida do bandido (e introduzido por fórmulas como "quando Guilleri eu era", "embora Guilleri eu fosse") corresponde uma denúncia contra os soldados dos príncipes, covardes, ladrões, assassinos.

Com isso, a figura de Guilleri assume uma nova cor. Os panfletos com efeito apresentavam o ladrão sob uma luz bastante desfavorável: "Ele avança sua mão assassina e seus desejos de pilhagem sobre os transeuntes", e o outro publicado em Poitiers declara só querer mostrar "um traço ou dois de suas maldades e de suas sutis invenções, das quais ele sabia servir-se muito bem para encontrar meios de arrancar a substância das pobres pessoas que caem em sua rede". Só a "cantilena" do supliciado antes de sua morte é que resgata o bandido tirando a moral de sua história:

---

43 *Mémoire et Journal de Pierre de L'Estoile* em Michaud et Poujoulat, *Nouvelle Collection des mémoires pour servir à l'histoire de France*, 2ᵉ série, Paris, 1837, p.475.
44 Bibliothèque Nationale, Lb[36] 570. Sobre a literatura panfletária e anticondeana, ver Richet, D. La polémique politique en France de 1612 à 1615. In: Chartier, R., Richet, D. (Dir.) *Représentaion et vouloir politiques. Autour des états généraux de 1614*. Paris: Éd. de l'École des Hautes Études en Sciences Sociales, 1982. p.151-94.

As melhores naturezas podem ser corrompidas, como a minha que, deixando-se bajular pelas persuasões de meu irmão que o desespero tinha envolvido em suas teias, deixou-se levar para esses desregramentos que hoje me fazem arrepiar os cabelos ante a contemplação de meu erro.

Guilleri, arrependido e corajoso no castigo, deve afastar-se do crime: "Já que devo servir aqui de exemplo, para frear a coragem daqueles que queiram ligar-se às desordens em que me envolvi, praza a Deus querer abrir a porta de seu Paraíso à minha alma". No panfleto de 1615, Guilleri, embora bandido, o é infinitamente menos que os soldados dos príncipes, e seu retrato se acha traçado de maneira diferente. O autor insiste efetivamente em sua coragem e sua fidelidade quando ele era soldado a serviço do duque de Mercoeur, desculpa seu erro pelo desespero de uma retirada forçada, sublinha sua humanidade para com suas vítimas. Esboça-se assim a figura de um bandido generoso, inimigo do assassinato, clemente no furto, caridoso para com os infelizes:

Quando eu encontrava alguém no meio do caminho ... se eu não encontrava com ele dinheiro suficiente para completar sua viagem, eu lhe dava do meu; se ele tinha mais do que necessitava para terminar seu caminho, nós o contávamos e repartíamos como irmãos, e feito isso eu o deixa ir sem lhe causar nenhum mal nem dano.

Desde os primeiros anos do século XVII, pouco tempo depois do castigo do "verdadeiro" Guilleri, os textos perfilam, portanto, duas versões diferentemente acentuadas de sua história: uma que o pinta como temível, redimido apenas pelo seu remorso último e sua coragem na prova; outro que esboça, com uma intenção polêmica, a figura de um ladrão "conscencioso, fiel e acessível", cujos golpes não são nada comparados às cruedades dos soldados dos príncipes.

Entre essas duas imagens, a literatura escolhe inicialmente a primeira. Com efeito, é um Guilleri cruel e detestado que François de Calvi propõe no seu *Inventário geral da história dos ladrões. Onde estão contidos seus estratagemas, trapaças, suplícios, roubos, assassinatos e de maneira geral o que eles fizeram de mais memorável na França*, editado em Rouen em 1633. Nessa volumosa coletânea, que pretende ao mesmo tempo revelar os artifícios dos ladrões para preservar o público e mostrar "os atos mais trágicos", bem como "os conselhos mais sangrentos", Calvi introduz no início de seu livro II três capítulos contando a vida trágica do capitão Lycaon que retomam a matéria, às vezes as fórmulas, dos panfletos consagrados a Guilleri. A narrativa assim empreendida, que lembra, entretanto, os "pais nobres" do bandido e sua coragem a serviço do duque de Mercure (Mercœur), insiste de imediato sobre sua inclinação para o mal: "Cada um dizia que não era um homem, mas antes um monstro que o Inferno tinha vomitado do fundo de seus abismos para fazê-lo cometer um dia uma infinidade de roubos e pilhagens".

Quando se torna chefe de bando, Lycaon-Guilleri multiplica as crueldades: suas tropas "não poupavam a vida de nenhum daqueles que encontravam e que eles julgavam ter dinheiro"; os sete arqueiros despojados por um momento de suas vestimentas são enforcados nos galhos das árvores, cobertos com seus capotes, "espetáculo horrível de ver"; o carrasco, encontrado perto de Pontoise e ludibriado, é "atado aos galhos com uma liga, e o deixam morrer". Além de assassino, Lycaon é também feiticeiro. Esse traço, já presente nos panfletos – "ele tem um espírito camarada, pelo qual se faz levar para onde quiser em menos de um segundo" – é acentuado aqui: "julgavam que era feiticeiro", "ele tinha um espírito camarada com ele". Sobretudo, os roubos e assassinatos da quadrilha desencadeavam contra ela a cólera do povo, contente pela captura e a morte do irmão de Lycaon "supliciado na roda à vista de toda a nobreza da região, e para grande contentamento de todo o povo que lhe desejava mil vezes mais", assim como para o cruel capitão: "É impossível contar o quanto todas as Províncias vizinhas sentiram alegria por essa execução, porque se pode dizer que jamais se tinha visto um monstro como esse". Como nos panfletos, somente seu fim o resgata:

> Ele morreu com uma coragem admirável e, embora todo mundo fosse unânime contra ele, não havia coração que não se enternecesse de piedade, vendo a resolução que ele tinha da morte, e pelas belas palavras que pronunciou antes de exalar o último suspiro. Isso nos ensina que não basta começar bem, mas que se deve terminar bem.

Calvi toma, portanto, os panfletos do início do século como matrizes de sua narrativa, mas transforma o nome do perverso protagonista, acrescenta alguns episódios inéditos (os arqueiros desnudados e enforcados, o encontro com o preboste de Rouen, o assassinato do carrasco de Pontoise), duplica constantemente sua narração com comparações mitológicas e referências antigas para dar ao texto uma dignidade literária que os livros de atualidades não tinham, e joga com o contraste divertido que existe entre a aventura criminal de Lycaon e a nobreza dos heróis antigos aos quais é comparado. Não é nessa versão erudita de Guilleri que os troyenses vão encontrar seu lucro. O texto que eles vão escolher acha-se em outro lugar, numa das numerosas seqüências e reedições de uma obra de François de Rosset, poeta, tradutor e compilador, as *Histórias trágicas do nosso tempo. Onde estão contidas as mortes funestas e lamentáveis de várias pessoas, ocorridas por suas ambições, amores desregrados, sortilégios, roubos, rapinas, e por outros acidentes diversos e memoráveis.*

Trata-se de um livro publicado em Cambrai em 1614 e freqüentemente reeditado na primeira metade do século XVII: cinco edições entre 1615 e 1619, seis na década de 1620, outras seis entre 1630 e 1655. Nas edições lionesas do título, a de 1623 de Simon Arnoullet, a de François de La Bottière em 1653, a de Jean Molin em 1662 e outras ainda, em 1679 e 1685, aparece uma história nova que se encontra nas edições de Rouen a partir de 1688. Seu título: "Dos grandes roubos e sutilezas de Guilleri e de seu fim lamentável". Desembaraçando o texto de todo seu aparato antigo, limitando a narração a alguns episódios, aliás abreviados, acrescentando um fim mais próximo da realidade histórica, já que evoca a aposentadoria de Guilleri, Rosset formula a história de Guilleri de uma maneira compatível com as exigências do público do livro azul, pelo menos da maneira como os editores as imaginam.

A partir daí, a narrativa conhece uma dupla vida editorial. Por um lado, é muitas vezes reeditada dentro das *Histórias memoráveis e trágicas desta época*, reimpressas em Lyon em 1685, em Rouen em 1700, em Lyon de novo em 1701 e 1721.[45] Por outro, ela entra no catálogo azul onde seu sucesso permanece bem assegurado até o século XIX. Entre o texto das edições troyenses e o das *Histórias memoráveis*, as diferenças são mínimas, limitadas a alguns retoques de estilo que retiram as expressões difíceis ou envelhecidas, simplificam a escrita, abreviam a narrativa compactando as frases, cortam orações relativas ou adjetivos.

Única diferença formal importante: a divisão do texto. Com efeito, o editor troyense o recorta em dez capítulos – não mencionados por Rosset – dos quais só o último, "Como Guilleri ficou apaixonado", apresenta alguma extensão. A narrativa é assim claramente fragmentada numa série de historietas que contam pequenas aventuras, permitindo uma leitura separada. Os livretos troyenses, entretanto, introduzem uma escansão em parágrafos que não existe nas edições anteriores da narrativa. Por exemplo, na edição de Rouen feita em 1700 por Antoine Le Prévost, a história é dividida em 22 parágrafos; na edição da viúva de Nicolas

---

45 Grandes roubos e sutilezas de Guilleri encontram-se nas páginas 356-79 da edição de Lyon de 1662, e nas páginas 349-79 da edição de Rouen de 1700. Sobre as *Histoires tragiques* de François de Rosset, cf. Hainsworth, G. François de Rosset and his *Histoires tragiques*. *The French Quarterly*, n.XII, p.121-41, 1930; e Lever, M. De l'information à la nouvelle: les "canards" et les "Histoires tragiques" de François de Rosset. *Revue d'Histoire Littéraire de la France*, 1979, p.577-93 (referências comunicadas por H.-J. Lüsebrink).

Oudot, em 37. Menos denso, o texto tornou-se assim mais facilmente acessível.

Para uma história das figuras da malandragem, o *Guilleri* azul, que retoma o de Rosset, é um texto limítrofe. Por um lado, ele recorre a fórmulas antigas, que o ligam por exemplo com a *Vida generosa*. Trata-se, efetivamente, de uma biografia, que nesse acaso não é autobiografia, cujas aventuras são inscritas numa região localizada, aliás a mesma percorrida por Pechon de Ruby. Como Pechon, Guilleri é fidalgo bretão; como ele, percorre a região compreendida entre Niort, Fontenay-le-Comte e La Rochelle, antes de retirar-se em Saint-Justin, "cidade afastada do mundo" no deserto das Landes, e de ser feito prisioneiro em Royan; como ele, também multiplica aquilo que o autor designa como "sutilezas". Outro ponto comum aos dois textos: sua brevidade e seu recorte em textos curtos. O autor insiste três vezes nessa necessária brevidade:

> Se eu quisesse descrever todas as maldades que ele cometeu durante os nove ou dez anos em que exerceu uma vida detestável, eu precisaria fazer um grosso volume, ao passo que me propus construir apenas um pequeno discurso. Contentar-me-ei, portanto, em recitar brevemente as mais notáveis sutilezas que ele exerceu durante o tempo em que levou vida de ladrão ... Se eu quisesse me estender descrevendo as astúcias e sutilezas que ele usou durante o tempo em que levava uma vida de ladrão, eu precisaria de um volume inteiro, e não um resumo, ao qual me obriguei desde o começo.

E mais adiante: "Contentar-me-ei com aquilo que escrevi sobre sua vida, a fim de não ser prolixo demais". Essas justificações, que lembram aquele que fecha a *Vida generosa*, inscrevem o livreto na tradição das narrativas facécias, curtas e fáceis de ler, decifradas sem dificuldade por todos aqueles cuja leitura podia ser desencorajada por um texto demasiado longo.

Composto segundo modelos antigos, presentes nas próprias origens do fundo troyense, o livreto usa os recursos do burlesco, em particular disfarces e reconhecimentos tal como encontramos na *Intriga dos trapaceiros*. É assim que sucessivamente Guilleri "se disfarça com roupas de mensageiro", "veste-se de eremita", depois "se disfarça como fidalgo". Inversamente, ele é desmascarado duas vezes: por um negociante de Bordeaux no seu retiro de Saint-Justin, por um negociante de Saintes no barco que o leva a Rochefort. Pondo em contraste máscaras e desvelamentos, a narrativa faz também suceder fortunas e infortúnios do herói. É no momento em que os roubos de Guilleri lhe asseguram glória e dinheiro que ele é atingido pela morte do irmão, e é quando escolheu o caminho da honestidade que é reconhecido e denunciado por uma de suas antigas vítimas. Nas duas vezes, o autor sublinha essa trajetória caótica do destino humano:

> Ora, como a boa fortuna lhe tinha sempre mostrado sua melhor face, ela queria fazê-lo ver uma viravolta de sua costumeira inconstância ... ele mergulhava em suas delícias, acreditando que ninguém o conheceria: mas o miserável não considerava que Deus sabia todos os seus segredos.

É assim que se interligam processos burlescos e moral da inconstância, já que é sob a aparência da honestidade que Guilleri engana o mundo, e que inversamente ele é reconhecido como ladrão quando não o é mais.

A novidade de Guilleri, no entanto, está em outra parte: com efeito, trata-se do primeiro texto que perfila no *corpus* azul uma figura nova, a do bandido generoso, encarnado em seguida por Cartouche e Mandrin. É possível detectar nessa narrativa os diferentes traços considerados característicos dos "bandidos de grande coração" no imaginário coletivo das sociedades pré-industriais.[46] Cada uma de suas propriedades reconhecidas por E. J. Hobsbawm se aplica perfeitamente a Guilleri:

---

46 Hobsbawm, E. J. *Les bandits*. Paris: Maspero, 1972. p.36-7 [ed. bras.: *Os bandidos*. São Paulo: Forense Universitária, 1975].

1 O bandido de grande coração no início não é um criminoso: de fato, Guilleri, que é de nobre extração, é "forçado" ao banditismo pela dissolução do exército recrutado por Henrique IV contra o duque de Sabóia. Perde-se assim a oportunidade de recuperar uma juventude estudantil bastante turbulenta: dada sua "pouca renda", a paz o obriga "a escolher qualquer outro expediente para ganhar [sua] miserável vida".

2 Ele repara as injustiças e tira dos ricos para dar aos pobres: "Quando encontrava alguém que não tinha dinheiro, ele lhe dava, e daqueles que tinham ele tomava a metade". Guilleri redistribui, portanto, as riquezas substituindo a caridade deficiente dos abastados.

3 Ele não é inimigo do rei, mas dos opressores locais: no livreto, Guilleri jamais aparece em rebelião contra o soberano (embora causa indireta de sua miséria), cujo furor é qualificado como "justo", e todas as suas vítimas são aqueles que dominam e sempre exploram a maioria. É assim que se rouba um rico camponês que dissimula sua riqueza, que são ridicularizados o preboste e seus soldados, e que são despojados os negociantes das cidades. É assim que o ladrão, por sua vez, é roubado e que são apanhados aqueles que julgavam apanhar.

4 Ele só mata em caso de legítima defesa: "Ele odiava os assassinos e se algum de seus homens cometia algum homicídio, ele os castigava severamente". As "sutilezas" de Guilleri sempre deixam a vida para aqueles que são vítimas dela, e freqüentemente até mesmo a bolsa. O camponês só é roubado pela metade, os soldados são amarrados em árvores "sem lhes fazer outro mal", depois libertados, e Guilleri "fazia devolver-lhes tudo o que lhes pertencia". A zombaria aqui é mais importante do que o roubo, e a atividade criminosa é sobretudo derrisão da autoridade usurpada ou da riqueza mal adquirida. É por isso que, com maior freqüência, o narrador a qualifica sem reprovação, insistindo na engenhosidade das artimanhas ou a sutileza das invenções.

5 Ele se torna um membro respeitado da comunidade. Guilleri, convertido à honestidade, casa-se com uma rica viúva, é "elevado a um dos mais altos graus da fortuna", desfruta de seu casamento e da aposentadoria em seu castelo. Aqui, entretanto, há uma diferença com o retrato canônico do bandido social: Guilleri abandonou os horizontes de sua juventude para não mais voltar e é ocultando sua vida passada que ele vive dias felizes.

6 Ele é invisível e invulnerável: os prebostes e soldados nada podem contra Guilleri, nem na época de sua vida de ladrão nem depois que foi surpreendido em seu castelo ("ele fugiu para a parte mais fechada do bosque, e foi impossível prendê-lo"). Como ocorre muitas vezes, essa invulnerabilidade é considerada de origem mágica, mas o texto troyense nesse ponto mostra-se prudente e pouco loquaz sobre um tema suscetível de enfurecer a ortodoxia religiosa: "Muitos acreditam que ele tinha um espírito camarada, que o guiava nas suas façanhas, deixo o julgamento à discrição de cada um e me calo sobre esse ponto".

7 Ele morre unicamente porque é traído: aqui, o negociante de Saintes e o preboste de La Rochelle, desejosos de vingar-se, um do roubo de oitenta escudos, outro do golpe que lhe tinham aplicado, surpreendem a boa-fé de Guilleri, que confessa seus erros, depois é "esfolado vivo como castigo de seus roubos".

O retrato de Guilleri assim traçado insiste fartamente sobre suas qualidades morais: o homem é corajoso, generoso, dotado de "belas qualidades" e de "raras perfeições", liberal e cortês. Um pouco como o Buscón francês que reencontra no fim do romance a sua verdadeira identidade, Guilleri, após sua aposentadoria e seu casamento, leva uma vida em conformidade com as promessas de seu caráter e de seu espírito. Mas a moral exige que ele seja castigado e que expie pelo suplício. O livreto, desse modo, revela a tensão que ele atravessa: por um lado, ele esboça a figura "positiva" de um bandido social, mas, por outro, deve ensinar uma moral, que é a do justo castigo dos erros cometidos. Daí toda uma série de traços que não existem na imagem comum do "bandido de grande coração". Por um lado, Guilleri, transtornado pela morte do irmão, aspira a mudar de vida e reconhece então como pecaminosa e culpada a vida que leva: "Ele só pensava em retirar-se para algum lugar desconhecido para passar aí o resto de seus dias no temor de Deus". Por outro, como atesta o discurso que ele faz a seus companheiros, a punição de Deus assim como a do rei são, a seu ver, castigos legítimos que o pecador deve aceitar, o que ele fará com uma frase após sua captura: "Vejo que Deus quer castigar-me por meus pecados".

Construído a partir de motivos que eram os mesmos dos panfletos, mas que também anunciavam outros livretos consagrados a Cartouche e depois a Mandrin, *Guilleri* tem, portanto, um estatuto ambíguo. Ele fixa num texto de grande circulação, sob a forma de uma biografia jocosa, motivos que pertencem ao imaginário popular e que moldam a figura do bandido social, amado e admirado. Presente nas tradições orais e na memória coletiva, alimentando poemas e baladas, essa figura, amplamente atestada nas sociedades tradicionais, encontra com Guilleri sua primeira encarnação no catálogo azul. Mas a encontra num momento e numa forma submetida ao controle da moral cristã. O livreto deve então afastar-se do mal, instruir sobre os castigos inelutáveis, levar a uma vida que não seja a de Guilleri. Daí o disparate de um texto que ao mesmo tempo exalta e reprova seu herói, compartilha suas misérias e, todavia, celebra seu castigo, torna agradáveis suas sutilezas ao mesmo tempo que as toma como condutas condenáveis.

O motivo do bandido social deve, portanto, compor-se com uma moral do respeito à ordem e de obediência aos mandamentos, e o herói positivo é ao mesmo tempo um pecador castigado. A queda diz a um só tempo a compaixão e a severidade que ele deve inspirar: "Eis aí o fim desse infeliz ladrão que julgava evitar os justos castigos de Deus pela sua fuga". E Rosset acrescentava: "Mas no fim foi necessário pagar o tributo de sua maldade". Texto contraditório, *Guilleri* mostra bem como os motivos de uma cultura popular podem ser reformulados e reinterpretados na escrita daqueles que os colocam em livretos para, de outro modo, restituí-los à maioria.

Figuras e leituras da malandragem

É fora de questão que os títulos que compõem o *corpus* "malandro" da Biblioteca Azul conheceram um imenso sucesso. Seus preços, freqüentemente derrisórios, constituem um primeiro motivo: é assim que no fim do século XVIII Lecrêne-Labbey, de Rouen, propõe aos livreiros e ambulantes *Guilleri* por *sous* a dúzia, o *Jargão* por quinze *sous* a dúzia, e *Buscón*, mais caro porque mais grosso, por três libras e doze *sous* a dúzia.[47] Trinta ou quarenta anos mais tarde, o registro mantido pelo livreiro de Caen Chalopin atesta a importância dos estoques e a regularidade da saída dos livretos de malandragem. Por exemplo, o *Jargão*, vendido a trinta centavos: por volta de 1820, Chalopin conserva 4.500 exemplares; em 1822, 3.400; em 1825, 3.300; e em 1829, 2.700. Os exemplares do *Dicionário argótico*, ou seja, o *Suplemento* editado com endereço fantasista, "Em Vergne, Casa Mesière", não é menor: 3.068 exemplares no estoque por volta de 1820, 2.468 dois anos depois; 1.900 em 1829.[48] Esse exemplo, que se refere a apenas um dos distribuidores provincianos dos livros azuis, basta para provar a fidelidade da procura pela linguagem argótica e pela monarquia da malandragem. Como então compreender essa atração de um público, ampla deste o século XVII e certamente ainda maior em seguida, por textos que lhe propunham as figuras inquietantes e divertidas de trapaceiros de toda ordem?

Seu sucesso parece inscrever-se em duas experiências coletivas, criadoras de um interesse, ao mesmo tempo temeroso e fas-

---

47 Hélot, op. cit.
48 Sauvy, artigo citado, n.45, p.126, e n.61, p.129.

cinado, por aqueles que vivem fora das regras à custa de outrem. A primeira é urbana e se fixa na fronteira dos séculos XVI e XVII: é então, com efeito, que se desenvolve uma consciência inquieta diante do que é considerado um crescimento sem precedentes da população urbana de mendigos e vagabundos.[49] Proliferam os textos que denunciam o cerco das cidades – e particularmente da maior dentre elas, Paris – pelos mendigos forasteiros. As autoridades e os dignitários multiplicam as descrições horrorizadas dos refúgios naturais desses expatriados que vêm à cidade para mendigar ou roubar: de um lado, os subúrbios para além das portas e muralhas; de outro, os pátios, as ruelas e becos abundantes nas cidades antigas e que servem de covil para os "ladrões da noite", como diz um memorial de 1595.

Na capital, uma dessas concentrações toca a imaginação mais que qualquer outra: "A praça vulgarmente chamada Pátio dos Milagres, atrás das Filles-Dieu, na parte baixa de uma muralha entre a porta Saint-Denis e Montmartre". Atestado nos textos no início do século XVII, figurando pela primeira vez como designação topográfica no mapa de Gomboust em 1652, o Pátio dos Milagres data certamente do último quartel do século XVI, e não do fim da Idade Média, como queria Hugo. Essas múltiplas incrustações de malandros no tecido urbano, que criavam proximidade e familiaridade entre os honestos e os espertalhões, foram certamente vistas como uma ameaça intolerável para a segurança e a moral urbanas, mas também como uma reserva de figuras pitorescas, cuja imoralidade reprovada atraia e cujos artifícios seduziam.

A essa primeira experiência social, criando uma expectativa por textos que reproduziam mas também atenuavam as figuras do real, acrescenta-se uma segunda, rural, que certamente explica o sucesso continuado dos dicionários argóticos. Estes são

---

[49] Chartier, R. La *Monarchie d'Argot* entre le mythe et l'histoire. *Les marginaux et les exclus dans l'histoire.* Paris: UGE, 1979. p.275-311 (Cahiers Jussieu, n.5).

sempre apresentados como revelando a linguagem dos ambulantes, e lembremos que no século XIX o *Jargão ou linguagem do Argot reformado* troca seu antigo título, "como é atualmente usado entre os bons pobres", por um novo "para uso dos andarilhos, ambulantes e outros". A substituição indica claramente que a figura e a linguagem do ambulante inquietam e intrigam. Para os leitores rurais dos livros azuis, o andarilho é ao mesmo tempo um trapaceiro perigoso, mas também um astucioso divertido. Meio-vendedor, meio-ladrão, o ambulante abusa da boa-fé de seus clientes, mas sua malícia e habilidade geralmente fazem perdoar suas falcatruas.

Essa ambivalência marca a tradição literária desde o século XVI, e se encontra nas narrativas recolhidas no século XIX e ainda hoje, atribuindo aos ambulantes uma reputação de marotos.[50] A decifração de sua linguagem secreta podia, portanto, ser considerada uma desforra contra seus golpes e malícias, e o *Jargão* permitia assim que o enganado fosse, por sua vez, enganador. Daí, certamente, o sucesso continuado nos séculos XVIII e XIX de um livreto que dava a ilusão de um jogo mais igual entre o ambulante itinerante e as comunidades sedentárias.

Para satisfazer ao horizonte de expectativa assim constituído pelos encontros, na cidade e no campo, entre clientes dos livros azuis e figuras marginais, os editores troyenses abasteceram-se no repertório dos textos que lhes pareciam mais apropriados para alimentar o imaginário dos leitores. Daí um *corpus* que mistura textos franceses e traduções, primeiras edições e reedições, picaresco e burlesco, narrativas de vida e taxinomias. Como de hábito, os Oudot e os Garnier utilizam textos já existentes, sujeitando-se a modificá-los, seja para prevenir qualquer censura religiosa

---

50 Besson, E. Les colporteurs de l'Oisans au XIXe siècle. Témoignages et documents. *Le Monde alpin et rhodanien*, 1975, 1-2, p.7-55; e sobretudo Fontaine, L. *Le voyage et la mémoire. Colporteurs de l'Oisans au XIXe siècle*. Lyon: Presses Universitaires de Lyon, 1984.

seja para torná-los mais facilmente legíveis por leitores que eles sabem não ter familiaridade com o livro. O exemplo da literatura da malandragem confirma então plenamente a idéia segundo a qual a Biblioteca Azul seria não um conjunto de textos adequados a uma cultura designada como popular,[51] mas, antes de tudo, uma fórmula editorial suscetível de apoderar-se, à custa de alguns remanejamentos, de todos os materiais textuais que pareciam poder satisfazer a uma demanda amplamente compartilhada.

Transpondo em figuras literárias experiências sociais comuns, os livros de malandragem podem também assumir valor literal e inscrever no imaginário dos dominantes motivos que são dados como reais. Certamente não existe prova melhor do que a descrição introduzida por Sauval na sua *História e pesquisas das antigüidades da cidade de Paris*, publicada em 1724.[52] Num capítulo do livro V do primeiro tomo, consagrado ao "Pátio dos Milagres", Sauval descreve primeiramente o que ele viu, pessoalmente, quando de uma visita a esse lugar depois que ele foi esvaziado de seus habitantes tradicionais pelo tenente de polícia La Reynie. Depois, a narrativa evoca a existência passada da comunidade dos malandros nos seus melhores dias: para isso, Sauval compila o *Jargão ou linguagem do Argot reformado* que assume assim o estatuto de descrição objetiva de uma realidade passada mas também ainda presente. Do *Jargão*, Sauval retoma o motivo essencial, o da monarquia argótica: "Para os argotistas, são pobres que vocês vêem nas feiras, nas festas e nos mercados; eles são tantos que compõem um vasto Reino; eles têm um Rei, Leis, Oficiais, Estados, e uma linguagem toda particular". Ele conserva também a nomenclatura da malandragem: "Seus Oficiais se chamam Cagoux, Archisuppots de l'Argot, Orphelins, Marcandiers, Rifodés, Malingreux e Capons, Piètres, Polissons, Francsmitoux, Calots,

---

51 Cf. O capítulo 7, "Os livros azuis".
52 Sauval, H. *Histoire et recherches des antiquités de la ville de Paris*, 1724, t.I, p.510-6.

Sabouleux, Hubins, Coquillarts, Courteaux de boutanche". Ele descreve igualmente a figura real, aqui quase ao pé da letra: "O seu Rei assume geralmente o nome de Grand Coesre, às vezes de rei de Thunes, por causa de um celerado assim chamado, que foi rei três anos seguidos, e que era puxado por dois grandes cães numa pequena charrete e depois morreu em Bordeaux". Segue um resumo, livremente composto, das diferentes partes do livreto, onde se encontram detalhadas as diversas "vacâncias" dos argotistas em termos que reproduzem em francês as descrições de Ollivier Chereau.

No seu texto, Sauval imbrica, portanto, duas referências. A primeira, topográfica, circunscreve um espaço, o do Pátio dos Milagres, que foi esvaziado por La Reynie e ainda existe, com outros habitantes, no momento em que ele escreve: "Eu vi uma casa de barro meio enterrada, toda oscilante de velhice e podridão, que não tem quatro toesas quadradas e onde moram entretanto mais de cinqüenta casais carregados de uma infinidade de crianças pequenas, legítimas, naturais e roubadas". A outra referência – oculta como referência aos olhos do leitor – é textual: o *Jargão*, lido literalmente, fornece a própria matéria de uma descrição da sociedade dos citados súditos e oficiais do Grande Coesre. Seja porque Sauval foi ele próprio "pego" pelo livreto azul seja porque ele queira pegar seu leitor dando a invenção por verídica,[53] seu texto indica uma das leituras possíveis dos livros de malandragem: aquela que anula sua "literariedade" para reconhecer, ao pé da letra, figuras do real.

De fato, a produção de efeitos de realidade é exatamente um dos objetivos visados pelos textos de malandragem do catálogo azul. Daí as preferências dos editores troyenses pelas narrativas biográficas, as histórias inscritas em regiões localizadas, as nomenclaturas objetivas. Essas formas narrativas têm um mesmo

---

53 Marin, L. *Le récit est un piège*. Paris: Minuit, 1978.

objetivo: levar o leitor a crer no que lhe é contado e a tomar como verdadeiro o discurso que lhe é feito. Mas, ao mesmo tempo e nos mesmos textos, a paródia se apresenta como tal, revelando, para quem sabe ler, as armadilhas da narrativa. A ficção pode ser dada de imediato, como na intriga de comédia, mas em geral ela é mais sutilmente indicada pela inscrição do texto na tradição carnavalesca ou pelo jogo burlesco, pelo convite a uma leitura divertida pelo pitoresco e pela zombaria. Acreditar nela não vai sem um riso que a desmente e a adesão solicitada sem uma distância que toma a literatura como tal. Entre a fábula contada como fábula e os efeitos do real, é sutil o equilíbrio que autoriza leituras múltiplas, mais ou menos convencidas pela letra, mais ou menos informadas e divertidas pela paródia.

Mas por acaso não é a mesma leitura que acredita e não acredita, que aceita a verdade da narrativa sem ser vítima do seu valor de autenticidade? E será que não se pode caracterizar como "popular" essa relação com os textos que pede que sejam tomados pelo real, mostrando ao mesmo tempo que são ilusões?[54] Essa talvez seja a característica mais fundamental da expectativa dos leitores dos livros azuis, e também a razão do sucesso da literatura da malandragem, que coloca em textos fragmentos da experiência social, acrescentando-lhes simultaneamente um desmentido paródico, o que faz que a ficção seja ao mesmo tempo conhecida e esquecida.

---

54 Cf. as sugestões de Hoggart, R. *La culture du pauvre. Étude sur le style de vie des classes populaires en Angleterre*. Paris: Minuit, 1970.

Conclusão

Deste livro em forma de estudo de caso, centralizado ora em práticas específicas ora em *corpus* de textos particulares, queríamos agora propor uma leitura de conjunto tentando ligar os diferentes ensaios que o compõem. Estes, com efeito, ordenam-se em torno de algumas constatações essenciais.

As primeiras dizem respeito à cultura do escrito na sociedade francesa entre os séculos XVI e XVIII. Durante muito tempo, ela só foi aferida por duas séries de medidas: aquelas que, graças às contagens das assinaturas, visavam estabelecer taxas de alfabetização – portanto apreciar as variações da capacidade de ler e escrever segundo as épocas, os lugares, os sexos, as condições –, e aquelas que, examinando os inventários de bibliotecas, tendiam a apreciar a circulação do livro e os hábitos de leitura. É evidentemente nos resultados dessas pesquisas que este livro se apóia. Entretanto, ele pretendia deslocar um pouco essas conclusões. Com efeito, o acesso ao impresso não pode ser reduzido apenas à propriedade do livro: nem todo livro lido é necessariamente possuído, e nem todo impresso guardado no foro privado é forçosamente um livro. O escrito, entretanto, está instalado no próprio seio da cultura analfabeta, presente nos rituais festivos, nos espaços públicos, nos locais de trabalho. Graças à fala que o lê, graças à imagem que o duplica, ele é acessível mesmo para aqueles que não podem decifrá-lo ou que por si mesmos só podem ter dele uma compreensão rudimentar.

As taxas de alfabetização, portanto, não dão a medida da familiaridade com o escrito – tanto mais que nas sociedades antigas em que as aprendizagens da leitura e da escrita são dissociadas e sucessivas, são numerosos os indivíduos, e particularmente as mulheres, que deixam a escola sabendo ler, pelo menos um pouco, mas de modo nenhum escrever. Igualmente, a posse privada do livro não pode indicar por si só a convivência com o impresso e seus usos ou efeitos plurais. Mesmo que seja impossível estabelecer o número desses ledores, que não sabem assinar, nem o dos leitores que não possuem nenhum livro (pelo menos nenhum livro digno de ser avaliado pelo tabelião que estabelecia o inventário dos bens) mas que, entretanto, liam tabuletas e cartazes, pasquins e livros azuis, é necessário postular uma existência numerosa para compreender o próprio impacto do impresso sobre as formas tradicionais de uma cultura ainda amplamente oral, gestual e imagética.

Essa primeira constatação suscita outras. Primeiro, ela pode dar conhecimento da importância atribuída aos objetos escritos por todos aqueles que pretendem regular as condutas e moldar os espíritos. Daí o papel pedagógico, disciplinador, aculturador atribuído aos textos colocados em ampla circulação para numerosos leitores: as preparações para a morte dizem como ela deve ser pensada, domesticada, vivida nos últimos instantes; os tratados de civilidade enunciam as prescrições e proibições exigidas por uma maneira cristã e civil de estar neste mundo. Daí, igualmente, os controle exercidos sobre os impressos, em particular sobre aqueles que atingem os leitores mais numerosos e os mais populares, submetidos a uma censura, imposta ou interiorizada, que afasta tudo o que poderia ferir a religião, a moral ou a decência.

É, portanto, uma mesma vontade que tenta depurar as festas e os textos, controlar os corpos e as leituras, ditar condutas e pensamentos. Duas evoluções principais a fundamentam e lhe dão força. De um lado, o esforço tenaz e duradouro da Igreja Católica para impor a uma sociedade inteira (primeiro ao seu clero, depois a todos os fiéis) as normas que estabelecem uma clara divisão entre crenças verdadeiras e superstições ilícitas, entre comportamentos reverentes e excessos desonestos. De outro, a elaboração no seio das novas formas sociais engendradas pelo Estado absolutista, e em primeiro lugar a sociedade de corte, de censuras e coerções progressivamente pensadas como devendo modelar todos os indivíduos, seja qual for seu estado.

À sua maneira, dispersa e fragmentada, este livro quis compreender como esse duplo e fundamental processo que transforma profundamente a sociedade do Antigo Regime podia inscrever-se, em pequena escala, em dispositivos textuais particulares: os guias para a boa morte, as civilidades infantis, cristãs ou mundanas, os livros de divertimento.

Dos possíveis usos do escrito, dos diversos manuseios do impresso, os textos antigos constroem representações e imagens nas quais se reconhecem as divisões consideradas as mais decisivas pelos homens do Antigo Regime. Eles põem em contraste competências culturais, capacidades de leitura, maneiras de ler. Às vezes explicitamente como nas *Artes moriendi*, o mais das vezes implicitamente nas próprias formas dos materiais impressos, a presença conjunta do texto e da imagem justifica-se porque permite "leituras" plurais do mesmo objeto, e seu manuseio pelos letrados e pelos que não o são. Mas todos aqueles que podem ler um texto não lêem de maneira idêntica. Assim, a leitura que os editores dos livros vendidos por ambulantes supõem para seus leitores não é aquela dos familiarizados com o livro: ela exige marcas multiplicadas, títulos numerosos, resumos freqüentes, ela só está à vontade com seqüências breves e fechadas, ela parece satisfazer-se com uma coerência global mínima e proceder por associações de unidades textuais (capítulos, fragmentos, parágrafos) separadas umas das outras.

Descontínua, picada, elementar: essa é a leitura revelada pelo trabalho de adaptação empreendido pelos impressos de livros azuis sobre os textos de que se apropriam para alimentar o catálogo das obras destinadas aos mais populares dos leitores. Essa percepção editorial das diferenças entre as habilidades léxicas cruza com outro conjunto de representações, literárias ou iconográficas, que opõe uma leitura do foro privado, da intimidade solitária, dos pensamentos e das emoções pessoais – uma leitura geralmente dada como aquela das elites – e uma relação com o impresso, tida por popular, em que uma fala mediadora lê em voz alta para uma comunidade reunida no ambiente doméstico, numa assembléia religiosa, no local de trabalho ou no espaço público da rua.

Essas clivagens principais, pensadas e representadas pelos textos ou pelas imagens antigas, são suscetíveis a diversas abordagens. Primeiramente, é claro que elas fundamentam as estratégias de escrita e de edição, já que desenham as leituras implícitas, os usos possíveis dos materiais escritos postos em circulação. Dessa maneira, elas adquirem uma eficácia cujos traços devem ser encontrados nas formas dos objetos tipográficos, nos protocolos de leitura que às vezes os explicitam, nas transformações que modificam um texto quando ele é dado para ler a novos leitores numa nova fórmula editorial. Portanto, é a partir das diversas representações da leitura e das dicotomias construídas na Idade Moderna (entre leitura do texto e leitura da imagem, leitura letrada e leitura rudimentar, leitura da intimidade e leitura da comunidade) que tentamos compreender as disposições e os empregos desses impressos, mais modestos do que o livro, mas mais presentes e mais atraentes, cuja gama se estende das imagens e cartazes (sempre acompanhados de textos) aos pasquins e livros azuis (freqüentemente ilustrados com imagens).

Como logo concentrou o interesse dos historiadores franceses em busca da cultura popular antiga, como constitui o *corpus* mais homogêneo e mais duradouro de impressos destinados aos mais populares dos leitores, foi dado amplo espaço à Biblioteca Azul, definida aqui como uma fórmula de edição, identificáveis por suas características materiais e econômicas, e não a partir da qualificação popular dos textos que ela propõe aos seus compradores. Esses textos, com efeito, antes de sua edição azul, tinham tido uma primeira vida editorial, às vezes longa, às vezes breve, e pertencem a todos os gêneros, a todas as épocas, a todos os estilos. Os impressores troyenses, depois seus êmulos, sempre procuram no repertório de títulos já editados por outros aqueles que lhes parecem compatíveis com as expectativas e as competências do público a que eles visam – um público de leitores que não é apenas o das elites cultivadas.

O *corpus* particular da literatura da malandragem permitiu testar e verificar aquelas hipóteses que distinguem cuidadosamente história dos textos e história das edições, e que, portanto, centralizam a análise sobre as diferenças tipográficas e textuais existentes, para um mesmo título, entre suas edições na Biblioteca Azul e aquelas que as precederam. Esse mesmo *corpus*, restrito e manuseável, permitiu também pôr a nu os cruzamentos culturais que caracterizam não apenas o catálogo azul no seu todo, mas também cada um de seus textos em particular. Nesse caso preciso, em cada título se encontram como que embutidas várias tradições culturais: a base carnavalesca, a literatura moral de revelação e de advertência, o repertório dos textos jocosos, as formas novas do picaresco e do burlesco. A complexidade dessas imbricações torna vã toda caracterização social global de semelhante material e obriga a refletir sobre a pluralidade das leituras que permite, da crença na realidade da descrição à compreensão da ficção como ficção – uma pluralidade que não discrimina necessariamente diferentes classes de leitores, mas que pode indicar as atitudes contraditórias ou sucessivas do mesmo leitor.

As representações das leituras antigas, e de suas diferenças, tais como as revelam no estado prático o trabalho de transformar em impresso, ou na sua finalidade descritiva ou normativa as encenações literárias ou pictóricas, constituem, portanto, dados essenciais para a arqueologia das práticas de leitura para as quais este livro desejaria contribuir. Mas elas não devem mascarar outras clivagens, menos claramente percebidas pelos contemporâneos. Por exemplo, é certo que são numerosas as práticas que invertem os próprios termos da oposição clássica entre leitura solitária do foro burguês ou aristocrático e leitura em comum dos auditórios populares: ler em voz alta, para os outros, constitui um dos cimentos da sociabilidade elitista, no privado do salão ou no público da assembléia erudita, e, inversamente, o impresso penetra no seio das intimidades populares, fixando em objetos modestos (que não são todos livros, longe disso) o traço de um momento forte da existência, a memória de uma emoção, o signo de uma identidade. Contrariamente à imagética recebida, o povo nem sempre é plural, e é preciso encontrar na sua solidão secreta as humildes práticas daqueles que recortavam as imagens dos pasquins, coloriam as gravuras impressas, liam para si próprios os livros azuis.

Para compreender as diferenças na relação com o impresso, um contraste pareceu fundamental: aquele que distingue entre cidade e campo. Esse contraste volta como um *leitmotiv* nos ensaios deste livro, já que, durante muito tempo, ele divide duas culturas do escrito: a das cidades, onde o impresso está presente em toda parte, afixado, exibido, apregoado, visível, criando uma familiaridade que já é começo de alfabetização, aprendizagem paciente de usos e de empregos; a da planície onde até tardiamente o escrito à mão permanece como assunto de tabelião ou de padre e onde durante muito tempo o impresso permanece raro. É certo que, no século XVIII, mais cedo no Norte, mais tarde no Sul, os títulos do catálogo azul, que durante muito tempo tinham sido vendidos na cidade, ganham os campos, atenuando a cesura maior há muito tempo arraigada, produzindo por isso mesmo a procura de uma nova distinção urbana, deslocada para os materiais lidos ou as maneiras de ler. Mas, como atestam, por exemplo, as queixas expressas ou redigidas às vésperas da Revolução, a distância subsiste, traduzindo na diferença de dois discursos reivindicativos, um abstrato, geral, reformador, outro particularizado e concreto, a história contrastada de duas formações culturais.

À sua maneira, este livro quis deter-se em algumas das questões essenciais colocadas pela trajetória da França entre os séculos XVI e XVIII, as estratégias postas em ação pelo empreendimento de cristianização, depois, mas também desde antes, as ondas da reforma católica, a difusão de novas normas de comportamento, elaboradas no crisol da sociedade de corte, depois impostas a toda a sociedade, ou ainda as variações das divisões socioculturais. Para cada um desses problemas, cujos termos foram formulados por livros já clássicos, a abordagem tem sido a mesma, com a escolha de um *corpus* particular, mobilizando em primeira instância a descrição serial e a pesagem estatística, tratando nas suas diferenças ou seus deslocamentos os discursos, as noções ou os usos considerados.

Desse modo, tentamos várias vezes inscrever na própria análise uma reflexão sobre suas condições de possibilidade e seus limites obrigatórios. Dizer como nosso presente constitui certos objetos históricos, por exemplo a festa, dizer quais são as fronteiras impostas por tal ou tal abordagem, por exemplo a história das noções à maneira alemã ou a quantificação dos objetos culturais à maneira francesa, não significa destruir o valor de conhecimento do trabalho feito sobre esses objetos ou com esses processos, mas, talvez, explicitando as escolhas feitas, e suas limitações, evitar falsos debates e vãs querelas. Do mesmo conjunto de textos, com efeito, várias leituras podem ser propostas, e nenhuma delas pode pretender esgotar a totalidade de suas compreensões possíveis. Que se considerem, portanto, os ensaios deste livro como tentativas que se aplicam a explicar os textos escolhidos mediante tratamentos e conceitos que pareceram pertinentes e não contraditórios – mas que não são os únicos utilizáveis para empreender o estudo das preparações para a morte, dos tratados de civilidade ou dos impressos de ampla circulação.

Índice das ilustrações

Julgamento particular 139

Julgamento coletivo 140

A agonia entre anjos e demônios *(Horas da Virgem para uso dos dominicanos)* 147

A agonia entre anjos e demônios 148

"*Memento mori*" (As imagens da morte) 152

A resistência pela fé *(Emblemas ou divisas cristãos)* 157

A morte desejada *(Emblemas ou divisas cristãos)* 158

O jargão ou linguagem do Argot reformado 307, 308

Índice onomástico

Adamoli, Pierre, 202
Adenet, Edme, 122
Alberti, Léon Battista, 99
Alexandre, o Grande, 31
Alibray, Vion d', 266
Alletz, Pons Augustin, 77
Alliot, Gervais, 343, 345
Anchieta, José de, 159
André, Viúva, 68, 319
Andriès, abade, 239, 250
Appel, Helmut, 134
Ariès, Philippe, 132, 161, 164
Aristóteles, 51, 136
Arnoullet, os, 162
Arnoullet, Simon, 362

Aubert, 202
Aubert, abade, 240, 249
Agostinho, Santo, 170, 190, 200, 348
Aulnoy, Marie Catherine, Gêmea de Berneville, condessa de, 267-8
Aved, Jacques André Joseph, 216
Awdeley, John, 297

Bakhtin, Mikhail, 273, 293
Balduc, Jacques, 120
Balinghem, Antoine de, 56
Balzac, Guez de, 98
Barbier, Edmond Jean-François, 224
Barbier, Symphorien, 151
Barbin, Claude, 268

Barrême, François Bertrand de, 190-1

Barry, Marie-Louise (*ver também* Étienne Garnier, viúva de), 263

Bartholomé, Hector, 101

Baudoin, Pierre-Antoine, 214

Baudot, Charles-Louis, 68, 268, 320-3, 326, 342, 346, 356

Beaumaistre, Jehan, 101

Beauplet, François, 113

Becon, Thomas, 146

Behourt, os, 279

Belarmino, Roberto, 132

Bellegarde, Morvan de, 64

Bellers, Jehan, 52

Benoist, René, 165, 170

Benserade, Isaac de, 350

Bernadau, Pierre, 239-40, 248-50, 253-8

Bernardo, São, 181

Bernardet, 240

Berquin, 251

Berthier, Jean, 121

Bignon, Armand-Jérôme, 201

Billaine, Pierre, 324

Blanchard, Jean, 122

Blaubirer, Johan, 141

Bois Saint-Just, 197

Bonfons, os, 125

Bonfons, Nicolas, 143, 162, 165

Bonnet, Jehan, 106

Bonnet, Pierre, 101

Bordeaux, Jean de, 315

Borely, Louis-Joseph, 195

Borromeu, Carlos, 181

Bosch, Jérôme, 327

Bottu de La Barmondière, senhor de Saint-Fonds, François, 196, 202, 225-6

Boubers, 204

Bouchet, Guillaume, 294

Bouillon, Godefroy de, 31

Bouillotte, Guy, 246

Boullée, Étienne-Louis, 36, 211-3

Bourriquant, Fleury, 114

Breton, Richard, 53

Breuil, Antoine du, 114, 359

Briden, Claude, 120, 122

Briden, Edme, 120

Briet, Jacques, 192

Brieux, Moysant de, 203

Brossette, 198, 202

Brun, 96

Brunfels, Otto, 52

Bunny, Edmund, 146

Buvat, Jean, 71

Caffieri, J.-J., 200

Caillières, Jacques de, 74, 126

Calvi, François de, 361

Calviac, Claude Hours de, 52, 55

Calvino, Jean, 101

Cappon, P., 230
Capranica, cardeal Domenico, 135
Carlos Magno, 31
Carmontelle, Louis Carrogis *vulgo*, 215
Cartouche, Louis-Dominique, 249, 252, 365, 368
Casa, Giovanni della, 56
Castel, Jean de, 155
Castellas, P. de, 151
Castiglione, Baldassare, 56
Cavellat, Léon, 53
Ceriziers, René de, 266
Cervantes Saavedra, Miguel de, 288, 325
César, Júlio, 31
Chabot, François, 241, 248
Chalopin, os, 279, 322, 356, 369
Chapelain, Jean, 325
Chapoulaud, os, 279
Chappuys, Gabriel, 325
Charbonnet, Léger, 122
Chastellain, Georges, 155
Chaunu, Pierre, 133
Chaurend, padre, 265
Chaussard, os, 125
Chaussard, Viúva, 266
Chavatte, Pierre Ignace, 223, 228-30
Cheinet, 225
Chemin, filho, 82
Chereau, Ollivier, 311-4, 316, 318, 321-2, 373
Cherval, Jean-Baptiste de, 238, 240
Chicaneau de Neuville, Didier Pierre, 72
Chol, 202
Cícero, 225, 338
Clément, Denis, 122
Clichtove, Josse, 144
Colaud de la Salcette, Jacques Bernardin, 246
Colbert, Jean-Baptiste, 354
Colines, Simon de, 52
Collé, Charles, 71
Columbi, Jean, 145, 156
Commelet, François, 119
Condé, Henry de Bourbon, príncipe de, 359
Considérant, Jacques, 284
Constant, 197
Cordier, Mathurin, 53
Corneille, Pierre, 59, 98
Cerrozet, Gilles, 151
Cotte, Robert de, 201
Courtin, Antoine de, 56, 58-62, 65
Coysevox, Antoine, 200
Crasset, Jean, 265
Crongné, 357

Dacier, Anne Lefèvre, 197
Danfrie, Phillippe, 53
Daudet, Louis-Pierre, 216

David, Pierre, 269
David, rei, 31
Davis, Natalie Zemon, 95
Deckherr, irmãos, 320
Deforges, 356
Deguigues, Jean-Baptiste, 259
Delarivey, Pierre (Pierre Patris, *vulgo*), 120-1, 124, 250
Des Fontaines, 343-6, 348
Des Lauriers, 315
Des Périers, Bonaventure, 293
Desmoulins Camille, 215
Despautère, 98
Diderot, Denis, 36, 220
Doré, Pierre, 145, 165, 167, 170
Doucet, Roger, 144, 160
Drelincourt, Charles, 98
Du Carroy, Viúva, 309, 317
Dugas, Laurent, 196, 202, 225-6
Dumesgnil, Louis, 122
Dupront, Alphonse, 23

Elias, Nobert, 53
Erasmo, 47, 52-4, 76, 89, 132, 144, 156, 161
Erasso, Marco de, 145
Esopo, 105
Esprit, abade, 73
Estrées, marechal d', 71
Expilly, Jean Joseph d', 194

Fabre, Daniel, 39
Fail, Noël du, 103, 105, 298, 302-3, 317
Falconnet, Camille, 197
Faret, Nicolas, 56
Fatio, Jules, 159
Febvre, os, 288, 309, 343
Féraud, Jean-François, 77
Fléchier, Esprit, 73
Florian, Jean-Pierre Claris de, 255
Fontanel, Abraham, 204
Fonvielhe, abade, 239, 241, 250
Fournier, Marie, 192
Fragonard, Jean Honoré, 214
Francisco de Sales, São, 182
Franqueterre, 106
Frellon, Jean, 151
Frianoro, Rafaele (*pseudônimo* Giacinto de Nobili), 343-4, 349
Froben, Johann, 51
Furetière, Antoine, 49, 51, 195

Gabriel, Jacques-Ange, 196
Gaillard, Jean, 269
Gallus, Evaldus, 52
Garnier, Étienne, 68
Garnier, Étienne, o Jovem, filho de Jean, 263-4, 267, 278-9, 356
Garnier, Étienne, viúva de, 263, 278-9
Garnier, família, 263, 279, 283, 329, 339, 371

Garnier, Jean, 266-9, 277, 279
Garnier, Jean-Antoine, filho de Jean, 267, 276-7, 279, 319, 323, 329-32, 339, 356
Garnier, Mme., viúva de Jean-Antoine Étienne, 268
Garnier, Pierre, 68, 267, 276-7, 279, 330, 346
Garnier, Pierre, viúva de, 68, 319
Gaultier, Léonard, 146, 171
Gazoei, Angelini, 197
Genlis, conde de, 215
Geoffroy, 198
Gerlet, cidadão, 84
Germé, abade, 207
Gerson, Jean Charlier *vulgo*, 135, 155
Gil, Pedro, 159
Gille, Nicole, 160
Gilles de Roma (Egidio Colonna), 135
Girard, Gabriel, 71
Girardon, François, 200
Girardon, Yves, 68, 120, 309-10
Godard, Guillaume, 97
Godefroy de Bouillon, 31
Goethe, Johann Wolfgang von, 215
Gomboust, Jacques, 370
Gomez, Madeleine Angélique Poisson de, 266
Gouberville, Gilles Picot, senhor de, 105-6
Granjon, Robert, 52

Grégoire, Henri, 236-7, 240-2, 246-58, 261, 282
Granada, Luis de, 182
Greuze, Jean-Baptiste, 220, 255
Grivaud, Georges, 100
Gruget, Claude, 106
Guazzo, Stefano, 56
Guerlache, Nicolas, 204
Guilleminot, Elisabeth (*ver também* Pierre Garnier, viúva de), 279
Guilleri, Mathurin, 356
Guilleri, Philippe, 356, 358
Guise, François de Lorraine, duque de, 110

Hadamarius, Reinhardus, 52
Harman, Thomas, 297
Hautain, Jérôme, 358
Havard, Anne (*ver também* Jacques Oudot, viúva de), 297
Heitor, 31
Hemesvez, M. de, 106
Hennebert, Jean-Baptiste, 239, 246, 249, 252
Henriquez, L. M., 81-4
Henrique IV, 111, 366
Hermilly, 326
Hind, Arthur M., 137
Hobsbawm, Eric J., 365
Holbein, Hans, 99, 150

Horácio, 225

Hugo, Victor, 370

Huizinga, Johan, 132

Jamerey-Duval, Valentin, 236, 280

Janot, Jean, 125

Jaucourt, Louis, cavaleiro de, 74, 77

Jeaurat, Étienne, 214

Jehanot, Jehan, 143, 160

Joly, Joseph-Romain, 72

Joly, 248, 252-6

Journée, Guillemette (ver também Nicolas I Oudot, viúva de), 118

Jousse, Mathurin, 100

Julien, Eliza, 96

Julienne, Anne, 191

Jullieron, Jean, 289

Justiniano, 106

Kachelofen, 142, 154

Kemnatt, Mathias von, 295

Kerver, Viúva, 146

L'Espine, Jean de, 145

L'Estoile, Claude de, 289, 350-4

L'Estoile, Pierre de, 111, 114-5, 358

La Bottière, François de, 362

La Callère, Louis de, 121

La Charmoye, abade de, 197

La Font, de, 225-6

La Geneste, senhor de (*pseud*. Scarron), 324-7, 329-30, 332, 337, 340, 342 (ver também Scarron)

La Gestière, André le Geai, senhor de, 356

La Guépière, Jean de, 200

La Reynie, Gabriel-Nicolas de, 372-3

La Rochefoucauld, François, duque de, 73

La Salle, Jean-Baptiste de, 47, 63-7, 76

La Valette, Chevalier de, 113

La Varenne, François Pierre de, 119, 269

Labarre, Albert, 93, 160

Labaye, Fortunat, 280

Lacretelle, Pierre-Louis, 80-5, 87

Lagniet, 111, 310

Lambert, marquesa de, 202

Laudereau, Gabriel, 122

Laurent de Normandie, 101

Le Féron, Jean, 160

Le Fèvre, Tanneguy, 198

Le Livec de Lauzay, 207

Le Muet, Pierre, 201

Le Prévost, Antoine, 364

Le Vacher, Charles, 193

Le Vau, Louis, 201

Lecoq, os, 118

Lecrêne-Labbey, 320, 323, 325, 369

Lenhart, John Mary, 154

Lequinio de Kerblay, Joseph-Marie, 238
Live, de la, 220
Longolius, Gisbertus, 52
Lorain, filho, 240-1, 251
Lorraine, Charles, cardeal de, 110
Lotther, Melchior, 142
Luís XIII, 34
Luís XIV, 34
Luís XV, 193
Luís XVI, 195
Louveau, Jean, 52
Luciano, 190
Lupset, Thomas, 145
Lutero, Martinho, 313, 318
Lutzelburger, Hans, 150

Machiavel, Niccolo, 106
Mailly, cavaleiro de, 268
Mairet, Jean, 119
Mâle, Émile, 131
Malebranche, Nicolas de, 73
Mandrin, Louis, 249, 252, 365, 368
Mandrou, Robert, 259-60
Marcorelle, Jean, 151
Marcourt, Antoine, 113
Mareschal, Pierre, 143
Maria-Antonieta, 191, 196
Marmontel, Jean-François, 36
Marnef, Jean de, 357

Martin, Henri-Jean, 95-6
Martin, Jean, 306
Massard, Jean, 96, 100
Massillon, Jean-Baptiste, 195
Matham, 209
Mathonière, M. de, 112
Mazarino, 113, 201
Meaux, Abraham de, 358
Mercier, Louis-Sébastien, 36, 79, 210-2, 219, 222
Mercoeur, Philippe Emmanuel de Lorraine, duque de, 360-1
Mesnier, Pierre, 290
Messimieux, de, 197
Mestre dos enquadramentos com flores, 137
Mestre do Jardim das Oliveiras Dutuit, 137
Mestre E. S., 137
Mexia, 106
Michel, abade, 197
Mignard, Jean, 192
Milleran, *vulgo* Saumeur, 96
Mirabeau, Victor Riqueti, marquês de, 215
Mirbeck, Frédéric-Ignace, 250
Moderne, Jacques, 143
Molière, 60, 126, 210, 226
Molin, Antoine, 319
Molin, Jean, 362

Molinet, Jean, 155

Montaigne, Michel de, 74, 195

Montenay, Georgette de, 151

Montesquieu, Charles de Secondat, barão de, 75-8, 87

Montmorency, Henri de, 311

Moreau, Jean-Michel, o Jovem, 221

Morel, 241, 247, 253

Morelly, 36, 212

Morin, Alfred, 121, 125, 264

Morin, Benoît, 87

Morin, Guy (*pseud*. Erasmo), 144

Morin, Louis, 121

Moynes, irmãos, 53

Münzinger, Hans, 141

Murat, Henriette-Julie de Castelnau, condessa de, 268

Musier, Jean, 125, 309-10

Naudé, Gabriel, 201

Nemours, Anne, duquesa, 33

Nicolas, Jean, 96, 98-100

Nicot, Edme, 122

Nider, Johannes, 135

Nobili, Giancinto de, 343-4, 349 (ver também Rafaele Frianoro)

Nostradamus, 106

Nourry, Claude, 125

O'Connor, Mary Catherine, 134-5, 141, 154

Offray, Paul, 280

Orbay, François d', 201

Oresme, Nicolas, 51, 136

Osmont, Charles, 324

Oudot, família, 125, 363, 276, 279, 283, 288, 329, 339, 343, 371

Oudot, Jacques, filho de Nicolas II, 120, 264, 277-9, 309, 320, 350

Oudot, Jacques, viúva de, 68, 264, 275, 278-9, 282, 319, 329, 346

Oudot, Jean I, o Velho, 120-1

Oudot, Jean II, o Jovem, 120-1

Oudot, Jean III, filho de Nicolas II, 279, 309

Oudot, Jean IV, filho de Jacques, 68, 267, 275, 279, 319, 323, 329, 346

Oudot, Jean IV, viúva de, 267, 277, 283, 356

Oudot, Nicolas I, 117-21, 125, 266, 288, 306, 309, 312, 315

Oudot, Nicolas II, filho de Nicolas I, 55, 68, 70, 118-22, 125, 266, 269, 279, 290, 303, 309, 320, 323-5, 342, 350

Oudot, Nicolas II, viúva de, 346

Oudot, Nicolas, filho de Nicolas 125, 279

Oudot, Nicolas, viúva de, 283, 289, 356, 363-4

Oursel, os, 279

Ozouf, Mona, 40

Palliot, Pierre, 215
Panckoucke, Charles-Joseph, 80
Papillon, Jean-Michel, 229
Paquot, Henri, 143
Parabère, conde de, 357
Paré, Ambroise, 298-9, 318
Parsons, Robert, 146
Pascal, Blaise, 62
Pasquier, Étienne, 304
Paulmy, Antoine René de Voyer d'Argenson, marquês de, 194, 199, 267
Pellerin, 320
Perrault, Charles, 267-8
Perrenet le Fournier, 301
Petit, Jean, 120
Philibert, J.-F., 194
Pibrac, senhor de, 55
Pini, Teseo, 343-4, 349
Placé, Charles, 320
Poinsot, Jacques, 311
Polanco, Jean, 156
Portail, Jacques-André, 216
Poterie, François de la, 201
Poumard, F., 112
Poza, Jean Battista, 159
Prévost, abade Antoine-François, 252
Prévost, Charles-Louis, 228
Promé, Jean, 125
Promé, Marie (*ver também* Nicolas Oudot, viúva de), 125

Quevedo y Villegas, Francisco, 119, 273, 288, 323-7, 330, 339-42, 355

Rabelais, François, 106, 125, 190, 266
Rabustel, Jean, 301
Raclots, 324, 326
Raffle, Antoine, 125, 288, 343, 350, 355
Ramelli, Agostino, 216
Ranson, Jean, 219
Rafael, 213
Raulin, Jean, 161
Regnault, Denis, 122
Regnault, Eustache, 122
Regnault, François, 143
Renaudot, François, 209
Rendu, monsenhor, 260
Restout, Jean, 200
Rétif de La Bretonne, Nicolas Edme, 219, 255, 326
Revel, Gabriel, 215
Richelet, Pierre, 49-50
Richelieu, 86, 113
Richeome, Louis, 145, 265
Rigaud, Benoît, 115, 125
Robert, Hubert, 215
Robespierre, 43
Roche, Daniel, 92, 133, 155, 232n.104
Rochejean, Marie-Joseph Philibert, 238, 242

Rohan, Armand Gaston Maximilien, cardeal de, 195
Romanet, 221
Romany, François de, 362-3, 368
Rose, 100
Rosset, François de, 362-3, 368
Rousseau, irmãos, 196
Rousseau, Jean-Jacques, 35, 78-9, 81, 88, 219, 252
Royer, Jeanne (*ver também* Jean IV Oudot, viúva de), 279
Royer, Loys, 97
Ruau, Nicolas du, 117
Ruelle, 116

Saint-Amant, Marc-Antoine Girard de, 315
Saint-Évremond, Charles de, 74
Sainte-Lucie, Mme. de, 88
Saint-Just, 43
Sainton, Jacques, 68
Saliat, Pierre, 52
Saugrain, Abraham, 114
Sauval, Henri, 372-3
Scarron, Paul, 119, 327-30, 332, 337 (*ver também* La Geneste)
Schönsperger, Hans, 141
Schreiber, Wilhelm Ludwig, 137
Schutz, Alexander Herman, 160
Scudéry, Georges de, 73

Seckaz, J.-C., 221
Séguier, Pierre, 354
Seguin, Jean-Pierre, 112, 114-5
Seneuze, Jacques, 182
Seyer, Pierre, 279
Simoneau, 40
Simonnot, Blaise, 122
Solutive, Barthélemy, 119, 248, 265
Sophie, Mme., 195
Sorg, Anton, 141
Sourdet, Pierre, 121
Steele, Robert, 154

Tenenti, Alberto, 132, 134, 143, 154, 161
Thiers, Jean-Baptiste, 25-8
Thiery, 320
Tomás de Aquino, Santo, 181
Tías, Charles, 262
Tonnet, os, 284
Toussaint, François-Vincent, 76
Trepperel, os, 125
Trepperel, Viúva, 142, 160, 266
Treschel, irmãos, 150
Tricaut, abade, 226
Trollier, Antoine, 194
Troy, Jean-François de, 226

Valet Pierre (*vulgo* Parent), 160
Valette, Laurent Pianelli de La, 194

Varlet, Pierre, 121
Vaumorière, Ortigue de, 64
Vauzelles, Jean de, 151
Videl, Louis, 98
Villery, Jacques, 343, 345
Vingle, Pierre de, 113
Voltaire, 225, 252
Vovelle, Michel, 40

Walasser, Adam, 143
Watteau, Louis, 221-2
Weyssenburger, Johan, 141
Woeiriot, Pierre, 151
Worde, Wynkin de, 141, 145

Young, Arthur, 205

Zerner Henri, 136

SOBRE O LIVRO

Formato: 14 x 21 cm
Mancha: 23 x 43 paicas
Tipologia: Iowan Old Style 10/14
Papel: Chamois Fine Dunas 80 g/m² (miolo)
Cartão Supremo 250 g/m² (capa)
1ª edição: 2004

EQUIPE DE REALIZAÇÃO

Coordenação Geral
Sidnei Simonelli

Produção Gráfica
Anderson Nobara

Edição de Texto
Nelson Luís Barbosa (Assistente Editorial)
Nelson Luís Barbosa (Preparação de Original)
Carlos Villarruel (Revisão)

Editoração Eletrônica
Lourdes Guacira da Silva Simonelli (Supervisão)
Luís Carlos Gomes (Diagramação)

Impresso nas oficinas da
Gráfica Palas Athena